國立中央圖書館出版品預行編目資料

廉教授永英榮退紀念論文集 / 廉教授永英榮退紀念論文集編委會編. -- 初版. -- 臺北市 : 文史哲, 民８５
面 ; 公分
ISBN 957-549-007-X(精裝)

1. 論叢與雜著

078 85003015

廉教授永英榮退紀念論文集

編者：廉教授永英榮退紀念論文集編委會
出版者：文史哲出版社
登記證字號：行政院新聞局局版臺業字五三三七號
發行人：彭正雄
發行所：文史哲出版社
印刷者：文史哲出版社
台北市羅斯福路一段七十二巷四號
郵撥〇五一二八八一二彭正雄帳戶
電話：三五一一〇二八

實價新台幣七〇〇元

中華民國八十五年三月初版

ISBN 957-549-007-X

廉教授永英玉照

Ⅱ論文類

獻序

杜松柏

夫世極亂離，陵夷板蕩之際，固風衰俗怨，不勝黍稷顛連之悲。而志士匡時，哲人淑世，以扶輪大雅，撥亂反正，樹風聲於當時，垂儀型於來葉，所謂無文王猶興者，此俗人所難，而傑士所以抗志而起者。吾儕俯首受書，聞道興起，挹其風誼，仰其教澤，化頑梗而樂儒雅，欽文采以進藝文，則莫不歸服景仰廉師永英之諄諄教誨也。

兵烽孔急，神州陸沉之際，志士競奔來臺，似水之赴壑，蓋猶三戶之抗秦，仲連之蹈海也。先生自白山黑水，間關萬里，輟長白師範之學業，轉徙而來，始則抗志班定遠之從戎，聞鷄起舞，有擊楫中流之慷慨；旋大局粗定，生聚教訓是務，則入師範大學，如鄭玄之奔魯，陸機之蒞洛；既飽飫泰西教化作育之方，復潛心孔顏孟荀之道，兼及老莊，銳意文術，旁治段王，而從黃先生離明，楊先生亮功，孫先生佩爭，田先生伯蒼，錢先生竹聲，孫先生邦正，高先生笏之，方先生蔚東，高先生葆光，鄧先生文禮，鄭先生西谷，魯先生實先等魁儒習業。既傳正學，出振墜緒，首小試於師大附中，身教所及，莫不立狷化狂，琢玉成器，成德達材者，難更僕數也。逮分移教席於淡江中文系，授論孟、文選、文心雕龍等課，化雨均霑，若馬融之設帳，春風廣被，似程子之揚風。蓋先生吐辭爲經，舉足爲法，而講文析句，譬喻多方，如玉屑之飄飛，貫綜大義，曲引旁通，使驪珠以畢現；又視材成就，退者揚之，狂者抑之，而臻中行彬彬之致。時夜間部學子，多飽經喪亂，青年失學，而興時過難成之嘆，先生既溫辭獎掖，復嚴正督課，求其琅琅背誦，欲以立根基，通聲氣，通誠合莫而得古人之精義，成章之要道，衡鑒既懸，得失自見，范模既具，器用以成，教之啓之，琢之磨之，而斐然有以自立矣！又諸弟子懷學如不及之心而組三餘學社，敦請先生爲指導。星期假日，飄然而來，主持講授，聆考背誦，質答疑難，蓋先生擇古文論說之精粹，與乎論孟莊老、荀子禮記之重要篇目，講討誦背畢，就其要義，限時命題爲古文，逐一指授批改，當其刪削繁蕪，融凝大旨，如良冶之鍛鍾，使之精光畢耀，而代字換句，因聲求氣，則點鐵成金，俾人日進而不苦其難，凡三年之久，無間寒暑風雨，可謂勞矣勤矣，誨人不倦矣。故栽成者衆，僅三十餘人之班級，獲博、碩士者六人，高考題名者三人，國中教師甄試獲選者五人，門牆桃李，輔世牖民，均如斯之盛也。

當先生專設絳帳於台北師院也，並接長其暑期部，時重修學子，輒以千計，乃展其渠渠之才，竟以工讀生爲主軸，如韓信將兵，多多益善，綜理課務教務訓導，無芥纖之失，當人人之意，於是名震上庠，士益歸往，陶植栽成，難以計紀。學子受教彌久，感念彌殷，尤興短綆汲深，難窺際涯之嘆，故復群聚而求先生，重敷講席，俾再側經筵而受教，於先生士林別墅，假週六、週日授四子書，蒙莊、淮南、文心等，逐句深說析論，已十餘年矣，拒弟子束脩之獻，得師友論討之樂，方之程門立雪，汾河授學，無多讓焉。復奮其餘暇，振其巨筆，平理若鏡，以論學談文，著作等身，刊行而見重士林者，則推文心會箋，朱子學案，孟子學等，蔚爲學海之精萃，儒林之瑰寶，間而縱筆爲書，得二王之雅正，古逸可珍，誠振世罕睹之師表，而學界之楷模也。

先生襟抱雅夷，尊其瞻視，望之儼然，而即之也溫，激進門人後學，一言之善，一藝之長，必舉必揚，與人久而愈敬，復量宏納廣，摯誠慷慨，兼濟推恩，厚往而薄來，故人咸樂之親之，惟門弟子惟甚，歲首趨賀，華誕稱觴，行之逾三十年矣。惜駒光如矢，歲月易得，先生丙子之二月，屆齡榮退，受業等黯然惜嘆之餘，僉欲作涓埃之報。乃有紀念論文集之議，數請而後首肯，計得先生學友暨門人之作，詩文之外凡二十二篇，略分詩文與論文二類，稍依四庫暨學術分類之例而編次之。都數十萬言，文史之外，兼及醫術、科學，雖徵求未廣，而有以覘其栽成之衆矣。先生覽之，將歷指其名而憶之論之，或佳其專進而怡然笑許也。

長懷化雨，倍憶師恩，願先生稍分設帳之暇，几杖優遊，銜觴適志，風乎舞雩，得許從乎點也之後。而斯集之行，謹補束脩之獻。幸文史哲出版社彭兄正雄，聞而敬之，爲之付梓，特致謝忱。

門人**杜松柏**頓首拜　丙子歲二月初吉

集序辭

盧州駱建人

邈太古之長白兮碧天地之神泊、發浩渺之圖門兮鬱松江之巨流

美嫩江之舟檝兮爲魚龍之化境、沃平原之車駕兮實禾黍之方舟

綠野青青兮紗帳！

白雪皚皚兮重裘！

身處凜冽之極北兮！人明智且神勇！

地接阽危之邊陲兮！質剛強亦溫柔！

割白肉兮飮烈酒！

騎奔馬兮馳荒陬！

中有人兮負壯猷，　視寰宇兮爲一漚！

委天形兮四海；　予棲遲兮一丘！

收楚人兮仁之寶、　棄俗士兮利之求！

遭世變兮辭故土、　涉萬里兮居瀛州！

承通儒之絕學兮！　竟方軌乎儒門！
匯先哲之經蘊兮！　多才俊與之游！
心醉兮　魯論；　躬行兮　孟鄒！
靈道兮　杜下；　神會兮　莊周！
詮彥和之精微兮！標文心於萬古！
大子長之史識兮！楊節概於千秋！
夫子講壇兮、金聲而玉振振兮！
從者接席兮、心遠而思悠悠兮！
志隱味深兮、謦欬醰醰兮！
趣昭事博兮、聞者醺醺輕謳兮！
聲兮聲兮硜硜兮！
樂兮樂兮孰與儔兮！
子今榮退兮、南山歸隱兮！
民亦勞止兮、汔可小休兮！
講堂絕響兮、絃歌少作兮！

來者奚歸兮、入門將何由兮！

——予今難抒糾兮、爰引吭以抒喉！

歌曰：

子之才兮爲阿衡、　何當世兮無聖君？

子之懷抱兮若淵明、　無隴畝兮何躬耕？

子之學兮接朱程、　於杏壇兮有令名！

繼儒統兮育菁英、　賡洙泗兮續河汾！

今茲榮退兮功已成、　抽此身形兮復故心！

泝清風以長嘯兮、詠九韶而忘情！

擁萬卷兮笑百城、　莞爾和光兮同塵！

子之門兮霑溉深、　多情采兮集斯文！

各從所見兮記所聞、　如此自然兮見本眞！

歷百代兮揚清芬！

廬州駱弟建人拜撰

（教授、名詩人，廉教授文友）

永公教授吾兄道鑒：以仁追隨諸君子之末，爲吾兄榮退，成七律一首，以頌以美，詩錄於後：

贈　廉永英教授榮退

杏壇春好播甘霖，絳帳笙簫頌德音。
沂詠風清高雅抱，龍雕辭雋美文心。
博觀志嚮名山近，榮退恩留德澤深。
不待駱公揮巨筆，本眞恬淡士林欽。

駱建人教授以騷體序廉教授榮退詩文集，其中如「子之懷抱兮若淵明」「如此自然兮見本眞」，皆士林共識。

弟　張以仁敬上
85. 2. 12.

（編者按：張以仁教授，現任臺灣大學教授、中研院史語所研究員，廉教授文友）

贈廉教授永英榮退

張夢機

杜君（謂松柏教授）儒道本當行　淵博譽君無盡藏
絳帳經書尊魯孔　翠簾杯酒授蒙莊
傳家明德餘衰鬢　治世長才隱上庠
涴袂京塵紛滿眼　眞堪游釣住江鄉

（文學博士，中央大學中研所教授名詩人，廉教授友）

步夢機兄原玉

杜松柏

授業橫經起景行　荊山識璞玉難藏
一生作育多桃李　今日榮歸思釣莊
有女傳薪成博士　徵文付梓動高庠
家風健飯休言老　絳帳分壇久在鄉（絳帳句　先生於別墅講學已十餘年）

（文學博士、教授、專欄作家，廉教授門人）

步夢機教授原韻

黃來發

程門卅載景行行　演示文心祕密藏
載酒樂從酣熱耳　歸歌虛望舊時莊
傳薪別墅張壇帳　授業高風振杏庠
飯否憑誰堪問訪　案頭紙筆即耕鄉

（文學士，現任醒吾講師，廉教授門人）

敬和夢機先生原韻

楊家寧

不讓鬚眉女弟行　雕龍語孟授無藏
杯酣酒壓同門友　職退雲藏舊日莊
別墅薪傳開絳帳　雄篇梓付在高庠
笑捐鳩杖誇輕健　魚釣何妨一返鄉

（文學士，現任郵政總局秘書，廉教授門人）

敬和夢機教授原玉

鄧耀秋

忝列捧書門弟行　雕龍釋祕示胸藏
曾蒙酒後添盤食　竟告榮歸治老莊
竹杖休扶欣健體　春風豈許息高庠
京城略稟污紛甚　吟嘯惟堪隱偏鄉

（文學士，現任總統府參議，廉教授門人）

步夢機教授原玉

王甦

淡江振鐸偶同行　論道抉微無隱藏

追步雕龍飛壯采　退休老驥騁康莊

良師高弟傳薪火　慧業餘光照市庠

矍鑠廉翁腰腳健　閒來敲韻入雲鄉

（文學碩士，現任淡江大學中文系教授，廉教授同門友）

步夢機教授原玉

張定成

側悉成均弟子行　群推博雅見修藏
雕龍獨步辭能鼓　化蝶眞詮語亦莊
藹藹儒風尊士範　循循教澤重膠庠
何當健飯言休致　期待經筵尚有鄉

（現任考試委員、教授，廉教授文友）

步夢機韻爲廉公榮退作

王仁鈞

鴻越蒼茫渚外行　清音健翮不容藏
從來聲欬滋如潤　究竟操持凜且莊
剔透文心存四字　均陶積學照高庠
追塵已愧難爲及　更羨翩然自在鄉

（文學士，淡江大學中文系教授，廉教授文友）

步夢機教授原韻

陳慶煌

親栽桃李示周行　絳帳春風忽豹藏
早有鳳毛膺博士　還期驥足騁康莊
光風霽月存中道　諳史通經耀上庠
綠野絃歌聲不絕　吾臺重見鄭公鄉

（文學博士，現任淡江大學中文系教授，廉教授文友）

步夢機教授原玉

胡傳安

同臺受獎忝同行　博雅淵深美玉藏
君子謙謙多士仰　春風習習衆生莊
傳家詩禮欣才女　詮釋文心譽上庠
今日榮休康且健　歸車遍賞白山鄉

（文學士，現任台北商專教授，廉教授文友）

雋永的師生情誼

林建業

「感恩的心」，「感謝有你」，年來似已係人們的口頭禪。人生旅途，確各有其值得感謝的人和事。就我來說，三十七年秋來台，若沒有台北師範三年之培育，則不可能廁身於教界，若沒有淡江五年之培育，則不能再進一步任教於中等學校。於廉師永英的師生情誼，尤銘感難忘。

回憶民國三十七前後幾年，國家處在飄搖之中，人心惶惶，身無一技，又無分文的青年，幸有台北師範教我養我，雖然十分艱苦，總算安然渡過，民國五十一年春，淡江首先實施高等推廣教育，設立夜間部，此一創舉對社會衆多在職有志進修青年，無異是久旱之甘霖，記得當時在博愛路城區部大禮堂裡，教授共同科目的李師宏基，主任戚教授，上課時不時勉勵再三，爲我們加油打氣，其時同學中不乏三十以上的人，我便是其中之一。

李師是立法委員，住在士林中正路一條巷子裡，漸漸地同學偶爾到他府上拜望，李師與師母親切待人，總是語多勉勵，至三四年後，逐漸與廉師親近，廉師身材魁偉，北方口音，年輕瀟灑，教學認眞，在我記憶裡，我們與廉師親近，似乎是由李廉二師常在一起之故，於是我們也就有更多親炙教誨的機會。

夜間部學生，上課下課幾乎都是來去匆匆，像我住在郊區，下課就拎著書包急跑，很少停留，同學之間往往只是照照面、點點頭，張三李四，未必清楚，這或許是我生性不擅交際有關。太約是五十五年的暑期，得知部分同學星期六下午，在市女中施人豪同學處一起自習、研討進修，是誰告訴我，又是誰帶我去，已不記得。人豪兄溫文儒雅，精通文字學，寫得一手好字，特別是楷書，一絲不苟，教人敬佩，尤其像我，受師範教育，相形之下，汗顏不已。其時他在市女中服務，星期六下午我們十來人到那寬闊的圖書館，指導我們的就是廉師，他的認眞與專注，在他的指導與帶領之下，好幾位同學進入了研究所，爲我們這一班造了好的楷模。

畢業距今已將三十年，當年下課匆匆離校的我，因廉師之故，繼續與同班同學保持聯繫，更逐漸擴及同系同學，每年廉師華誕、春節，或同學下一代喜宴，都是同學與廉師聚首暢談的日子。

年來我因工作關係，遇有艱難，常求教於廉師，承他不棄與鼓勵，從他那裡得到許多啓導，念茲在茲，不禁油然感念彌深，細數因師生關係，維持二十三十年而不墜，且人數達數十人之多的師生情誼，確實難能可貴。我相信專一以廉師爲中心，極爲單純，沒有任何利益關係的交誼聯繫，絕不因廉師退休而中斷，相反的將更爲加強，這是可以預期的。因綿綿雋永的師生之情，絕不因歲月的推移而變易。

（文學士，華興中學校長，廉教授門人）

廉師對「三餘學社」的栽成

黃來發

已超過三十年了，現在淡大夜間部中文系是否還有「三餘學社」的傳承，仍待查證。但是「三餘學社」的深刻烙印，在淡大夜間部中文系的前十屆校友中，卻是大名鼎鼎，而我們這幾位當事人，更是記憶猶深。尤其在廉老師永英的感召下，當時的確製造了風潮，提振了學風，也締寫了光榮的記錄，顯示了有爲者亦若是的成就感。當年的寒夜燈火，諄諄教誨，相互切磋，在記憶的圍帳掀起了之後，一切栩栩如昨，渾然忘我地進入了時光隧道中，師恩、友情和攀爬的往事，彌足珍貴，而又備極溫馨。尤其是那栽成的恩德。

我們是淡江中文系的一群，名義上是第二屆，實際上與第一屆的春季班，只有半學期的差別。當年因爲夜大是推廣教育，專爲社會衆多的失學青年而設，尤其淡大夜間部，正當草創之際，景況極盡窘困，以教學的場所而論，我們由博愛特區，到仁愛國中，彷彿抗戰時流亡學生的流離顛沛，直到大三，方回到金華街的城區部，有了固定的教室，基本的圖書設備，教學才正常化。在二年級的時候，系上招考了插班生，六名之中，有五位來自軍中，新伙伴而有了新氣象，廉老師恰在這時候應聘來淡江，擔任歷代文選論孟、文心等課程，誇飾一點是「風雲際會」，深化一點是「因緣和合」，於是促成了三餘學社的成立。先是施人豪、杜松柏二學長和我，課餘之後，常常走在一起，談功課，論世事……漸漸地有了相契的深交和投機的情分，我們有共同的抱負，希望大學歷程中，最後一張文憑，不是淡江的，立定了向考中文研究所的目的攀爬。其時有中文研究所的大學，不外台大、師大、政大、文化。又對研究所的考試方式，和應考科目，均一無所知，甚至考的科目，學校尚未開設，而師資和教學水準，有的更落後了一大截。面對這些情勢和困難，我們只有自求多福而自行克服了。這是「三餘學社」成立的原因。我們要趕上去，結合班上的學長和學弟一起努力。

「三餘學社」誕生了，推動最力的是我們三位；「三餘」是取古人冬者歲之餘，雨者晴之餘，夜者日之餘之意，而著眼全在「夜者日之餘」，提撕夜大學生的處境，要珍惜多餘的光陰，剩餘的精力、智慮，往上提振。第一屆社長是杜松柏學長，而施人豪學長更是靈魂人物，我們摒除了競爭上「鄰之厚君之薄也」的私心，將分頭收集到的資料如考試課目、方式，甚至考古題全部公開，施人豪學長扮演了小老師的角色，白天至師大聽魯師實先的文字學，作好筆記，回班上講授，三餘學社由三至五人，擴張至七、八十人，至少鼓足了士氣，帶動了學風，我們要更上層樓，作有希望而全無把握的攀爬。

×××　　×××

廉老師知道了我們的心願，更爲完成我們的心願而以全程「義工」的方式投入，負起了鼓舞、監督和築基的艱鉅工作。在每一個星期日，由居地北投坐火車，再轉車來校，聽取小老師們的講授，提出糾正，參加討論。最主要的是講授專書兼督導熟讀成誦，擇重要的古文篇目、荀子、老子、莊子、禮記，一週背一篇，以一小時左右，就所背的篇目命題，作古文一篇，而加以批改。這一「學國術」的「站樁功夫」，先後達三年之久，我們低落的國文程度，得到了快速的提升。每一星期假日，廉老師陪我們喝白開水，吃麵包果漿，而甘之如飴。而且令我們愧咎不已的，大概除了老師和施人豪學長之外，得全程出席獎的，尙難屈指數，次次背書不缺，作文不欠的，只有杜松柏學長了。當時忽略了的問題，除了老師自付車費之外，還不知道老師如何向師母交待？

「三餘學社」的活動，聳動了淡江夜間部，不是聲勢的浩大，而是「不同凡響」之後引發的「白色恐怖」，有人反應，我們在攪「讀書會」，學校的一位袁教官赤裸裸地以此「罪嫌」來查，立即激起了反彈，因爲同學之中，有情報局的處長、調查局的科長，火力中心的上校作戰官，均因少年失學，才如飢似渴，尋求補償，不意竟招來「匪諜同路人」的打壓。學校明白了實情，而且在立委老師李師宏基的仗義指摘下，調走了奉命調查的教官，但我們也被迫遷地爲良，將活動移至施人豪任教的金華女中的圖書館處舉行，因爲施學長又兼掌圖書館，始有地利之便。「三餘學社」的活動，到我們這一屆畢業離校才結束和交棒，我們這一屆考上高考的三人，上研究所的六人，獲博士學位的一人，當年台北市教師檢定考試及格的約五、六人，在僅有三十八位同學的班上，已是猗歟盛哉了，這一沒有正式紀錄的成績，恐怕三十餘年來仍未被打破，只是默默地高懸在前後數屆系友的心中。

××× ×××

站在講壇上，學生琅琅的書聲，一似當年，可是身材魁碩、溫雅之中自有威嚴的廉老師，竟將由教師的行列中退休，使「三餘學社」的每一位社友，無不緬懷風範，仍欲執書問義，再度美好充實的時光，重溫座披春風的快意。當然這些已成不可追攀的深切憶念了。但我們謹以感恩的心，銘記栽成之德，和那段歲月中的辛勞和充實感。

儒學與現代化

王甦

一、前言

㈠人能弘道的意義

儒家思想是中華文化的主流，自孔子以來到今天，已有二千五百多年的歷史，此其間經過歷代的先聖先賢，承傳詮釋，以展現新義，展現活力，雖經搖撼摧夷，而愈見其剛健煥發，光輝日新。孔子所謂「人能弘道，非道弘人」《論語衛靈公》這正是歷代聖賢兢兢業業，夙夜匪懈，所不斷從事的偉大志業。也是今日有志學者的奮鬥指標。張其昀說：

儒家之道，乃一種主張秩序與和諧之道德律，平易近情，切近人事。（註一）

儒家之道，注重實踐力行，以調和群己關係，促進社會進步，以德潤身，以善及人，一日為人，即一日黽勉從事，不敢稍懈，此即《中庸》所謂「道也者不可須臾離也」之意。

㈡「四小龍」的奇蹟

在東亞地區實施現代化成功的國家，除日本而外，首推臺灣、南韓、新加坡、香港，自一九七〇年以來，經濟穩定成長，國民所得逐年提高，創造了舉世矚目的奇蹟，博得亞洲四小龍的美譽。尤其是臺灣的國民所得，去年平均每人已突破一萬美元，對外貿易總額則達一千五百三十億美元，爲世界第十四大貿易國。外匯存底高居世界第一。當然一個國家的力量，不能只看外匯存底，國家建設的成就，國民生活的素質，遠比外匯存底重要。就此點而言，日本顯然領先四小龍。

值得省思的是：爲什麼這五個國家及地區的人民，能夠創造現代化的經濟奇蹟？答案很簡單：因爲這些地區的人民，都是深受儒家思想的薰陶。儒家思想所關切的是人生哲學，道德文化，科技并非所長，但儒家的敬業樂群，儉樸自制，負責盡職，自強不息的美德，有助於政治的安定，社會的和諧，企業的發展，經濟的成長，則是不爭的事實。

二、儒學的特質

先總統蔣公認爲中華文化的基礎，一爲倫理，二爲民主，三爲科學。（註二）儒家思想是中華文化的主流，所以儒學的特質，也可以涵蓋此三者，不過，就儒學的發展來看，這三者顯然是有其本末輕重，未可等量齊觀。但是我們今天來談儒學，便要能知所因革損益，守經達變，與時偕行，日新又新，適應時代需要，盱衡未來發展，以求開物成務之道。

㈠倫　理

儒理是中華文化的基石，也是孔孟思想的根本，而以仁愛精神爲其精髓。所以有子說：

君子務本，本立而道生，孝弟也者，其爲仁之本與？《論語・學而》

孟子則說：

堯舜之道，孝悌而已矣。《孟子・告子下》

孝悌便是本於仁愛之心，也可說是仁愛之心的發露。倫理可分家庭倫理、學校倫理、社會倫理、民族倫理。《大學》所說的「孝者所以事君也，悌者所以事長也，慈者所以使衆也」的話，便是倫理的大綱。一個人在家能孝順父母，敬愛兄長；在學校自然能尊敬老師，友愛同學；在社會自然能發揮團隊精神，善盡本身職分；推而至於民族國家，亦莫不然。古人所謂「以孝事君則忠，以敬事長則順」（註三）孝與敬都是基於仁愛，有愛而後能孝，有愛而後能敬。孔子說：

事親孝，故忠可移於君，是以求忠臣必於孝子之門（註四）

我國古代教育，何以必以「明人倫」（註五）爲目的，因爲「人倫明於上，小民親於下」（同註五）其始是「人人親其親，長其長」（註六）其終則「不獨親其親，長其長」，且能親其親以及人之親，長其長以及人之長，所謂「老吾老以及人之老，幼吾幼以及人之幼」（註七）如此各安其所，各遂其生，社會秩序井然，充滿祥和之氣，政治清明安定，則天下可運於掌。

(二)民　主

我國古代聖君賢相的政治，是仁民愛物的王道政治，王道政治，是以民爲本的民意政治，所謂「

天視自我民視，天聽自我民聽」，（註八）所謂「民之所好好之，民之所惡惡之」（註九）這種以民意爲歸的政治，對內則選賢與能，講信修睦，有福國裕民的襟懷；對外則繼絕舉廢，治亂持危，有濟弱扶傾的理念。民主是以義爲利，公而忘私，仁者以財發身，藏富於民，這是以義爲利。呂氏春秋說：

> 堯有子十人，不與其子而授舜；舜有子九人，不與其子而授禹，至公也。（註一〇）

必有至公之德，而後有傳賢之實。然傳賢亦非易事，傳賢須能知人，所謂「知人則哲」（註一一）史記載：

> 堯將遜位，讓於虞舜，舜禹之間，岳牧咸薦，乃試之於位，典職數十年，功用既興，然後授政。（註一二）

觀堯舜禹之相傳，都是經嚴格的考核，長期的試用，講求資歷，注重實效，較諸今日民主之選舉，還要愼重，所以孔子說：

> 大哉堯之爲君也，唯天爲大，唯堯則之，蕩蕩乎民無能名焉。舜有臣五人而天下治。《論語．泰伯》
>
> 無爲而治者，其舜也與！夫何爲哉？恭己正南面而已矣。

舜能「無爲而治」，主要在其知人善任，其所以能知人善任，以其有天下爲公之心，有仁民愛物之德。而這些都是民主法治不可或缺的精神。

㈢科　學

儒學是內聖外王之學，由內聖的成德，通往外王的事功，這叫做合內外之道，在儒者本是一事。古代講「正德、利用、厚生」（註一三）正德，是正民之德；利用，是利民之用；厚生，是厚民之生。這三者都是爲政的要務，正民之德，在正人心，明人倫，屬於文化建設；利民之用，在發展工業，製造器用，屬於物質建設；厚民之生，在供應民生需要，提高生活水準，屬於經濟建設。後二者要靠知識和技術，這便需要發展科技。

我國科學之發展，雖落後西方國家。但其科學思想，則起源甚早，相傳黃帝作指南車，若非明於磁極原理，不能有此發明。尚書記載：

乃命羲和，欽若昊天，歷象日月星辰，敬授人時。在璿璣玉衡，以齊七政。（一四）

璿璣玉衡即渾天儀，用以觀察天象星辰，此可見天文學的進步。又尚書洪範九疇，講到五行、五紀，（註一五）五行是地理，五紀是天文。《中庸》說：

仲尼祖述堯舜，憲章文武，上律天時，下襲水土。

孔子好古敏求，對於古代的科學知識，自必有所傳承。所謂「上律天時，下襲水土」，也可說是上通天文，下明地理。《論語》言孔子多能。（註一六）《史記》言孔子博物，（註一七）要皆與科學知識有關。周禮說：

知者創物，巧者述之守之，世謂之工，百工之事，皆聖人之作也。（註一八）

所謂「聖人之作」，未必不是科學，孔子爲聖之時者，自然能守經達變，與時偕行，孔子如生在今天，亦必主張發展科技，以裕民生，可以斷言。

三、儒學與現代化

從以上所言儒學的特質來看，儒學對於現代化，只有正面的助益，而無負面的影響。現在我們要進一步探討，在國家現代化的潮流中，如何活用儒學，扮演積極的角色，以擔負與時俱進的時代使命，創造光輝美麗的未來。

(一)現代化的內涵

現代化是人類求進步求革新的過程，這一過程，是一種連續性的不斷的變革和創新，它是以科學知識為基礎，以科學技術為利器，在不同的歷史條件，不同的社會環境下，以不同的速度，不同的順序，不同的樣式，在發展在變化，使人有更美好的生活，更高效率的工作，更舒適的享受。當然，這些變化是對傳統的挑戰，會影響整個社會，包括政治、經濟、文化、教育和各種社會制度等。

現代化一詞，雖來自西方，但是現代化并不等於西化，它是個複雜的綜合體，有多種不同的模式，就事實而論，沒有那兩個國家可以走完全相同的道路。有些現代化的特徵，無關乎政治結構的不同，無關乎種族文化的不同。現代化是一個個具體存在的事實，是一個個不斷發展的事實，有其共同性，也有其差異性。至於現代化的內涵，國內學者有不同的說法，（註一九）茲舉其要者說明如下：

1. 科學化

現代化是以科學知識的演進與爆發爲原動力的，所以科學化是現代化的主要特質。孫中山先生說：

世界開化，人智益蒸，物質發舒，百年銳於千載。（註二〇）

所謂「物質發舒」，即是指的科學發明。中山先生又說：

泰西之儒，以格致爲生民根本之務，舍此則無以興物利民。由是孜孜然日以窮理致用爲事。格致之學明，則電風水火，皆爲我用。（註二一）

所謂「格致之學」，就是科學，科學能「興物利民」，科學的花朵能結出現代化的果實。而先總統蔣公也說：

現代之所以成爲現代，一切都是科學知識發達，和科學精神普及的結果。不但一切有形文物的進步是如此，就是一切生活習慣、社會制度、和公共事業的進行，也非貫澈以科學精神和科學方法，不能成立而發展。（註二二）

遠在十九世紀初期，科學技術的革命，西方的傳統社會結構，受到了嚴重的挑戰，由於產業革命的結果，機械化代替了手工業，建立了工商業的新社會，工人獲得了科學的新技術，成爲機器的操作者。專業分工需要科學，生產技術需要科學，其他如交通運輸工具，能源的開發，產品的包裝，工廠的管理，在在都需要科學知識。科學的基礎，就是現代化的基礎。

2. 工業化

科學是工業化之母，工業化是現代化的表現形式。由於科學技術的革命，促成了產業革命。歐洲第一個現代化社會，是十八世紀末和十九世紀初英國產業革命的結果。德國雖然起步較晚，但能奮發圖強，工業發展突飛猛進，到了十九世紀末期，已駕乎英法之上。

二十世紀新的產業革命，開發了許多天然和人造資源，利用新的資源，新的能源，結合新的機器，產生自動化的工業。而自動化的操作，以及機器人的發明，到本世紀七十年代後，更顯示出重大的意義。早在二十世妃初期，美國工業的發展，已超過歐洲國家。東亞日本急起直追，成爲後來居上的工業大國。在臺灣的中華民國，創造了舉世矚目的「經濟奇蹟」，自然也是拜工業化之賜。最近由於電腦的資訊化，更產生了大規模的文化變革，其應用之廣，速度之快，效果之佳，影響之大，都是無可比擬，無可取代的。而工業化的國家，早已成爲先進國家的指標。至於工業落後者，則被稱爲開發中國家。

3. 都市化

都市化是工業化的必然現象，工業化擴大了生產單位的規模，資本密集，工廠林立，資本密集活動，帶來勞動密集活動，勞動人口大量湧向工廠，而形成新的社區，發展成新的都市。由於都市的交通便利，教育普及，經濟繁榮，工作機會多，謀職謀生容易，對鄉村產生強烈的吸引力，而使勞動人口流向都市，有如滾雪球，愈滾愈大。當一個大都市的人口到達飽和狀態時，其吸引力向四周郊區增強，而發展成一個個衛星都市，因爲現代化的影響擴及整個社會，而所有國家的現代化，都有過渡的共同因素，即經濟、政治、社會三個組成部分。因而都市的發展，也有以經濟或政治爲中心的。像臺北是政治中心，同時也是經濟中心。現代化、工業化和都市化三者密切相關，現代化的表現形式爲工業化，而工業化的表現形式爲都市化，所以一個國家或地區，其都市化的程度，將可作爲衡量其社會工業化及現代化程度的指標。

4.民主化

民主化是世界的潮流，也是政治的需要。舉目斯世，凡是現代化的國家，沒有一個不是實行民主制度，本文所說的民主化，是指政治的民主。民主是以法治爲基礎，其目的在消除社會的紛爭，建立理性的秩序。孫中山先生說：

> 民權發達了，便有眞正的平等，如果民權不發達，我們便永遠不平等。（註二三）

孫先生所說的民權，就是民主，「民權發達」，就是政治民主化，政治民主，厲行法治，法律之前，人人平等，社會沒有不平，政治自然安定。因爲社會上紛爭的根源，都是由不平引起的。所謂「不平則鳴」，可見平等是人心自然的要求。人心各得其平，人際關係良好，這就是人和政通的道理。

一個國家的現代化，在工業化、都市化的同時，其所發生的工作問題，待遇問題，分配問題，權力繼承等問題，也惟有用民主的方式，平等的原則，才能獲得合理的解決。然而這還是屬於消極方面的事，更重要的是選賢舉能，造福社會，發揮積極的功能，創造現代化的善果。

5.大衆化

現代的社會結構，由工業化而都市化、專業化、企業化、使社會大衆投入一個個廣大的溝通網，分工愈精細，合作愈密切，社會趨於多元化，各種工會，各級學校，職業團體，學術文化機構，如雨後春筍，應運而生。社會結構分化，不同的社會結構，扮演不同的角色，發揮不同的功能。人與人接觸頻繁，普遍參與感油然而生。人民在社會中扮演主動角色，主權在民的觀念深入人心，衆人的事，由衆人管理。形成一個衆人「參與的社會」，這是政治民主化的自然現象。由於人民的職業不同，社會立場不同，個人觀念不同，政治理念不同，於是政府與民衆之間，團體與團體之間，常會發生某種程度的矛盾，而不平則鳴之聲，經由某些人的倡導，或某些媒體的傳播，往往會發爲群衆運動，走上街頭，訴諸社會，甚者訴諸激情，向公權力挑戰，強化了大衆的參與感，也增加了社會成本，這是民主國家常見的現象，但未必是正常的現象，所以在一個大衆「參與的社會」，人民活動的方式，應該符合理性化的原則。大衆化的「普遍參與」，是都市化的自然現象，而理性化的原則，也是需要堅持的。

現代化的過程是一種連續性的變革，是多樣性的發展，沒有最終目標，沒有特定模式，它的內涵在不斷的擴充，不斷的創新，以追求理想的境界。以上不過略舉大端而已。

㈡**從傳統到現代**

傳統和現代在時間上雖有先後的不同，但在二者之間並沒有明確的界線。在經濟世界中，找不到絕對的傳統，也找不到絕對的現代。傳統和現代互相交織，糾纏不清，在傳統中有現代，在現代中有傳統，而現代化就是傳統和現代的混血兒。現代與傳統息息相關，不可分離。因爲沒有傳統，就沒有現代。沒有「現代」的觀念，也就無所謂「傳統」，現代是由傳統而衍生、而蛻變，傳統是現代的胚胎，現代是傳統的發展。成中英教授說：

「傳統」與「現代」相比，「現代」的力量得自於「傳統」，但又獨立於「傳統」之外產生作用。至於「傳統」的力量則往往更爲強大。「傳統」代表連續性，「現代」則代表突破性：「傳統」所表現的是收縮力，「現代」所表現的是擴張力。（註二四）

社會的發展，是一個動態的連續體，而一個社會制度便是「傳統」與「現代」混合的產品。在傳統與現代之間，有矛盾性，也有相容性。如何轉化其矛盾性，接納其相容性，以補益現代化，從而充實現代化的內涵，需要高度的智慧與技巧。關於此點，成中英教授認爲應遵循下列三大原則：

一、盡量解決當前面臨的問題；

二、盡量維護傳統的合理規範；

三、盡量涵蓋未來可能發生的問題，使其有最廣的普遍性。（註二五）

這三大原則的第一原則，似嫌空泛；第二原則是指保持傳統的優點而言，第三原則強調其前瞻性和普遍性。也就是時空問題。因爲現代化是一個「與時俱進」的動態連續體，是一個永無休止的變革過程。它必須面對現代，而善用現代；前瞻未來，而能安排未來。面對現代，前瞻未來，要能兼顧傳統與現代，綜合東方與西方，以理性爲原則，以知識爲指針，以良知爲動力，以責任爲支柱，去解決面臨的問題，改善生活的方式，豐富生活的內涵，增進生活的福祉，提高生活的品質。當我們努力的同時，對於面臨的問題，一個個獲得解決時，會產生新狀況，發現新問題，此時就需要新觀點，新方案，來對治新狀況，解決新問題。當這些新狀況獲得對治，新問題獲得解決，會產生一定程度的劇變，而此時以前的現代化社會，便和傳統社會一樣，而成爲「新現代化社會」的胚胎。就此點而言，可見傳統和現代化的相容關係，也可見在解決面臨問題時，何以要保持傳統的合理性，何以要兼顧前瞻性和普遍性的原因。

㈢儒學如何活用

前曾言及東亞四小龍的奇蹟，是受到儒家思想的影響，不止是四小龍，日本也是如此。不止是日本，我國移民海外的華僑，大都能克勤克儉，發揮拓荒的精神，開創出一片新天地，這是因爲長久以來，儒家思想已深入人心，「內化於中國人的家庭生活、社會規範、政治結構、與人生信念中。」（註二六）而能在艱難環境中，充分的展現出來。美國學者彼得．柏格教授（Peter L.Berger）認爲：

> 儒家文化是種君主型的意識型態，也是非常保守的，當它在中國的國家體制下時，經濟動力無由發展，然而一旦中國人離開這種體制到外國去，儒家文化的經濟動力便展現出來了。中國移民在世界各地都很成功，尤其在東南亞，這便是個例證。（註二七）

儒家文化有助於現代化的發展，已是不爭的事實。但以往的事實，大都是「行之不著，習矣不察」（註二八）今天我們面對現代化的挑戰如何活用儒家思想，去發揮主動積極的精神，以促進現代化的順利推行，而開創出一個新外王的事功，應該是中國知識分子責無旁貸的事。茲就下列三項，分別討論之：

1.在政治上：孔子的春秋大義，是主張統一，尊敬天子。春秋魯隱公元年春，書王正月，公羊傳說：

何言乎「王正月」？大一統也。

這裡的王，是指周天子，「大一統」，就是主張統一，春秋經書「王正月」者凡九十二次，可見孔子對統一的重視。今天海峽兩岸如何走向統一？那就是要在民主、法治、均富的基礎上謀求統一。成中英教授指出：

統一之道並非獨立之道。臺灣的民主化、法治化與富強化將是統一中國的力量，而非獨立的條件。（註二九）

成教授所謂「統一中國的力量」，是指對全中國的「號召力與示範性」，故具有極重大的象徵意義。而政治民主化的落實，是以法治為基礎，一切惟法是依。但不能一成不變，僵化為吃人的教條；也不可朝令夕改，使人無所適從。孔子所謂：「道之以政，齊之以刑，民免而無恥；道之以德，齊之以禮，有恥且格。」《論語．為政》操術不同，功效迥異。風俗厚薄，皆繫於此。政刑不如德禮，善政不如善教，此為不爭的事實。然專尚政刑，失之過薄；專尚德禮，失之過厚。孟子說：

徒善不足以為政，徒法不能以自行。（同註六）

儒家雖講禮治，亦不廢法。禮法二者，相輔相成。以禮為綱，以法為用，這種中道精神，合乎時代需要，可補現代民主政治崇尚法治之不足。然而為政在人，傳統的君子儒堅持「天下為公」的理念，「和而不同」的立場，不為時君所喜，而遠離權力核心。御用儒則先意希旨，塑造權威主義，以鞏固領導中心。「他們雖高喊國家，但國家變成美化領袖權力慾的遮羞布」。（註三〇）這是儒者的墮落，也是儒學本質的失落。這種現象於今爲烈，海峽兩岸皆是如此，只在程度上稍有不同而已。龔鵬程教授曾慨乎言之：

政治是一回事，其本質是權力；政治上爲了競爭權力，不能沒有標榜以資號召，那又是一回事。所以號稱實行三民主義的中華民國，幾乎可以說從未實施過三民主義。三民主義是社會主義，而我們走資本主義路線；國民黨黨綱明定該黨爲責任內閣制，而我們不僅從未落實，現且更透過修憲來變更爲總統制；三民義主張平均地權，漲價歸公，現在誰若主張如此則必下台；憲法規定五權分立制，我們卻是實三虛五制，考試與監察都如虛設，所謂憲政改革，更廢去了監察院的民意性質，由總統提名監委，變成治權的一部份。中國共產黨裡那些掌權者，誰又眞懂什麼馬克斯？馬列的集子翻過一遍者，殆與我政府官員中曾瀏覽《國父全書》者一樣稀罕。（註三一）

這種講求權力的政治，即使是御用儒者，也只能站在政治的邊緣地位。而君子儒就只有講學傳道，著書立說，所謂「風雨如晦，雞鳴不已」（註三二）上焉者以道攝政，中焉者以教化民，下焉者獨善其身。然以道攝政，聽者藐藐，國民黨當權者的施政，距離三民主義的理想，漸行漸遠，新黨的及時成立，繼承國民黨的正統精神，成爲少數的主流，目前尚不足以發揮再生的力量，但制衡的作用，未可小覷。君子儒不能只求獨善其身，而是要當仁不讓，以身作則，以教化民，以善及人。蔣公中正認爲：

民主政治的安全軌道，那是要以守信來發揮政治的道德，以守法來保障民主的精神，以守分來確定民主的分際。（註三三）

以上守信、守法、守分三者，實以守信最爲重要，因爲「民無信不立」，故政府官員，務要以誠信爲本，陸贄所謂：

人之所助在乎信，信之所立由乎誠。循誠於中，可以俾眾無惑；存信於己，可以教人不欺。唯信與誠，有補無失。一不誠則心莫之保；一不信則言莫之行，故聖人重焉，以爲食可去而信不可失也。（註三四）

誠信就是最好的政策，但今日的國民黨當權者，只有權術，沒有誠信。走筆至此，忽聞內政部吳伯雄部長，宣佈退出省長黨內初選的消息。吳之所以退選，表面是爲了顧全大局，實際是抗議選舉不公。國民黨的黑箱作業，由來已久，所謂黨內民主，從來就沒有落實過，也沒有人會相信是眞的，充其量只是當權者玩弄權術、強奸民意的遮羞布而已。但是人民的眼睛是雪亮的，選票是民意的溫度計，誰違背民意，誰就會流失選票。國民黨如果不改「順我者生，逆我者死」的威權主義，把庸才當作人才，以黨意踐踏民意，將會在「得民者昌，失民者亡」的鐵則下，嘗到在野的滋味。當顯亮的明星，被彗星吞噬殆盡，只有幾顆人造衛星，圍繞著黯淡的月亮，那就是變天的時候了。基於「同舟一命」的關係，我們希望當權者以民意爲歸，以人才爲本，開誠佈公，落實民主，建立以選票決定政權的制度，保證人人都有公平競爭的權利，那才是民主政治最安全的軌道。

2.在經濟上：孔子主張藏富於民，均富於民，開發財源，節用愛民。論語及大學載：

百姓足，君孰與不足？百姓不足，君孰與足？〈顏淵〉

不患寡而患不均，不患貧而患不安。蓋均無貧，和無寡，安無傾。〈季氏〉

生財有大道，生之者眾，食之者寡，為之者疾，用之者舒，則財恆足矣。《大學》

道千乘之國，敬事而信，節用而愛人。〈學而〉

以上所舉四則，和今日我國現代化的經濟思想，若合符節。藏富於民，在提高國民所得，減輕國民賦稅，目前臺灣地區外匯存底，已達九百億美元。這一鉅額外匯存底，都是國民的財富，而且還在不斷增加中。至於均富於民，這也是民生主義經濟建設的目的。民生主義的平均地權，節制資本，以及分配之社會化的主張，都是為了達到均富的目的。均富於民的主張，是淵源於儒家的經濟思想。《大學》引孟獻子說：

畜馬乘，不察於雞豚；伐冰之家，不畜牛羊；百乘之家，不畜聚斂之臣；與其有聚斂之臣，寧有盜臣。此謂國不以利為利，以義為利也。

任荊溪說：「畜馬乘三段，一層大似一層，見畜馬乘者尚不可與民爭利，何況伐冰之家；伐冰之家尚不可與民爭利，何況百乘之家；百乘之家且不可與民爭利，何況有國者。」（註三五）所謂「不可與民爭利」，旨在以義為利，藏富於民。散財於民，這就是「仁者以財發身」的道理。

漢代的「均輸、平準」及官賣制度，旨在穩定物價，防止囤積居奇，頗有均富的精神，其立意甚佳，惜人謀不臧，未能充分發揮價格機能的作用。而中山先生有鑒於共產主義的均貧，和資本主義的貧富不均，把儒家的均富思想，用民生主義來實現。它是從均富兩方面同時進行：發展國家經濟，增加國家資本，將大規模具有獨占性或國計民生重大關係之企業，由國家經營。同時節制私人資本，將私人企業的經營，予以合理的限制，保留能自由活動的範圍，使私人的資金，也有充分機會為社會服務，並能發展個人創造的智能，這樣不僅國家財富增加，個人也很富裕。（註三六）而臺灣的經濟發展，就是以民生主義為最高指導原則。例如早期實施的「三七五減租」及「耕者有其田」政策，由於土地改革的成功，突破了經濟發展的瓶頸，農民生產力顯著增加，政府訂頒獎勵投資條例，地主資金轉向工商業，以農輔工，促進都市工業化；以工輔農，促進農業現代化；同時發展對外貿易，開拓國際市場，在私有財產和自由經濟範疇內，創造了舉世矚目的經濟奇蹟。在蔣經國主政時，大體上尚能遵循民生主義的原則，但蔣經國逝世以後，當權者與財團掛鉤，偏離了此一原則，而民間貧富的差距，也就愈來愈大。財政部長王建煊，因為主張土地照實價課稅而被迫去職，此一現象正印證龔鵬程教授所說的誰主張「漲價歸公」則必下台的話，這是值得省思面對的問題。

此外，我國所以能創造經濟奇蹟，還有一個重要因素，那就是政府有一套嚴格的財政金融紀律，以抑制通貨膨脹。由於世界經濟中心有逐漸由大西洋東移至太平洋的趨勢，而亞太地區將更具發展潛力，臺灣地處亞太樞紐，隨著金融自由化、企業國際化的趨勢，臺北應發展為區域金融中心，利用優越的經濟條件，建設臺灣為高度自由開放之經濟體，以逐步發展成為亞太區域營運中心，使二者相得益彰。隨著經濟發展的腳步，產業逐漸升級，以往勞力密集產業，必須移往海外，以資本輸出國的姿態，對東南亞、拉丁美洲等地區，輸出資本、生產、管理與行銷技術，開創新天地。同時在全方位的發展策略下，應確立企業根留臺灣的指標，提昇生產技術層次，改善硬體設施，以迎接即將來臨的太平洋世紀。（註三七）

3.在教育上：教育是立國之本，也是治國之本。孔子主張「先富後教」，主張「富而好禮」（註三八）孔門教育以仁爲本，以禮爲用。所以顏淵問仁，孔子告以「克己復禮爲仁」《論語顏淵》孔子又說：「人而不仁，如禮何？人而不仁，如樂何？」《論語八佾》禮樂同出一源，禮主敬，樂主和。禮以治身，樂以治心，身心平衡，內和外敬，待人彬彬有禮，服務敬業樂群，養成高尚的人格，表現良好的風度。不論對政治風氣，對社會道德，都有正面的影響。所以子貢說：「見其禮而知其政，聞其樂而知其德」《孟子．公孫丑上》禮樂的作用，不止可以涵養個人的身心，而且可以調和人際的關係，有助於政治風氣的轉移，社會風氣的改造，發揮化民成俗的功能，使人遷善遠罪而不自知。所以孔子說：「移風易俗，莫善於樂；安上治民，莫善於禮。」（註三九）既然說「莫善」，可見沒有比用「禮樂」更好的方法了。禮記說：「樂至則無怨，禮至則不爭，揖讓而治天下者，禮樂之謂也。」（註四〇）無怨，則心平氣和；不爭，則井然有序；社會如此和諧，其表現於政治方面，就是「揖讓而治天下」的功效，像堯舜的禪讓一樣，但那畢竟是遠古的事，在夏禹以後的歷史現實中，從未出現過眞正的揖讓政治。但我們不能因此而忽視禮樂的功能。相反的，更應該講求禮儀規範，提倡音樂教育，建立一個富而好禮、安和樂利的社會。

環顧今日臺灣，國民所得日增，而社會風氣日下，俗謂「臺灣錢淹腳目」，富是夠富了。可是富而無禮，或爲富不仁，這樣的富有什麼意義。觀其出國旅遊時，表現出財大氣粗的暴發戶心態。這顯示我們的教育出了問題，學校所教的，偏重於專業的講授，知識的灌輸，技能的訓練，而忽略品德的涵養，性情的陶冶。學者缺乏服務犧牲的精神，而有功利自私的念頭，王陽明所謂：「記誦之廣，適以長其敖也；知識之多，適以行其惡也；聞見之博，適以肆其辯也；辭章之富，適以飾其僞也。」（註四一）今日政治風氣，又遠遜於往昔。而現代教育的要務，應注重公德的培養，而培養公德，不在空喊口號，特重身體力行。時下流行義工，就是培養公德的最佳範例。我們能把心性修養與公共道德會通爲一，以心性修養爲基礎，以服務社會爲目的。也就是孔子所說的：「力惡其不出於身也，不必爲己」（註四二）以此爲教育的宗旨，更能發揚中華文化的優良傳統，肯定道德價值，建立禮俗標準，使社會人心普遍確立新的觀念，新的規範，由物化墮落的人生，轉變爲自愛自強、積極上進的人生。啓發每一個國民，都有「天下興亡，匹夫有責」的責任感，和「生命共同體」的同胞愛，更要有促進統一「舍我其誰」的使命感。當然，最重要的是要有實際的行動表現，操持踐履，持之以恆，來保證現代化的順利推行。

四、結論

現代社會是多元化的社會，科學的發展已邁入資訊化，社會中的各專業都以知識爲導向，而傳播媒體的溝通，也都以知識爲基礎，知識就是權力，知識決定一切。社會的發展，生活的進步，經濟的繁榮，企業的管理等，在在都需要足夠的知識，來掌握現在，規畫未來。成中英教授認爲：

知識不應是靜態的概念，而應是創發的活動；不應是孤立的觀點，而應是整體的判斷；不應是機械的部分，而應是活潑的全體。（註四三）

基於以上的認識，成教授提出「知識決策化」、「知識技術化」、和「知識資訊化」三方面的知識運用，作爲現代管理科學的原則。（同註四三）用知識來掌握現在，以開拓未來。使現代企業對外能順應世界潮流，以求深入發展；對內能適應時空條件，以求革新進步。當現代社會成爲知識性的生態體系時，社會中的任何一位決策者，都應具備整體思考的能力，能夠在適當的時機作出適當的價值判斷，並採取適當的措施，來解決面臨的問題，適應社會的需要，增進社會的福祉。不過，這種整體思考的能力，難免偏重於現代科技方面的知識，而忽略儒家歷聖相傳的中道思想。此一中道思想，即是《中庸》所說的時中，時中就是隨時處中，這個中字，在層次上爲絕對性，在性質上爲道德性，在實踐上爲主體性。（註四四）惟有具備此三者，才是知識運用的最高原則。更明確的說：就是要能把握「動機至善，手段至當，效果至佳」的三至主義。（註四五）要把握這三者並非易事，《中庸》所謂：「苟不至德，至道不凝焉。」這是說有「至德」之人，便能凝「至道」之事。換句話說，修到「至德」，便能行其「至道」。而以上的「三至主義」，有其豐富的內涵，精深的義蘊，兼有經權、御變、日新、創造等義理，而這種精微要妙的義理，只有「至德」之人，才能運用之妙，存乎一心，合內外之道，而時措之宜。明儒呂坤說：

> 爭輕重者，至衡而息；爭短長者，至度而息；爭多少者，至量而息；爭是非者，至聖人而息；中道者，聖人之權衡度量也。（註四六）

今天是主權在民的時代，是一切講求現代化的時代，也是知識決定一切的時代，我們不能期待聖人復生，即使復生也沒有人相信。但判別是非的權衡度量仍不可少，這個權衡度量的責任，當代中國知識分子，要義不容辭的承擔。而知識分子本身，必須要有前瞻的眼光，高深的學問，卓越的智慧，和仁民愛物的襟懷，犧牲奉獻的精神，同時又能兼顧傳統與現代，綜合東方與西方，建立一個中西合璧、新舊合一、完整而正確的知識體系，以擷取歷史的經驗，掌握時代的脈動，盱衡未來的發展，擬訂對治的方法，開創出一個「行而世爲天下法，言而世爲天下則」的典型，作爲中國現代化的指導原則。我們深信：中國統一大業的完成、中國民主均富的前途，全都繫於海峽兩岸中國知識分子的普遍覺醒與共同奮鬥。

【附註】

註一　《孔子新傳》第六章二〇四頁。

註二　《先總統蔣公全集》第五卷四二三一頁。〈中山樓文化堂落成紀念文〉

註　三　《孝經十章第五》。

註　四　《後漢書．韋彪傳》引《孝經緯》之文。

註　五　《孟子．滕文公上》。

註　六　《孟子．離婁上》。

註　七　《孟子．梁惠王上》。

註　八　《孟子．萬章上》引《尚書．泰誓》之言。

註　九　《大學．十章》。

註一〇　《呂氏春秋．孟春紀》第一，去私。

註一一　《尚書．皋陶謨》。

註一二　《史記．伯夷傳》。

註一三　《左傳》文公七年，亦見《尚書．大禹謨》。

註一四　《尚書．堯典》。

註一五　《尚書．洪範》五行：一曰水，二曰火，三曰木，四曰金，五曰土。五紀：一曰歲，二曰月，三曰日，四曰星辰，五曰歷數。

註一六　《論語．子罕》太宰問於子貢曰：「夫子聖者與？何其多能也？」子貢曰：「固天縱之將聖，又多能也。」

註一七　《史記．孔子世家》季桓子穿井，得土缶，中若羊，問仲尼，云「得狗」，仲尼曰：「以丘所聞，羊也。」

《集解》引韋昭曰：「獲羊而言狗者，以孔子博物測之。」

註一八 《周禮．冬官考工記》第六。

註一九 例如金耀基氏認爲現代化的內涵有：工業化、都市化、普遍參與、世俗化、高度結構分殊性、高度普遍的成就取向。見《中國現代化的動向》四三—四九頁。楊國樞氏則認現代化的特徵有：政治民主化、法治化、工業化、都市化、均富化、社會福利化、社會階層變動化、宗教世俗化、教育普遍化、科學化、傳播化、人口控制化。見《現代化社會的心理適應》二四—二六頁。

註二〇 《國父全集》第一冊，壹—一七三頁。〈民報發刊詞〉

註二一 同前書第二冊，玖—四頁。〈上李鴻章陳救國大計書〉

註二二 《總裁言論選集》第二冊一七九頁。〈認識時代——何謂科學的群衆時代〉

註二三 《國父全集》第一冊，壹—七九頁。〈民權主義〉第三講。

註二四 《中國現代化的哲學省思》第一章，三頁。

註二五 同前書第一章，三頁。

註二六 語見傅佩榮《儒家與現代人生．自序》。

註二七 引見同前書〈儒家思想與東亞發展經濟之反省〉五〇頁。

註二八 《孟子．盡心上》：行之而不著焉，習矣而不察焉，終身由之而不知其道者，衆也。

註二九 《中國現代化的省思》一九頁。〈代序：論知識份子與中國現代化的目標〉

註三〇　《儒家倫理與經濟發展》四七頁。蕭欣義〈儒家思想對於經濟發展能夠貢獻什麼〉

註三一　《淡江人物類型論》龔鵬程〈腐儒、白丁、酸秀才〉一一｜一三頁。

註三二　語見《詩經・鄭風》。

註三三　《先總統蔣公全集》第二卷，二七七六頁。〈復國建國的方向和實踐〉

註三四　《陸贄文》八六頁。〈奉天請數對群臣兼許令論事狀〉

註三五　謝希庵《大學述義備商》八八頁。

註三六　參見劉明灝《國父均富論之理論與實踐》二〇六頁〈均富應同時進行〉。

註三七　參見《中國財經》三二期，周鉅原〈面對太平洋世紀臺灣的全球經貿策略〉。

註三八　《論語・子路》子適衛，冉有僕。子曰：庶矣哉！冉有曰：既庶矣，又何加焉？曰：富之。曰：既富矣，又何加焉？曰：教之。又〈學而〉子貢曰：貧而無諂，富而無驕，何如？子曰：可也，未若貧而樂，富而好禮者也。

註三九　《孝經・廣要道章》引。

註四〇　《禮記・樂記樂論》。

註四一　《王陽明全書》第一冊，四六頁，〈答顧東橋書〉。

註四二　《禮記・樂記樂論》。

註四三　《中國現代化的哲學省思》一二一頁，第六章，〈建立中國管理哲學〉。

註四四　《人生》三〇三期，二四頁，朱維煥〈執兩用中釋義〉。
註四五　《國際孔學會議論文集》一四七六頁，孫智燊〈探中點滴〉。
註四六　《呻吟語》第一卷，三一頁。

古典中國哲學的現代意義

——從列子的生死觀談起

瑪　耶

一

如果我把哲學的領域裡是否有所謂「東方」「西方」的根本差異這個問題當作起點的話，那我將把重點放在莊子與列子這兩位道家哲學宗師的身上，以顯示純粹由西方形上學傳統發展出來的判準，對於古代中國哲學裡多樣的思想進徑並不能有效地加以掌握，假使我們不假思索地套用「東方」「西方」這樣的地理概念，並且進一步把東方的思想看作西方哲學的邊陲，那麼在碰到道家的經典裡（如列子與莊子）諸如無常、不死、長生或者自殺等觀念的時候，在理解上必然產生很大的限制。

長久以來西方的形上學認定理性乃是通往眞理唯一的途徑，這個幻覺一直到今天我們經歷了哲學主流的崩潰以後才開始退隱。我們看到那片陌生的思想疆土不甚貼切地被稱爲「東方哲學」；雖然它也常被改成「各派東方哲學」這個較有彈性的形式，這畢竟脫離不了哲學「主流」的假設，因爲只有根據這樣的「中心點」心靈的或東或西才可能被界定下來。準此，我們的研究無可避免地要以重新提出如下的問題開始：到底在所謂的「心靈地理學」當中我們能不能找到一個歐洲哲學的同一性？（如果「哲學的同一性」這種東西眞的存在的話。）眞的有一個哲學意義下的「歐洲」嗎？如果眞有這種東西的話，它又是如何看待非歐洲？它又是如何根據自身與他人之間的差異建設自己的「哲學同一性」呢？

今天一直把自己視爲純粹「歐洲（西方）經驗」的哲學正試圖了解在特定的時期在東亞（中、日）成爲注目的焦點的一些概念，在這同時，在歐洲的歷史中自稱「哲學」的哲學探討便觸碰到了它的邊境。

然而在後現代主義當中，在哲學的中心不可復得之後，我們面對了對一個長久以來的夢想根本的批判，即對於知識、眞理不可動搖的基礎的幻想。既然理性的論證本身都已遭到質疑，自然關於眞理概念的成見也跟著鬆動。這個事實將更加顯而易見，只要我們考慮東亞哲學傳統裡的觀念與流派。因爲東亞哲學是一個自主性的發展，故毫無彈性的判準不能公平地判定其是否爲「眞」。我們應避免使用不盡合理的比較方法，試圖將歐洲的眞理規準當作模型硬套在「非歐洲」的哲學身上。

當我們面對或接近道家的人物時，第一個挑戰無疑是關於語言的問題：文字的地位，沈默的語言所涉的領域，表述「沈默」的語言爲何，這些經常是道家的論述裡最核心的問題。我們今日所遭遇到的主體性徹底的轉化，乃至隨之而來的理性概念的轉化，已經把我們帶到某些道家觀念的近處，如莊周夢蝶的故事（註一）或列子乘風之喻的例子（註二）。同時另一方面目前歐洲主導的形上學觀點也爲我們打開了眞理更深層的面向，並引介了超理性與超語言的經驗。

在這裡我們想起了黑格爾的觀點——不祇是嚴格的黑格爾意義下的眞理觀，同時包含其所構想的文字的目的論層級。如果該目的層級的尖峰早已預留給拼音文字，那不符合拼音型態的系統無形中便遭到矮化（如中國文字，更不用提日本文字）。我們當然不是要說這樣的觀點在今天的哲學裡面還有討論的價值，但我們仍須思索它對哲學家們的探索工作而言有什麼涵義。我們想問的問題也就是：一個被稱爲Philosophia，愛智的學問，一個把「眞理」了解成一個「完全」的出發點，一個追求絕對眞理的絕對基礎的傳統應該如何解讀來自中國與日本的另類的哲學作品？

然而，今天的哲學發展允許我們以別的方式來證成思想與理性的基礎與假設，藉此，歐洲的哲學思辨確已打開了一個長久被忽視，在世界的另一個角落卻已開顯多時的眞理向度。隨著「現在」形上學的發展與暝想經驗的強烈追求，在「文字彼岸」的世界對哲學探索已日益重要，在此我們已經非常接近莊子的一個陳述（註三）：

道物之極，言默不足以載。非言非默，議有所極。

若我們把哲學史設想成一部敘事詩的話，我們便比較容易接近經常被放到後現代主義的脈絡裡面觀察的一種意識狀態。從這個角度來看中國的哲學傳統可以很有啓發性，因爲不管在它的開端或者發展的各個階段裡面自始至終都是在應用同樣的技術：用文字來說出文字說不出來的東西。在我們意識到文字的不足之後，可以有許多原創性的辦法解決這個問題，例如在宋朝各式各樣的圖說便是一種。哲學家或修行者常藉之表達他們在暝想技術的基礎上產生出來的理論。

莊子和列子的眞理之途與其關於「道」的直覺的描述我們將藉其生死觀來加以闡釋。當然其中「

悟」是一個重要的基礎。除了他們對語言的探索之外，生死的問題也是一個中心議題，因爲他們的哲學思辨並非建立在對世界的「思考經驗」這個層次上，而是建立在某種「居住」在這個世界裡的方式上，而這自然也就涵括了「生」與作爲生命過程的一環的「死」，還有其他與肉體的存在、生成、變化與消滅有關的修行。

二

藉莊子與列子之名留傳下來的故事裡，大師忽而是一個把虛空和寂靜當作自己的家鄉的神秘主義者，忽而是一個與基本的生存問題搏鬥的智者；當他們面對這些燒灼著每一個人的問題並提出令門人啞口無言的答案時，他們又顯得十分腳踏實地。

不管列子是一個有血有肉的眞人，或者只是一群極可能在那個時期彼此不認識，而且沒沒無聞的智者，我們將透過收錄在列子一書當中的一則故事（或者毋寧說是對話）（註五）來展現他的第二個側面。以下我也將試著評論這個故事，只是不是以抽象的哲學論文的形式，而是把他描繪成一個跑到我們的時代（並且進入西方的世界）裡面的形象，一個與無人能免的存在的負擔搏鬥的人物。

對於生死的問題，我想在進入列子之前也一併討論兩段有關莊子生死觀的文字。

聖人之生也天行，其死也物化……其生若浮，其死若休，不思慮不豫謀；光矣而不耀，信矣而不期；其寢不夢，其覺無憂，其神純粹，其魂不罷，虛無恬惔，乃合天德（註六）。或者：生

也死之徒，死也生之始，孰知其紀！人之生，氣之聚也。聚則爲生，散則爲死，若死生爲徒，吾又何患？（註七）

爲達到生死的差別變得「不重要」的那個點，並泰然處之，我們必須先進入虛空。這樣的觀念我們在別的地方也看得到。對道家或佛教而言這並不直接關聯到關於虛空的對話，而是關於道、無、眞理的探索與生死的意義等的論辯。在我們開始提出這個問題的時候，一個不斷地，持續地存在的自我便顯得像一個不切實際的，難以理解的幻覺，接著範疇一切現象的系統便圍繞著這個幻覺被建構起來，一個人一旦掉到這個陷阱裡面，就只能透過沒有彈性的框架來評斷事物。

以下摘自列子的對話（註八）揭櫫的便是這個道理。對話的兩造分別是：楊子——一個有學識也有閱歷的人；孟孫陽——他也可能是現代世界裡的一員，雖身體健朗，然年歲漸增，預感自己的身心機能正在老死。在長年忙碌於事業與學問之後，他的經歷讓他又記起了「一個很簡單，很清楚，卻又很愚蠢的眞理；一個不容易發現，同時令人難以承受的眞理，也就是：每一個人都會死，並且活得不愉快。」（註九）只要他一看見死亡的地平線便會開始尋求不死與永恆，這個故事於焉展開：

孟孫陽問楊子曰：「有人於此，貴生愛身，以蘄不死，可乎？」曰：「理無不死。」（註一〇）

雖然令人不安，但孟孫陽所期待的可能也是這個答案。道教作爲宗教化的道家經過一切煉丹的嚐試之後仍然無法提供長生不老藥，以讓人類得到長生不死，同樣地，西方的科學也促進了這種渴望，只是它的包裝較爲精緻罷了。

佛洛伊德曾經證明這樣的渴望是如何地根深蒂固（註一一）：「我們（與死亡）的關係並不誠實。在我們的談話當中，我們一直是要強化一個觀點，即：死亡是一切生命體的必然結果；我們當中的每一個生下來以後就同時已被自己的死亡束縛住，並且必須有清償這個負債的準備，因爲死是自然的，我們不能拒絕它，也不能否認他，然而，在我們日常生活的現實當中，我們卻表現得好像這根本不是那一回事。我們大家都明白地顯示了把死亡推到一邊，把它排除在生命外面的傾向，我們一直試著把它『取消』；有一句諺語甚至說：『如果我會考慮我自己的死亡，那我也會考慮這件事』，意思是說，根本不予考慮，吾人自己的死亡甚至是不能想象的，因爲只要我們一嚐試它，我們頃刻便會明白，我們只是自己的死亡的旁觀者。準此，我們的心理分析學派大膽地斷言：根本上，沒有人會誠實地相信自己的死。這也等於是說：『潛意識裡我們都堅信著自己的不死。』」

一個人如果能夠掌握這個洞見，就算是已經看得很遠了。無論如何，我們無從知道孟孫陽是否已經到達這樣的境界，因爲他又繼續追問了極有耐心地回答問題的大師：

以蘄久生，可乎？曰：理無久生，生非貴之所能存，身非愛之所能厚，且久生奚爲？五情好惡，古猶今也，既聞之矣，既見之矣，既更之矣，百年猶厭其多，況久生之苦也乎？（註一二）

可惜孟孫陽不能夠明白在他問這個問題的同時，他還是想找到不死的出路，雖然這一次走的是後門。就這一點而言，聖經裡的一個故事，也就是約伯書，很有啓示性。故事這樣開始：

烏斯地方有個耿直正派的人，名叫約伯。他敬畏上帝，並從來沒有做過壞事。他有七子三女，

七千隻羊，三千匹駱駝，五百對牛和五百頭驢，以及大批奴隸，所以約伯成了東方最了不起的人。（註一三）

上帝頗喜愛約伯，但惡靈撒旦卻說服上帝再一次考驗約伯。撒旦斷言這個人之所以顯得如此誠實、正直、虔誠，爲的只是保住被賜予的龐大資產，以及在族人之中所擁有的盛名。神接受了撒旦的建議。約伯的災難接踵而至：首先，迦勒底人偷走了所有的牲畜，雷電殛斃了全部的馬夫，颶風摧毀了他的家園和在裡面嬉遊的子女，然而，這個巨大的不幸並沒有讓耿直的亞伯卻步。聽見這一連串的惡耗，約伯站起來，撕裂衣袍，剃了髮，俯伏在地上說：

我從母腹赤裸裸地來到世上，

我也要一無所有地回到我來的地方，

天主賜予我的，

天主也可以把它拿走；

我要頌揚天主之名。

這整個過程中約伯沒有做任何不好的事，

也沒有指責上帝的不公。（註一四）

這個考驗並沒有讓撒旦感到滿意，他說服上帝進一步給予約伯肉體上的打擊。於是約伯生了一場病，讓他受盡全身潰瘍之苦。他不能待在家裡，於是隱身在垃圾堆之中，甚至連他的妻子都嘲諷他說：「

你還堅持你的耿直正派嗎？乾脆詛咒上帝，然後一死了之吧！」但他回答道：「你這話只有愚蠢的惡婦才說得出來。如果我們從天主處得到過賜福，那我們也要承受得了災禍。」這整個過程當中，約伯沒有吐出過一句褻瀆的話。

他的朋友們來探望他，並兀自作出聰明的評斷，諸如：「上帝如此重懲他，想必這個人罪孽深重。」當他祈求上帝告訴他，他犯了什麼罪的時候，遭到了他們的嘲笑；他們告訴他，敬畏上帝是聰明的，若他敬畏上帝，他便可免除惡運。他是如此痛苦，以致抱怨自己不應來到人世。

最後全能的神終於顯現在約伯面前。「責怪神的人必須負起責任」，這時約伯祇能回答：「我現在終於知道，祢是全能的，這也是爲什麼我現在如此溫馴，在塵土與灰燼之中懺悔。」聖經接著下了這個結論：「而且，上帝還使約伯的晚年比早先更好，他擁有一萬四千頭小牛，六千頭駱駝，一千對牛和一千頭母驢。他得到了七個兒子與三個女兒；他爲最年長的女兒取名耶米麻，第二個叫作克細亞，第三個叫作克倫哈普。這個世界上沒有任何女子像約伯的女兒如此貌美；她們此外還從父親那兒繼承了與兄弟一樣多的財產。」

從那時起約伯又活了一百四十歲，他和兒孫五代同堂，死時年紀已經很老很老了。（一五）

這個故事單純的教訓讓我們不容易明白爲什麼它會被收錄到聖經裡面。它的教訓乃是：若要在世間得到長壽與幸福，你當然就必須順從地信仰與人同形的上帝。上帝絕對是無所不在無所不能的，因爲他的身邊一直有一個撒旦時常提出建議，所以安排各種額外的考驗來測知一個個人對神的忠誠度。

就如同我們所看到的，善行的報酬便是長壽與財富。在約伯的故事裡，我們看到了約伯因爲忠誠而得到報償的可能性，長期的壽命與物質回饋，一百四十年的生命，數以千計的駱駝，死被極盡能事地延遲，但沒有被否認。

這事實上便是周知的「心理力學」。令人不快的觀念經常被排擠到意識領域的外面，這一點在孟孫陽身上也可以看到例證。楊子又再一次把他拉回現實，讓他看清楚，我們在這個世界上日復一日，年復一年所遭遇到的事件是如何乏味單調，特別是如果我們站在稍微高一點的立足點來看這個世界和生命的話。庸俗事實上有如一個沒有出口的漩渦，當它侵入一個人的生活的時候，他便會像掉入一個陷阱一樣難以自拔。對於這樣的人，上述的單調將更加難以忍受。

孟孫陽也是在這樣的處境裡面。他說：

若然，速亡愈於久生，則踐鋒刃，入湯火，得所志矣。（註一六）

如同我們所知道的，西尼加曾提出這個思考模式並加以應用。「一個人早死或晚死並不重要，重要的是死得有尊嚴，因而有充份的權利選擇最適合自己的死法」，他在致「他的朋友盧其留斯」的第七十封書簡當中如是說。（註一七）

無論如何，如果我們把孟孫陽想象成一個趨附專業與社會潮流的現代人，他將會看到特別是在中歐自殺率不斷地昇高，並且已成爲完全合法的死亡原因，甚至自殺學的學者都已經開始討論自殺權的問題，並訴諸一本叫作「自殺，實踐—歷史—技術—現實的方式？」的小冊子。（註一八）甚至於國際防範自殺組織（IASP）對於這個潮流也束手無策。孟孫陽將會知道諸如聖奧古斯丁（三五四—四三〇）的格言「自殺者乃一凶手」（註一九）或其各式各樣在早期基督教時代的翻版在今天已經一無用處。

楊子卻逸脫了這樣的思格，他說：

> 不然。既生則廢而任之，究其所欲，以俟於死。將死則廢而任之，究其所之，以放於盡，無不廢，無不任，何遽遲速於其閒乎？（註二〇）

楊子的生命觀並沒有侷限在醫學技術裡面，因此沒有落入今日關於生、死與自殺的爭議方式的窠臼裡面。他認爲，一個人祇要從困擾著孟孫陽的那種疑慮解脫出來，那麼生死的問題（當然隨之還有自殺的問題）就被超越了。在生死的問題被超克之後，吾人將會樂意地接受在這個超克之後所留下來的一切，然而，這將是一條漫長的道路。

（Miss MAjA Miccinski 南斯拉夫大學教授，廉教授文友）

【附註】

註一　莊子，內篇，A.C. Graham. Unwin Paperbacks, London, 1981, p.61.

註二　列子，卷二。

註三　The Complete Works of Chuang Tzu, Burson Watson, Columbia University Press, New York, 1968,p. 293.

註　四　列子，I./g (483). 參閱：Klasiki daoizma, Maja Milcinsiki. Slovenska matica, Ljubljana, 1992.

註　五　列子集釋，中華書局，北京，一九八五。本文中之引文摘自列子的英譯本：The Book of Lieh-Tzu, A.C. Graham, Columbia University Press, New York, 1990. 註　六　莊子，內篇，A.C. Graham, Unwin Paperbacks, London, 1981, p.168-169.

註　七　同上，頁二三五。

註　八　同註五，頁一四七—一四八。

註　九　Camus, A., Caligula. Gallimard, Paris, 1984.

註一〇　同註八。

註一一　Freud, S., Zeitgemasses uber Krieg und Tod. Gesammelte Werke. S. Fischer V., Frankfurt/M, 1972. X., p323-355.

註一二　同註八。

註一三　Study Bible, Rev. stand. Version, Eyre Spottiswoode. London 1980. The Book of Job.

註一四　同上。

註一五　同上。

註一六　同註八。

註一七　Seneka, L.A., Pisma prijatelju. Obzorja Maribor, 1966, VIII/70, p201-206. 註一八　Soubrier, J.P., La prevention du suicide, est-elle encore possible depuis la publication antorisee d'un livre intitule: " Suicide. Mode d'Emploi-Histoire- Technique-Actualite?". Crisis, 1984; 5/2, p.119-124.

註一九 Agostino S.A., La citta di Dio, C.Costa ed. Soc. editrice internationale, Torino, 1939; I., p.17-27. 91.

註二〇 同註八。

References:

① Chuang-tzu. The Inner Chapters, A.C.Graham. Unwin Paperbacks, London, 1981, p.61.

② Lie Zi, Book II.

③ The Complete Works of Chuang Tzu, Burton Watson. Columbia University Press, New York, 1968, p.293.

④ Lie Zi, I./9 (483). In: Klasiki daoizma, Maja Milcinski. Slovenska matica, Ljubljana, 1992.

⑤ Lie Zi ji shi. Zhonghua shuju. Beijing, 1985. The quotations for this article are taken from the English translation of Lie Zi: The Book of Lieh-Tzu, A.C. Graham. Columbia University press, New York, 1990.

⑥ Chuang-tzu. The Inner Chapters, A.C.Graham. Unwin paperbacks, London, 1981, p.168-169.

⑦ Ibid., p.235.

⑧ Ibid.5, p.147-148.

⑨ Camus, A., Caligula. Gallimard, Paris, 1984.

⑩ Ibid. 8.

⑪ Freud, S., Zeitgemasses uber Krieg und Tod. Gesammelte Werke.S.Fischer V., Frankfurt/M, 1972, X., p.323-355.

⑫ Ibid. 8.

⑬ Study Bible. Rev. stand. version, Eyre Spottiswoode. London, 1980. The Book of Job.

⑭ Ibid.

⑮ Ibid.

⑯ Ibid.

⑰ Seneka, L.A., Pisma Prijatelju. Obzorja, Maribor, 1966, VIII/70, p.201-206.

⑱ Soubrier, J.P., La prevention du suicide, est-elle encore possible depuis la publication autorisee d'un livre intitule:"Suicide. Mode d'Emploi-Histoire- Technique-Actualite?". Crisis, 1984; 5/2, p.119-124.

⑲ Agostino S.A., la citta di Dio, C.Costa ed. Soc. editrice internationale, Torino, 1939; I., p.17-27. 91.

⑳ Ibid. 8.

試述尚書洪範篇的政治要旨

王中

未論及本題以前，先將尚書作個簡略的介紹，尚書又叫做書經。本是唐、虞、夏、商、周五代的政治檔案。所以原來就是用虞書、夏書、商書、周書爲名的。到了漢朝初年，濟南伏（生）勝才開始稱爲尚書。孔穎達注疏解釋說：「尚者上也，言此上代以來之書，故曰尚書。」據說尚書原來有三千多篇，經過孔子的刪訂爲百篇，用作教育弟子的課本，秦始皇焚書，首遭浩劫。伏勝本爲秦國的博士，私自藏了一部於屋壁之中，秦末天下大亂，又被戰火所殃及，直到漢高祖劉邦定鼎天下之後，開放挾書的禁令，伏勝才敢收拾舊藏，僅得二十九篇，用來教育當時的齊魯之士。漢文帝的時候以倡儒術，派掌故鼂錯前往伏勝處受業，重行抄寫，這便是所謂今文尚書的來源。又隋書經籍志載稱孔子末孫孔惠在秦焚書時，私藏一部於屋壁之中，到孝武帝時魯恭王壞孔子壁得古文尚書，是用科斗文寫成的，當時沒有人認識，孔安國把它與今文尚書校對一遍，交出十六篇，據說這本古文尚書後來竟然不幸已佚了。遂又產生了兩本古文尚書，一是漢末鄭玄的本子、一是東晉梅賾的獻本。劉向別錄載古文尚書爲五十八篇。鄭玄本於是分今文經二十九篇爲三十四篇，分逸經十六篇爲二十四篇，合爲五十八篇之數。梅獻本也分今文經爲三十三篇，分逸經爲二十五篇，亦合爲五十八篇之數。到了唐太宗命孔穎達等撰定五經正義，孔穎達決定用梅賾獻的本子，自此頒行天下，一直沿用至今。

尙書所涉及的時代，上起唐、虞，下迄春秋，故始於堯典，終於秦誓。尙書的文體，約分爲六種：即典、謨、訓、誥、誓、命等。用現代名詞來解釋，典含有憲法的意思。其在我國政治制度史上占有同於英國不成文憲法的地位。謨是計劃書，也可以說是施政的方針。比如 國父的建國大綱和建國方略、三民主義、五權憲法等等著作，都是建設一個富強康樂新中國的偉大宏謨。訓是建議書，具有積極和消極的兩種性質，積極方面是鼓勵善政；消極的是勸阻惡政。尤以現代民主開放，加上媒體資訊的迅速深廣的傳播功能，人民有知的權利，政府的一切運作都必須公開、公正、公平、善政固然要給予肯定支持，惡政也更要提出批評與糾正，迫使政府日新又新，止於至善，建設一個最現代化最進步的國家，才是民意應該聚集的焦點。誥是布告，亦可稱之爲曉諭。現代所謂通知、公告、通報、文告等是。誓是約言，舊時代誓師以及現代宣誓成公約誓詞，大至於一個國家元首或各院各部會首長各級民意代表就職一定要宣誓，保證遵守法令，維護國家及人民權益；小至於運動會員亦得在大會伊始舉行宣誓，保證遵守大會規則及運動員精神，這都是尙書的遺制。命就是命令。和現代的公文書性質完全相同，它具有作爲與禁止的絕對效力，在現代公文書裏很少用令而改用函以取代其地位，應該是民主的時代潮流趨歸吧！

洪範篇是周書的第六篇，（周書共三十二篇）所以又叫做洪範第六。這是一篇我國最古和最有系統的政治哲學的重要文獻。其中的要旨是在闡明一個國家的主政者，要想治平天下，永保天命（政權），就必須要遵守天神所示的根本大法—洪範（洪者大也，範者法則也）。洪範篇所提示的有九大項目，所以又叫做洪範九疇。根據洪範篇的文體分類，應該列在「訓」一類裏，因此我們可以說它是一篇建議書，具有嘉善而矜不能的兩種性質。國父「上李鴻章書」，李綱的「請立志以成中興疏」皆庶幾近之。茲就洪範篇所論及的九大問題和有關政治上的要旨，先引部分原文，依次就淺見所及，試述於次：

洪範：惟十有三祀……禹乃嗣興，天乃錫禹洪範九疇，彝倫攸敘：初一、曰五行；次二、曰敬用五事；次三、曰農用八政；次四、曰協用五紀；次五、曰建用皇極；次六、曰乂用三德；次七、曰明用稽疑；次八、曰念用庶徵；次九、曰嚮用五福，威有六極。

一、五行

一曰水、二曰火、三曰木、四曰金、五曰土。

所謂水、火、木、金、土五行，就是物質界的五種基本原質，和人民生活最爲密切重要，爲人君者應該明白這種道理，而且加以適當的調整運用，使人民的生活都能不虞匱乏，並進而豐足有餘，進一步做到富國強兵，這種經濟思想發展到現代，從民生哲學的觀點去看，就是要「利用厚生」、「物盡其用、貨暢其流、地盡其利。」發展國民經濟，發達國家資本，增進人群福利，確保社會安全，達到均富主義，促進世界大同爲目的。我們知道經濟生活對人類的關係太密切了，對於任何一個國家的執政者來說，都應該把民生問題擺在優先的地位。就現代的民主政治而言，其中的道理更是如此。美國總統的易位，日本、英、法、德等國家首相的上台下台無不因經濟的難題而決定其去留，洪範篇把五行列在第一，實在有其深遠的道理。

二、五事

一曰貌，二曰言，三曰視，四曰聽，五曰思。貌曰恭，言曰從，視曰明，聽曰聰，思曰睿。恭作肅，從作乂，明作哲，聰作謀，睿作聖。

這一段文字是指政治倫理方面的五種基本行爲規範。天子對於這五種行爲隨時隨地都應該格外謹愼。江聲在尙書集注音疏中說：「人見之則先其貌，既見之則必有言，因其言則可以知其所視所聽，且可知其所思，是人相見之次也。」謝无量則說：「按五事總括身心之作用，由外之視聽，以徵內之心理，蓋具恭、從、明、聰、睿之德，自有肅、乂、哲、謀、聖之作用，此人人所同。」所以孔子教育他的弟子時也根據這五事，並加以發揮爲九思，他在論語裏說：「君子有九思，視思明，聽思聰，色思溫，貌思恭，言思忠，事思敬，疑思問，忿思難，見得思義。」這一段話可以說把一個人的思想行爲自內而外，發揮到了極致，這種修養不僅身爲政治領袖人物所應該具備，即以民主時代的一般國民都應該教育之，培養之，才有資格作國家的主人，實現主權在民的眞正意涵。

三、八政

一曰食、二曰貨、三曰祀、四曰司空、五曰司徒、六曰司寇、七曰賓、八曰師。這是國君應該施行的國家八種大政。八政又可以按其性質分爲三大類：

㈠**三政**：食與貨是人生日常所需的物質條件。古語說：「民以食爲天。」正足以強調其重要性。孟子亦說：「倉廩實則知禮義，衣食足則知榮辱。」中國歷代的興亡衰替大都由民生疾苦所引起的，國父的三民主義以民生爲歷史的中心，其根源就在此。祭祀是祈禱鬼神所需要的禮節，也就是當時人民所需要的精神條件，所以尚書中說：「國之大事，惟祀與戎。」這三事在當時是國家的行政根本，也是天子治理國家首要責任。

㈡**三官**：這是三政以下的重要國政。司空專司一切公共事業和國家建設的工作，相當於我們現在的經濟部（包括交通部、內政部、財政部部分業務）。司徒專司教民養民之事，相當於我們現在的教育部和農委會。司寇專司國家刑事案件的處理，以保障人民的正當權益、維護社會正義和國家紀綱，相當我們現在的司法部。天子對三官要經常督導考核，使其善盡職守，各循其分，進而做到興利除弊，獎善鋤惡，爲民服務的目的。

㈢**賓**、**師**：這是兩種不可避免的天子與諸侯間的關係。賓就是指今天的外交問題，使臣的往來迎送、應對接待，朝覲聘問等等，這些和平時期的事務均需有專責機關負責策劃執行，今日我們的國際環境固然相當艱困，透過我們強大的經貿實力，民主改革輝煌成就，積極參與國際事務的旺盛企圖和充沛活力，以及彈性外交、務實外交、全民外交的交互運用，在中共刻意封殺打壓之下，仍然能夠繼續擴大外交空間，也足以證明「事在人爲」和「得道多助」的道理。師就是指的行軍征伐，裝備訓練，士氣紀律方面的事情，相當於我們今天國防部所主管的各項業務。對於這兩方面—外交和軍事而言，天子也應時時注意加強，以維持天子的威信，人民的尊嚴和安全，都是不可缺少的條件。尤其目前對一黨專政和強調槍桿子出政權的中共來說，絕不能讓他們達到在國際上孤立我們，在軍事上威脅我們的目的。

四、五紀

一曰歲、二曰月、三曰日、四曰星辰、五曰曆數。

歲、月、日、星辰、曆數等是五種普通天象。在神權時代，天子應該隨時注意天象，並觀察八政的施行是否適當？八政若行，則五紀不出常軌；八政不行，天象就會垂示出顚倒混亂的狀況，以顯不祥，促使人君的反省警惕。我們從最早的殷商卜辭甲骨文中，周易的卦、爻辭中，以及太史公史記暨以後歷代的史冊之中，有關這類的紀載，眞可謂史不絕書，即現代科學這樣進步，氣象的變化，天文的研究，地理的奧蘊無不有專業機構專門儀器監視之，紀錄之，傳播之，預防之，猶有最近日本關西大地震之死傷慘重悲劇發生，歐洲大水之橫流，美國龍捲風之肆虐，即有尖端科技，亦無如自然災害何，我們中國老祖宗在四千多年前就注意到這點，不能不爲我們祖先的智慧感到驕傲。同時也應該居安思危，加強設備，提高警覺，縱有災患發生，亦能把損害減低到最小程度。

五、皇極

皇建其有極，斂時五福，惟時厥庶民，于汝極，錫汝保極，凡厥庶民，無有淫朋，人無有比德，惟皇作極。在君主時代，皇極是指上天授與天子的統治權。所以以前皇帝下達命令叫做聖旨，一開始就說：「奉天承運，皇帝詔曰」的話，最大莫過於天，皇帝就是天之子，代表天來統治萬民，自然就變得順理成章的事了。「皇極」二字的解釋是：「皇者大也，極者中也」。天子須行大中之道，以作百姓萬民的模範。孔子在中庸裏說：「舜其大知也與，舜好問而好察邇言，隱惡而揚善，執其兩端，用其中於民，其斯以爲舜乎。」「一國之內，上自元首、下及庶民，皆能從容中道，瞭解人心惟危，道心惟微，惟精惟一，允執厥中」的道理並能身體力行，自然無過不及之弊，上以大中之道教化下民，下以大中之道敷陳於上，這樣無偏無黨的王道，才可以稱之爲好德，國人自可以並受其福，以達到倫理上至善的地步。大中之道，也係發揮理性、控制性情之意，如中庸上說：「喜怒哀樂未發之謂中，發而皆中節謂之和。中也者，天下之大本也，和也者，天下之達道也。致中和，天地位焉，萬物育焉。」所以主張中庸之德爲人君必具之修養，即現代國家元首行政治民，亦不宜陳義過高，免得開出支票，不能兌現，徒然招人譏議，殊爲不智。

六、三　德

一曰正直、二曰剛克、三曰柔克。平康正直，彊弗友剛克，燮友柔克，沈潛剛克，高明柔克。這是國君行使「皇極」時所宜因時因事因人因地不同而採取三種不同的政治方術。天下太平，天子宜採正直的手段；天下變亂，天子須採用嚴厲的剛克手段；天下亂而復平，天子直採懷柔的柔克手段。鄭玄謂：「克，能也。剛而能柔，柔而能剛，寬猛相濟，以成治立功。」謝无量以爲三德雖並舉，而其歸宿仍在正直之德，以其可以濟二者之偏而適於中——嚴而不苛，寬而不濫。此當爲上下固守之德也。國父分革命爲軍政、訓政、憲政三個時期，亦與上義甚合，故其自云：「有固襲吾國固有之政治思想者。」其來有自，可徵之矣。

七、稽　疑

擇建立卜筮人，乃命卜筮，曰雨、曰霽、曰蒙、曰驛、曰克、曰貞、曰悔。古代天子治國，往往會遇到疑難問題，因知識、經驗都不足，在危疑之時，往往用卜、筮的方法，敬求神明的指示，以爲行事的準繩，甲骨文中的紀載，十之七八都是這方面的資料。例金璋二〇八：「己巳卜壬雨，季于宮，亡□（災）。」虛卜二四六：「壬辰卜、旅貞，季歲。」粹編一一四三：「壬寅卜貞，今春方其出。」續存一、六二七：「壬寅卜，爭貞：今春王伐曾方，受有又，十三月。」這些卜辭中包括氣候、旅行和軍事各方面的記載，證明國君對於國家的大小事情都要接受卜筮人的建議。易經六十四掛的卦辭和每卦六爻的爻辭更是根據卦象與爻位有了統一的文字，卜卦者只要按照一定的程序求出卦象，就可以根據卦辭爻辭象辭等等了解所卜的徵象。三千多年來一直在民間流傳下來，並在學術上保有其特殊地位，受到世界知識界人士的重視，自有其不朽的價值，應該可以肯定的。今天是科學時代，國家一切舉措，都應該是根據理性、知識和科學的判斷，擇其有利的條件和阻力小的部分去施行，才可以事半功倍，獲得預期的成果。

八、庶徵

曰雨、曰暘、曰燠、曰寒、曰風、曰時……。王道是否實現所顯示的自然現象？五紀代表一般的天象，只能指示大體，至於王道各部分的實行成功與否？天子須詳細觀察四時的變化，是否合乎常軌？才能夠確定。王道亨通，四時必正，四時乖倒，就是證明王道的不行，在這個時候，人君就應該有所檢討，改過自新，努力修德，以順天意，符合民情。易乾九三爻辭說：「君子終日乾乾，夕惕若，厲無咎。」果明此義，則近道矣。當前政治民主，政府各級官員，不僅有各級民意代表監督之，還有各種媒體和全體民眾注視之，即使在施政方面有所瑕疵，在眾目睽睽之下，在大方針方面，應不至於有太大的偏差，這就是民主政治和社會開放的好處。

九、五福

一曰壽、二曰富、三曰康寧、四曰攸好德、五曰考終命。六極：一曰凶短折、二曰疾、三曰憂、四曰貧、五曰惡、六曰弱。這是說明王道實行與否在人事方面所顯示的最後徵象。王道若實行，天就降以五福。這個例子以當今中華民國在臺灣近半個世紀實行王道—三民主義的豐碩成果來說，是最具體的證明了。從「壽」這一點來說，中華民國國民的平均壽命，男性是七二．〇二歲；女性是七七．四二歲。比民國五十二年統計的男性六三．九歲；女性六八．二九歲提高了將近九歲之多，這是一項了不起的成就。就「富」這一方面來說就更加明顯了。「臺灣錢淹腳目」是舉世流行的一句話，國民年平均收入突破一萬二千美金的大關。雖然比一般先進國家尚有一段距離，但比起地大物博的大陸地區、東南亞、中南美洲、非洲許多國家，卻領先許多，尤其臺商以其豐厚的經濟實力旺盛的企圖和靈活的策略運用。把投資的觸角無遠弗屆地伸展到世界各地，顯示民生主義實現的輝煌成就，絕非只是口號和教條而已。不幸的是考試院荒謬絕倫地竟然在院會中作出廢考國父遺教的決議，又併發了大學廢考三民主義的連鎖效用，像這樣惡毒挖中華民國的根本，竟未遭到最高當局和有力人士的反對，即連中共方面的學者都深感不解，凡有良知的國人和僑民，無不感到痛心和憤慨！邱院長和郭部長應該為這件事下臺，否則何以對　國父暨先烈之英靈，何以對全體國人及後代子孫？如果仍是靦顏無恥，有愧職守，成為名教中的罪人，應不為過。三曰「安寧」孟子謂：「倉廩實而知禮義，衣食足而知榮辱。」中國雖以農立國，農民終年辛勞，吃不飽，穿不暖的窮苦情況幾乎無代無之。像今天臺灣這樣富足的社會不能說「絕後」，「空前」二字是可以肯定的。談到社會安寧倒還差得甚遠，社會上的違法亂紀，諸如搶劫勒索、走私販毒……日有所聞，弄得人心惶惶。許多人設法移民國外，治安亮起紅燈，實在令人無法想像，主管部門居然拿不出一套有效辦法，遏阻社會不良風氣的惡化，全體國人應該好好反省深思，猛然回頭，政府也應該伸張公權力，負起教化的責任，人人以自立守法爲榮，方爲惜福之道。所謂「攸好德」，無論官員和人民都應該發揚善性，遵守道德，踐履恕道，推己及人。所謂考終命者，謂人各善養其天年也。傳謂：「各成其短長之命以自終，不橫夭」。孔傳參正：「考，成也，終性命，謂皆生佼好以至老也。」人們只有在康樂富足的社會中才能樂享天年，施行善政才有這種條件。如果相反地王道不能實行，天就會降以六極－凶短折、疾、憂、貧、惡、弱等不良狀況就會相繼出現，比如非洲盧安達等國家的戰亂、疾病、飢荒等等不幸事件接踵而至，帶給人民苦難和死亡的浩劫，如果天降六極執政者仍然不知悔改，則天必收回天命，另任他人來做國家領袖，如湯之伐桀，文王之伐商紂，劉邦之滅暴秦，光武之討新莽，國父之覆滿清，皆同類也。

總而言之，做國君的必須尊重皇極（偉大的中道），愼修五事以高其品德，明究五行，善用三德，以施行八政，並以稽疾來解決疑難問題，預防不幸災禍的發生。以五紀、庶徵考察實際行政的得失，如有善政則天降五福，如行惡政則天降六極。洪範所言，完全是一種帝王之學，完全是政治上的道德。雖然其中有些道理因時代的進步已被揚棄，然其中的基本精神－仁政思想和德治主義，仍然是政治哲學中根本原則，是千古常新的道理，正因爲這樣，中國的典籍有它不朽的價値和對人類社會的偉大貢獻，我們不能不去深入研究、發現其中的眞理，用爲修明政治，建設國家的憑藉，如此才不失我們研究學問的積極意義。

（文學士，中華中學教師，廉教授門人）

《易》中之君子

江惜美

前言

《周易正義・序》云：「夫易者，象也；爻者，效也。聖人有以仰觀俯察，象天地而育群品，雲行雨施，效四時而生萬物，若用之以順，則兩儀序而百物和，若行之以逆，則六位傾而五行亂。」（註一），數千載之下，士人無不以《易》之原則修身處世，生死以之，俾成聖成賢，退而求其次，成一光明磊落之君子。

吾人檢視《易》中「君子」一詞，可得君子之涵義。君子之第一義，乃「讀書人」，亦即今人所謂「知識分子」。知識分子理當與非知識分子有所區分，其存心仁、行事義，一以修己治人爲依皈，不若非知識分子之見異思遷，言行不一。余自《易》中，抽絲剝繭，條分縷析，得其精華，略有所得，而此一得之愚，或可有助立志爲聖賢者參酌。

吾人讀聖賢書，第一要事乃立志爲君子。舉凡君子平居在家之修爲，出仕時與友朋之交往，事君應有之道，以至家國危亡之際，應何以自處，《易》中均已深切著明。惜乎時人不察，僅憑殘篇斷簡、隻字片語，奉爲圭臬，未能窺其全豹，殊爲可歎！是故摭拾其要，以原文爲首，譯文次之，繼之以文辭解說，並依類敘述，以明其底蘊。

君子居家之道

天行健，君子以自強不息。

譯文：天道剛健，運行不已，君子以天爲法，自強不息。

天體運轉沒有止息，一個君子也應該效法天，努力求取知識、學問，造福廣大的人群。

君子終日乾乾，夕惕若厲，無咎。

譯文：君子白天勤奮努力，夜晚戒懼反省，可以沒有災難。

一個君子，每天兢兢業業，努力於德行的修爲；同時，向晚時分，猶且心懷危機意識，深怕事情處理得不妥當，這樣就可以沒有過失了。

君子學以聚之，問以辯之，寬以居之，仁以行之。

譯文：君子通過學習，累積知識，時常發問，辨明是非，以寬厚心胸待人處事，以仁義行事當成自己的責任。

一個君子，在才能未發揮、地位還不顯赫時，要不忘學習，以備日後之用；同時，要蓄積道德勇氣，施於萬物。學習倘若有所疑，必須詳究到底，以解疑惑。當以寬厚的心胸處事，以仁恩的心對待一切。

君子敬以直內，義以方外，敬義立而德不孤。

譯文：君子心中充滿恭敬，表現在外行事得宜，樹立恭敬、道義，德行就不被輕視，能產生深遠的影響。

一個君子，存敬謹的心來對待萬事萬物，表現在外正直而合理，由於向天地效法，使萬物得其宜，因此人們也以敬謹的心對待他，對他的德行從不懷疑。

君子黃中通理，正位居體，美在其中而暢於四支，發於事業，美之至也。

譯文：君子內心美好，通達事理，忠於職守，恪遵禮節，美德隱藏在心中，表現在四體，擴大在事業中，這是最美好的。

一個君子，好比黃色居衆色之中一般，心居四支的正中。由於心地美好，因此手足輕盈舒暢，內外兼美，以至於事業成功，可以說是美的極致啊！

君子以果行育德。

譯文：君子以果敢堅毅的行動來培養品德。

一個君子，行事決斷，示人以正道，然有所善行，則隱然懷藏，以自修德。

君子以儉德辟難，不可榮以祿。

譯文：君子以有節儉美德，得以躲避災難，不可虛榮邀得利祿。

一個君子，在境遇不順的時候，應當節儉，躲避危難，不可以驕溢奢侈，竊取榮寵。

文明以健，中正而應，君子正也。唯君子為能通天下之志。

譯文：君子觀文明剛健的象辭，秉性中和，以正道爲準則。只有君子才能體察天下的隱衷，齊一人民的意志。

一個君子，不以武力表現剛健，而以文明行剛健之德；又他的行事與中正遙相呼應，不與邪辟相應，所以說君子有貞固的節操。既有貞固的節操，才能去體察人民疾苦，使人們願意齊心努力。

君子以類族辨物。

譯文：君子取法火燭照耀天下，去分析事類，辨明情況。

一個君子，能分辨事物，使相同的歸於一類，得以判然劃分異同，各不夾雜。

君子以遏惡揚善，順天休命。

譯文：君子抑制罪惡，表揚良善，而後順應天命，祈獲好運。

一個君子有包容的美德。它遏匿惡行邪事，褒揚善行懿德，順奉天德，休美物之性命。

謙，尊而光，卑而不可踰，君子之終也。

譯文：謙虛的美德，使尊貴的人得到尊敬，使卑微的人不能欺壓，這是君子獲得善報的原因。

尊者謙卑，其德更加光明盛大，卑者不敢踰越。君子能終其謙之善事，又獲謙之終福，所以說會有好的福報。

謙謙君子，卑以自牧也。

譯文：謙讓的君子，總是謙虛的進行自我修養。

一個君子，經常以謙恭的態度修養德行。

君子以多識前言往行，以蓄其德。

譯文：君子廣泛的瞭解古人的嘉言懿行，來培養自己的德行。

一個君子，要能多記前代的言論及過往賢德的行事，來蓄積自己的德行。

君子以慎言語、節飲食。

譯文：君子要謹言愼行，避免災禍；節制飲食，保持健康。

一個君子應當記取「禍從口出、病從口入」的教訓，謹愼言語，節制飲食。

君子以虛受人。

譯文：君子以謙虛的態度，接受他人的教益。

君子，謙虛爲懷，能納衆物，因此衆人也與他感應。

君子以立不易方。

譯文：君子立於正道，堅守原則，不會改易。

君子的立身處事之道，能得恆久，所以不會改易。

君子好遯，小人否也。

譯文：君子不以利祿爲念，喜歡隱居；小人以利祿爲心，不甘隱遯。

君子和小人的區別，就在於君子不貪戀名利地位，生性恬淡，喜歡遯隱；而小人恰恰相反，喜歡利祿，以至於不甘心退隱。

君子以言有物而行有恆。

譯文：君子言辭需有內容，德行需持之以恆。

一個君子，言必有物，行必有恆，言行是君子的樞機，皆需符合日用平常，相輔相成。

君子以懲忿窒慾。

譯文：君子制止忿怒，杜絕貪欲。

一個君子，懲止忿怒，窒塞情欲，可以沒有過失。

君子以見善則遷，見過則改。

譯文：君子見善就跟從，有過錯就改正。

一個君子不斷請益，看見良善的，就會遷惡向善，有過失就會改正。

君子以順德，積小以高大。

譯文：君子遵循德義，加強修養，從細小處起步，逐漸培育崇高品德。

一個君子，積小善以成大名，這是順應天德的作法。

君子以永終知敝。

譯文：君子在長期生活中，知道成敗的關鍵。

事到終極，往往有缺失，所以君子知道物極必反的道理。

君子以行過乎恭，喪過乎哀，用過乎儉。

譯文：君子行事不敢過於恭讓，居喪不敢過於哀傷，用度不敢過於節儉。

小人的過失在於慢易奢侈，因此君子以恭敬的行爲，喪禮的悲慟，以及節儉的用度去矯正它。

君子思患而豫防之。

譯文：君子有備無患，事情還沒有發生的時候，事先防患。

一個君子常思及後患而事先預防。

君子之光，其暉吉也。

譯文：君子光明正大，自然吉利。

君子的德行，光輝明亮，這是吉利的象徵。

君子居其室，出其言善，則千里之外應之，況其邇者乎！

譯文：君子平居在家，常出善言，那麼自然有人遙相呼應，何況是身邊的人啊！

一個君子，平居在家所說的話如果是好的，那麼千里以外也會有人呼應，何況是鄰近的人呢？

君子見機而作，不俟終日。

譯文：君子看見事物端倪，馬上處理，不會坐視不管。

一個君子，發現事情的端倪，馬上行動，不會等待一天的終了才去做。

君子知微知彰，知柔知剛，萬夫之望。

譯文：君子見微知著，剛柔並濟，是大家所仰望的對象。

一個君子，知道事物的端倪，也知道事物昭著的時候；知道事情開始的柔弱，也知道事後的剛強，所以被大家欽仰。

君子安其身而後動，易其心而後語，定其交而後求，君子脩此三者，故全也。

譯文：君子先求自身的安定，再求有所表現；將心比心，然後再說話；與朋友定交後，才能有所求，君子能修養這三點，所以可以保全己身。

君子先使自身安定，然後開始表現；換個角度先爲對方設想，然後再發問；與朋友深交後，才能有所求，能修養這三方面，才不會受到傷害。

以上節錄《易》中有關君子平日居家之道，可以得知身爲一個君子，閒居應如何自處。在求知方面，必須盡力而爲，時刻學習，以備日後不時之需。同時，必需有明快之決斷力，見善能跟從，有錯即改正，因此常能在禍患尚未發生時，事先預防。而在修德方面，亦是小心謹愼。君子有寬闊胸襟，仁恩之心，蓄積道德勇氣；君子謙虛，自往聖前賢言行中，效法其美好德行，使一己德業精進；君子內心善良，通達事理，恪遵禮節，有貞固節操，而不做邪惡之事，因此能順奉天德，感化衆人。既明白力學、仁德等細節，君子仍需有處事能力，以及光明正大之心，方能受人欽仰。

吾人自《論語》一書中，可探其源。子曰：「君子博學於文，約之以禮，亦可以弗畔矣夫（註二）！」此即《易》求知之道。子曰：「志於道，據於德，依於仁，遊於藝（註三）。」，此即修德之義，故知《論語》君子一義，其源皆自《易》出。

君子出仕之道

地勢坤。君子以厚德載物。

譯文：大地地勢舒展，順承天道。君子取法卦象，以深厚的德行來承擔重任。

一個君子，要效法大地的淵廣，平日培養品德，等待時機一到，居官任事，才有足夠德行來承擔重大的責任。

雲雷，屯。君子以經綸。

譯文：上卦坎，坎爲雲；下卦震，震爲雷。君子取法於雲雷，用雲的恩澤，雷的威嚴來治理國事。

君子在位的時候，要能恩威並施，給予恩惠，但也要嚴於治事，才能經綸天下。

君子以辨上下，定民志。

譯文：君子分別上下尊卑，使人民循規蹈矩，安份守紀。

一個君子要治理人民，一定要制訂尊卑上下的法則，使人民知道謹守分際，不致逾越職權。

君子道長，小人道消。

譯文：君子得勢，道義盛長；小人得勢，道義消退。

一國之中，君臣相合，倘若君子在朝，道義因此鼎盛；倘若小人在朝，那麼道義就因此消退，因此國君用人，不可不愼！

君子以裒多益寡，稱物平施。

譯文：君子以謙虛爲懷，截取多餘的，增益不足的，衡量財物的多寡而公平的給予。

一個君子，地位尊貴而懂得謙恭的德行，爵祿更加增多；地位卑下而知謙恭的德行，事物也能有所增益；亦即君子爵祿官秩的高下，完全從謙恭的程度來衡量。

君子以振民育德。

譯文：君子振育萬民，施行德化。

一個君子，能以恩澤使人振作，能以德行培養、教育人們。

君子以教思無窮，容保民無疆。

譯文：君子教化人民，極盡心力，他包容萬民，德業無疆。

一個君子，與下屬相處和悅，心中仍不忘教化下屬，就像大地包容萬物，無邊無際。

君子以明庶政，無敢折獄。

譯文：君子明察各項政事，不敢遽然斷案。

一個君子，內含文明以掌理政事，不能只憑果敢決定訟獄。

君子以同而異。

譯文：君子綜合相同之處，分析萬物之異。

君子職掌雖有不同，輔佐君王治理百姓的心意相同。

君子以赦過宥罪。

譯文：君子赦免有小過失的人；寬諒有輕罪的人。

過失小的就赦免他；罪惡輕的就寬宥他，這就是君子的胸襟。

君子以施祿及下，居德則忌。

譯文：君子德澤施於下民，有功不敢自專，並以此為戒。

一個君子，恩威並用，須明察禁令，而後施恩於部屬。有些許功勳，不敢引以為美，而且要以有功為忌諱的事。

君子以勞民相勸。

譯文：君子鼓勵人民勤勞，而相互勸勉。

君子慰勞遠來的人，勤於體恤人民的辛苦，進而幫助人民，使他們成功，所以教養不窮。

君子豹變，小人革面。

譯文：君子精神振奮，儀態雍容；小人洗心革面，服從君上。

改命創制的時候，君子潤色鴻業，就像豹的花紋那麼彪炳；而小人只知道變其容貌顏色，順從君王的喜好。

君子以正位凝命。

譯文：君子持正守位，不負使命。

一個君子，在位的時候要嚴整法令，使上下尊卑有序，以成教化的使命。

君子以思不出其位。

譯文：君子謀不踰位。

君子所考量的事情，不可超出自己的職權，以免招人怨恨。

君子以居賢德善俗。

譯文：君子以賢德自居，改善社會風俗。

君子求賢，使其居位以教化風俗，要使風俗淳善，須用文德以及謙善之禮，不可以卒暴威刑，否則物不相從。

君子以折獄致刑。

譯文：君子裁斷訟獄，施行刑法。

君子效法上天物象施行刑法，但也須以文明折獄決斷；亦即斷定獄訟須得虛實之情，致用刑罰必得輕重之中，動而不明，會使亂象橫生。

君子以明愼用刑而不留獄。

譯文：君子明察刑獄，愼重判決，不敢濫施刑法，也不敢延宕擱置。

君子靜止明察，審愼用刑，而不稽留獄訟。

君子以制術度、議德行。

譯文：君子建立政綱制度，確立倫理原則。

君子制定尊卑禮命，使上下有節，依據德行的優劣任用人才，務使得宜。

君子以議獄緩死。

譯文：君子審議訟獄，不輕置重典。

君子衡量一個人的過失輕重，緩捨當死的刑罰。

君不密則失臣，臣不密則失身，幾事不密則害成，是以君子愼密而不出也。

譯文：君主不能保密，就會失去忠臣；臣子不能保密，就會喪失生命。細微的事不能保密，就會產生禍害，所以君子戒愼守密，而不輕易說話。

臣子盡忠於國君，國君不能保守祕密，那麼容易引起其他人妒殺忠臣。臣子的言行一旦有缺失，很可能喪失生命。細微的事情，要謹愼預防，如果不保守祕密，禍害就會交相產生，所以一個君子說話一定要小心。

君子上交不諂，下交不瀆，其知幾乎。

譯文：君子和身份高的人來往，不諂媚；和身分低的人交往，不輕視，就可以知道細微的事理。君子與身分地位高的人交往，不可流於諂媚；與身分地位低的人交往，不可流於褻瀆，這樣大概可以接近聖人的知眞理、窮物性了。

以上各則，說明《易》中君子任官應注意之原則，同時追溯其源，指導「官先事」（註四）之原理。君子平日蓄積德性，待時而動，一旦任官，謙虛戒愼。首訂尊卑上下法則，其次嚴於治事，與百官職掌有別，然輔佐君王之心意相同，與上司交往，不流於諂媚；與下屬交往，不流於刻薄，依據德行之高下任用人才，而後才能教化人民，使風俗美善。至於用刑，尤須留意。君子明察各種政事，過失輕的就赦免他，罪惡輕的就寬宥他，得獄法的虛實之情，致刑罰於輕重之中，一旦察明，審愼用刑，而不稽留獄訟。最終目的，欲「刑其無刑」，以恩澤使人振作，以德性培養、教育人民。又君臣之間，再微細的事也需保密，否則隨意說話，忠臣一定被妒。因此，選人任事，一以德性爲依皈。用君子，道義鼎盛；任小人，道義消退，可見用人不可不愼！

子曰：「道之以政，齊之以刑，民免而無恥；道之以德，齊之以禮，有恥且格（註五）。」有德者任官，才能使人民信從。《孟子》以仁義闡翼孔子學說，其出仕之道，與《易》亦有異曲同工之趣。孟子曰：「愛人不親，反其仁；治人不治，反其智；禮人不答，反其敬；行有不得者，皆反求諸己。其身正而天下歸之（註六）。」又曰：「說大人則藐之，勿視其巍巍然（註七）。」此即君子志在修持，不畏權勢之證。至於識人之要，孟子曰：「左右皆曰：不可，勿聽；諸侯皆曰：不可，勿聽；國人皆曰：不可，然後察之，見不可焉，然後去之。左右皆曰：可殺，勿聽；諸大夫皆曰：可殺，勿聽；國人皆曰：可殺，然後察之，見可殺焉，然後殺之，故曰：國人殺之也，如此然後可以爲民父母（註八）。」此皆《易》有以啓之，孔孟恢宏之耳！

君子處世之道

君子以遠小人，不惡而嚴。

譯文：君子遠離小人，不以惡制惡，而採取嚴厲的態度遠離他。

一個君子在面臨應當隱遯的時候，自知力不能勝，不必被小人褻瀆；但也不必心存報復，而是堅定的、採嚴厲的態度離開小人。

君子以朋友講習。

譯文：君子廣交朋友，講習道義。

君子的快樂是朋友在一起講習道義，相悅而得於心。

君子之道，或出或處，或默或語，二人同心，其利斷金；同心之言，其臭如蘭。

譯文：君子和人交往，無論出處、言談，皆與人相應；與人相應，就算金屬之利，也可斷之，同心之言，芳香如蘭。

君子與人相處，貴在同心。如果兩個人同心，那麼無論在外、居家；沈默或言談，都能互相感應，所以就算是金一般堅硬的東西，也會被折斷；同心的言語，它的芳香就像蘭花一般。

君子體仁，足以長人；嘉會，足以合禮；利物，足以合義；貞固，足以幹事。君子行此四德者，故曰：乾，元亨利貞。

譯文：君子履行仁義，足以號令大眾；集合眾美，足以符合禮節；利人利物，足以和合義理；堅持正道，足以成就事業。君子力行這四種美德，所以說乾卦具有元、亨、利、貞這四種品德。

一個君子能體察仁德的道理，因此施德於衆人身上；又由於能使萬物嘉美聚集，所以能配合禮法；他利益萬物，使物各得其宜；他志堅意定，能使諸事順遂，也就是能做到仁、禮、義、信四方面的德行，所以說他行事光明磊落，像乾卦所說的「元、亨、利、貞」。

君子以獨立不懼，遯世無悶。

譯文：君子遭逢禍變，守節不屈，他隱居不仕，清靜淡泊。

一個君子，在衰難的時候，卓然獨立，毫無恐懼，隱遯在世界上，毫不憂悶。

君子以常德行習教事。

譯文：君子尊尚德行，學習教化人民的方法。

一個君子，不以險難爲困，而應保有德行，勤學政事。

君子以非禮弗履。

譯文：君子知道如果不合禮法，就不能做。

一個人在得意的時候，容易得意忘形，作出違背禮法的事，只有君子才知道：不合禮法的事，絕對不能做。

小人用壯，君子用罔也。

譯文：小人捕獸憑力氣；君子捕獸靠網圍。

小人往往自以爲健壯，當捕獸的時候，毫不知謙遜的衝撞；君子捕獸，卻看見那難爲的地方，因此用羅網來拘捕，也就是採取「機智」的方法來應對事物。

君子以反身修德。

譯文：君子反求諸己，修養德行。

一個君子在蹇難的時候，應該反省自身，不可一味向前。

險以說，困而不失其所，亨，其唯君子乎！

譯文：身處險境，不失其操守，窮中求通，恐怕只有君子做得到吧！

處於困境，能隨遇而安，不失愉悅的心境，這就是君子的作爲吧！

君子以致命遂志。

譯文：君子不惜犧牲生命，成全道義。

一個君子，能爲守正道而死，雖遭逢困厄，就算犧牲生命成全道義也在所不惜。

君子以恐懼修省。

譯文：君子心存敬謹，反省自己是否有過失。

君子平日戰戰兢兢，不敢懈怠，若遇天災人禍，必深自反省自己是否有過失。

君子以愼辨物居方。

譯文：君子以謹愼的態度辨別事務的性質，居處於適當的位子。

君子在命運不濟的時候，想到世上是非不明，所以小心謹愼，辨別事物的原理，使萬物得其正。

君子尚消息盈虛，天行也。

譯文：君子遵循天地的消長盈虛，因爲這是天道。

一個君子，通達物理，貴尚消息盈虛。道消之時，行虛道；道息之時，行盈道；若遇道虛時候，存身避害，危行言遜；若遇到盈息的時候，極言進諫，建立事功，一切都順應天體運轉、四時變化來作準則。

君子藏器於身，待時而動，何不利之有？動而不括，是以出而有獲，語成器而動者也。

譯文：君子將才能藏在身上，等待時機而後表現，這樣怎會不順利呢？表現時不會受阻礙，所以能有收穫，這是說有才能還要有表現的時機。

一個君子，將才能蓄積在內，等待適當時機再表現，這樣就能無往而不利。適當時機，應該表現再表現，這樣就不會有阻礙，自然能有收穫；這就是說有能力還要有適當時機才能表現。

君子安而不忘危，存而不忘亡，治而不忘亂，是以身安而國家可保也。

譯文：君子安定時不要忘記危險，國家存在不要忘記覆滅時，所以身心安定而國家可保。

一個君子，在安定的時候要有憂患意識；在國家存在的時候，也要有國家也許會覆滅的準備；在國家已經治理時，更不要忘記它有動亂的時候，能夠隨時懷著憂患意識，就可以保全自身，保有國家。

君子不僅止修身，同時應有淑世理想。因此，力行道義，並施德於人；聚合萬物，以符合禮法；利人利物，來和合義理；堅持正道，來成就事業。以上四者，乃君子處事之基，其餘各則，皆據此而出。君子知進退之道，若天下無道，小人橫行，絕不心存報復，而是毅然遠離是非之人，退而與朋友講習道義，相得於心。

又衰難之時，君子卓爾不群，不憂不悶；其謙遜、戒慎，深自反省，隨遇而安，不失愉悅之心，以待時機成熟，奉獻所能。天道既有四時循環之功，君子亦自有盈虛消息之時，道消之時，靜默隱退，遠離禍害；道盈之時，極言進諫，建立事功，君子所作所為，不敢存一絲為己，而全以國家、人群為念。

子曰：「君子坦蕩蕩，小人常戚戚（註九）。」又曰：「篤信好學，守死善道，危邦不入，亂邦不居。天下有道則見，無道則隱（註一〇）。」與《易》所言君子不憂不悶之理近似，又其言出處，應順勢而為，水到渠成，自然成功，千載之下，遂為君子處事不易之法則。孟子承此，進言之，曰：

「齊人有言曰：雖有智慧，不如乘勢；雖有鎡基，不如待時（註一一）。」又以君子之名易爲大丈夫，而云：「居天下之廣居，立天下之正位，行天下之大道。富貴不能淫，貧賤不能移，威武不能屈，此之謂大丈夫（註一二）。」自是以降，君子之法度，盡在於斯。

結語

由上述得知：《易》中揭示君子之道，足爲吾人之規範。君子「窮則獨善其身，達則兼善天下」，即得之於此，儒家之精神亦盡在斯。吾人志於學，當以君子自勉，平日居家，戒愼惕勵，自強不息。出仕爲官，當思盡忠；御下之時，亦當明察禁令，恩威並用，如此在朝治事，當可免禍，且可經綸天下。

然人生際遇不一，與人相處，乃一門學問。君子知禮法之要，是故心存謙卑，不敢越禮。當名利之來，不以其道得之，不取也；不以其道去之，不去也。倘若朋友相聚，則講習道義，與友同心，而不背棄，則所到之處，常逢凶化吉，不爲小人所陷。

吾人既自《易》得知君子之道，自當恪守以爲座右銘。出處之際，心胸開闊，不計人惡；大難之來，固守節操，如此，在位自是清廉之士，在野亦是行事磊落，受人尊崇，一旦身心安定，定能毫不憂悶。《易》中君子，富含時義，降自今日，仍爲知識分子之圭臬，凡我中華子孫，皆應奉爲寶典，朝夕誦之，躬自實踐！

（文學博士，現任台北市立師範學院副教授，廉教授門人）

【附註】

註一　參見《十三經注疏本・周易正義序》、頁二。藝文印書館。

註二　參見《十三經注疏本・論語》、頁五五。

註三　同注二。見《論語・述而》、頁六〇。

註四　參見《十三經注疏本・禮記》、頁六五〇。

註五　同註二。《論語・爲政》、頁一六。

註六　參見《十三經注疏本・孟子》、頁一二六。

註七　同註五。頁二六一。

註八　同註五。頁四一。

註九　同註三。頁六五。

註一〇　同註二。見《論語・泰伯》、頁七二。

註一一　同註六。見《孟子・公孫丑》、頁五二。

註一二　同註六。見《孟子・滕文公》、頁一〇八。

論〈禮運·大同〉與孟荀政治思想異同

胡正之

一

《禮記·禮運大同章》爲我國政治思想極特殊之文獻，自清季以來，頗受學者重視。晚清公羊三世之論、孫中山先生三民主義之說，或懸此爲治國之鵠的，或倚此爲立說之根據，近人且據之以證民主（民本）思想爲我國固有之物，其於泰西未嘗後之也。凡此之類，皆爲是篇見重於今日之明徵。

雖然，是章之思想內容，每起學者之疑：如宋·黃震即謂其說「似老子」（見《黃氏日鈔》），清姚際恆《古今僞書考》亦謂是篇爲「周秦老莊之徒所撰」，「『不獨親其親，子其子』，爲墨子之道」。錢賓四先生則依《史記》所載子游少孔子四十五歲，謂「考孔子年五十一爲司寇，子游年六歲；孔子五十五歲去魯，子游年十歲。孔子與語大同小康，有是理乎？後人猶有信〈禮運·大同〉爲眞孔子當日之言者，皆坐不知論世考年之咎」（《先秦諸子繫年·孔子弟子通考》）。其後學者依違論辯，叢脞萬端。而所以如此者，蓋以〈大同〉章所言質諸孔門正學，於學術思想與時空背景二者，果有未安之處，故陳義雖高，然終與先儒之論有閒也。

子游觀蜡時年歲之多寡，爲此章眞僞外考證之關鍵。如賓四先生之論，子游時僅十歲，則此章之僞當無可疑。然學者或謂《史記》「子游少孔子四十五歲」之言爲誤，或言孔子之觀蜡，乃在致仕之後，時子游已二十餘歲，當可以與聞大道矣（註一）。今去古既遠，文獻難徵，凡此推論之事，其嫌疑是非甚難言矣，故本文釋之不論，僅就〈大同〉章之學術思想以爲討論範圍。

〈大同〉論天下爲公之義，論者或謂其爲夫子論道之精義，或謂其爲墨家老氏之外學，聚訟所在，厥爲是章思想爲儒家政治理論與否。雖然，所謂「儒家」思想者，至難言矣。韓非謂孔子死後，「儒別爲八……取舍相反不同」（《韓非子．顯學》）。《史記．十二諸侯年表》云孔子次春秋，及其故後「魯君子左丘明懼弟子人人異端，各安其意，失其眞，故因孔子史記，具論其語，成《左氏春秋》」。蓋學術之發展，輒因學者之才性與時世之興廢而有所離合，此必然之理也。故同尊夫子，而孟荀有涇渭之殊；並傳詩教，而四家存淄澠之別，其後經學有漢宋之爭，理學有朱陸之異，皆學術流變之自然也。此其一。

前論言孔門一理之分殊者也。而學術發展，又往往有所謂百川匯海者。以戰國爲例，諸子之學，蠭起雲出，攻錯爭勝。諸子抵掌談說於秦廷楚宮，往覆論難於燕昭稷下。故秦漢之際，《呂覽》之兼容，《鴻列》之並包，韓非學於荀卿而歸於黃老之域，賈誼以誦詩屬書聞而通乎百家之說，此一匯通融合，乃勢之自然，學術發展所必趨也。陳相服儒服、誦儒書，而大悅許行之道（見《孟子．滕文公》）；五行之說，未見乎洙泗，迨戰國季年，則已「世俗之溝猶瞀儒，嚾嚾然不知其所非也，遂受而傳之」

（《荀子·非十二子》）（註二）。皆爲其時儒者雜糅外家之明徵。是以漢初學術，董生好論夫子之所罕言，而韓嬰歧步孟荀之藩籬。如此，則所謂「儒家」者，其判準何在，至難言矣。此其二。

儒家於秦漢之際，分流既雜，而戰國學術流派，復匯通兼糅，時有融合。是以論「〈大同〉章爲儒家思想與否」此一命題，歧義甚多，判準實難。故本篇論〈大同〉一章，僅以之與孟荀二氏比較，以辨析其政治思想與儒家正學之出入。至於是篇作者之爲儒爲墨，年代先後，一並略之。

二

〈禮運·大同〉曰：

大道之行也，與三代之英，丘未之逮也，而有志焉。大道之行也，天下爲公，選賢與能，講信脩睦，故人不獨親其親，不獨子其子，使老有所終，壯有所用，幼有所長，矜寡孤獨廢疾者皆有所養。男有分，女有歸，貨惡其棄於地也不必藏於己，力惡其不出於身也不必爲己，是故謀閉而不興，盜竊亂賊而不作，故外戶而不閉，是謂大同。今大道既隱，天下爲家，各親其親、各子其子，貨力爲己，大人世及以爲禮，城郭溝池以爲固，禮義以爲紀，以正君臣，以篤父子，以睦兄弟，以和夫婦，以設制度，以立田里，以賢勇知，以功爲己。故謀用是作，而兵由此起。禹湯文武成王周公由此其選也。此六君子者，未有不謹於禮者也，以著其義，以考其信，著有過，刑仁講讓，示民有常。如有不由此者，在埶者去，眾以爲殃。是謂小康。

所謂「使老有所終，壯有所用，幼有所長，矜寡孤獨廢疾者皆有所養」，「謀閉而不興，盜竊亂賊而不作。」與夫子老安少懷之志雷同，其陳義豈不偉哉？然前賢目之「似老子」（黃震）、「爲墨子之道」（姚際恆），以爲非先儒正學者，不在於終老長幼，而在其所以終老長幼之道；不在於閉謀止亂，而在於其所以閉謀止亂之術。

夫「人不獨親其親，不獨子其子」之言，固近孟子「老吾老以及人之老，幼吾幼以及人之幼，天下可運諸掌」（《孟子．梁惠王》）。然儒家之老老幼幼，重在推己及人之恕心，因不能已之孝慈推諸萬民，故願天下之人老有所安，幼有所懷，初非泯除人我份際，而一視同仁也。不辨人我親疏而以人之親爲己親，以人之子爲己子，孟子斥之「無父」，是墨氏之學也。今〈大同〉「不獨親其親，不獨子其子」，獨對小康「各親其親，各子其子」而發，其高下抑揚之間，斥親親之意甚顯，大近兼愛之說。故有「墨子之道」之評。

〈大同〉章固欲閉謀止亂者也，然其謂「大道既廢，……禮義以爲紀，以正君臣，以篤父子，以睦兄弟，以和夫婦，以設制度，以立田里，以賢勇知，以功爲己。故謀用是作，而兵由此起」。是謀詐兵禍之所以出，皆在於禮義爲紀也。循此而下，苟欲致廢謀去亂之治，非退勇知、黜禮義而無由矣。夫勇之與知，乃夫子所尚之達德，夙高於先典；禮之與義，爲修己安人之大經，屢見稱於聖經。此四德者，自洙泗立教之根本，今〈大同〉章較大同之與小康，而有非之之論。與《老子》「絕聖棄智」「絕仁棄義」之說如一轍所出，謂之似老子，洵非誣矣。按此而言，〈大同〉章與儒家政論，所欲至者似同，而所以至者則異矣。

〈大同〉爲〈禮運〉之首章。夫〈禮運〉云者，孔穎達釋以「禮之運轉之事」（《禮記注疏》），自當爲論禮之作也無疑。夫「禮」於儒家思想體系之價値至矣尙矣，其於夫子，一則曰「導之以德，齊之以禮，有恥且格」（《論語．爲政》），「能以禮讓爲國，何有」（仝前〈里仁〉），曰「上好禮則民易使」（仝前〈憲問〉），是禮爲治國達政乃至化民成俗之大經。二則曰「恭而無禮則勞，愼而無禮則葸，勇而無禮則亂，直而無禮則絞」（仝前〈泰伯〉），曰「克己復禮爲仁」（仝前〈顏淵〉），是禮爲修身成仁之大法。其於孟子，曰「無禮義則上下亂」（《孟子．盡心》），此承孔子治國以禮之旨也；又進而曰：「人之所性，仁義禮智根於心」（仝前），是進禮於人性之本體義矣。荀子言人之性惡，烔別於孟子，不以禮爲人性之本有。然正坐於人之性惡，故荀子尤好言禮義，以禮爲人化性起僞、明分使群之充要條件，曰「人無禮則不生，事無禮則不成，國家無禮則不寧」（《荀子．修身》又見〈大略〉），曰「禮者人道之極也」（仝前〈禮論〉），謂君子「學至乎禮而止矣」（仝前〈勸學〉）。是禮之於先儒，其序位至重，其價値至高，其於人倫政事之用大矣。

至於〈大同〉章則不然。〈禮運〉所言，論禮於三代以來之運轉。篇中固「極言禮也」，謂禮治人情、理國家，爲「君之大柄」，故曰「禮之急也」。然縱觀此篇之所謂禮者，皆對小康之世而發。而所謂小康者，乃「大道既隱」之世。〈禮運〉於論述小康之前，懸一「大道之行」之大同之世以爲對照。如：

△「天下爲公」／「天下爲家」

△「人不獨親其親，不獨子其子」／「各親其親、各子其子」

△「貨惡其棄於地也不必藏於己，力惡其不出於身也不必爲己」／「貨力爲己」

△「謀閉而不興，盜竊亂賊而不作，故外戶而不閉」／「謀用是作，而兵由此起」

是小康之世，雖不及亂亡，然敦朴既斷，大道已虧，較諸大同之世，實已衰甚矣。禮之所以急於小康，非禮之本身有何獨立價値，乃爲對此「大道既隱」之世所無可奈何者。又有甚者，依〈大同〉所論，禮既於大道已隱之世不得已而立之，以靳乎止亂解患。然施禮之後，且將伏「謀用是作，而兵由此起」之弊矣。

〈大同〉所言禮者之序位，唯對小康之世而後有；而禮之施之於世也，又有其局限性及負面意義。此一觀點，與《老子》「失道而後德，失德而後仁，失仁而後義，失義而後禮。夫禮者，忠信之薄而亂之首」之言一貫，故鄭康成注此曰：「以其違大道敦朴之本也。教令之稠，其弊則然。老子曰『法令滋章，盜賊多有』」。其暗用老氏之旨無可疑也。正坐以此一老學觀念體系，故全以制度義視禮，與夫子孟荀以禮爲人文化成之根本，去若天壤。據乎此，則謂〈大同〉一篇爲先儒之正學，云誰能信。

三

今既知〈大同〉之所以治天下者，頗雜老子墨氏之說，則基於該一理論所推演之「天下爲公」云云，亦宜非洙泗之正義，無涉乎儒家義理。然近世論者，多不別此篇出入黃老之是非，朱紫儒墨之嫌疑，反豔稱〈大同〉一章「天下爲公」云云，乃民主之先聲，爲儒家政論之精義。此則不可不有所辯。〈大同〉所謂天下爲公者，乃對「大人世及以爲禮」之家天下而言。其所謂家天下之選，乃「禹湯文武成王周公」，則家天下之爲世及，公天下之爲禪讓，語意甚明。然則禪讓云者，果爲先儒論政之正誼乎？夫禪讓之說，未見乎春秋之前，據顧頡剛所考，宜倡自墨家（註三）。然近之學者，抱憾國族之積弱，自恧於中國之無民主思想，故每攀附文獻，曲爲飾說，強以民主思想爲儒家文化之固有，其情自有可憫，然終非論學之道也。今若平情去蔽，則所謂禪讓以公天下之義，當有可說者在焉：

俗謂天下爲公之大者，宜爲天子傳政，不以子而以賢之禪讓也。戰國以降，此說頗著。諸子遊士，輒好言堯舜之讓，又美務光許由之節。天下既高禪讓之義，於是乃有效尤如燕噲子之者（註四）。降及有漢，猶有蓋寬饒引《韓氏易傳》倡官天下之義（註五），而眭弘更以災異而上書欲漢帝尋賢禪位（註六）。至於〈禮運〉所言，尤爲其著者。至西漢之季，哀帝且有讓位董賢之言（見《漢書・佞幸傳》）。是讓國之說，果爲秦漢之盛言矣。

禪讓者，不傳其子而授大位以賢，舉天下而身讓之，此豈非不私其政而公天下之大者哉？故羅夢冊以此讓國傳賢之說爲「大道之行也，天下爲公」之大同思想，乃「土生土長之中國型態的民主根底」，「土生土長之中國義諦的民主思潮，民主哲學」（註七）。擇賢以授位，輕去而讓國，其名則甚美，其事則高矣。雖然，其義難爲孔門之正學，非先儒之所謂公天下也。

言禪讓之事者，必稽堯舜以爲說，以爲堯授天下予舜，舜傳其政於禹，胥不私其子，舉天下以讓賢，乃官天下之大者。故苟能傳國讓賢，輕去其位，是行天下爲公之道也。雖然，苟略察此類讓國之說，實墨、道二氏者所好言（註八），而每見疑於秦漢先儒也。其在孟子，則言「天下不能以天下與人」（《孟子．萬章》），以否定「堯以天下與舜」之說；其在荀子，則逕曰「堯舜擅讓，是虛言也，是淺者之傳，陋者之說也」（《荀子．正論》）；其在董生，則謂「堯舜之不私傳天下而擅移位也」（《春秋繁露．堯舜不擅移湯武不專殺》）。夫孟、荀、董生，洵爲孔門之龍象，不世之大儒也。以文化傳承言，孟子「言必稱堯舜」（〈滕文公〉上），而荀子亦云「上則法舜禹之制」（〈非十二子篇〉），彼皆盛道先王，欲以堯舜之道行諸世。苟堯舜果以禪讓爲治，則孟、荀豈有非之之理哉？以學術脈承言，辭讓之德，洙泗所尚，能以國家天下讓，是德之大也者。孔子不云乎：「泰伯其可謂至德也已矣。三以天下讓，民無得而稱焉」。孟、荀、董生皆願學孔子者也，何夫子以泰伯爲高，而此又以讓國傳賢爲非？以政治理論言，三子之倡言湯武革命，不以天下私一姓，所論至公矣（註九），然又不以禪讓授予之事爲貞，豈尚征伐以易姓而薄讓國以傳賢哉？此必無之理也。其中曲折，必有說焉。故不以繁蕪，俱錄之於左：

△萬章曰：「堯以天下與舜。有諸？」孟子曰：「否。天子不能以天下與人」。「然則舜有天下也孰與之？」曰：「天與之」。「天與之者，諄諄然命之乎？」曰：「否。天不言，以行與事示之而已矣」。曰：「以行與事示之者如之何？」曰：「天子能薦人於天，不能使天與之天下；諸

侯能薦人於天子，不能使天子與之諸侯；大夫能薦人於諸侯，不能使諸侯與之大夫。昔者堯薦舜於天而天受之；暴之於民而民受之。故曰天不言，以行與事示之而已矣」。曰：「敢問薦之於天而天受之，暴之於民而民受之，如何？」曰：「使之主祭而百神享之，是天受之；使之主事而事治、百姓安之，是民受之也。天與之、人與之，故曰天子不能以天下與人。舜相堯二十有八載，非人之所能爲也，天也。堯崩，三年之喪畢，舜避堯之子於南河之南，天下諸侯朝覲者，不之堯之子而之舜；訟獄者，不之堯之子而之舜；謳歌者，不謳歌堯之子而謳歌舜。故曰天也。夫然後之中國，踐天子位焉。而居堯之宮，逼堯之子是簒也，非與也。《泰誓》曰：『天視自我民視，天聽自我民聽』。此之謂也」。（《孟子·萬章上》）

△萬章問曰：「人有言，至於禹而德衰，不傳於賢而傳於子。有諸？」孟子曰：「否。不然也。天與賢則賢，天與子則與子。昔者舜薦禹於天，十有七年。舜崩，三年之喪畢，禹避舜之子於陽城。天下之民從之，若堯崩之後，不從堯之子而從舜也。禹薦益於天，七年，禹崩，三年之喪畢。益避禹之子於箕山之陰。朝覲訟獄者，不之益而之啓，曰：「吾君之子也」；謳歌者，不謳歌益而謳歌啓，曰：「吾君之子也」。丹朱之不肖，舜之子亦不肖。舜之相堯、禹之相舜也，歷年多，施澤於民久。啓賢，能敬承繼禹之道。益之相禹也，歷年少，施澤於民未久，舜、禹、益相去久遠，其子之賢不肖，皆天也。非人之所能爲也。莫之爲而爲者，天也；莫之致而致者，命也。匹夫而有天下者，德必若舜禹，而又有天子薦之者。故仲尼不有天下，繼世以有天下。天

之所廢，必若桀紂者也。……孔子曰：『唐虞禪，夏后殷周繼，其義一也』。（仝前）

△世俗之爲說者曰：「堯舜擅讓」。是不然。天子者，勢位至尊，無敵於天下。夫有誰與讓矣。道德純備，智惠甚明，南面而聽，天下生民之屬，莫不振動從服以化順之。天下無隱士、無遺善，同焉者是也，異焉者非也，夫有惡擅天下矣。曰：「死而擅之」。是又不然。聖王在上，圖德而定次，量能而授官，皆使民載其事而各得其宜……聖王已沒，天下無聖，則固莫足以擅天下矣；天下有聖而在後子者，則天下不離，朝不易位、國不更制，天下厭然與鄉無以異也。以堯繼堯，夫又何變之有矣？聖不在後子而在三公，則天下如歸猶復而振之矣，天下厭然與鄉無以異也。以堯繼堯，夫又何變之有矣？唯其徙朝改制爲難。故天子生，則天下一隆，致順而治，論德而定次；死，則能任天下者，必有之矣。夫禮義之分盡矣，擅讓惡用矣哉？……夫曰：「堯舜擅讓」，是虛言也，是淺者之傳，陋者之說也。不知逆順之理、小大至不至之變者也。未可與及天下之大理者也。（《荀子．正論》）

△堯舜何緣而得擅移天下哉？《孝經》之語曰：「事父孝，故事天明」。事天與父同禮也。今父有以重予子，子不敢擅予他人。人心皆然，則王者亦天之子也。天以天下予堯舜，堯舜受命鼇於天而王天下，猶子安敢擅以所重受於天者予他人也。天有不予堯舜漸奪之故，明爲子道，則堯舜之不私傳天下而擅移位也，無所疑也。（《春秋繁露．堯舜不擅移湯武不專殺》）

於是先儒之所以視讓國者可以知矣。泰伯仲雍之讓季歷以及之姬昌，此概周之信史也，故夫子道之。

而堯舜相傳之事，雖未必如顧頡剛所言，以為必出於墨家，然觀萬章之問，荀子「世俗之為說者」之言，則禪讓之盛傳於戰國，迨無可疑。雖然，戰代遊士所言之讓國傳賢，與夫儒家天下為公之義，有大別者在也。

夫天下為公者，本為儒學政論之首義。孟子云「民為貴，社稷次之，君為輕」（〈盡心下〉）、荀子曰「天之生民非為君也，天之立君以為民也」（〈大略〉）。皆以天下非天子所有，天子反為天下人而立。王者往也、君者群也，勿論其為耕畔之匹夫、百里之小侯，能得丘民之心、來百姓而安宇內者，皆可以王天下；天下去之之謂亡，毋論其為聖王之嫡嗣、時君之傳讓，殘賊之人則謂之獨夫，不復有天子之名，伐放可也、誅奪可也。以天下為大公，所謂天下為天下人之天下，非一姓一人之天下，此先儒論公天下之大旨也。至於禪代讓國之俗說則不然。蓋以君主擇賢，身授其位而讓之以國，以求謙讓傳賢之美名是也。此與泰伯仲雍之事不同，泰伯之去國也，其時政在大王，故所讓者乃世子之位而非舉國之政也。儒家之義，以人隨政，而不以天下屬人，故天子也、君王也，乃天下之公器，負天下安危之責而不能有天下者也。有其政責，故不能輕去其職；不有天下，故不能以天下予人。泰伯仲雍既無治政之責，又能體大王之心而避賢其國，故孔子高其義；苟有其人民百姓焉，則不能妄傳其政矣。

俗世之言讓國者，以君王擇賢而讓以位，所謂賢者，乃君王之所自擇；所謂讓者，乃君王以國自授。然儒者以天下為天下人之天下，非一人之所獨有，非天子所能私也。以天下為己產而固有之，是私也；苟自賢其賢而讓之以政，是猶以天下爲私產而授取之也。雖有讓國禪賢之美名，然其爲私天下也依然。天子者，承之先祖，受於天命，載乎百姓之大職也。一居其位，則屬之天下而身且非其有矣，非大行不能輕去其職。天下至公也，天子至重也，而敢以私智而爲天下擇天子乎？而敢以天下爲己有而私授人乎？然讓賢之俗說，戰國有行之者矣，燕王子之是也。燕王擅國以讓子之，是以國爲私也；而其所擅之國，乃受質於天子、承襲於祖宗，今一以畀之子之，是私之又私也。故孟子曰可伐（註一〇）。

至夫堯舜之相及也則不然，「舜相堯二十有八載，……堯崩，三年之喪畢，舜避堯之子於南河之南，天下諸侯朝覲者，不之堯之子而之舜；訟獄者，不之堯之子而之舜；謳歌者，不謳歌堯之子而謳歌舜。……夫然後之中國，踐天子位焉」。天子之位，非堯之授舜，亦非舜之攘堯，乃百姓之歸而天之所予也。而益不能傳禹之政，亦在「丹朱之不肖，舜之子亦不肖。舜之相堯、禹之相舜也，歷年多，施澤於民久。啓賢，能敬承繼禹之道。益之相禹也，歷年少，施澤於民未久，舜、禹、益相去久遠，其子之賢不肖，皆天也，非人之所能爲也」。乃百姓之所擇，非禹德之衰也。是天子之於天下，但能論德而定次，擇其賢者而薦之，授之以政以試之，禮義之分，盡此而已。至於大去之後繼之者誰，則唯待天之所予、民之所歸，而非天子之所能必耳。舜禹能繼天下而啓不爲天子，其事同而所致異者，豈堯禹之心有異哉？正乃天下非堯禹之所有，故唯薦之而不能必也。以堯舜之聖，知人之哲，亦不敢私有天下而授取之，而待其天予人歸之擇。此先儒之所以言堯舜之事也，豈時俗禪讓傳國之說所比擬哉（註一一）。羅夢冊以戰國禪讓之說，爲公天下之大道，惜其不爲時容而轉「地下哲學」。更大詫孟荀之儒，竟反有以非之，乃至謂孟子「實等於反堯舜之道而行之」（註一二）。正不知戰代俗說之以讓國爲公，適儒家所謂私天下之大者也。讓國之說見斥於先儒，摒之淺陋之言，其爲「地下哲學」不亦宜哉。

（文學碩士，現任淡江大學中文系講師，廉教授門人）

【附註】

註一　見高葆光〈禮運大同章眞僞問題〉，《大陸雜誌》十五卷三期。

註二　五行之說是否爲子思、孟子所傳，嚮無定論，然可知者則爲荀子之時，五行已爲其時俗儒所好傳矣。

註三　見〈禪讓傳說起於墨家考〉（《古史辨》第七冊）。顧以《論語·堯曰》「咨爾舜，天之曆數在爾躬」之言爲僞，今不能定。所知者，禪讓若傳於春秋以前而爲孔子所知，則以夫子之好古敏求，必不能捨堯而獨稱於泰伯。故其說宜盛於春秋之後。

註四　戰代讓國之說，不止於燕，《國策·秦策》載孝公欲傳政商鞅、《呂氏春秋·審應覽》之〈不屈〉篇載魏惠讓國惠施。然孝公惠王之事無徵於史，疑爲遊士傳說，唯燕噲子之之讓，見乎《莊子》、《韓非子》、《竹書紀年》諸書，又見聞於孟子而親論之，故爲可信。

註五　《漢書·蓋寬饒傳》載寬饒引《韓氏易傳》曰：「五帝官天下，三王家天下，家以傳，官以傳賢，若四時之運，功成者去，不得其人則不居其位」。書奏，「上以寬饒怨謗終不改，下其書中二千石。時執金吾議，以爲寬饒指意欲求禪，大逆不道」。

註六　《漢書·眭弘傳》：「……泰山……有大石自立，……昌邑有枯社木臥復生，又上林苑中大柳樹斷枯臥地，亦自立生……孟（眭弘之字）推《春秋》之意，以爲『石柳皆陰類，下民之象，泰山者岱宗之嶽，王者易姓告代之處。今大石自立，僵柳復起，非人力所爲，此當有從匹夫爲天子者……』孟意亦不知其所在，即說曰：『先師董仲舒有言，雖有繼體守文之君，不害聖人之受命。漢家堯後，有傳國之運。漢帝宜誰差天下，求索賢人，禪以帝位，而退自封百里，如殷周二王後，以承順天命』」。

註　七　見氏著〈透過戰國之讓國運動及秦漢之地下哲學看中國〉（新亞書院學術年刊・第十七期）。

註　八　禪讓之說出於墨氏，見註三所引顧頡剛文。而務光、許由、卞隨之事，出於《莊子》

註　九　見拙著《漢儒革命思想研究》，淡江中研所八十年碩士論文。

註一〇　《孟子・公孫丑》載：「沈同以其私問曰：『燕可伐與？』孟子曰：『可。子噲不得與人，子之不得受燕於子噲』」。

註一一　太史公於此明確言其可疑，《史記・伯夷列傳》言「堯將遜位，讓於虞舜，舜禹之閒，岳牧咸薦，乃試之於位，典職數十年，功用既興，然後授政。示天下重器，王者大統，傳天下若斯之難也。而說者曰堯讓天下於許由，許由不受，恥之逃隱。及夏之時，有卞隨、務光者。此何以稱焉？……余以所聞由、光義至高，其文辭不少概見，何哉？」即以世俗讓國之說，既不見諸六藝，且與詩書所載堯舜之事難易懸殊，違乎公天下之旨，故顯著其疑。

註一二　仝註七。羅氏曰「事之使人殊感意外，且不易排遣吾人之甚爲不適的情緒者，卻爲戰國諸子，若莊、孟、荀、韓等人，對此讓國傳賢改制運動所表現之極其反常的反應」。

春秋左氏傳「凡克邑不用師徒曰取」書例辨

高大威

一、前　言

本文探討的是《春秋左氏傳》於宣公四年所云：「凡克邑，不用師徒曰取。」——亦即杜預《春秋釋例》五十凡例中的第四十九項。本以《春秋經》、《左傳》，輔以《公羊傳》、《穀梁傳》，考察與該例同類的載事，較其合例者與牴觸者，而後斷定該例得否成立，間有不明確者則闕疑。此一探討之基本目的，不僅在檢視該例是否成立，更重要的是藉著對該例的實際考辨，以提供可資參考的客觀研究途徑，亦即在「條例」與「事實」間試求一普遍、可以推廣其用的檢驗方法。

三傳中，地名若牽涉異文，經文一律從《左傳》的寫法，如：《公羊傳》之《邾婁》，《左傳》作「邾」；《公羊》之「須朐」，《左傳》作「須句」；《公羊》之「蘱」，《左傳》作「繹」；《公羊》之「詩」，《左傳》作「邿」；《公羊》之「運」，《左傳》作「鄆」；《公羊》之「僤」，《左傳》作「闡」；《穀梁》之「閔」，《左傳》作「緡」；《穀梁》之「緡」，《左傳》作「鄫」；《穀梁》之「訾樓」、《公羊》作「邾婁」，《左傳》則作「訾婁」。所引各《傳》之文，皆據《十三經》阮刻本，各依原字，不加改動，亦不另註明。

二、定名

《尹文字．大道篇》說：「形以定名，名以立事，事以檢名。察其所以然，則形名之與事物，無所隱其理矣。」這裡的「形」字，就其廣義，不妨解爲「事實」。語文形式乃是表達事實的基本憑藉，經由它，得以確定事實所蘊涵的概念意義，《左傳》說的「凡克邑，不用師徒曰取」在邏輯上屬於「約定意義」。「凡克邑，不用師徒」就是所立的「事」，「取」即是所定的「名」。探討這條書例可否成立，決定於事與名兩者是否相應，《禮記．經解》云：「屬辭比事，《春秋》教也。」這裡講的，也就是比其事而驗其辭之意。但辭有異名同實者、有同名異實者，考覈之前，須先定其名，若逕以比論那些不當比論的事而欲求得眞象，無異緣木之求，故先就例定名。

一、**克**：克字在《春秋經》（以下爲行文方便，亦簡稱爲《經》）中的意義可區別爲三類：

㈠作勝、服解，屬於動詞。

如：隱公元年《經》：「鄭伯克段于鄢。」

㈡作堪、能解，屬於判斷性限制詞。

如：文公十四年《經》：「晉人納捷菑于邾，弗克納。」

宣公八年《經》：「雨，不克葬。」

宣公八年《經》：「日中而克葬。」

宣公十五年《經》：「乃克葬。」

㈢作人名用，屬於名詞。

如：僖公九年《經》：「里克。」

莊公十六年《經》：「邾子克。」

成公二年《經》：「郤克。」

以上三類，只有第一類的詞性及意義與本文所討論的凡例用法相近，唯三傳的說法又與它有出入，《公羊傳》說：「克之者何？殺之也。」《穀梁傳》說：「克者何？能也。何能也？能殺也。何以不言殺？見段之有徒衆也。」《左傳》則謂：「如二君，故曰克。」據《公羊傳》，克就等於殺，《穀梁傳》比較曲折，說「能殺」，言下之意是殺了共叔段，但沒有直說，它的含意只能視爲幾近於殺。而《左傳》根本不提殺，非徒不提，而且在同年的記載中說：「公伐諸鄢。五月辛丑，大叔出奔共。」十一年《傳》也記鄭伯的話說：「寡人有弟，不能和協，而使糊其口於四方。」可見依後者所載，共叔段並未被鄭伯所殺，本文所論之例乃由《左傳》提出，自宜採《左傳》之說。

然而，例中明言「克邑」，非謂克某某人，那麼，即使確定克不是指殺，對該例而言，又有什麼關係？索《春秋》全書可以發現：《經》本身決無克某邑或克某國的書寫方式。傳以解經，因此，確定經中同字相類的用法，再引申其他，是第一步的訓詁工夫。對一個人，《經》用克字，而《左傳不以殺解之，則對一邑而言，用相同的克字，意義也自與殲滅有別。於人於邑，克的涵義應該都包含在「勝服」的範疇之中。掌握此，斯可進行第二步的訓詁，《左傳》用克字的地方甚多，就其意義相類者看，往往是表示攻伐某國某邑的結果，其可細分爲二：

㈠圍而克：

如：隱公十年《傳》：「鄭伯圍戴，克之。」

定公二年《傳》：「（吳）遂圍巢，克之。」

㈡伐而克：

如：昭公十二年《傳》：「及平子伐莒，克之。」

哀公八年《傳》：「及吳師至，拘者道之以伐武城，克之。」

綜合論之，這些地方出現的克字，都表示贏得的某種戰果。但克與取不同，取必得通過克，而克不必然就意味了取，可見《傳》中諸處所使用之克字，意義也包含在「勝服」的範疇內，與第一步的探討殊途而同歸。但同時又產生一個問題，克字既表示圍、伐的結果，而圍、伐必須藉由軍隊，則與《左傳》「凡克邑，不用師徒曰取」的話，似乎自相矛盾，事實上，語言邏輯上，「克邑」屬於「後設語言」（meta language），因此不受其描述事項的規限。

二、邑：邑字在《春秋經》中從未出現，當然，這並非表示《經》沒有涉及邑，相反地，講到邑的地方甚多，唯直稱其名，並不明標邑字。這裡，我們分別區辨邑與國、都的異同，及邑與田的關係。

㈠邑與國：商、周文獻中都有邑字，但不容易確切地界考其意義。大致說來，邑的意義在春秋時代可從兩方面理解：就外在建構說，就是城（註一）；就內在精神看，則是次國，在天子名存而實亡的春秋時代，國與邑的分別，主要決定於政治之獨立與否：獨立者稱國，反之即邑。《說文》邦、國二字互訓，於邑字則云：「國也。」而《左傳》裡，往往謙稱自己的國家為「敝邑」，可見國、邑兩字的意思相通。《說文部首訂》謂：「邑云國也，若以對文言之，諸侯曰國，大夫曰邑，國大而邑小；散文則國、邑皆謂封地。故許以國說邑，从口，與國从口同意；从卩，與國从或同意。蓋就疆界言，曰國；就封賜言，曰邦；就職守言，曰邑。」這個說法，大體可從。邑就是小國（註二），本來應屬諸侯國的附庸，但當時禮分漸壞，所以夾居大國間的小國——也就是邑之屬——每每被大國併取而屢易其主。《春秋經》記載取邑的事，國之大小與整個的地理位置可以說是最具決定力量的兩個因素。

㈡邑與都：《左傳．莊公二十八年》云：「凡邑有宗廟、先君之主曰都，無曰邑；邑曰築，都曰城。」依此，都、邑的分野極大，但唐代已有異議，顧炎武《日知錄》上記曰：「築郿，非都也。凡邑有宗廟、先君之主曰都，無曰邑；邑曰築，築曰城。《舊唐書．禮儀志》，太常博士顧德章議引此謂：春秋二百四十二年，魯凡城二十四邑，唯郿一邑書築，其二十三邑曰城。豈皆有宗廟、先君之主乎？又，定公之十五年城漆，漆是邾邑。《正義》亦知其不可通而曲為之說。」（註三）這番駁斥很堅實。此外，亦可從《經》的用字去詳細考究。《春秋》使用「築」字的，凡八次，分別是：

1.莊公元年《經》：「築王姬之館于外。」

2.莊公二十八年《經》：「築郿」。

3.莊公三十一年《經》：「築臺于郎。」

又：「築臺於薛。」

又：「築臺於秦。」

4.成公十八年《經》：「築鹿囿」。

5.昭公九年《經》：「築郎囿。」

6.宣公十三年《經》：「築蛇淵囿。」

如此列比，可發現築字的使用範圍，其限於築館、臺、囿者，佔了八分之七，而唯一有疑問的就是莊公二十八年的「築郿」，杜預註：「魯下邑。」乃作邑解，顧棟高《春秋大事表》並明確地說出了它的位置(註四)。郿是邑名，當無問題，問題在所築的到底是什麼？上追三傳，說法便有同有異。《左傳》自然認爲是築邑，說：「築郿，非都也。」之後便講了那段有關都、邑、築、城的話。到《公羊傳》，同樣視爲築邑，並連《經》的下文而說：「曷爲先言築微而復言無麥禾？諱以凶年造邑也。」可是，《穀梁傳》的解說與二傳就迥然不同，謂：「山林藪澤之利，所以與民共也。虞之，非正也。」而它在解釋莊公三十一年、成公十八年築三臺及築鹿囿時，角度也和此相同，其於莊公三十一年曰：「不正，罷民三時，虞山林藪澤之利，且盡財則怨，力盡則懟……。」於成公十八年曰：「山林藪澤之利，所以與民共也，虞之，非正也。」後者竟和莊公二十八年者一字不差，可見《穀梁傳》並不將莊公二十八年所築者視爲邑，而與築臺、囿等義近。在這六年的記載之外，三傳他處皆有用築字的地方，茲製表如後：

築　傳	《左　傳》	《公羊傳》	《穀梁傳》
邑	哀七、僖五。	昭十一。	
臺	莊三十二、襄十七。	文十六。	
館	襄三十一。		
宮	昭八。		僖十。
室	定八、十五。		
武軍	宣十二。		

（註五）

此表顯示出《穀梁傳》築字的使用方式一貫，但屬於孤證；《公羊傳》則混淆，《左傳》混用的情形更甚。《春秋經》作動詞的「城」字共用了二十九次，形式皆爲「城某」，直接加上所城的地名，其間決不用「于」字。而「築」字的書寫形式，於囿則爲：「築某囿」，於臺則爲：「築臺于某」，某乃地名，「築王館」一項則可當做特例。至此，顯出了兩項意義：第一、《左氏》、《公羊》二傳把郿解作所築的邑，暫不論是否合乎事實，的確有其依據，因爲「城某」、「築某」的句式完全一致。第二、通盤考度，所築是包括在所城之中的。《左傳》於隱公元年就已謂：「夏四月，費伯帥師城郎。」

《經》則於隱公九年曰：「夏，城郎。」有人認爲這是異地同名（註六），但即使不是同一地，若以《經》言爲準，「城郎」後，經過了五十一年才「築臺」，又經過了一百二十八年才又「築郎囿」，分明「城」、「築」是兩回事，而築的工事自是位處城內或該城直轄之地。這也就能解釋三傳何以用「築」字，其工事多屬於宮、室、臺、館之類，而於邑用「築」字則不免疏於《春秋經》的嚴整書法了。再者，長於敘事的《左傳》在註解「築郿」時，絲毫未釋以史實，卻大大用了訓詁字義的方式，不免令人懷疑這由後人竄入的可能，遠比文獻不足徵的原因來得大。由此可見，《左傳》「邑曰築，都曰城」的說法不可採信。

至於「凡邑有宗廟、先君之主曰都，無曰邑。」云云，雖可能是後人雜入的，但以歷史推考，當與事實相符。因爲，周建國後，宗統與君統緊密結合。而此所謂的「先君」則應指始受封的該小宗宗主而言，邑則有賜給己子的、有賜予大夫的、有維持原來局面而僅存主從關係的（註七）。但，史實是一回事，今論《春秋》凡例則當縮小範圍。就籍考度，《春秋經》並沒有用「都」字，三傳中用得最多的仍爲《左傳》，這就令人懷疑《左傳．莊公二十八年》的這條凡例究竟是釋《經》，還是解《傳》？（註八）但我們仍可試爲疏通。該《傳》所繫，乃針對《經》上「築郿」一語而發，因此是講邑、講築的；或可間接地把城、把只稱名而不用「都」字者一併說解。如果採取這種寬廣的角度，以「宗廟、先君之主」之有無作都、邑的分別，應可成立。例如：齊國以臨淄爲都，有太公之廟。而盧、贏、禚、鮑……等便是邑了。那麼，像宣公四年《經》載曰：「秋，公如齊。」齊指齊國，實則爲齊都臨淄，與齊的其他屬邑自不容淆亂。

以齊、晉等大國來說，他們所居的城便是都，是諸邑輻輳的政治轂軸。倘使齊的盧被奪，則齊只是少了一邑，但臨淄若為人攻下，廟毀主死，則是亡國了。《春秋》多書「伐某取某」（註九），譬如僖公三十三年《經》曰：「公伐邾，取訾婁。」不講「伐訾婁」，因為訾婁不是獨立國，不是邾的都，只是邾的屬邑。而這個「邾」並不是都，倒是個國。俚鄙地比喻，當時取邑與否，有點「不看僧面看佛面」的意味，當彼國強盛時，佛面是得看的；當彼國勢衰時，則佛面亦不必看了，乃可逕取其邑。

㈢邑與田：春秋時，田和邑有密不可分的關係，邑本身有政治與軍事的功能，但《春秋經》的記載，同用一取字，有取邑的，也有取田的，田、邑本當屬於一體，卻分別記載，足見當中還有曲折之處。《公羊傳》發現這一點，所以在傳桓公元年「鄭伯以璧假許田」的時候，便說：「此，邑也。其稱田何？田多邑少，稱田；邑多田少，稱邑。」但這樣的詮說不無問題，因為「多」、「少」缺乏固定的標準。《穀梁傳》的說法就不同，它說：「無田則無許可知矣。不言許，不與許也。」這就表示魯國只把許的田給鄭國，卻不給邑。《公》、《穀》兩家的說法，主要分野在前者把田、邑視為一體，而後者則拆為二。此有助於瞭解邑、田的關係，不妨進一步探討。《春秋經》記載取、歸田時，一定標明其所在，不會只言某國取某國田；將之並列，就可以明瞭：

◎僖公之三十一年《經》：「三十有一年春，取濟西田。」

◎宣公元年《經》：「六月，齊人取濟西田。」

◎宣公十年《經》：「齊人歸我濟西田。」

◎成公二年《經》：「取汶陽田。」

◎成公八年《經》：「八年春，晉侯使韓穿來言汶陽之田，歸之於齊。」

◎襄公十九年《經》：「取邾田，自漷水。」

◎昭公元年《經》：「叔弓帥師疆鄆田。」（註一〇）

◎定公十年《經》：「齊人來歸鄆、讙、龜陰田。」

◎哀公二年《經》：「二年春王二月，季孫斯、叔孫州仇、仲孫何忌帥師伐邾，取漷東田及沂西田。」

可見「鄭伯以璧假許田」的許，並非泛稱，確指許都城外面的田。所以，許雖國、都同名，卻未相淆。在前面所引的諸條中，還可以參考昭公元年的情形，叔弓帶著軍隊去定鄆田的疆界是那年秋天的事，而同年春天，《經》記載說：「三月，取鄆。」乃知取邑則其田亦一併取得。桓公元年所以不寫成「鄭伯以璧假許」，自然是以《穀梁》之說爲合理——「不言許，不與許也。」並不是《公羊傳》所說「田多邑少」之故，但《公羊傳》的解釋仍然有價値，因爲它注意到了「經」中稱田與邑具有不同的含義。《春秋經》的書法嚴格區分取邑和取田，循此，可以推究其間的差別。照理說，甲國取得了乙國某處田的所有權，那麼，原來掌理該田地的小邑不可能獨立，因爲它的經濟來源已被剝奪了。如果說乙國把田地的一切收穫給甲國，而仍持有該小邑，不用說甲國不願意，對乙國言，一個名存實亡的小邑對它亦無任何意義。所以，甲國取了乙國的田，自然也就連邑一起取得了。既然這樣，《春秋經》又何須分言田、邑呢？當時，附屬於大國的邑星羅棋布，且有大小之分，邑大則領田大，邑小反是，倘不以邑作標準，而以田的面積論，則一塊大的田地自然可以包括許多小邑。《經》上的記載，言取邑，該邑多半比較大，像郜、防、訾婁……等，意指取了該邑及該邑的領田。但只說濟西、汶陽、漷東、沂西之類，則這些田並非各自歸統於一邑，而是各屬於許多小邑。某國取某塊田地，《春秋經》隨之整齊其辭，一律名以地理區域，而不再一一列其邑名。總言之，《經》言取某，就表示取了該邑與轄於該邑的田；言取某處田，則除了該處的田以外，也取了那區域內的各個小邑。所以，論本條「克邑」的凡例時，取田的部分也須併入討論。

三、不用師徒：所謂不用師徒，就字面言，即不藉由軍隊的意思，但它確切的意義卻沒有那麼單純，因爲《經》中講取邑的例子，有不少呈現著「伐某取某」的形式。伐，當然非得靠軍隊不可，那麼，以這種形式記載的，就都和本條凡例牴觸了——這是第一種解法。但假若把「不用師徒」一語的使用範圍縮小，則單單書取固然表示未用軍隊，而即使出現「伐某取某」的形式，也可以說成「不用師徒」，因爲該式中的伐字是對國講的，伐國而勝，於是取了該國的屬邑，這乃是戰利品，不須另由軍隊攻克。——這是第二種解法；依此，則幾乎所有的取邑情況都和本條例相合。

前面所說的兩種方式，其所以不同，乃由於觀察的角度有別：前者的幅度嚴，後者寬。此條凡例乃發自《左傳》，從《左傳》提出的地方推考，較為穩妥。此則須看昭公四年《經》，其曰：「九月，取鄫。」而《左傳》說：「九月，取鄫，言易也。莒亂，著丘公立而不撫鄫，鄫叛而來，故曰取。凡克邑，不用師徒曰取。」在此之前，《經》取邑的，已見於隱公四年、六年、十年，桓公二年，僖公三年、二十二年、二十六年、三十三年，文公七年，宣公四年、九年、十年，成公六年，襄公十三年，昭公元年。若連取田一併計算，又有僖公三十一年，宣公元年，成公二年，襄公十九年等四次（註一一）。在如此多的類例中，《左傳》皆未下此條凡例，可見它一定有與前者相異之處，從《經》文中看不出來，自《左傳》看就非常明顯。《左傳》說魯取得鄫，乃鄫乘莒亂而主動叛莒來附。既然是鄫叛莒而來，魯國當然不費一兵一卒——也就是「不用師徒」的意思。然依這種觀點，除了少數未知的以外，幾乎多數情形都跟此例不合——這是第三種解法。以上三種，可製表比較，略供參考。表中的一、二、三，分別代表本文前面述及的三種詮解觀點。符號，則○代表合例，×代表破例，?代表未知。須特別提示：第一、二種方式是單就《經》考察，第三種則以《左傳》輔觀（註一二）。

表一：取邑

年代 觀點	一	二	三
隱公四年	×	○	×
隱公六年	?	○	?
隱公十年	×	○	×
僖公三年	?	○	?
僖公廿二年	×	○	×
僖公廿六年	×	○	×
僖公卅三年	×	○	×
文公七年	○	○	×
宣公四年	×	○	×
宣公九年	?	○	?
宣公十年	×	○	×
成公六年	?	○	?
襄公十三年	?	○	×
昭公元年	?	○	×
昭公四年	?	○	○
昭公廿五年	?	○	×
昭公卅二年	?	○	?
哀公八年	?	○	×

表二、取田：

年代 觀點	一	二	三
僖公卅一年	?	○	○
宣公元年	?	○	○
成公二年	?	○	?
襄公十九年	?	○	×
哀公二年	×	○	×

這兩個表中顯示第二種方式全部合例。只言取，固然可說是不用師徒，但《經》言伐取，若視伐為因、取為果，仍不足為恃，因為二者既然有連帶的因果關係，依理不容拆開立論，故將這一種方式排除。其次論第三種，這與一、二種不同之處，前已言及，主要在參《左傳》以歸納，因為此凡例乃《左傳》所言，故依其標準平列、歸納，如此，可發現即使未知者都合例，統計合例與破例的數目，此凡例仍難以成立。取邑、取田合計，合例者有九，破例者卻佔了十四項。倘把破例的當作變例看，居然常不勝變，這條凡例是怎麼也說不通的。至此，可粗略地知曉《左傳》提出的這條凡例自相矛盾。至於第一種方式的詮解，是脫開《左傳》的羈絆，以《經》本身的標準劃分，由於只從記載的形式出發，並未追究前因，以致未知的比率太大。既然該例由《左傳》提出，而《左傳》又是用以解《經》的，本文因此綜合第一、三種的觀點探索，並參以《公》、《穀》二傳。

四、曰取：這與前面講的克邑部分有關，整個說來，本條凡例是屬於邏輯推理中的「全稱肯定命題」，賓詞的外延較主詞為廣，也就是說主詞周延而賓詞不周延。在這裡，凡是不用師徒而克邑的就稱為「取」，但卻不能直接易位，認為凡是稱為「取」的都代表不用師徒而克邑，既然這裡說的「取」字並不周延，那麼，它還有哪些其他的含意？從《經》考觀，另有三種，故待劃清：

㈠取人：這僅見於莊公九年：「九月，齊人取子糾殺之。」此地的取字，顯而易見，並無類於本文所論的特殊含意。

㈡取鼎：見於桓公二年：「夏四月，取郜大鼎于宋。納于大廟。」但這不表示在桓公二年才取得郜，早於隱公十年，《經》上就記載：「六月壬戌，公敗宋師于菅。辛未，取郜。辛巳，取防。」想在隱公之時，還沒有把郜鼎遷置於魯國的大廟而已。所以桓公時的取鼎並不代表取邑。

㈢取師：這在《經》中有三條，因爲涉及是否同時取邑，故須先行辨明。其可依形式分爲兩項：

1.伐取：

隱公十年：「秋，宋人、衛人入鄭。宋人、蔡人、衛人伐戴。鄭伯伐取之。」

從《經》上看不出「伐取」指的是什麼，但《左傳》言：「八月壬戌，鄭伯圍戴。癸亥，克之，取三師焉。」明指取的是師不是邑。然《公羊傳》說：「其言伐取之何？易也。其易奈何？因其力也。因誰之力？因宋人、蔡人、衛人之力也。」《穀梁傳》說：「不正其因人之力而易取之，故主其事也。」兩傳都認爲伐取的對象是指邑。《左傳》的說法比較可信，理由是：⑴《左傳》敘事，必有實際材料爲據，否則，《左傳》至少不必在「癸亥，克之。」底下寫出「取之師焉」的話。⑵更有力的理由，可以引李廉《春秋會通》的話，他說：「《公》、《穀》皆以爲鄭伯因三國之力以取戴，其書取者易也。然三國既與鄭仇，必無與鄭共事之理。戴既受三國之伐，則必與鄭爲黨。故程子以爲鄭、戴合攻，盡取三國之衆，此說爲當。」（註一三）本文準此，故不將它歸於取邑之類。

2.某（國）某（人）帥師取某（國）師于某（地）：

合乎此型的有兩條，假若《春秋》記載取師的事也能歸例的話，這可以算是正例了。因爲同類全部的三條裡面，不僅有兩條屬於此類，而且句式書法非常整齊，它們分別出現於哀公九年與十三年《經》，並列如次：

哀公九年《經》：「宋皇瑗帥師取鄭師于雍丘。」

哀公十三年《經》：「鄭罕達帥師取宋師于嵒。」

句式完全相同。其不以伐某取某的形式出現，譬如：伐鄭取雍丘、代宋取嵒，乃事件的情況不同所致，代表的就是取師而不取邑。雍丘與嵒指的都祇是取師的地點，並沒有一併取邑的成分，所以並非本文所探討的對象。

三、考　辨

爲求清楚，以下仍將《經》文「取邑」、「取田」區別爲兩節，將同類者排比，逐一論析。必要時則將前因後果予以串連，以詳其實。

一、取邑：

㈠隱公四年《經》：「四年春王二月，莒人伐杞，取牟婁。」

按：既言「伐」，自然是藉軍隊而取得牟婁。此別無可參，只能就字面理解。

㈡隱公六年《經》：「冬，宋人取長葛。」

按：長葛爲鄭邑，鄭、宋二國前數年關係的發展如後：

◎隱公四年《經》：「宋公、陳侯、蔡人、衛人伐鄭。」

同前：「秋，翬帥師會宋公、陳侯、蔡人、衛人伐鄭。」

◎隱公五年《經》：「邾人、鄭人伐宋。」

同前：「宋人伐鄭，圍長葛。」

◎隱公六年《經》：「冬，宋人取長葛。」

隱公四年第一次伐鄭是在夏天，第二次在秋天，軍事行動的時間十分密集，而兩次的征伐都以宋爲首，後一次雖然首冠魯公子翬的名字，但主其事者仍然是宋公，因爲《春秋》本爲魯史，凡記會盟之事，魯皆前置。而且《左傳》說：「秋，諸侯復伐鄭。宋公使來乞師，公辭之。羽父請以師會之，公弗許。固請而行。故書曰『翬帥師』，疾之也……。」由此可見，宋之所以伐鄭、圍長葛，純爲軍事報復。取長葛之用師徒，自不在話下了。

㈢隱公十年《經》：「六月壬戌，公敗宋師于菅。辛未，取郜。辛巳，取防。」

按：與此相關者，其前有：

◎隱公七年《經》：「秋，公伐邾。」

同年《左傳》：「秋，宋及鄭平。七月庚申，盟于宿。公伐邾，爲宋討也。」

同前：「陳及鄭平。」

◎隱公八年《經》：「八年春，宋公、衛侯遇于垂。」

同前：「三月，鄭伯使宛來歸祊。庚寅，我入祊。」

同前：「秋，七月庚午，宋公、齊侯、衛侯盟于瓦屋。」

◎隱公九年《經》：「冬，公會齊侯于防。」

同年《左傳》：「秋，鄭人以王命來告伐宋。」

同前：「冬，公會齊侯于防，謀伐宋也。」

◎隱公十年《經》：「十年春，王二月，公會齊侯、鄭伯于中丘。」

同前：「夏，翬帥師會齊人、鄭人伐宋。」

在隱公七年的時候，宋、鄭間有了暫時的和平，但下一次的戰事仍然暗中醞釀，首先是陳、鄭修好，而同年宋公與衛侯在垂的協商也不是無謂的。第二年，鄭又主動把祊邑還給魯，而宋除了已和衛有了某些約定之外，並一起在瓦屋與齊侯結盟。很明顯，這是鄭、宋各自在結交與國。可是整個情勢在隱公九年時急轉直下，原因是魯和齊在防相會，從《左傳》得知，爲的是伐宋之事。齊、魯原本關係密切，加上有天子之命，前一年與宋的約盟因而瓦解於無形。到了隱公十年，齊、魯、鄭遂共同伐宋，六月壬戌這天，魯在菅打敗了宋國的軍隊，之後的第九、第十天便取得了郜與防。整椿事都是預作安排的軍事行動，此地的「取」，是假以師徒的。（註一四）

(四)僖公三年《經》：「徐人取舒。」

按：這一條，從《經》、《傳》都考不出曾否用兵，姑存疑。

(五)僖公二十二年《經》：「公伐邾，取須句。」

按：既曰伐，自然少不了軍隊，唯須瞭解這樁事件的背景。前一年《經》載：「冬，公伐邾。」此條無傳，但同年《左傳》有與此相關的一段：「任、宿、須句、顓臾，風姓也；實司大皞與有濟之祀，以服事諸夏。邾人滅須句，須句子來奔，因成風也。成風爲之言於公曰：『崇明祀，保小寡，周禮也；蠻夷猾夏，周禍也。若封須句，是崇皞、濟而修祀，紓禍也。』」閔公二年《傳》杜《註》云：「僖公，閔公庶兄、成風之子。」（註一五）可見須句是成風的母家。而閔公二年《經》說：「九月，夫人姜氏孫于邾。」《左傳》謂：「閔公，哀姜之娣叔姜之子也，故齊人立之。共仲通於哀姜，哀姜欲立之。閔公之死也，哀姜與知之，故孫于邾。齊人取而殺之于夷，以其尸歸，僖公請而葬之。」則知邾是哀姜的母家。因此，魯閔公時，其國內部有兩派的權力鬥爭，一是來自邾的哀姜，一是來自須句的成風。所以邾與須句彼此對立。照杜預的說法，僖公是成風之子，須句子來奔，而成風也從中關說，可見魯僖公伐邾應該是爲了母家須句的緣故。因爲打敗了邾國軍隊，方能從邾的手中重新取得須句，讓須句子返回，所以僖公二十二年的《左傳》說：「二十二年春，伐邾，取須句，反其君焉，禮也。」可是，魯和邾之間仍然不寧，同年《經》又曰：「秋，八月丁未，及邾人戰于升陘。」據《左傳》說，僖公不聽臧文仲的勸諫，輕敵而不備禦，結果：「八月丁未，公及邾師戰于升陘，我師敗績。邾人獲公冑，懸諸魯門。」造成魯國——尤其僖公——的奇恥大辱。這一連串的事件，亦是以軍事貫穿的。

(六)僖公二十六年《經》：「冬，楚人伐宋，圍緡。公以楚師伐齊，取穀。」

按：與此有關的是：

◎僖公二十一年《經》：「宋人、齊人、楚人盟于鹿上。」

同前：「秋，宋公、楚子、陳侯、蔡侯、鄭伯、許男、曹伯會于盂。執宋公以伐宋。」

同前：「十有二月癸丑，公會諸侯盟于薄，釋宋公。」

同年《左傳》：「二十一年春，宋人爲鹿上之盟，以求諸侯於楚，楚人許之。」

同前：「秋，諸侯會宋公于盂。子魚曰：『禍其在此乎！君欲已甚，其何以堪之？』於是楚執宋公以伐宋。」

同年《公羊傳》：「孰執之？楚子執之。曷爲不言楚子執之？不與夷狄之執中國也。」

◎僖公二十二年《穀梁傳》：「……雩之恥，宋襄公有以自取之。伐齊之喪，執滕子，圍曹，爲雩之會，不顧其力之不足，而致楚成王，成王怒而執之……。」

同年《經》：「冬，十有一月己巳朔，宋公及楚人戰于泓，宋師敗績。」

◎僖公二十三年《經》：「二十有三年春，齊侯伐宋，圍緡。」

同前：「夏，五月庚寅，宋公茲父卒。」

同年《左傳》：「二十三年春，齊侯伐宋，圍緡，以討其不與盟于齊也。」

同年《公羊傳》：「伐國不言圍邑，此其言圍，何也？不正其以惡報惡也。」

◎僖公二十六年《經》：「齊人侵我西鄙，公追齊師，至酅，弗及。」

同前：「夏，齊人伐我北鄙。」

這裡要注意的是楚、宋、齊以及魯之間的關係。在僖公二十一年的春天，宋、齊、楚會盟，同年秋天諸國相會時，楚不願宋當盟主，便執了宋公，攻打宋國，直到歲末纔由魯僖公會盟諸侯以釋放宋公。等到次年冬天，宋、楚又在泓地開戰，宋師再度被打敗，又經過幾個月，在來年的春天，齊遂伐宋、圍緡。齊伐宋的理由，依前引《左傳》說，乃是宋不和齊結盟之故，杜預《注》申此義云：「十九年盟于齊，以無忘桓公之德，而宋獨不會，復召齊人共盟鹿上，故今討之。」事隔三年，而鹿上之盟，齊竟然也參與了，可見齊伐宋應是看楚敗宋師，而乘機起兵。所以到了僖公二十六年冬天，楚師北上伐宋、圍緡，於是魯公便想報這年春、夏齊國兩次侵伐國鄙的仇，乃藉楚國的軍隊伐齊，而得以取穀。楚、宋對立，齊、魯對立，此時楚國勢大，致使魯國得逞。雖「以楚師伐齊」，但取穀的確有伐之實，不得說非師徒之功了。

(七)僖公三十三年《經》：「公伐邾，取訾婁。」

按：在僖公二十二年春天，魯便取得須句，秋天時又和邾人在升陘交戰，據《左傳》說：「邾人以須句故出師，公卑邾……八月丁未，公及邾師戰于升陘，我師敗績，邾人獲公冑，懸諸魚門。」照此看，邾曾拿回了須句。再看文公七年《經》有「取須句」的記載，更可證明此時須句不在魯國的手中。那麼，須句原屬邾，魯取而復失，加上魯國升陘之役羞敗，遂導致了僖公三十三年的戰爭，這一役，魯採主動，取得了訾婁，稍雪前恨，所恃的仍是師徒。

㈧文公七年《經》：「三月甲戌，取須句。」

按：此須與同年《經》的前一條記載並看，曰：「七年春，公伐邾。」魯和邾爭須句已頗有年，文公七年《經》上的兩條記載連在一起，關係是很密切的，也可以說有首條講的「公伐邾」，纔有次條的「取須句」，則又是伐而後取了。《左傳》說：「三月甲戌，取須句，寘文公子焉，非禮也。」何以僖公二十二年魯伐邾而取得須句後，「反其君焉」，而今則「寘文公子焉」？《左傳》云前者爲合禮，後者爲非禮，這兩種全然不同的表現主要基於情勢的轉變，原因是：一、此時僖公已死，是文公的時代，表現自然不同。二、僖公之母——成風，也就是文公的祖母，已死於文公四年，較無顧忌。三、文公之父——僖公，曾因爲須句而與邾一戰，竟然敗績，僖公的甲冑被敵人懸在門上，這種恥辱也是文公所不能忘的。四、僖公二十二年取須句後，魯反其君，但不久，須句又歸於邾，則此時魯再得須句，便不能掉以輕心，必須有所安排，自然，派公子前往要比維持其原君來得可靠。總之，再取須句是由於軍事成功，而「寘公子」則是基於政治的考慮。

㈨宣公四年《經》：「四年春王正月，公及齊侯平莒及郯。莒人不肯，公伐莒，取向。」

按：此可參看隱公二年《經》、《傳》：

◎隱公二年《經》：「夏，五月，莒人入向。」

同年《左傳》：「莒子娶于向，向姜不安莒而歸。夏，莒人入向，以姜氏還。」

據此知隱公二年之前，向本獨立，其與莒有婚姻關係，但因「向姜不安莒而歸」，所以莒跟向的關係始有改變，不過，三傳都沒說莒取了向，《左傳》已錄，現在再把《公》、《穀》二傳列錄：

◎隱公二年《公羊傳》：「入者何也？得而不居也。」

同年《穀梁傳》：「入者，內弗受也。向，我邑也。」

可是若將該年和宣公四年的《經》並視，可知莒似已取得向，顧棟高《春秋大事表》的「春秋入國滅國論」中便說：「莒人入向，而宣四年伐莒取向，則向已爲莒邑，而隱公二年向爲莒滅明矣！」這前後印證的說法比較可取。因此，「公伐莒」實際即爲了「取向」，三傳的看法大致相同：

◎宣公四年《左傳》：「非禮也。平國以禮，不以亂。伐而不治，亂也。以亂平亂，何治之有？無治，何以行禮？」

同年《公羊傳》：「此平莒也，其言不肯者何？辭取向也。」

同年《穀梁傳》：「……不肯者，可以肯也。伐猶可，取向甚矣！莒人辭不受治也。伐莒，義兵也；取向，非也，乘機而爲利也。」

可見三傳都認爲魯可以伐莒，但不應該取向。《經》上說的「莒人不肯」很堪玩味，而《公羊傳》「辭取向也」解得最好，莒人不肯而魯公猶伐之，表面看是義兵，事實上卻是爲取得向的「利兵」。否則，人既已不肯，猶去伐平，該是大義的表現，何以要取向呢？足見「伐莒」直接爲「取向」，是強用師徒之事。

(十)宣公九年《經》：「秋，取根牟。」

按：《公羊傳》曰：「根牟者何？邾婁之邑也。曷爲不繫乎邾婁，諱亟也。」顧棟高云：「邾在魯南，根牟在魯東北。邾，小國也，邑豈能到此？」（註一六）考閱地圖，依比例估之，邾與根牟單單直線距離即約有一百八十公里，相去甚遠，顧氏的話可以採信。但究竟取得根牟有沒有靠軍隊之力，自前後文卻無由考出。（註一七）

㈩宣公十年《經》：「公孫歸父帥師伐邾，取繹。」

按：言「帥師伐邾」，那麼取繹便是正式用兵了。

㈪成公六年《經》：「取鄟。」

按：鄟，《穀梁傳》謂之「國也」，《公羊傳》卻說是「邾婁之邑也」。《穀梁傳》的說法比較可取，因爲在此前後，魯與邾的關係並不壞，魯似乎不會去取邾的屬邑，他們之間的關係可以摘列如左：

◎成公二年《經》：「丙申，公及楚人、秦人、宋人、陳人、衛人、鄭人、齊人、曹人、邾人、薛人、鄫人盟於蜀。」

◎成公五年《經》：「十有二月己丑，公會晉侯、齊侯、宋公、衛侯、鄭伯、曹伯、邾子、杞伯同盟于蟲牢。」

◎成公六年《經》：「夏，六月，邾子來朝。」

◎成公七年《經》：「公會晉侯、齊侯、宋公、衛侯、曹伯、莒子、邾子、杞伯救鄭。八月，同盟于馬陵。」

◎成公八年《經》：「叔孫僑如會晉士燮、齊人、邾人伐郯。」

◎成公九年《經》：「公會晉侯、齊侯、宋公、衛侯、鄭伯、曹伯、莒子、杞伯，同盟于蒲。」

這整段時間當中，魯、邾的同盟關係十分緊密，何以無緣無故去取邾國之邑？楊伯峻本汪克寬《春秋胡傳纂疏》說：「《春秋經》取邑必繫所屬國，獨書某者，皆國也。」（註十八）其說可從，所以鄟當是一個獨立的小國，成公六年而變爲魯的附庸國。但魯是否假兵以取得，毫無線索可供推考。

(十三)襄公十三年《經》：「夏，取邿。」

按：此年《左傳》曰：「夏，邿亂，分爲三。師救邿，遂取之……。」但《公羊傳》說邿是「邾婁之邑」，邾、邿遠隔，邿恐怕並非邾的屬邑。從其他的文字又考求不出取邿的原委，故只能參《左傳》之說。《左傳》云「邿亂」，又云「救邿」，表示邿本爲獨立小國，魯爲了救亂而往，從所謂「師救邿，遂取之」可以明瞭魯用了兵。爲救邿而取，意義當使已分裂的邿得以恢復統一，而取作自己的附邑。

(十四)昭公元年《經》：「三月，取鄆。」

按：《左傳》云：「季武子伐莒，取鄆。莒人告於會，楚告於晉曰：『尋盟未退，而魯伐莒，瀆齊盟，請戮其使。』……。」表示鄆原屬於莒，但《公羊傳》說法不同，認爲：「運者何？內之邑也，其言取者何？不聽也。」意思是鄆原即屬魯，此時不聽，所以魯往而取附。茲將和鄆有關的文字揀出：

◎文公十二年《經》：「季孫行父帥師城諸及鄆。」

◎成公九年《經》：「楚公子嬰齊帥師伐莒，庚申，莒潰，楚人入鄆。」

◎襄公十二年《經》：「十二年春，莒人伐我東鄙，圍台，季武子救台，遂入鄆，取其鐘以為公盤。」

以上所說的鄆，皆指東鄆。文公十二年時，鄆猶屬魯，但自此以至成公九年之間，似乎已為莒所有，直到襄公十二年，記曰「入鄆」，足見其仍非魯有，待至昭公元年春天，始又取附，秋天則「叔弓帥師疆鄆田」，同年《左傳》引載「莒、魯爭鄆，為日久矣」當是事實。至於魯取鄆，大概與去年莒國內部之亂有關，襄公三十一年《經》曰：「十有一月，莒人弒其君密州。」《左傳》解道：「莒犁比公生去疾及展輿，又廢之。犁比公虐，國人患之。十一月，展輿因國人以攻莒子，弒之，乃立。去疾奔齊，齊出也。展輿，吳出也。書曰『莒人弒其君買朱鉏』，言罪之在也。」可知莒國本身局勢不定，很可能就在這種情況下，魯乘機取鄆而未發生爭戰，然此缺乏直接佐證。若依《左傳》的說法，既言「而魯伐莒」，則無疑是用兵了。

㈤昭公四年《經》：「九月，取鄫。」

按：關於鄫的記載，有：

◎僖公十四年《經》：「夏，六月，季姬及鄫子遇于防。使鄫子來朝。」

◎宣公十八年《經》：「秋，七月，邾人戕鄫子于鄫。」

◎襄公六年《經》：「莒人滅鄫。」

◎襄公八年《經》：「莒人伐我東鄙。」

同年《左傳》：「莒人伐我東鄙，以疆鄫田。」

襄公六年是一分水嶺，這之前，鄫還是一個獨立國；此後，則成爲莒的一部分。鄫位於魯東南、莒西南，大致與這兩個國家的都城等距。昭公四年《左傳》云：「九月，取鄫，言易也。莒亂，著丘公立而不撫鄫，鄫叛而來，故曰取。凡克邑，不用師徒曰取。」《左傳》的這段話如果可信，那麼這一次魯國取鄫確實未用軍隊，且鄫主動。「取」的凡例正繫於此條之後，所以就《左傳》的文字言，這番記載當然是合於正例的標準了。

(十六)昭公二十五年《經》：「十有二月，齊侯取鄆。」

按：此是記載齊國取鄆，但《左傳》卻說：「十二月庚辰，齊侯圍鄆。」而杜預《註》曰：「取鄆以居公也。」這和《公》、《穀》二傳的說法一致，《公羊傳》曰：「外取邑不書，此何以書？爲公取之也。」《穀梁傳》云：「取，易辭也。內不言取，以其爲公取之，易言之也。」都認爲齊侯取了鄆，而且是爲居昭公，考同年《經》，載有：「九月己亥，公孫于齊，次于陽州，齊侯唁公于野井。」而且，在齊侯取鄆之後，昭公二十六至二十七年《經》三次出現「公……居于鄆」的記載，故齊爲居昭公而取鄆的說法可信，但齊取鄆是否曾「用師徒」，於《經》及《公》、《穀》二傳不可考，但《左傳》有言：「齊侯圍鄆。」既言「圍」，當然是「用師徒」了。

㈦昭公三十二年《經》：「取闞。」

按：此，《左傳》、《穀梁傳》未細解，而《公羊傳》認爲闞是邾國之邑，對是否藉師徒而取得，都未涉及。若依杜預《註》：「公別居乾侯，遣人誘闞而取之，不用師徒。」則未費一兵一卒，但杜預之說亦屬後起，有無實據，仍不可知，故存疑。

㈧哀公八年《經》：「夏，齊人取讙及闡。」

按：此，《左傳》謂：「齊悼公之來也，季康子以其妹妻之，即位而逆入。季魴侯通焉，女言其情，弗敢與也。齊侯怒。夏五月，齊鮑牧帥師伐我，取讙與闡。」與此相關的事，同年《經》、《傳》亦有記載，錄之於後：

◎哀公八年《經》：「齊人歸讙及闡。」

同年《左傳》：「秋，及齊平。九月，臧賓如如齊蒞盟。齊閭丘明蒞盟，且逆季姬以歸，嬖。」

同前：「冬，齊人歸讙及闡，季姬之故也。」

所以，照《左傳》的說法，齊之取讙和闡純粹是報復行動，且清楚記載由鮑牧帥師來伐。但《公羊傳》的解法卻不同，其曰：「外取邑不書，此何以書？所以賂齊也。曷爲賂齊？爲以邾婁子益來也。」可是《春秋經》載邾子來之事於哀公七年，謂：「秋，公伐邾。八月己酉，入邾，以邾子益來。」《左傳》並詳其事。單從《經》語看，「入邾，以邾子益來」是「公伐邾」的延伸，與齊並沒有關連，而且眞如

《公羊傳》之說，爲什麼去年秋天邾子益來，一直等到此年夏天纔「賂齊」呢？並且，《公羊傳》對哀公九年《經》的末條：「齊人歸讙與闡。」也沒有說明，何以在不滿一年的時間內，齊人先自魯取得二邑而又歸還魯？《公羊傳》未說，而《左傳》不僅有解說，而且前後一貫，很可採信。此外，克邑的凡例即是《左傳》提出來的，基本上，在論例之能否成立時，也應以《左傳》之說爲準，綜合這種種，此條應屬於「用師徒」之類。

二、取田：

㈠僖公三十一年《經》：「三十有一年春，取濟西田。」

按：於此，《穀梁》無傳，另二傳錄之於後：

◎僖公三十一年《左傳》：「三十一年春，取濟西田，分曹地也。使臧文仲往，宿於重館。重館人告曰：『晉新得諸侯，必親與共，不速行，將無及也。』從之，分曹地，自洮以南，東傅于濟，盡曹地也。」

同年《公羊傳》：「三十有一年春，取濟西田。惡乎取之？取之曹也？曷爲不言取之曹？諱取同姓之田也。此未有伐曹者，則其言取之曹何？晉侯執曹伯，班其所取侵地于諸侯也。晉侯執曹伯班，其所取侵地于諸侯，則何諱乎取同姓之田？久也。」

兩傳的說法一致，故須參考前面的記載，據僖公二十八年《經》，該年「晉侯入曹，執曹伯」，至三十一年才分曹地，魯自晉取得原屬於曹的濟西田，所以說魯是未經軍戰而取得曹田，算是合例的。

㈡宣公元年《經》：「六月，齊人取濟西田。」

按：三傳於此，說法一致：

◎宣公元年《左傳》：「六月，齊人取濟西田，爲立公故，以賂齊也。」

同年《公羊傳》：「外取邑不書，此何以書？所以賂齊也。曷爲賂？爲弒子赤之賂也。」

同年《穀梁傳》：「內不言取。言取，授之也。以是爲賂齊也。」

三傳都說齊人取濟西田是魯國用以賄賂齊，但《左傳》說是「爲立公故」，《公羊傳》說是「爲弒子赤」故，學者間亦有認爲是魯國靠齊國來安定魯國內部的交換條件（註一九），不論到底其基於什麼理由，齊從魯取得濟西之田當是未用師徒的。

㈢成公二年《經》：「取汶陽田。」

按：於此，三傳中只有《公羊傳》有言：「汶陽之田者何？鞌之賂也。」此爲秋天之事，而同年夏天，《經》謂：「六月癸酉，季孫行父、臧孫許、叔孫僑如、公孫嬰齊帥師會晉郤克、衛孫良夫、曹公子首及齊侯戰于鞌，齊師敗績。」那麼，魯國乃是藉兵力而取得汶陽田的。至於《公羊傳》視它爲賂地，似乎是站在晉的立場講，因爲魯加入以晉爲首的對齊戰爭，《左傳》「秋，七月，晉師及齊國佐盟於爰婁，使齊人歸我汶陽之田……」的記載也與這個說法一貫，唯不論就誰的立場說，對魯的參戰卻都沒有妨礙。（註二〇）

㈣襄公十九年《經》：「取邾田，自漷水。」

按：此前《經》謂：「十有九年春王正月，諸侯盟于祝柯，晉人執邾子。」而《左傳》謂：「十九年春，諸侯還自沂上，盟于督揚，曰：『大毋侵小。』又記曰：「執邾悼公，以其伐我故，遂次于泗上，疆我田。取邾田，自漷水歸之於我。」而二十一年《左傳》也說：「二十一年春，公如晉，拜師及取邾田也。」可見十九年魯取邾田，主要靠晉的力量，但從《經》上可知，伐齊及取邾田，中有諸侯的共同參與，自此以觀，魯當然也曾派兵，自屬「用師徒」了。

㈤哀公二年《經》：「二年春王二月，季孫斯、叔孫州仇、仲孫何忌帥師伐邾，取漷東田及沂西田。癸巳，叔孫州仇、仲孫何忌及邾子盟于句繹。」

按：哀公元年《經》即載：「冬，仲孫何忌帥師伐邾。」所以，哀公二年的伐邾應是繼去年的再次軍事行動。《經》中明言「帥師伐邾」，是帶兵取得了邾的土地，但《左傳》說：「二年春，伐邾，將伐絞。邾人愛其土，故賂以漷、沂之田而受盟。」杜預的《註》也說：「邾人以賂，取之易也。」則漷東、沂西之田似乎是不費兵卒而取得的。《公》、《穀》二傳於此又沒有可以參證的地方，只得參考出現「取例」的昭公四年《左傳》，兩相比較，此條仍宜視作「用師徒」，因爲從哀公元年至三年，連續三年伐邾，即使在二年的這一次取得的田是邾施賄，但邾之所以拿漷、沂之田爲賂，也是因爲懾於魯的軍隊所致，而非平白無故，應歸入與例乖違之類。

四、結論

茲將以上的研究結果表列如後（符號同一一七頁所示）：

表一、取邑：

隱公四年	×
隱公六年	×
隱公十年	×
僖公三年	?
僖公廿二年	×
僖公廿六年	×
僖公卅三年	×
文公七年	×
宣公四年	×
宣公九年	?
宣公十年	×
成公六年	?
襄公十三年	×
昭公元年	×
昭公四年	○
昭公廿五年	×
昭公卅二年	?
哀公八年	×

表二、取田：

僖公卅一年	○
宣公元年	○
成公二年	×
襄公十九年	×
哀公二年	×

合計以上兩表可知：

合例者：三。

破例者：十六。

存疑者：四

可見破例的數目遠超過合例的，即使把存疑的四項視爲合例，也不過七項，即總數的三分之一都不到，因此，《左傳．昭公四年》所說的「凡克邑，不用帥師徒曰取。」不足成立。

《漢書．劉歆傳》說：「及歆校秘書，見古文《春秋左氏傳》，歆大好之。時丞相史尹咸以能治《左氏》，與歆共校《經》、《傳》，歆略從咸及丞相翟方進受，質問大義。初，《左氏傳》多古字古言，學者傳訓詁而已。及歆治《左氏》，引《傳》文以解《經》，轉相發明，由是章句義理備焉。」而《舊唐書．經籍志》著錄：「《春秋左氏傳條例》二十卷，劉歆撰。」很可能本文所論的條例也是由劉歆所發明。劉師培《春秋左氏傳古例詮微》說：「劉歆引《傳》文解《經》，轉相發明，謂引《傳》例以通諸他條之《經》耳，故章句、義理，由是而備。」晉杜預不但於《春秋序》中曾表示劉歆能「創通大義」，並且他的《春秋釋例》曾徵引劉歆所作的條例（註二一）。所以，這條凡例更像是劉歆所首抉。總之，本文所論的這條凡例，無論就《經》、就《傳》，都與實相違，實不得執以解《經》。

（文學博士，現任暨南大學中文系副教授，廉教授門人）

【附註】

註　一　這裡的「城」字，不得以《左傳·莊公二十八年》所說：「凡邑有宗廟、先君之主曰都，無曰邑；邑曰築，都曰城。」的話理解，此於後面的正文中有辨析。

註　二　大、小只是相對的說法。事實上，同樣是邑，大、小仍有差別。《論語·公冶長篇》有「十室之邑」、「千室之邑」的說法，《左傳》有「百室之邑」。到了《戰國策·趙策》又有「萬家之邑」之說。論《春秋》時，大、小宜以臣屬關係判定。

註　三　見《日知錄》（臺北：文史哲出版社，一九七九）卷四，「築郿」條。

註　四　《春秋大事表》卷七之一記魯都邑處曰：「在今兗州府壽張縣東南五十里。」

註　五　武軍，杜預《註》以爲是軍營，另亦有認爲與京觀同義的，可參看楊伯峻《春秋左傳註》（臺北：源流出版社，一九八二），頁七四四。

註　六　如江永《春秋地理考實》即謂魯有二郎。

註　七　此可參看李宗侗撰之〈春秋時代社會的變動〉一文，載於《文史哲學報》。另可參杜正勝所著之《周代城邦》（臺北：聯經出版事業公司，一九八一）。

註　八　像戴君仁就曾認爲杜預五十凡是解《傳》的，詳參其《春秋辨例》（臺北：國立編譯館中華叢書編審委員會，一九七八）。

註　九　變例爲「伐取某」，詳參見本文後節。

註一〇　此「鄆」字，兼表邑、地，乃魯國方自莒的轄中取得，詳參本文考辨部分。

註一一　詳見本文「考辨」部分。

註一二　這個表只列年代，而未詳引《經》文，是爲了避免喧賓奪主，其只是方式與結果的粗略比較，若欲詳知，可逕參正文的考辨。

註一三　見《通志堂經解》第二十六本，卷二。

註一四　魯、齊相會的「防」是東防，後來敗宋而取得的，乃是西防。詳參顧棟高《春秋大事表》之「春秋列國都邑表」卷七之一及高士奇《春秋地名考略》卷三。

註一五　《史記》則以爲是閔公之弟。

註一六　見其《春秋大事表》中的「三傳異同」篇。

註一七　但根牟原來極可能是一個介於齊、莒之間的獨立小國。魯之取根牟，當是爲了齊國伐萊時，避免莒國乘隙侵襲齊國，做爲屏障。

註一八　見《春秋左傳註》成公六年《經》註。

註一九　此採周何先生說，本「春秋研究」課程筆記「春秋旨要芻議」中的串連例部分。

註二〇　成公八年《經》言：「八年春，晉侯使穿來言汶陽之田，歸之於齊。」《公羊傳》曰：「來言者何？內辭也，脅我使我歸之也，曷爲使我歸之？鞌之戰，齊師大敗，齊侯歸，弔死視疾，七年不飲酒，不食肉。晉侯聞之曰：『嘻！奈何使人之君，七年不飲酒，不食肉。』請皆反其所取侵地。」事亦與此契合。

註二一　此本黃彰健說，見其《經今古文學問題新論》（臺北：中央研究院歷史語言研究所，一九八二）中之「論漢哀帝時劉歆之建議立古文經學」。

荀子辯說理論析義

馬國瑤

一、前　言

荀子的辯說，乃爲達到正名目的而起，故其辯說理論是正名思想的一環。辯說對象是琦辭怪說，駁斥違背常理的謬論。因爲在荀子的時代，「好治怪說，玩琦辭」的風氣熱烈，「析辭擅作名以亂正名」的詭辯論盛行，以致名實混淆，是非不明。故主張「君子必辯」。但是君子之辯，必須有一套辯說規則，才能辨明是非曲直，達到正名的目的。於是荀子以「名」爲核心，統合名、辭、說、辯四種思維活動的形式，構成他的辯說理論體系。至於如何在此一理論體系之下，進行辯說，正是本文所要討論的重點。茲依荀書正名、解蔽、非相等篇，以及有關篇章資料，試爲疏解。並分爲辯說理論的緣起、辯說理論的體系、辯說原則的內涵三節，析論其精義所在。

二、本　論

一、荀子辯說思想的緣起

春秋戰國以來，諸侯長期割據，各地區對於同一事物的名稱概念不同，所以造成名實相怨的混亂局面。而環繞著名實之辨的百家爭鳴，在思想界出現了「名辯」的思潮。在這個思潮中，辯者學派把名實之爭，從政治倫理領域，轉到邏輯領域，確實對邏輯學的發展，有很大的貢獻。但其中也不乏詭辯論的傾向，所以使名實關係更爲混亂。荀子以儒家正統自居，處在這樣是非不分的時代，於是不得不起而辯說，以糾正混淆是非的詭辯。荀子說：

> 夫民易一以道而不可與共故。故明君臨之以勢，道之以道，申之以命，章之以論，禁之以刑。故其民之化道也如神，辯說惡用矣哉！今聖王沒，天下亂，姦言起，君子無勢以臨之，無刑以禁之，故辯說也。〈正名篇〉

明君之世，所以爲理想的治世，乃因有權勢、正道、命令、理論、刑罰五者的綜合運用領導，老百姓即能迅速化歸於道，辯說自然就無用了。但是荀子的時代，因無聖君明王，所以天下是非混亂，奸言邪說到處充斥，而君子既無勢以臨之，又無刑以禁之，惟一的辦法，就只有辯說一途。荀子辯說思想的緣起，於焉而生。至於如何進行辯說，荀子首先揭示了辯說的理由、目的、範圍三者。茲依次分述於后。

㈠辯說的理由

荀子重視辯說的理由，幾乎與孟子類同，皆是不得已而爲之。孟子之時，已是「聖王不作，諸侯放恣，處士橫議。」的局面，所以他要「正人心，息邪說，距詖行，放淫辭」，故說：「予豈好辯哉！予不得已也。」（滕文公篇）荀子也正面臨著「天下亂、姦言起」（正名篇）的時代。如不起而息邪說，辯姦言，於心既不能忍，也不能安，故極力主張「君子必辯」。然則所辯何事？荀子說：

凡言不合先王，不順禮義，謂之姦言；雖辯，君子不聽。法先王，順禮義，黨學者，然而不好言，不樂言，則必非誠士也。故君子之於言也，志好之，行安之，樂言之，故君子必辯。凡人莫不好言其所善，而君子爲甚。故贈人以言，重於金石珠玉；觀人以言，美於黼黻文章；聽人以言，樂於鐘鼓琴瑟。故君子之於言無厭。（非相篇）

依此，則君子必辯的理由，自消極方面說，是針對姦言邪說而發出的反擊。什麼是姦言？「凡言不合先王，不順禮義，謂之姦言。」荀子判定是非的標準，是先王之道，禮義之統。因此凡是言不合先王，不順禮義的，都是混淆是非的姦言。這是荀子重視辯說的第一個理由。從積極方面言，則是「凡人莫不好言其所善，而君子爲甚。」這就是說，人對於自己認爲有價值的言論，必然有益世道人心，要主動向人宣揚（註一），什麼是有益於世道人心的言論呢？「法先王，順禮義，黨學者，然而不好言，不樂言，則必非誠士也。」好言、樂言的內容，就是先王與禮義，有關先王之道，禮義之統的言論，就是最具價值的學問。反之，不好言，不樂言，就不是眞誠追求眞理的學者。這是荀子重視辯說的第二個理由。可以說是宣揚禮義之統的價值。至於辯說的境界爲何？荀子說：

君子必辯。小辯不如見端，見端不如本分。小辯而察，見端而明，本分而理。（非相篇）

察、明、理爲辯說等第的標準，亦即是辯說的三種境界（註二），「小辯而察」，只能察辯瑣細之事，口給便捷，只是小人之辯說。「見端而明」，則能進一步察明事理之端緒，但未能充其類以盡其理，這是士君子的辯說。「本分而理」，分字如「辯莫大於分，分莫大於禮」〈非相篇〉之分。本於「分」然後乃能終始其條貫，充其類而後盡其理（註三），這才是全而盡的辯說，這是聖人的辯說，也是辯說的最高境界。

荀子一再強調「君子必辯」，但是君子的辯說，應如何取法？荀子說：

故學者以聖王爲師，案以聖王之制爲法，法其法以求其統類，以務象效其人……辯利非以言是，則謂之誶。傳曰：「天下有二：非察是，是察非。」謂合王制不合王制也。天下不以是爲隆正也，然而猶有能分是非，治曲直者邪。〈解蔽篇〉

聖王是眞理的化身，故爲取法的對象，聖王之制，即是禮法制度，效法聖王的禮法，依據禮法推度事理；更要仿效聖人爲人行事的態度。如果「辯利」者不用來宣傳聖王之制，那就叫說廢話了。因爲天下之理，只有非與是兩者而已。人以爲非者，察其有無是處，人以爲是者，察其有無非處。是非應審愼觀察，不可人云亦云。這就是荀子告訴人們辯說應取法的對象。

㈡辯說的目的

荀子的辯說目的，自消極方面言之，在於制止姦言邪說，彰明是非善惡；從積極方面來說，在使人之思想言行符合禮義之道，達到正理平治。他認爲社會是非不明，姦言邪說充斥，影響治道至鉅，所以君子必須辯說，是非才能分明。荀子說：

是非不亂，則國家治。〈王制篇〉

是非不亂，而後國家才能平治。因此，是非不亂是治國的要道（註四）。惟世間是非亂與不亂，在於個人的認知角度不同，與夫所持之立場迥殊，故有以是爲非，以非爲是的現象。如何能使是非不亂，實有賴於辯說。故說「君子必辯」。

君子必辯。凡人莫不好言其所善，而君子爲甚焉。〈非相篇〉

「凡人莫不好言其所善」中之「善」，所指爲何？就荀子而言，當然是他認爲最有價值的言論。然則，什麼是最有價值的言論？荀子說：

言必當理。……凡知說，有益於理者，爲之；無益於理者，舍之。夫是之謂中說。知說失中，謂之姦道。……姦道，治世之所棄，亂世之所從服也。〈儒效篇〉

辯說譬諭，齊給便利，而不順禮義，謂之姦說。〈非十二子篇〉

「言必當理」，當理之言，謂之中說。「知說」當以是否「有益於理」爲是非之界限。「知說失中，謂之姦道」，姦道即是姦說，而「辨說譬喻，齊給便利，而不順禮義，謂之姦說」，依此，則中說就是禮義。禮義就是制止姦言邪說，彰明是非的有力武器。也就是辯說的消極目的。荀子又說：

辨說也者，心之象道也。〈正名篇〉

「心之象道」，表示心不只要知道，可道，還須「象道」，象，效也，法也。象道，即心要符合於道。荀子以爲，辨說必以「道」爲標準（註五），然則，道是什麼？荀子說：

道者，非天之道，非地之道，人之所以道也，君子之所道也。〈儒效篇〉

道者，何也？曰：君道也。……道存則國存，道亡則國亡。〈彊國篇〉

道也者，治之經理也。〈正名篇〉

上引三則，首則說「道」就是人道。次則說「道」就是君道，君道，在於治理國家，故也稱之謂治道。故第三則說「道也者，治之經理也。」至於「道」的實質爲何？荀子以爲就是禮義。他說：

先王之道，仁之隆也，比中而行之。曷謂中？曰：禮義是也。〈儒效篇〉

道也者，何也？曰：禮義忠信是也。〈彊國篇〉

「先王之道，……比中而行之」中之「中」字，即是禮義。故「比中而行之」亦即順從禮義而行之。道既順從禮義而行，則禮義必爲「道」的實質。然則，如何使人之思想言行，能符合禮義之道？荀子以爲必須建立隆正，以爲人之思想言行標準（註六）。荀子說：

凡議必將立隆正，然後可也。無隆正，則是非不分，而辯訟不決。〈正論篇〉

天下有不以是爲隆正也，然而猶能分是非，治曲直者邪？〈解蔽篇〉

「隆正」就是大中至正的標準。人之思想言行若無標準，則是非不能分，曲直不能治，辨訟亦不能決。如此，則影響國家安全。故使人思想言行，合乎禮義之道，是辯說的積極目的。

(三)辯說的範圍

君子之辯，不僅有其理由，有其目的，而且還要有其範圍。所謂辯說的範圍，乃指辯說是否有益於治道而言。換言之，凡是有益於治道者，均在辯說範圍之內，無益於治道者，則在辯說範圍之外，不予辯說。然則，那些是在辯說範圍之內呢？荀子說：

凡知說，有益於理者，爲之；無益於理者，舍之。〈儒效篇〉

無用之辯，不急之察，棄而不治；若夫君臣之義，父子之親，夫婦之別，則日切磋而不舍也。〈天論篇〉

君子之所謂知者，非能徧知人之所知之謂也；君子之所謂辯者，非能徧辯人之所辯之謂也；君子之所謂察者，非能徧察人之所察之謂也；有所止（原作正，從楊倞注改）矣。〈儒效篇〉

首則言辯說的範圍，當以是否「有益於理」爲界限；次則言有益於治道的如「君臣之義，父子之親，夫婦之別」，應當日日切磋而不能舍。第三則言，君子的辯說，並不要偏辯一切，其所知、所辯、所察，都有一定範圍，而是「有所止」的。楊倞注或曰「言止於禮義」。則禮義就是辯說與不辯說的分際（註七）。舍此以外，荀子認爲就不必言，甚至不當言。他說：

君子疑則不言。〈大略篇〉

言而非仁之中也，則其言不若默也；其辯不若吶也。〈非相篇〉

言而當，知也；默而當，亦知也。故知默猶知言也。〈非十二子篇〉

君子未能確知是非，不隨便亂說。這是荀子對疑的價值之肯定。言不能中（合）於仁義，就是不當，言而不當，還不如默而不言（註八）。荀子又說：

若夫非分是非，非治曲直，非辨治亂，非治人道，雖能之無益於人，不能無損於人。案直將治怪說，玩琦辭，以相撓滑人也。案彊鉗而利口，厚顏而忍詬，無正而恣睢，妄辨而幾利；不好辭讓，不敬禮節，而好相推擠；此亂世姦人之說也。〈解蔽篇〉

若以非分是非，非治曲直，非辨治亂，非治人道，雖能之無益於人，不能無害於人而辯說，荀子斥之爲「治怪說，玩奇辭」，甚至斥爲「姦人之說」。這種無益治道，是在辯說範圍之外的。什麼是怪說奇辭？荀子說：

天地比，齊秦襲，入乎耳，出乎口，鉤有須，卵有毛，是說之難持者也，而惠施鄧析能之。然而君子不貴者，非禮義之中也。〈不苟篇〉

不法先王，不是禮義，而好治怪說，玩琦辭，甚察而不急，辯而無用，多事而寡功，不可以爲治綱紀。然而其持之有故，言之成理，足以欺惑愚眾；是惠施鄧析也。〈非十二子篇〉

「天地比」云云者，都是不能成立的學說。因爲這些學說都不合乎禮義，其言雖甚明察，而不急於世事，巧辯而不切實用，浪費人力而少功效，不可以作爲治國的原則。這些怪說，當然不予辯說，也不應當辯說。

總之，荀子的辯說思想，起源於邪說橫行的時代。他提出辯說的理由，一是針對姦言邪說的反擊，一是宣揚禮義之價值；而其辯說的目的，消極地在制止姦言邪說，辨明是非，積極地在使人思想言行合乎禮義之道，達到正理平治。至於其辯說的範圍，凡屬有益於治道者，皆在辯說之列；無益於治道者，皆不予辯說。這就是「君子必辯」的精義所在。

二、荀子辯說理論的體系

荀子認爲，人對外物的認識程序，先由感官攝取物象，然後再由心官加以辨別，這種思維活動過程，就是荀子辯說的理論體系。荀子說：

實不喻然後命，命不喻然後期，期不喻然後說，說不喻然後辯。故期、命、辯、說也者，用之大文也，而王業之始也。（正名篇）

命、期、說、辯四者，就是人們認識外物（實）的思維活動形態（註九）。首句是說，當人們對於某事物不能明白，就要給命一個名，用名去稱呼它。第二句是說，有了名還不明白，就要聯綴幾個字成爲辭，用一句話去表達。第三句是說，如果用一句話還說不明白，就要從不同方面對事物加以解說，進行推理。第四句是說，如果解說、推理還是說不明白，或者認爲分歧，就要進行辯論。荀子所說的「實」，指客觀外在的事物，或稱認識對象。「命」指制名的思維活動，相當於邏輯學中的「概念」，「期」指連綴數個名以成一句話的辭，相當於邏輯學中的「判斷」，「說」指解說，相當於邏輯學中之「推理」。「辯」指辯論，相當於邏輯學中之「論證」。依此，則所謂命、期、說、辯者，乃是名、辭、說、辯的四種思維形式。其理論要旨，茲分述於后。

㈠名的精義

1.名的性質　名是什麼？荀子給名下了一個定義。他說：

名也者，所以期累實也。〈正名篇〉

期，會也。累，許多也。累實，指許多事物。這句話是說，名是概括表示同類許多事物的。亦即名是對同類事物的概括反映，「名」相當於概念，是對實的反映，每一個名都是同類許多事物共性的思維形式。由於作爲概念的名，可以概括反映對象（累實），因此名就「足以指實」，亦即名完全可以用來表示或指稱其所反映之對象（實），此即「名聞而實喻」，「名定而實辨」〈正名篇〉。只要聽到或看到某個概念（名），則對其所指稱的對象（實），就清楚其爲何物。概念（名）既經確定之後，就能區分概念所反映的對象之間的差別了。由此可知，荀子對名的界說，多麼明確而充實的了。

2.名的作用　名之究竟作用爲何？荀子說：

名聞而實喻，名之用也；累而成文，名之麗也；用麗俱得，謂之知名。〈正名篇〉

荀子以爲，名在認識外物方面，一是「名聞而實喻」的認識作用，另一是「累而成文」的邏輯學作用。荀子認爲，概念是認識的思維成果，其既可用來指實（制名以指實），以表達思想，又可辨實（名定而實辨）以論證思想，這是概念的認識作用。其次，由概念而判斷，由判斷而推理，概念表現在思維中是邏輯聯繫的一個必要因素，它是思維的細胞。所以「兼異實之名」以成辭，「不異名實以喻動靜之道」以成辯說，這就叫做「累而成文」。累而成文之「累」，就是概念作爲一個邏輯因素在辯說中的組合，即是概念的邏輯學作用（註一〇）。如果明確了概念的這兩種作用，就是「知名」。這是荀子對「用麗俱得」的精闢分析。

名既是用來指實的，故名實必須相符。但是，名非一成不變，名的數量不斷增加，名的內涵，也會發生變化，如何才能保持名實時時相符？荀子說：

若有王者起，必將有循於舊名，有作於新名。〈正名篇〉

這就是說，如果實沒有發生變化，舊名仍符其實，則可用舊名，如果實發生變化，則舊名就不符其實，如此就要形成新概念，作新名。至於何者應循舊名，何者應作新名？荀子說：

刑名從商，爵名從周，文名從禮，散名之加於萬物者，則從諸夏之成俗期曲。〈正名篇〉

荀子認爲，歷史文化乃前人累積而成，後人應隨之而進，不可隨意變更（註一一）。因此，凡屬刑罰、爵位、禮節儀式之專門用語，就沿用商、周、禮之舊名，屬於萬物之名，則依照中原地區老百姓的約定俗成。此即「有循於舊名」。何者應「有作於新名」？荀子認爲，是那些「散名之在人者」，如性、情、慮、僞、事、行、知、智、能、病、命。這些屬於倫理、哲學範圍，諸家衆說紛紜，必須由「後王」統一創制新名。

(二)辭的真諦

1.辭的性質

辭是什麼？荀子說：

辭也者，兼異實之名以論一意也。〈正名篇〉

這是說，「辭」是聯結不同的名，來表達一個完整思想的。這種以不同概念（名）聯結起來，表達一個思想的「辭」，相當於命題或判斷。這是荀子對「辭」（判斷）所下的定義。這一定義所說的辭，是對「兼異實之名以論一意」的陳述，即是說明辭是由不同的名所組成的。兼，意謂連屬、連綴。論即諭，有表達、說明之意。也就是說，辭（判斷）是連綴不同的名（概念），以表達一個思想的形式（註一二）。荀子強調，辭是在名的基礎上形成的，它是由表示不同事物之名連綴而成者，辭的作用與名不同，它不是簡單的指稱事物，而是表述一個完整的思想。此不僅揭示了辭的本質，而且從思維的結構和作用說明辭和名的區別與聯繫。荀子這一定義，極具科學價值。

2.辭的作用　荀子論辭的作用時說：

名足以指實，辭足以見極，則舍之矣。〈正名篇〉

「名足以指實」是所命之名，足以反映事物的實際。「辭足以見極」者，見同現；極，劉念親說：極，至也，心之所至也（註一三）。意思是說，辭的作用，就在於能夠表達心中的思想，就足夠了。對於辭荀子主張要恰當。他說：

彼正其名，當其辭，以務白其志義者也。〈正名篇〉

「正其名」是要用正確的名（概念），「當其辭」是恰當的辭（判斷），也就是說要用正確的名和恰當的辭，準確的表達自己的思想觀點。他強調辭的作用，在於表達意思，溝通思想。任何一個辭（判斷），都表示確切的思想涵義。他更重視辭的內容和形式的統一。因此，極力反對不顧辭所表達的確定思想而「玩奇辭」的人。批評惠施是「蔽於辭而不知實」（解蔽篇）。對於這樣的人，荀子斥之說：

彼誘其名，眩其辭，而無深於志義者也。故窮藉而無極，甚勞而無功，貪而無名。〈正名篇〉

「誘其名，眩其辭」，就是在「名」和「辭」上故弄玄虛，而在思想內容上，卻無深義，只是發表一些沒有根據，而且無助於恰當表達思想的花言巧語，荀子認爲這種人是「甚勞而無功，貪而無名」，白費力氣，實無名可言。然則，如何才能成立正確的言論？荀子說：

故知者之言也，慮之易知也，行之易安也，持之易立也，成則必得其所好，而不遇其所惡焉。〈正名篇〉

「知者」之言，才是「慮之易知，行之易安，持之易立」。惟有如此，最後必能得到其所預期的正確的言論，而不至於遇到所厭惡的結果。

(三)辯說的要旨

1.辯說的性質 荀子在正名篇中提出「說」、「辯」和「辯說」三個概念。他說：「期不喻然後說，說不喻然後辯」。此處之「說」相當於推理，「辯」則相當於論證。意思是說，如果作了判斷還不清楚，那就要進行推理，如果經過推理還不清楚，那就要進行論證。可見「說」和「辯」是有區別的。但是荀子又把「說」和「辯」聯用，統稱之爲「辯說」，然則「辯說」又是什麼？荀子說：

辯說也者，不異名實以喻動靜之道也。〈正名篇〉

這是荀子對「辯說」所下的定義。合辯與說，則「辯說」就是推理與論證。「不異名實」就是說，在辯說中所用的名，始終同義，不可涵義有別。「動靜之道」，乃世間一切是非之理。辯說的特點是用同一名詞的推導關係，來說明是非之理。名和辭都是在辯說中所應用的元素（註一四）。

2.辯說的作用　荀子在論述辯說的作用時說：

期命也者，辯說之用也；辯說也者，心之象道也；心也者，道之工宰也；道也者，治之經理也。〈正名篇〉

「命」是爲物命名，「期」會也、合也。意思是說，把名與所指之物相結合，即所謂期會名約。辯說的作用，是使人了解。「心之象道」是「辯說」所作的敘述和討論，是心對於某一事物所作的分析和研究表現，也就是心作的分析、研究結果的認識。荀子認爲辯說必以「道」爲標準，「道」是一切事理的原則，故辯說是爲闡明事理而服務的。但是認識和主宰「道」的是心，所以說：「心也者，道之工宰也」（註一五）。如此，則欲求事理者，必先明道，欲明道者，必先治心，欲治心者，必先明辯，欲明辯者，必先立說，欲立說者，必先析辭，欲析辭者，必先正名。以正名爲初步，以明事理爲極則。這是荀子對付亂世姦言的一種手段。「君子必辯」〈非相篇〉就是在這種要求下而提出來的。因此，荀子視「道」爲辯說的標準。他說：

先王之道，仁之隆也。〈儒效篇〉

故君子壹於道而以贊稽物，壹於道則正，以贊稽物則察。〈解蔽篇〉

道者，古今之正權也。離道而內自擇，則不知禍福之所託。〈正名篇〉

「道」是仁人所隆，意即道爲仁人所奉爲隆正的。「壹於道則正，以贊稽萬物則察」，道是致正的標準，思想合於道，則可以獲致萬物的正確而清晰的知識，因此，思想必須以道爲標準；「道是古今之正權」，權衡也有隆正之義。以道爲衡，則可以免蔽塞之禍，以道爲權，則可以知禍福之所託，於是言行也必須以道爲標準。在荀子看來，即使辯說的言論，「持之有故，言之成理」（非十二子篇），但是如果思想言行不合道的標準，都視爲姦言邪說的詭辯。故荀子強調，「以正道而辯姦言，猶引繩以持曲直。是故邪說不能亂，百家無所竄。」〈正名篇〉所以道不僅是思想言行的標準，而且也是辯說的標準（註一六）。

以上三節，是荀子辯說理論的體系。其辯說理論以名爲核心。名、辭、辯說諸種思維形式，爲其辯說理論的主要內涵。他對名、辭、辯說的基本性質和作用，以及三者之間的關係，曾有系統的分析，進而揭示辯說的規律和要求。其辯說理論體系之完密，在荀子的時代而言，可說無與倫比。

三、荀子辯說原則的內涵

荀子認爲正確的辯說，也有其原則，它應包括辯說的過程、態度與方式三者，如此，才是一個完整的辯說系統。茲依次分述於次。

(一)辯說的過程

荀子以爲，辯說必須依循名、辭、辯說的次第進行。由此可知，名是辯說的起點，有了名才能「累而成文」，以構成辭，有了名和辭，才能進行辯說。所以辯說是在名和辭的基礎上進行的，也是各種思維的綜合運用。荀子認爲辯說是心對道的反映，因此，辯說的過程是：

心合於道，說合於心，辭合於說，正名而期，質請（情）而喻。〈正名篇〉

這就是說，在辯說的過程中，心的認識必須符合大道，口中所說要符合心中所見，每一句話，都符合論辯主題的意旨，在辯說時所用之名既正確而又爲人所共曉，所舉之實亦爲人所共喻。這種以科學方法分析名、辭、辯說各種思維形式之間的聯繫關係，正是荀子對於辯說理論的重要貢獻。

荀子認爲辯說，應合乎思考法則，因此，他對正確的辯說原則，提出下列要求：

辯異而不過，推類而不悖；聽則合文，辯則盡故。〈正名篇〉

「辯異而不過」，是要求準確的運用名和辭，也就要做到「正其名，當其辭」〈正名篇〉。名正之後，就可「名聞而實喻」，即能正確的區別事物的同異；辭當之後，即能準確的表達思想。因此，辨別不同事物，要根據其類屬關係進行推理，這樣才不致發生悖亂。這是辯說的基本前提和要求。「推類而不悖」是推理要符合類的關係，類是推理的根據，荀子認爲同類相推是正確的，因爲「類不悖，雖久同理」〈非相篇〉，同類必同理，同類事物必有共同性質和規律，因此，同類相推不會發生悖謬，但是，如果不依據類的關係進行推理，必然會產生錯誤。荀子把這種錯誤叫做「無類」（註一七）。例如子思、孟子，根據木、金、火、水、土的陰陽五行說，附會出仁、義、禮、智、信，並把兩者配合起來，稱作「五行」。荀子批評說：「聞見雜博，案往舊造說，謂之五行。甚僻而無類，幽隱而無說，閉約而無解」〈非十二子篇〉。

「聽則合文」，這是說在辯說中，聽取別人意見要合乎禮法，進行辯說要闡明理由和根據。此處之「文」是指禮義而言，禮義是荀子評判言論是非的最高依據，當然也是辯說的最大前提。聽別人意見符合禮義，則其辯說就有正確的前提。如果聽取別人的意見不合禮義，則其辯說就是詭辯。「辯則盡故」是說自己辯說，要把全面理由和根據說得詳盡。荀子以爲辯說不僅要「持之有故」，而且還要辯則盡故。只有全面充分的說明辯說的理由和根據，才會使辯說堅強有力，從而使人心悅誠服。這就是正確辯說必須遵守的充足理由原則。

㈡辯說的態度

荀子以爲，辯說是爲了求得是非的結論，因此它是一件莊嚴的大事，故其態度不能不愼重。有關辯說的態度，荀子主張分積極與消極兩方面行之（註一八）。

1. 積極態度方面　荀子說：

以仁心說，以學心聽，以公心辯。不動乎眾人之非譽，不治觀者之耳目，不賂貴者之權埶，不利傳辟者之辭。故能處道而不貳，咄而不奪，利而不流，貴公正而賤鄙爭，是士君子之辯說也。〈正名篇〉

這則引文，可說是荀子爲辯說態度所立下的最高理想。意思是說，從事說理，要心懷仁慈，聽者方能心悅誠服；對方的意見，要虛心聽取，不可心存蔑視；與人辯論，要大公無私，避免主觀。總之，祇要辯說時，堅持眞理到底，絕不動搖立場。即使衆人之毀譽，觀者之耳目，貴者之權勢，傳辟者之辭，又豈能奈我何？荀子進一步指出辯說還要講求談話技巧。他說：

談說之術，矜莊以莅之，端誠以處之，堅強以持之，分別以喻之，譬稱以明之，欣驩芬薌以送

> 之，寶之，珍之，貴之，神之。如是則說常無不受。雖不說人，人莫不貴。〈非相篇〉

矜莊、端誠、堅強以及欣驩芬薌，都是辯說應具有吸引人的親和力；分別以喻之，譬稱以明之，乃指辯說時當用的技巧，務使對方徹底了解。而在辯說中最應忌諱者，乃是詞鋒銳利，逼人太甚。荀子說：

> 聰明聖知，不以窮人；齊給速通，不爭先人；剛毅勇敢，不以傷人。〈非十二子篇〉

辯說既爲求得眞是眞非，就應心平氣和，不能窮人、先人、傷人。所以辯說的時候，不可詞鋒太銳，令人難堪。當對方理曲辭窮的時候，更不可追奔逐北，窘人太甚，因爲這樣不僅引起對方的反感，且終流爲意氣之爭，有礙辯說的目的（註一九）。

2.消極態度方面：荀子的主張：一是不爭，二是不期勝，三是不苟察。先看何謂「不爭」？荀子說：

> 君子……辯而不爭。〈不苟篇〉
>
> 有爭氣者，勿與辯也。〈勸學篇〉
>
> 辯而不說者，爭也。〈榮辱篇〉

君子雖有辯說的責任，但不與人爭執。對方態度蠻橫，不講道理，也不與之辯論。因爲爭氣是感情的衝動，不能運用理智，無法辨明是非，說不出眞正道理，這樣辯說是沒有結論的；同時雖然善於辯說，但是說不出相當的理由，有悖「辯則盡故」的原則。

其次，何謂不期勝？期勝即是期待辯說勝利，而不甘於失敗。荀子說：

不恤是非，不論曲直，以期勝人爲意，是役夫之知也……不恤是非然不然之情，以期勝人爲意，是下勇也。〈性惡篇〉

辯說的目的，在於是是非非，是非不亂。不顧是非曲直而專意求勝，已經違背辯說的目的，故荀子斥爲役夫之智，貶爲下勇。因爲不論是非曲直而專意求勝，祇求制服對方，令其無話可辯，而將是非曲直反置之不論。於是自信以爲理直者固不甘敗北，即自知理曲者，亦必強詞奪理，以求一逞。所以期勝的念頭一旦橫亙胸中，勢必意氣用事，而強辯詭辯將無所不用其極。故荀子以期勝爲戒（註二〇）。

其三，何謂不苟察？荀子說：

君子……說不貴苟察……惟當之爲貴……山淵平，天地比，齊秦襲，入乎耳，出乎口，鉤有須，卵有毛，是說者之難持也，而惠施、鄧析能之。然而君子不貴者，非禮義之中也。〈不苟篇〉

察者明察，苟且之察不合禮義，非君子所貴，故荀子以爲「山淵平，天地比……」都是苟說之例，這些學說都是很難成立的。因爲他們都不合禮義。惠施、鄧析其言雖察，但是都不合禮義，無益於世用，故不爲君子重視。

㈢辯說的方式

荀子的辯說方式，特重一般推理方法。一切推理，要以「類」爲樞紐。同類異類要辯別的清晰確當，則推理的結果才能正確。倘同類異類混淆不清，則推理的結果，必陷入錯誤。故「類」是推理的基礎。惟荀子所說的推理方式只是籠統而夾雜言之。未曾分述，並非如今之邏輯諸種推理中之分類，就其文中所籠統論述者，試為歸類，約有以下三種：

1.類比推理　類比推理者，乃以特殊推知特殊的意思。茲就荀子之言，引錄如左：

天地始者，今日是也。百王之道，後王是也。〈不苟篇〉

欲觀千歲，則數今日。〈非相篇〉

以近知遠……以微知明。〈非相篇〉

以人度人，以情度情，以類度類，以說度功。〈非相篇〉

上引四則，其辯說推理方式，相當於類比推理。即自此一件事物之如此，以推知彼一類事物亦當如此。如自今日之情況，以推知古代的情況，或由此一類事物推知彼一類事物，或由此一人推知彼一人，或自此一群人以推知彼一群人，或自此一群人之情，以推知彼一群人之情。凡此所說，均與類比推理之義相同。他如「欲觀千歲，則數今日」，「以近知遠……以微知明」，俱是類比推理的意思。（註二一）

2.歸納推理　歸納推理者，是自特殊以推知普遍之意。茲錄荀子之說如后：

千萬人之情也，一人之情也……五寸之矩，盡天下之方也。〈不苟篇〉

欲知億萬，則審一二。〈非相篇〉

夫薄願厚，惡願美，狹願廣，苟無之中者必求於外。故富而不願財，貴而不願勢，苟有之中者，必不及於外。〈性惡篇〉

前引三則，俱是由一中見多，即自若干已知事物之如此，推論同類中其他未知事物亦應如此。因以論定同類事物之莫不如此。「千萬人之情也，一人之情也」，即是依一人之情，論定千萬人之情。「欲知億萬，則審一二」，即係審察一二事物，以論億萬事物。嚴格言之，億萬雖多，不一定足以盡全類，而審察一二萬物，亦嫌資料不太充分。大體來說，自一二以論定億萬，可說就是自特殊以推知普遍，且其程序又正與「以一知萬」相反。歸納推理之敢於依據一部分已知的事物，以論該事物之全體，其根本論據在於同類事物之必據同樣性質，而荀子「類不悖，雖久同理」之說，亦正與此相符（註二二）。

3.演繹推理　演繹推理，乃自普遍以推知特殊之意。即自含攝較廣之普遍道理，推論出含攝較狹之特殊道理。茲錄荀子之說於后：

以類行雜，以一行萬。〈王制篇〉

以一知萬。〈非相篇〉

以道觀盡，古今一也。〈非相篇〉

以一持萬。〈儒效篇〉

上引四則，可謂由多中見一。例如自動物之爲生物，以推定動物中之馬亦爲生物，有牛之爲生物，有白馬之爲生物，有黃牛之爲生物，乃至有此一白馬之爲生物，故可稱之爲雜，稱之爲萬。「以類行雜」，即持類的道理以推行於衆雜之中，「以一知萬」，「以一持萬」，即藉「一」的道理以把握萬殊，以推知萬殊，此正是與演繹推理自普遍以推知特殊之意義符合（註二三）。

綜上三節，是荀子辯說原則的內涵。荀子以爲辯說的過程，是名、辭、辯說諸種思維之綜合運用，三者缺一即不能成爲辯說。辯說的態度，積極的要秉持大公無私，心平氣和，使對方心悅誠服；消極的是不與人爭執，不意氣用事，凡是不合禮義，無益世用，均不辯說。至於荀子所用的辯說方式，大抵類似現在邏輯學中之類比、歸納、演繹推理，惟多夾雜用之，未曾細分，由此可證荀子於此三種推理的區別，未必有充分的認識。

三、結論

從本文的分析中可知，荀子認爲推理是名的活動，同時也點出名是辯說推理的基礎，由此提出一系列的辯說規則，給後人留下寶貴的啓示。因爲荀子善用定義，故使其推理絲絲入扣，論證精審，反駁巧妙有力，實爲辯說理論增加了輝煌的一頁。這是荀子對中國文化的又一偉大貢獻。

（文學士，臺北市立師範學院語文系副教授，廉教授門人）

【附註】

註一　鮑國順，荀子學說析義，頁一五九。

註二　李滌生，荀子集釋，頁八九註六。

註三　蔡仁厚，孔孟荀哲學，頁四四八。

註四　陳大齊，荀子學說，頁九七。

註五　馮友蘭，中國哲學史新編第二冊，頁四二六。
註六　同註四，前書頁七五。
註七　韋政通，荀子與古代哲學，頁一五一。
註八　同註四，前書頁一〇一。
註九　廖名春，荀子新探，頁二三九。
註一〇　同註九，前書頁二三四。
註一一　同註二，前書頁五〇七註二。
註一二　孫中原，中國邏輯學，頁三六二。
註一三　同註二，前書頁五二五註四。
註一四　同註一二，前書頁三六四。
註一五　同註五，前書頁四二六。
註一六　同註四，前書頁七六。
註一七　同註一二，前書頁三七。
註一八　同註四，前書頁一〇四。
註一九　同註四，前書頁一〇五。
註二〇　同註四，前書頁一〇八。

註二一　同註四，前書頁一一三。

註二二　同註四，前書頁一一四。

註二三　同註四，前書頁一一三。

參考書目

荀子集解　王先謙　世界書局六十七年十月八版

荀子簡釋　梁啓雄　華正書局六十四年九月台二版

荀子集釋　李滌生　學生書局六十八年二月初版

荀子新注　北大哲學系　里仁書局　七十二年十一月版

荀子學說　陳大齊　中國文化大學出版部　七十八年六月新一版

荀子與名家　牟宗三　學生書局　六十八年三月初版

荀子與古代哲學　韋政通　商務印書館五十三年一月三版

荀子學說析論　鮑國順　華正書局　七十一年六月初版

孔孟荀哲學　蔡仁厚　學生書局　七十三年十二月初版

荀子新探　廖名春　文津出版社　八十三年二月初版

中國邏輯學　孫中原　水牛出版社　八十二年四月初版

中國哲學史新編　馮友蘭　藍燈出版公司

論韓非的漸變思想

濮傳真

一、前　言

當朝代移易、社會變遷，許多事務出現嶄新的面貌及質變時，現實感極強的法家人物便敏銳地認識到這種變化的現象及發展的脈絡。而韓非前承法家諸派，集衆說之大成，思慮的觸角尤爲廣泛靈敏，故其「變」的哲學益形綿密完整。

在韓非「變」的思想內涵中，變古與變法爲其顯著論題。變古：韓非特重世、事、備三者之關係，〈五蠹篇〉云：「事因於世，而備適於事。」「世異則事異，事異則備變。」因此今之治不必循古之制，然亦非全盤否定，主要的前提在於國家是否能治得其宜，〈南面篇〉云：「變與不變，聖人不聽，正治而已。然則古之無變，常之毋易，在常古之可與不可。」是知韓非所謂之變古，非疑古、反古，乃是不必以古爲法。因爲一味地則古稱先，因襲不變，嗸謬且不實際，更無法使國家跟隨時代的脈動而變革前進。

韓非變法理論的根源有二：一爲變古的歷史觀；一爲對理與道的認識。法律是維持社會秩序的工具，應社會需要而訂，韓非知「世異則事異，事異則備變」之理，故〈心度篇〉云：「法與時轉則治，治與事宜則有功。時移而法不易者亂，世變而禁不變者削。」法令若能符合時代的發展，既不與民心脫節，亦不致成爲僵化之法，如此方能締造國家的新契機。至於韓非對理與道的認識，直接影響了他的變法理論。依〈解老篇〉所云，理爲事物之理，事物有變化，理便隨事物的變化而變化。道，「盡稽萬物之理」，理有變，所以道也「無常操」。韓非之意，即無永恆不變之制度，變法是自然且必然的結果。

韓非雖積極地提倡變古、變法，冀於當世能收立竿見影治國之效，但他也深曉事物的變化多是由細而大、由微而顯，唯有根本質性的變化，才是眞正、持久的改造；否則只是表象的異動，虛浮而短暫。因此韓非於變古、變法理論外，又提出漸變思想與之相輔，其理有三：留意事物發展細微的徵兆，或予杜絕，或予防範，有助於事物的瞭解及推動，此其一；漸變的過程較爲緩和，行事於無形，易爲人接受，亦益於維持安定，此其二；與其他思想皆有內在之聯繫，在韓非理論系統中具有不可或缺的重要性，此其三。

韓非漸變思想的提出，豐富了法家「變」的哲學，此是韓非獨到處，本文擬就《韓非子》本書資料，尋繹出一較有系統的論據，闡明韓非漸變思想的理論與價值。

二、漸變思想理論

一、漸變思想之淵源

韓非的變古及變法思想，乃上承前期法家，至漸變思想則淵源於老子及荀子。韓非師事荀卿，受其學之漸染，此克紹師說；又《老子》一書素爲韓非所誦習，並進而以己意詮解，必有所得（註一）。以下論二者漸變思想，以究韓非漸變論之所由。

㈠私淑老子

《老子》一書之思想或原文，在〈解老〉、〈喻老〉兩篇之外，遍及〈存韓〉、〈主道〉、〈揚權〉、〈飾邪〉、〈說林上〉、〈觀行〉、〈安危〉、〈用人〉、〈功名〉、〈大體〉、〈內儲說下〉、〈外儲說左上〉、〈外儲說左下〉、〈外儲說右下〉、〈難三〉、〈六反〉及〈八說〉，共計十七篇之多，幾達全書三分之一，韓非受《老子》影響之深，於此可見。

《老子》六十三章、六十四章即爲漸變論之主體，六十三章云：

大小多少（註二），圖難於其易，爲大於其細；天下難事，必作於易；天下大事，必作於細。

六十四章云：

其安易持，其未兆易謀。其脆易泮，其微易散。爲之於未有，治之於未亂。合抱之木，生於毫末；九層之臺，起於累土；千里之行，始於足下。

老子以其清明的理性，觀照事物發展的規律：大必由於小，多必出於少，譬若星星之火，涓涓之水，任其肆行，終至燎原漂邑而毀，因此當謹小愼微。處理艱難事務，須先從細易處著手，則難事易成，大事易爲。老子以爲事物在剛開始發展的時候，本易控制、掌握，因此注意禍患的根源也當極其謹愼，在禍亂發生之前，洞見跡象，預爲防範，即使是微渺的徵兆也不可怠忽輕視，以免貽誤成患。

老子並提出基層工作的重要性，他認爲凡事都是從卑至高，由小至大，所謂「合抱之木，生於毫末；九層之臺，起於累土；千里之行，始於足下」，遠大的事情非一蹴可幾，必須經過長久累積才能完成，因此要重視事物發展的基礎。

㈡師承荀子

《史記·韓非傳》載韓非與李斯俱事荀卿。韓非師事荀卿，其學頗受影響，著者若闡性惡，韓非承荀子性惡之說，進而發揮父母子女君臣之利己心；法後王，韓非反對據先王，蓋受荀子法後王之影響；且荀子已直接重視法正、權勢、刑罰，其影響於韓非者尤大（註三）。至於韓非漸變思想，荀子亦有啓迪之者。

荀子《勸學篇》多談「積漸」之義：

蓬生麻中，不扶而直；白沙在涅，與之俱黑。蘭槐之根是爲芷，其漸之滫，君子不近，庶人不服。其質非不美也，所漸者然也。故君子居必擇鄉，遊必就士，所以防邪辟而近中正也。

荀子認爲內在的本質會因外在環境的善惡而變化，主要原因在於習染日久漸變於無形，本質之善惡亦隨之遷改，可見漸變力量由小積大，不可忽略。又曰：

物類之起，必有所始。榮辱之來，必象其德。肉腐出蟲，魚枯生蠹。怠慢忘身，禍災乃作。

荀子以爲任何事物的發生，必有其原因，若不謹微愼始，任其發展，等到肉腐魚枯再思謀救，已回天乏術。因此特別強調「積」的工夫，所謂「眞積力久則入」，許多事物的成功，必然是自小成大，由近至遠；當累積到某一量度後，必然能達到某種程度的質變目的。

二、圖難於易之漸變論

韓非善於取鎔法家各派思想之長，充實其理論內涵；至於其他家派則以法家旨趣爲標的，選擇性地參酌有益開拓法家學說的主張，適時地改變其面貌，使之成爲韓非法家理論體系的一部分。《老子》書中所論漸變之理，乃是一般事物的發展規律，用於個人行事或準於國家施治皆可。韓非師法老子之意，落實地發揮其理，衍化爲具體完密的漸變理論。析歸韓非所述，已有別於道家之論，法家色彩頗濃，要爲二目：愼易避難，去易止難。

㈠愼易避難

韓非於〈喻老篇〉解釋《老子》六十三章云：

有形之類，大必起於小；行久之物，族必起於少。故曰：「天下之難事必作於易，天下之大事必作於細。」是以欲制物者，於其細也。故曰：「圖難於其易也，爲大於其細也。」

韓非以簡要明確的語言闡釋此章，正展現了法家一貫的特色。韓非體認事物的變化是「大必起於小」、「族必起於少」的過程，而非突然變改，因此想要控制事物發展的方向，裁理事物發展的結果，便須從事物的細小處著手。韓非熟練地運用「圖難於易」的理論，先以日常物理爲例證說明，復援引於政治實務析論，〈喻老篇〉云：

千丈之隄，以螻蟻之穴潰；百尺之室，以突隙之熛焚。（註四）故白圭之行隄也，塞其穴；丈人之愼火也，塗其隙。是以白圭無水難，丈人無火患。此皆愼易以避難，敬細以遠大者也。

韓非所舉之物，比例極其懸殊，千丈之隄對螻蟻之穴，百尺之室對突隙之熛。韓非之所以相照大小二物，用意良深，正因爲一般人見千丈之隄、百尺之室高聳堅固，因此當見螻蟻小物、縫隙小火愈加不在意，輕忽其影響力，以爲必不足以撼動長隄高屋。而白圭、丈人，謹小愼微，能在小處即予防範，故無水難火患；但若白圭、丈人未曾留意螻蟻、熛火，則長隄之潰、高室之焚在所難免。

韓非又以扁鵲爲晉桓公療疾爲例，藉疾病變化過程及治療之方進一步剖析「愼易避難，敬細遠大」之理：

扁鵲見晉桓公（註五），立有間。扁鵲曰：「君有疾在腠理，不治將恐深。」桓侯曰：「寡人無。」扁鵲出，桓侯曰：「醫之好治不病以爲功。」居十日，扁鵲復見曰：「君之病在肌膚，不治將益深。」桓侯不應。扁鵲出，桓侯又不悅。居十日，扁鵲復見曰：「君之病在腸胃，不治將益深。」桓侯又不應。扁鵲出，桓侯又不悅。居十日，扁鵲望桓侯而還走，桓侯使人問之。扁鵲曰：「疾在腠理，湯熨之所及也；在肌膚，鍼石之所及也；在腸胃，火齊之所及也；在骨髓，司命之所屬，無奈何也！今在骨髓，臣是以無請也。」居五日，桓侯體痛，使人索扁鵲，已逃秦矣。桓侯遂死。故良醫之治病也，攻之於腠理，此皆爭之於小者也。夫事之禍福，亦有腠理之地，故聖人蚤從事焉。」

良醫治病，在病象初顯之時，便能爭取時效，根據輕微的徵兆予以診斷治療，避免病情加重惡化以至於不可救藥的地步。韓非於此例中，詳述疾病的變化過程，由腠理、肌膚、腸胃而骨髓，則治療之方亦層層加重，由湯熨、鍼石至火齊，終而無藥可治。兩相對照，孰爲利，孰爲害，昭灼可辨。韓非舉此例以爲喻，實欲爲施政者之戒，因人事禍福亦同疾病一般，有開始發生、尚未嚴重的時機，若能趁早處理得當，遠離大難大患，則能存身保國；若人主無視端末之明，付出的代價將愈形慘重，甚至喪生亡國：

昔晉公子重耳出亡過鄭，鄭君不禮。叔瞻諫曰：「此賢公子也，君厚待之，可以積德。」鄭君不聽。叔瞻又諫曰：「不厚待之，不若殺之，無令有後患。」鄭君又不聽。及公子返晉邦，舉兵伐鄭，大破之，取八城焉。晉獻公以垂棘之璧，假道於虞而伐虢。大夫宮之奇諫曰：「不可。脣亡而齒寒，虞虢相救，非相德也。今日晉滅虢，明日虞必隨之亡。」虞君不聽，受其璧而假之道。晉已取虢，還反滅虞。此二臣者，皆爭於腠理者也，而二君不用也。然則叔瞻、宮之奇亦虞鄭之扁鵲也，而二君不聽，故鄭以破，虞以亡。故曰：「其安易持也，其未兆易謀也。」

韓非援史證理，論鄭、虞二國之所以破滅敗亡的原因，在於不知採納臣下對於禍端之明見。鄭君不禮晉公子重耳，僅見眼前重耳失利之情勢，以其爲可欺，而驕狂傲慢；叔瞻能透視現象的本質，知重耳之才，測未來之局，以諫鄭君。叔瞻所知，乃就觀察主客觀情勢顯露之跡象推求而得，可謂善於體察事物發展之規律，可惜鄭君無此遠見。至若虞君之受璧，終致亡國，亦同於鄭君之短視近利，見利不見禍，完全被物慾蒙蔽了心志及判斷能力，雖有明智之臣，亦無法挽救亡國的命運。宮之奇所諫脣亡齒寒之說，此爲常則，只要推尋晉滅虢之理，便可知其滅虞乃勢所必然。

韓非以爲若叔瞻及宮之奇，如扁鵲一般，能早見禍萌，爭於腠理，誠國之良醫；若鄭君、虞君能聽二臣之言，便能存國，將不致走上毀滅的命運。因此在發現細小的跡象時，就要謹愼預防萌端之繼續發展，如叔瞻所言，或厚待重耳，使心存感激，不使其懷恨在心，避免將來可能產生的危機；或殺之滅口，永絕後患。又如宮之奇力主不可借道於晉，即是要防止晉國坐大，當其兵勢疆域擴大，糧秣資源豐富，必起貪欲，併吞小國；若絕道於晉，斷其侵虢之實，則彼此勢均力敵，猶能相抗。然而見「易」不易，常毀於「難」，此韓非所以特爲提說。

㈡去易止難

韓非運用老子「圖難於易」之學於「小過重罰」理論上，形成了「去易止難」的漸變論。〈難三篇〉云：

> 明君見小姦於微，故民無大謀；行小誅於細，故民無大亂。此謂「圖難者於其所易」也，「爲大者於其所細」也。

由此段可明白看出韓非所論層次之不同。小姦爲「易」，大謀爲「難」，見小姦於微之目的在避免大謀的產生，猶是「愼易避難」的層次。小誅爲「易」，大亂爲「難」，行小誅於細之目的在使民無大亂，此爲「去易止難」之層次。即韓非於〈守道篇〉所云：

古之善守者，以其所重禁其所輕，以其所難止其所易。故君子與小人俱正，盜跖與曾、史俱廉。何以知之？夫貪盜不赴谿而掇金，赴谿而奪金則身不全；賁育不量敵則無勇名，盜跖不計可則利不成。

輕罪重罰本法家治國之方，〈內儲說上〉析之曰：

公孫鞅之法也重輕罪。重罪者人之所難犯也，而小過者人之所易去也，使人去其所易無離其所難，此治之道。夫小過不生，大罪不至，是人無罪而亂不生也。

證之以殷法亦然：

殷之法刑棄灰於街者，子貢以爲重，問之仲尼，仲尼曰：「知治之道也。夫棄灰於街必掩人，掩人人必怒，怒則鬥，鬥必三族相殘也。此殘三族之道也，雖刑之可也。且夫重罰者，人之所惡也，而無棄灰，人之所易也。使人行之所易，而無離所惡，此治之道。」

韓非於〈飭令篇〉論曰：「行刑，重其輕者，輕者不至，重者不來，此謂『以刑去刑』。罪重而刑輕，刑輕則事生，此謂『以刑致刑』，其國必削。」小過，人所易犯，亦人所易去，韓非以爲若在邪過發端時予以重懲，則人民因爲畏懼於重罰，自生警惕，時刻約束端整意念及行止，日久積累，形成自然而然的習慣，便不易產生犯法的企圖及行徑，更遑論犯下重罪。《詩經．小雅．小旻》不云：「戰戰兢兢，如臨深淵，如履薄冰。」態度謹慎，不容易犯過；態度輕怠，可能跌落深淵大河，無法挽救。〈

解老篇〉亦云：「人有禍則心畏恐，心畏恐則行端直，行端直則思慮熟，思慮熟則得事理。」此之謂也。

韓非於〈六反篇〉自人性的角度分析得相當透闢：

> 今不知治者，皆曰重刑傷民，輕刑可以止姦，何必重哉？此不察於治者也。夫以重止者，未必以輕止也；以輕止者，必以重止矣。是以上設重刑者而姦盡止，姦盡止則此奚傷於民也？所謂重刑者，姦之所利者細，而上之所加焉者大也；民不以小利蒙大罪，故姦必止者也。所謂輕刑者，姦之所利者大，上之所加焉者小也；民慕其利而傲其罪，故姦不止也。故先聖有諺曰：「不躓於山，而躓於垤。」山者大，故人順之，垤微小，故人易之也。今輕刑罰，民必易之。犯而不誅，是驅國而棄之也；犯而誅之，是爲民設陷也。是故輕罪者，民之垤也。是以輕罪之爲道也，非亂國也則設民陷也，此則可謂傷民矣！

韓非在本節中，以「去易止難」的理論，闡述「輕罪重罰」爲平治國家之必要方法。人性本趨利避害，小過輕罰，人民就會輕忽法律的嚇阻作用，於是因慕嚮利益而遭致嚴重的刑罰，韓非認爲這是以輕刑致重刑，非治國的方法。〈心度篇〉云：「聖人之治民，度其本，不從其欲，期於利民而已。故其與之刑，非所以惡民，愛之本也。……刑者，愛之自也。」韓非主張輕罪重罰，目的在——愛護人民，即去除一般人對於小過怠忽的心理，使他們在犯罪意念萌發時便能自我克制，衡量利害關係，行事慎重；當對於一念一行謹慎小心，當心念及行止因知法畏法而逐漸改變後，人人安守本分，不致犯下大罪，國家便能平治。由此可知「去易止難」在法家理論中的重要性。

三、漸變之過程

㈠內外條件之配合

宇宙萬物的變化大多是由細而大，由微而顯，因此外在細微的徵兆顯現時，必須憑藉內外條件之配合，才能預先推衍瞭解事物發展的脈絡，予以防範或處理；若無知見之明，恐將難以避禍遠害。〈說疑篇〉云：

難之從內起，與從外作者，相半也。

韓非認爲事物的變化是內在條件和外在條件共同作用的結果，二者缺其一，必罹災難，如晉桓公之喪命，鄭君、虞君之亡國，外在跡象已然顯露，卻無見微知著、深思遠慮之洞察力，終至淪亡，即是最佳例證。韓非在〈說林上〉及〈喻老篇〉中舉箕子見象箸以知天下之禍爲例說明培養察理智性之重要，〈說林上〉曰：

紂爲象箸而箕子怖，以爲象箸必不盛羹於土簋，則必犀玉之杯，玉杯象箸必不盛菽藿，則必旄象豹胎，旄象豹胎必不衣短褐，而舍茅茨之下，則必錦衣九重，高臺廣室也。稱此以求，則天下不足矣。聖人見微以知萌，見端以知末，故見象箸而怖，知天下不足也。

又〈喻老篇〉曰：

故箕子見象箸以知天下之禍，故曰：「見小曰明。」

商紂製作象牙筷，箕子見之，便有無限憂懼，因箕子由象牙筷而推商紂之必用犀玉之杯、旄象豹胎、錦衣九重，至高臺廣室，再由高臺廣室以知商紂無窮之欲望及天下之災禍。韓非以為箕子具有靜觀智慧，故能見微知萌，見端知末，若扁鵲、叔瞻及宮之奇亦有見小之明。

韓非所論見小之明，由道家來；其師荀子論大清明，亦承道家之說。

《老子》五十二章：「見小曰明。」

老子主張「內視本明的智慧，而以明徹的智慧之光，覽照外物，當可明察事理」（註六）。因此理性清明之人，必能由詳察事物細小之端萌，並進而推衍預見發展之過程及結果。因為事物的變化過程中，「不是無條件的，而是有條件的；不是孤立的，而是各種事互相關聯的一個變動過程」（註七），無觀理能力之人，何由得知？此即荀子承於道家所論之大清明，〈解蔽篇〉云：

虛壹而靜，謂之大清明。萬物莫形而不見，莫見而不論，莫論而失位。坐於室而見四海，處於今而論久遠。通觀萬物而知其情，參稽治亂而通其度，經緯天地而材官萬物，制割大理而宇宙裡（註八）矣。

大清明者，觀察敏銳，由現象而知其本質，對於有形之現象無不見，見則無不能論說，論說則無不得其宜。《文心雕龍．知音篇》云：「目瞭則形無不分，心敏則理無不達。」唯靠大清明之心，方能見微知著，透達萬物之情理，掌握變化過程中的相關條件，此向為韓非所重。韓非特別強調洞察事物細微處之能力，目的在防範人心姦謀之由小漸大，防範臣下侵凌君勢之由少漸多，以維持國家的安定及君勢的穩定。至於修練知見的工夫，則同於道家，「致虛極，守靜篤」，「去甚、去奢、去泰」（註九），使心澄淨無蔽障，而能冷靜判斷與分析，對於一切事務作縝密妥善的處理。

㈡損益雙向之漸變

韓非一方面著意於由小至大，由少至多的漸益過程的探究，另一方面也留心於由大至小，由多至少的漸損過程的討論。韓非漸變思想的雙向性，實淵源於老子的辯證思維。《老子》七十七章：「天之道，其猶張弓與！高者抑之，下者舉之，有餘者損之，不足者補之。」老子之意，道在天下均而已，均而後適於用，故其用不窮。韓非援為虧靡之術，用於治臣，爵祿大者則損之，小於功者則益之，〈揚權篇〉曰：

> 厚者虧之，薄者靡之。虧靡有量，毋使比周，同欺其上。虧之若月，靡之若熱。

韓非認為爵祿大小必當功，功小祿大固亂，功大祿小亦亂，因為這兩者都破壞了國家制定施行的法度，因此薄者應侈之使厚，厚者宜虧之使薄，使合於實質當有的分際，而不致淆亂國家法制。

——厚者虧之：管仲太侈偪上，〈外儲說左下〉：

> 管仲相齊，曰：「臣貴矣，然而臣貧。」桓公曰：「使子有三歸家。」曰：「臣富矣，然而臣卑。」桓公使立於高、國之上。曰：「臣尊矣，然而臣疏。」乃立為仲父。孔子聞而非之，曰：「泰侈偪上。」

管仲相齊仍不知滿足，要求超越本分以外的財富與名號，這是過分的豪侈；過分豪侈便會威迫君上，侵陵君之權勢，便當損其厚。

—薄者靡之：孫叔敖太儉偪下，孟獻伯之儉爲亂晉國之政，〈外儲說左下〉：

孫叔敖相楚，棧車牝馬，糲飯菜羹，枯魚之膳，冬羔裘，夏葛衣，面有飢色，則良大夫也，其儉偪下。

又：

孟獻伯拜上卿，叔向往賀，門有御車，馬不食禾，向曰：「子無二馬二輿，何也？」獻伯曰：「吾觀國人尚有飢色，是以不秣馬；班白者多以徒行，故不二輿。」向曰：「吾始賀子拜卿，今賀子之儉也。」向出，語苗賁皇曰：「助吾賀獻伯之儉也。」苗子曰：「何賀焉！夫爵祿旂車，所以異功伐、別賢不肖也。故晉國之法：上大夫二輿二乘，中大夫二輿一乘，下大夫專乘，此明等級也。且夫卿必有軍事，是故修車馬，比卒乘，以備戎事，有難則以備不虞，平夷則以給朝事。今亂晉國之政，乏不虞之備，以成私節，以潔私名，獻伯之儉也可與？又何賀！」

儉樸誠爲美德，但過於儉約同樣有不良的影響。孫叔敖克己爲儉，原値稱揚，若太儉威迫到屬下，則會造成階級混淆，使屬下不知何所適從，是亂國的大患。又孟獻伯爲晉國上卿，亦厲行儉樸之道，然苗賁皇以爲國家制定法度，本爲表明官吏之等級，孟獻伯爲成一己之儉德，修潔個人的名譽，破壞晉國的法度。因此，韓非以爲兩者都須靡其薄。

在損益之際，韓非主張採取漸損及漸增這兩種緩和的步驟，因爲韓非深切瞭解操之迫切會造成群臣相比自救，同欺其上的嚴重後果。欲損臣之爵祿，韓非以爲當「虧之若月」，月由盈而虧，即漸移其權勢，如月之漸虧，不使臣自知；臣既不自覺利益受損，便不會心生畏恨，結黨反叛。欲益臣之爵祿，當「靡之若熱」，物由冷而熱，即漸益其權勢，如熱之漸增，不使臣知；臣既不覺爵祿得之太易，便會盡守職分，積漸而貴，而不致心生驕狂，忽等躐級。於此可見韓非漸變思想之圓融。

四、漸變過程之量度

㈠以法為度

韓非認爲許多事物的變化是從漸變開始的。通過漸變，即通過一定量累積，最後引起事物根本質性的變化。所謂的「漸」、「積」等概念，具體反應了事物變化發展過程中的量的積累過程，只有漸變達到一定的「度」時，才會發生質變（註一〇）。韓非體認事物發展的規律性，注意到漸變過程中的量度問題，量度過多，容易敗事；量度不及，達不到變的效果；唯有量度適中，才能達到變的目的。在韓非的理論中，量度的標準即是「法」。

第一個層次，先要建立法令制度是公正客觀且必然施行的觀念，使人民心裡相信賞罰是絕對實施的。若賞罰無度，則國必危，〈飾邪篇〉云：

賞罰敬信，民雖寡，強。賞罰無度，國雖大兵弱者，地非其地，民非其民也。無地無民，堯、舜不能以王，三代不能以強。人主又以過予，人臣又以徒取。舍法律而言先王明君之功者，上任之以國，臣故曰：是願古之功，以古之賞賞今之人也，主以是過予，而臣以此徒取矣。主過予則臣偷幸，臣徒取則功不尊。無功者受賞則財匱而民望，財匱而民望則民不盡力矣。故用賞過者失民，用刑過者民不畏。有賞不足以勸，有刑不足以禁，則國雖大，必危。

因此法令之制定與頒布，賞罰之設置與施行，都必須取信於民，〈定法篇〉云：

法者，憲令著於官府，賞罰必於民心，賞存乎愼法，而罰加乎姦令者也。

人民對於法令制度有一定的信任後，在思想及觀念上必然有一定程度的改變，然此乃爲初步的量變成果，人民只是趨賞避罰而已，尚未達到根本質性的變化，這並非韓非的主要目的。

第二個層次，是利用法律的威力，日積月累後，使人不動姦邪的意念，並進而生功止過。〈說疑篇〉云：

凡治之大者，非謂其賞罰之當也。賞無功之人，罰不辜之民，非所謂明也。賞有功，罰有罪，而不失其人，方在於人者也，非能生功止過者也。是故禁姦之法，太上禁其心，其次禁其言，其次禁其事。

韓非認爲賞有功，其賞僅及於有功者，非能生功；罰有罪，其罰僅及於有罪者，未能止過，這樣的方法雖是必要，但未深入人心，改變人心。韓非於此提出最高明的治理之方——「太上禁其心」，即使人根本無違法之意圖；既無犯法之心，心念意慮自然純正，言事行止自然守法，日漸月積，進而人皆相勸以求賞，民皆親法以告姦，使功爲衆立，姦無所匿，而臻治世。

㈡循名責實

在韓非討論漸變過程的量度時，「循名責實」也是極其重要的原則。若名實不符，或名實相亂，長久以往，功不當其事，事不當其言，越職侵官爲習，能與職交相悖離，行事無度，上下將無所舉措。〈詭使篇〉中言聖人之所以爲治道者三，其三曰名，「名者上下之所同道也」，以爲名是上下共同遵守的準則；〈揚權篇〉也強調正名是諸種治國之道中最重要的一種手段：「用一之道，以名爲首。名正物定，名倚物徙。」因此，人主用人、聽政時要「審名以定位，明分以辨類」，因爲當名有了偏差，行事也會偏差。名正以後，便要考察名與實的關係，即〈備內篇〉所云：「偶參伍之驗，以責陳言之實。」使名實相符，刑名參同。

〈二柄篇〉中嘗以典衣、典冠爲例：

人主將欲禁姦，則審合刑名；刑名者，言與事也（註一一）。爲人臣者陳而言，君以其言授之事，專以其事責其功。功當其事，事當其言，則賞；功不當其事，事不當其言，則罰。故群臣其言大而功小者則罰，非罰小功也，罰功不當名也。群臣其言小而功大者亦罰，非不說於大功也，以爲不當名也，害甚於有大功，故罰。昔者韓昭侯醉而寢，典冠者見君之寒也，故加衣於君之上。覺寢而說，問左右曰：「誰加衣者？」左右對曰：「典冠。」君因兼罪典衣與典冠。其罪典衣，以爲失其事；其罪典冠，以爲越其職也；非不惡寒也，以爲侵官之害甚於寒。故明主之畜臣，臣不得越官而有功，不得陳言而不當。越官則死，不當則罪。守業其官，所言者貞也，則群臣不得朋黨相爲矣。

典衣、典冠其職雖小，然韓非以爲典衣失事、典冠失職，其害爲大，若自小官小職即名實不相符，積漸而往，法制淆亂，權責不分，國家之政將無所施行。《論語・泰伯》云：「不在其位，不謀其政。」名實相符，權責明確，自下至上，各司其職，則大小事務，井然有序，國家方能健全強盛，步上平治大道。韓昭侯兼罪典衣、典冠，此昭侯之智舉；韓非力倡循名責實，亦其明見。又〈定法篇〉曰：

商君之法曰：「斬一首者爵一級，欲爲官者爲五十石之官；斬二首者爵二級，欲爲官者爲百石之官。」官爵之遷與斬首之功相稱也。今有法曰：斬首者令爲醫匠，則屋不成而病不已。夫匠者，手巧也；而醫者，齊藥也；而以斬首之功爲之，則不當其能。今治官者，智能也；今斬首者，勇力之所加也。勇力之所加、而治智能之官，是以斬首之功爲醫匠也。

除了不越職、不侵權外，還須以能稱位，如所職非所能，則能無由展，事無由行。韓非認爲所用非人，名實相乖，長久行之，必爲國家大患；依名核實，則上下皆有遵循之標準，使人盡其才，事當其能。

三、漸變思想在法、術、勢上的應用

一、在法上的應用

㈠建立法信

〈外儲說左上〉：

小信成則大信立，故明主積於信。

法信的建立，非一朝一夕所能成就，必待平日小信之漸化人心，浸染積久，法令頒行與實施才能獲得人民的信任。想要獲得人民對法令的信任，除了法令本身應具有標準性、客觀性、普遍性及平等性外（註一二），在上位者須先以身作則，尊重對人民的信諾，不隨意變改。韓非在論變法時，亦反對「數變法」，〈解老篇〉云：

工人數變業則失其功，作者數搖徙則亡其功。一人之作，日亡半日，十日則亡五人之功矣。然則數變業者，其人彌眾，其虧彌大矣。凡法令更則利害易，利害易則民務變，務變之謂變業。故以理觀之，事大眾而數搖之則少成功，藏大器而數徙之則多敗傷，烹小鮮而數撓之則賊其澤，治大國而數變法則民苦之，……。

法令經常更易，沒有一定依循的標準，人民無所適從，輕則對政府不信任，重則甚至影響國家的存亡，韓非在〈外儲說左上〉舉楚厲王及李悝為例，〈外儲說左上〉：

楚厲王有警，為鼓以與百姓為戍，飲酒醉，過而擊之也，民大驚，使人止之。曰：「吾醉而與左右戲，過擊之也。」民皆罷。居數月。有警，擊鼓而民不赴，乃更令明號而民信之。

又：

李悝警其兩和曰：「謹警敵人，旦暮且至擊汝。」如是者再三而敵不至，兩和懈怠，不信李悝，居數月，秦人來襲之，至，幾奪其軍，此不信患也。

楚厲王因輕忽與百姓之信諾，因此雖有警，擊鼓而民不赴；李悝一再失信於軍，致軍心懈怠，敵人來襲，幾奪其軍，此二人皆未立信者。韓非嘗以曾子殺彘來說明立信的重要，〈外儲說左上〉：

曾子之妻之市，其子隨之而泣，其母曰：「女還，顧反爲女殺彘。」妻適市來，曾子欲捕彘殺之，妻止之曰：「特與嬰兒戲耳。」曾子曰：「嬰兒非與戲也。嬰兒非有知也，待父母而學者也，聽父母之教，今子欺之，是教子欺也。母欺子，子而不信其母，非所以成教也。」遂烹彘也。

嬰兒猶臣民，父母猶上位者，所謂上行下效，下之臣民乃向上位者學習，聽從他們的教導。因此，上位者若欺瞞臣民，正是教導臣民學習背信：上既不信於下，下亦不信於上，終至上下交相賊之境地。臣民已不信其君，何信於法令？因此出號令者平日即不可忽略小信之守行，雖與人期獵、待食之事，亦當信誓而行，〈外儲說左上〉：

魏文侯與虞人期獵，明日，會天疾風，左右止，文侯不聽，曰：「不可。以風疾之故而失信，吾不爲也。」遂自驅車往，犯風而罷虞人。

又：

吳起出，過故人而止之食，故人曰：「諾，今返而御。」吳子曰：「待公而食。」故人至暮不來，起不食待之，明日早，令人求故人，故人來方與之食。

小信必守，何患大信之不立？韓非認爲法信若要深入人心，一定要積於小信，至於小信當如何建立；韓非提出三個原則，〈外儲說左上〉：

文公問箕鄭曰：「救饑奈何？」對曰：「信。」公曰：「安信？」曰：「信名。信名，則群臣守職，善惡不踰，百事不怠。信事，則不失天時，百姓不踰。信義，則近親勸勉而遠者歸之矣。」

一，信名，依照名號責求實質，官吏謹守本分，無論善惡都不敢踰越法度，各種工作便不會延誤敗壞；二，信事，對於農事講信，百姓就能完全配合天時運作，不會苟且怠荒；三，信義，對於公義講信，就能使親切者奮勉，疏遠者歸附。積漸而往，待法信建立之後，便爲固內兼外之利器，非僅國得以平治，並能以信服他國，〈外儲說左上〉舉晉文公攻原得衛之例云：

晉文公攻原，裹十日糧，遂與大夫期十日，至原十日而原不下，擊金而退，罷兵而去，士有從原中出者曰：「原三日即下矣。」群臣左右諫曰：「夫原之食竭力盡矣，君姑待之。」公曰：「吾與士期十日，不去，是亡吾信也。得原失信，吾不爲也。」遂罷兵而去。原人聞曰：「有君如彼其信也，可無歸乎？」乃降公。衛人聞曰：「有君如彼其信也，可無從乎？」乃降公。孔子聞而記之曰：「攻原得衛者信也。」

法信的建立，繫乎一國強弱盛衰，必須基礎厚實，方能屹立不搖。因此韓非論法信時，特重人心之漸化，小信之積累。

(二)任官舉才

韓非認爲人才的拔擢舉用，需要經過一級級地訓練及嚴格的考核，如此才能培養出眞正優秀的人才，以勝任國家重要的職務。〈顯學篇〉云：

明主之吏，宰相必起於州部，猛將必發於卒伍。

此即「積漸而貴」之思想，韓非主張明主進用賢材，獎勵有功之人，應當建立一套漸進而昇的法度，使賢者志士得以進舉，並能爲國所用。〈問田篇〉中，以陽成義渠及公孫亶回爲例證說「宰相必起於州部，猛將必發於卒伍」之理，陽成義渠後爲名將，公孫亶回後爲聖相，皆先試於州部、卒伍小官，歷經層層磨練，而擔當大任。韓非以爲明主當具有此度術，謹慎地運用法制舉用賢材，興政存國，〈存田篇〉云：

徐渠問田鳩曰：「臣聞智士不襲下而遇君，聖人不見功而接上。今陽成義渠，名將也，而措於屯伯；公孫亶回，聖相也，而關於州部，何哉？」田鳩曰：「此無他故異物，主有度，上有術之故也。且足下不聞楚將宋觚而失其政，魏相馮離而亡其國。二君者，驅於聲詞，眩乎辯說，不試於屯伯，不關乎州部，故有失政亡國之患。由是觀之，夫無屯伯之試，州部之關，豈明主之備哉！」

若楚國用宋觚爲將，魏國用馮離爲相，因未使二人自基層官吏做起，未嘗接受考核與訓練，只聽憑左右言辭而貿然地予以重責，終至失政亡國。韓非於〈八姦篇〉析之甚詳：

明主之爲官職爵祿也，所以進賢材、勸有功也。故曰賢材，處厚祿，任大官；功大者，有尊爵，受重賞。官賢者量其能，賦祿者稱其功。是以賢者不誣能以事其主，有功者樂進其業，故事成功立。今則不然。不課賢不肖，不論有功勞，用諸侯之重，聽左右之謁。父兄大臣上請爵祿於上，而下責之以收財利，及以樹私黨。故財利多者，買官以爲貴；有左右之交者，請謁以成重。功勞之臣不論，官職之遷失謬。是以吏偷官而外交，棄事而親財。是以賢者懈怠而不勸，有功者隳而簡其業，此亡國之風也。

沒有經過基層的訓練，沒有經過嚴格的考核，濫用浮誇不實的人作爲國家的重臣，將造成不良的影響：利益相關者，明比爲奸，結黨營私；虛位在職者，棄事親財，偷官外交；並使賢者懈怠，有功者隳簡。因此，韓非相當重視官吏擢任與考課制度的步驟化及健全化，以爲如此才能使國家邁向法治的大道。

二、在術上的應用——防微杜漸

韓非深知事物發展由微至著、積漸爲雄的規律，因此在討論人君之術時，特重漸變思想的應用——防微杜漸。韓非就其觀察分析所得歸納，其一，君主須察於人臣之所以爲姦作惡之方法。〈八姦篇〉提出八種：一曰在同床，二曰在旁，三曰父兄，四曰養殃，五曰民萌，六曰流行，七曰威強，八曰四方，「凡此八者，人臣之所以道成姦，世主所以壅劫，失其所有也，不可不察焉。」韓非分析此八種方法，皆人臣爲之於平時，化之於無形，使人主不覺，日久而自陷於其轂中，因此人主當有制姦之法漸行於常，使人臣無由侵之：

明君之於內也，娛其色而不行其謁，不使私請。其於左右也，使其身必責其言，不使益辭。其於父兄大臣也，聽其言也必使以罰任於後，不令妄舉。其於觀樂玩好也，必令之有所出，不使擅進不使擅退，群臣虞其意。其於德施也，縱禁財，發墳倉，利於民者，必出於君，不使人臣私其德。其於說議也，稱譽者所善，毀疵者所惡，必實其能、察其過，不使群臣相為語。其於勇力之士也，軍旅之功無踰賞，邑鬥之勇無赦罪，不使群臣行私財。其於諸侯之求索也，法則聽之，不法則距之。

其二，人君須察於人臣為姦作惡之類型。韓非於〈內儲說下〉提出「六微」：一曰權借在下，二曰利益外借，三曰託於似類，四曰利害有反，五曰參疑內爭，六曰敵國廢置。《老子》十五章云：「古之善為士者，微妙玄通，深不可識。」此即韓非之意：為臣者微妙莫測，積漸於諸種行事舉措，而人主失其發制之先機。韓非於是立為「七術」，〈內儲說上〉曰：

> 主之所用也七術，所察也六微。七術：一曰眾端參觀，二曰必罰明威，三曰信賞盡能，四曰一聽責下，五曰疑詔詭使，六曰挾知而問，七曰倒言反事。此七者，主之所用也。觀聽不參則誠不聞，聽有門戶則臣壅塞。……愛多者則法不立，威寡者則下侵上。是以刑罰不必則禁令不行。……
> ……賞譽薄而謾者下不用，賞譽厚而信者下輕死。……一聽則智愚不分，責下則人臣不參。……數久見待而不任，姦則鹿散。使人問他則不鬻私。……挾智而問，則不智者至；深智一物，眾隱皆變。……倒言反事以嘗所疑則姦情得。……

唯有防患於未然，才能弭禍於未形，〈難三篇〉云：「知下明，則禁於微，禁於微則姦無積，姦無積則無比周。無比周則公私分，公私分則朋黨散，朋黨散則無外障距內比周之患。」韓非為人主提供了一套完密的「防微杜漸術」，只要人君漸行不輟，將高枕無憂，內外無患。

三、在勢上的應用

㈠善持君勢

人臣之侵君勢，正如〈有度篇〉所說：

夫人臣之侵其主也，如地形焉，即漸以往，使人主失端，東西易面而不自知。故先王立司南以端朝夕。

賈誼《新書》亦曰：「事之適亂，如地形之惑人也，積漸而往，俄而東西易面，而人不自知也。」皆喻人主爲臣侵其權勢，如人之行路，積漸不覺而已易其方，因非驟然移步換形，故人主不自知。韓非以爲君勢之被侵，非一朝一夕所形成，必定是經過長期的累積、演變，因此明主在事象稍有端倪時便要趁早予以消滅，〈外儲說右上〉引子夏語申說其理：

子夏曰：「《春秋》之記臣殺君，子殺父者，以十數矣，皆非一日之積也，有漸而以至矣。」凡姦者，行久而成積，積成而力多，力多而能殺，故明主蚤絕之。今田常之爲亂，有漸見矣，而君不誅。晏子補使其君禁侵陵之臣，而使其主行惠，故簡公受其禍。故子夏曰：「善持勢者蚤絕姦之萌。」

爲了維持人主權勢不受侵陵、威脅，當有姦亂跡象萌發時，實行嚴厲手段斷絕其發展，如此才能避免君權旁落，淪爲傀儡，甚至招致殺身之禍。因爲剛開始產生的萌兆尚未固定成形，是最容易摩滅的時候，《老子》六十四章云：「其脆易泮，其微易散。」若等到發展成形，力量強大之後便難以消滅，因此善持勢之君應早絕姦逆之端萌。

㈡兼天下

〈亡徵篇〉云：

木之折也必通蠹，牆之壞也必通隙。然木雖蠹，無疾風不折；牆雖隙，無大雨不壞。萬乘之主，有能服術行法以為亡徵之君風雨者，其兼天下不難矣。

由本節可見韓非運用漸變思想的另一深意。對內，運用漸變思想，善於觀察禍端之始萌，斷絕姦逆跡象之發展，以保持人君的勢位，不被侵陵劫奪；對外，善於掌握他國顯現滅亡的徵兆，併吞他國，趁機擴充國家及人主的勢位。

韓非以為明君要在平時運用治術，施行法度，以鞏固君位勢力，使國家強盛，具有充足的實力。當他國出現滅亡的徵兆時，服術行法之國就能成為亡徵之國的「疾風」、「大雨」，而兼併其國，依此而推，何國不摧，何敵不克？至此，韓非將「圖難於易」的漸變論發展得淋漓盡致；若攻打他國時亦然。〈說林上〉：

周公旦已勝殷，將攻商蓋。辛公甲曰：「大難攻，小易服，不如服衆小以劫大。」乃攻九夷，而商蓋服矣。

大國本難以攻下，小國本易降服，因此在攻打的順序上先服衆小，再威劫大國，便容易成功。韓非舉周公旦攻商蓋為例，周公旦先征討淮夷各部落後，商蓋便降服，韓非以為此即運用「圖難於易」之論。

四、結語

韓非承老子、荀子之漸變思想，進而擴充、改造，使成爲符合法家旨趣的漸變理論。韓非以爲國之立法施政，並非一味要求速效，而是要緩急並用，才能收取實效，《老子》二十三章云：「飄風不終朝，驟雨不終日。」因此韓非以縝密的理性，觀察事物變化的規律，建立了屬於法家系統的漸變理論。透過理論的建立，史實的證說，韓非深刻地探討了治國之方，爲政治實務提供了堅實的理論基礎；韓非更積極地將漸變思想運用於法、術、勢上，使其法家理論更具特色。

韓非以「愼易避難」及「去易止難」爲「圖難於易之漸變論」主體內容，再由此細究漸變之過程及其量度。他認爲想要控制事物的發展，必須內外條件互相配合，以清明的理性觀照事物，才能在微漸處掌握制物先機；且注意漸變過程的雙向性——漸益及漸損發展，藉著變化過程的緩和性與周全性，化危厄於無形。至於漸變過程中的量度，過與不及，皆爲韓非所斥，因爲過則產生不良效應，不及則無影響力。韓非建構的理論，本爲人君、國家而設，所以主張在漸變的過程中以法爲度，採消極與積極兩種方法漸化人心；並確實地循名責實，使上下皆有共同依循的標準。

韓非並充分運用漸變思想於治國之法、術、勢上，與法家理論密切結合：如論法信之建立由小信積漸而成，乃爲恆久不移，若驟行驟信，崩解亦速；任官舉才，必由卑而高，歷經層層訓練考核，使其能力足以擔當重責大任，利於國家施政。而在人君之術方面，漸變理論爲人君提供了一套有效的防微杜漸術，使其預爲防範，免於失政亡國之患。若人主平時即注意事象之萌生，趁早杜絕，便能鞏固君勢，因人臣敗主，常積於漸微，使君不自知，待禍患已成，權位已失，無勢可持，必淪於滅亡之境，所以人君應善用漸變理論維持己之位勢。除了固內之外，韓非更擴而論及兼天下，將漸變思想發揮得相當透徹。

認識了韓非漸變思想的特色，可以更深層地瞭解其法治理論內涵，更深刻體會其治國的一番苦心。將他建立的漸變理論，用以治理今世諸國，誰曰不宜？〈用人篇〉嘗云：

夫人主不塞其隙穴，而勞力於赭堊，暴風疾雨必壞。不去眉睫之禍，而慕賁、育之死，不謹蕭牆之患，而固金城於遠境，不用近賢之謀，而外結萬乘之交於千里。飄風一旦起，則賁、育不及救，而外交不及至，禍莫大於此。

今之國若能善用韓非漸變理論固本治國，必能避難遠禍，漸化人心，使臻於平治之境。本固國強，何倚恃於外？則韓非漸變思想之價值朗然可知。

（文學碩士，現任臺北市立師範學院語文系講師，廉教授門人）

【附註】

註一　〈解老〉、〈喻老〉兩篇是否爲韓非所作，歷來頗多爭議，鄭良樹《韓非之著述及思想》前編第二章第十八節有專文論述諸家意見，頁一九六—二四二（臺北：學生書局，一九九三年七月初版）。馮友蘭《中國哲學史新編》㈡第二十三章第八節分析，〈解老〉、〈喻老〉爲韓非所作，然經其改造，頁四七二一四八六（臺北：藍燈文化事業公司，一九九一年十二月初版），茲暫依馮友蘭說。

註　二　馬敘倫《老子校詁》曰：「『報怨以德』一句，當在七十九章『和大怨』上，錯入此章。」

註　三　王師叔岷撰：《先秦道法思想講稿》（臺北：中央研究院中國文哲研究所，一九九二年五月初版），頁二三三—二三五。又盧瑞鍾撰：《韓非子政治思想新探》（臺北：三民書局，一九九〇年四月），頁七〇—七一，列舉韓非受荀卿思想影響者七：一、辨名實而定是非，二、自利的人性觀之發揮；三、法後王不法先王；四、尊君態度；五、尚功用，斥浮說；六、殺詩書；七、反迷信。

註　四　陳奇猷《韓非子集釋》引王引之曰：突隙之煙不能焚室，熛當爲熛，煙誤爲煙，又轉寫煙耳。舊本《北堂書鈔》地部十三引此正作熛。

註　五　《韓非子集釋》引松皋圓之考證，「蔡桓公」當爲「晉桓公」。

註　六　陳鼓應著：《老子註釋及評介》（北京：中華書局，一九七〇年一月），頁二六七。

註　七　張純、王曉波著：《韓非思想的歷史研究》（臺北：聯經出版事業公司，一九八三年九月），頁五三。

註　八　梁啓雄《荀子簡釋》引楊倞注曰：「裡，當爲『理』。」

註　九　《老子》十六章、二十九章。

註一〇　周兆茂撰：〈試論韓非關於「變」的思想〉，《天津師大學報》，一九八三年第二期，頁二六。

註一一　《韓非子集釋》引陶鴻慶曰：「案顧（廣圻）校云：『異當作與』是也，刑讀形，形名二字當重。其文云：『人主將欲禁姦則審合刑名，刑名者，言與事也。』」

註一二　周師富美撰：〈論《韓非子》「以刑去刑」說〉，《王叔岷先生八十壽慶論文集》，一九九三年六月，頁十五—二十，論「法的性質」有四：一、標準性與客觀性；二、普遍性與平等性；三、最高性與強制性；四、時代性與適應性。

王符《潛夫論》所反映之東漢羌亂

劉文起

秦漢之際，天下統一，爲因應政治經濟、國防軍事所須，漢世對外開疆闢土，設官置署者，前後相沿，僂指難以悉數。而異族陵跨中國，結患生人者，又靡世而寧。利益既相衝突，盛衰互有消長，邊患遂爲漢庭之心腹巨患，尤以匈奴、烏桓、鮮卑、羌亂，其勢互強，最爲凶暴。

西漢初始，匈奴冒頓單于有控弦之士三十餘萬，南與中國爲敵（註一），平城之役後，漢采和親之議，「奉宗世女公主爲單于閼氏，歲奉匈奴絮繒酒米食物各有數」《史記·匈奴列傳》，然匈奴入侵寇盜，不爲稍止。武帝即位，情存遠慮，志闢四方，承文景二帝休養生息之功，遂戮力出擊之，然雖匈奴遠遁，幕南無王庭，漢亦「數十年間，官民俱匱」《後漢書·烏桓鮮卑列傳》。迨東漢光武二十四年，匈奴分裂，有南北二庭，南匈奴降漢，北匈奴勢蹙，和帝永元年間，漢先後大破北匈奴，北單于逃亡不知所在，烏桓、鮮卑遂乘勢而起。

烏桓與鮮卑，本皆東胡族，武帝時爲防烏桓與匈奴交通，因徙烏桓於上谷、漁陽、右北平、遼西、遼東五郡塞外（註二），並置烏桓校尉監控之。東漢光武初，烏桓與匈奴相連入寇，代郡以東，受害尤重，建武二十五年，遼西烏桓大人九百二十二人率衆內屬，詣闕朝賀。然自安帝永初三年始，烏桓又寇患連連，至獻帝時，蹋頓總攝烏桓號令，袁紹矯制賜與單于印綬，最爲雄健。建安十二年，蹋頓爲曹操所斬，首虜二十餘萬人，其餘衆萬餘落，皆徙居中國，烏桓勢始歇，然其爲東漢外患，百餘年間，固未有休止。

鮮卑爲患之烈，尤甚於烏桓，西漢初，嘗爲匈奴冒頓所破，遠竄遼東塞外，因烏桓相隔，未與漢相交通。光武初，始與匈奴、烏桓寇鈔北邊，建武三十年，鮮卑大人先後歸附，和帝永元中，北匈奴遠遁，鮮卑因徙據其地，納匈奴餘部十餘萬落，其勢遂強（註三），由是不聽漢庭節制，右北平、漁陽、代郡、雁門、定襄、太原、朔方、遼東屬國，皆多鮮卑入寇之警。桓帝時，檀石槐立庭於彈汗山歠仇水上，儼然與漢分庭相抗（註四），此後幽、并、涼三州緣邊諸境，鮮卑殺掠無數。光和中，檀石槐死，權力鬥爭隨之而至，衆遂離散，鮮卑始不復爲患，然東漢國祚，亦近淪亡。

一、羌人之生活習俗

相較於匈奴、烏桓、鮮卑擁有成熟之政治體制與軍事編制（註五），羌人「不立君臣，無相長一，強則分種爲酋豪，弱則爲人附落，更相抄暴，以力爲雄。殺人償死，無它禁令。其兵長在山谷，短於平地，不能持久。」《後漢書·西羌傳》，原應不足爲患，西漢宣帝元康三年，先零羌與諸羌種豪二百餘人解仇交質盟詛，宣帝以問趙充國，充國即對曰：

羌人所以易制者，以其種自有豪，數相攻擊，勢不壹也。《漢書．趙充國傳》

然自光武建武十年，先零羌與諸種相結，侵寇金城、隴西起，羌人揭木爲兵，負柴爲械，「轂馬揚埃，陸梁於三輔，建號稱制，恣睢於北地。東犯趙魏之郊，南入漢蜀之鄙，塞湟中，斷隴道，燒陵園，剽城市，傷敗踵係，羽書日聞，并涼之士，特衝殘斃，壯悍則委身於兵場，女婦則徽纆而爲虜，發冢露胔，死生塗炭，自西戎作逆，未有陵斥上國若斯其熾也。」《後漢書．西羌傳》，所謂「周秦之際，戎狄爲害，中興以來，羌寇最盛，誅之不盡，雖降復畔。」《後漢書．段熲傳》後雖略定，而「漢祚亦衰」《後漢書．西羌傳》，羌患爲害之烈，於此可見。

匈奴、烏桓、鮮卑諸患，不見於《潛夫論》書中者，蓋和帝永元之際，匈奴或附漢或北遁，威脅已趨衰微；烏桓、鮮卑之亂，未直接及於西北王符家鄉。羌亂則不然，不獨涼州常當其衝，安帝永初年間，羌亂最巨，「邊民死者，不可勝數，并涼二州，遂至虛耗」《後漢書．西羌傳》，王符當無置若罔聞之理，後羌勢轉盛，漢庭遂徙郡縣以避寇難，「隴西徙襄武，安定徙美陽，北地徙池陽，上郡徙衙。」《後漢書．安帝紀》，順帝永建四年，雖「復安定、北地、上郡歸舊土」，永和六年，又「徙安定居扶風，北地居馮翊」《後漢書．順帝紀》顛沛流離，王符當在行列之中（註六）。羌亂禍延連接，無有寧止，《潛夫論》中，〈勸將〉、〈救邊〉、〈邊議〉、〈實邊〉四篇，雖爲永初元年涼州羌亂未久，大約五年至十年之內寫定（註七），但幾可視爲東漢羌亂之整體縮影，而王符指訐時短，討讁物情之旨，亦可由其對羌亂之論述而觀見矣。

羌人之歷史及分佈地區，范史嘗言之曰：

> 西羌之本，出自三苗，姜姓之別也。其國近南岳。及舜流四凶，徙之三危，河關之西南羌地是也。濱於賜支，至乎河首，緜地千里。賜支者，《禹貢》所謂析支者也，南接蜀漢徼外蠻夷，西北接鄯善、車師諸國。《後漢書．西羌傳》

范書言西羌爲三苗之後裔，已實難考定（註八）。據《史記．秦始皇本紀》、〈大宛列傳〉、《漢書．西域傳》諸書，則先秦時羌族已分佈於河西走廊之南，洮、泯二州之西（註九），又依《漢書．趙充國傳》、司馬彪《續漢書》、江統《徙戎論》（註一〇）所記，則青海東部，古之所謂「河曲」及以西以北各地，乃其主要分佈中心（註一一）。

羌人之生活習俗，約略言之，則與漢人迥不相同：披髮左衽，無文字曆法（註一二）；性剛毅勇猛，堪耐寒苦；生則以力爲雄，更相抄暴，以戰死爲榮（註一三），死則火葬（註一四）；飲食、衣服、居住，皆多游牧民族特色（註一五）。又羌人本以狩獵爲事，《後漢書．西羌傳》所謂「河湟間少五穀，多禽獸，以射獵爲事」是也。秦厲公時，有羌人爰弋無劍者，爲秦所執，以爲奴隸，「後得亡歸，……諸羌擁以爲豪……爰劍教之田畜，遂見敬信，廬落種人依之者日益衆。」《後漢書．西羌傳》故至漢時，羌人墾殖之地，已至爲廣大，田畝收成，頗足可觀（註一六），農事既盛，依戀舊土之情自殷，兩漢之際，西北屯田戍兵之事屢有，趙充國所言屯田十二便者，適足以削奪羌人利益，則羌人反畔，實亦不足爲奇矣。農業之外，羌人亦多事畜牧，僅以漢軍出擊，奪其牛馬羊牲畜數量之多（註一七），則羌人畜牧亦十足稱盛。

羌人與華夏早有接觸，《國語・周語》載大禹時，羌人因治水有功，遂封姜姓之國，如呂、許、申等；殷商時，羌人與殷人之接觸亦密（註一八）；周始祖曰棄，其母姜嫄，周人奉以爲始妣者，即姜姓部落之女，亦羌族之人，武王伐紂，羌人即爲隨同出征八族之一（註一九），周封建諸侯之中，如齊、呂、申、許、紀、向、州、彰等，皆姜姓封國；東周之際，常以西戎之名泛稱西方諸民族，所謂「自隴山以東，及乎伊、洛，往往有戎。」《後漢書・西羌傳》，羌族即爲西戎之一支，姜戎、陸渾戎、義渠戎等，名雖爲戎，而實皆爲羌；秦獻公時，「欲復穆公之迹，兵臨渭首，滅狄豹戎。」《後漢書・西羌傳》，羌人遂分二支，爰劍曾孫忍及弟舞，獨留湟中，「並多娶妻婦，忍生九子爲九種，舞生十七子爲十七種，羌之興盛，從此起矣。」《後漢書・西羌傳》，另則以忍季父卬爲首，因畏秦威，將其種人附落南下，「出賜支河曲數千里，與衆羌遂絕遠，不復交通。其後子孫分別，各自爲種，任隨所之。或爲氂牛種，越嶲羌是也；或爲白馬種，廣漢羌是也；或爲參狼種，武都羌是也。」《後漢書・西羌傳》。羌人之俗，「氏族無定，或以父名母姓爲種號。十二世後，相與婚姻，父沒則妻後母，兄亡則納釐嫂，故國無鰥寡，種類繁熾。」《後漢書・西羌傳》，「父子伯叔兄弟死者，即以繼母、世叔母、及嫂、弟婦等爲妾。」《北史・宕昌羌傳》，故爰劍之後，子孫支分計百五十種，「其九種在賜支河首以西，及在蜀漢徼北，前史不載口數，唯參狼在武都，勝兵數千人；其五十二種衰少，不能自立，分散爲附落，或絕滅無後，或引而遠去；其八十九種，唯鍾最強，勝兵十餘萬。其餘大者萬餘人，小者數千人，更相鈔盜，盛衰無常。無慮順帝時，勝兵合可二十萬人。發羌、唐旄等絕遠，未嘗往來。犛牛、白馬羌在蜀漢，其種別名號，皆不可紀知也。」《後漢書．西羌傳》一百五十種中，見於〈西羌傳〉者，止二、三十種（註二〇），故羌族人口數目，頗難確認，范史記鍾族有勝兵十餘萬，又記順帝時諸羌勝兵二十萬，且羌人被殺俘降服者，率以萬千計（註二一），而羌人徙置內屬之數，又頗為可觀（註二二），則羌人人口盛多，絕不在少。

羌族人數既衆，性復堅剛勇猛，為求有效監理，並隔絕羌胡，使南北不得交關，漢或設郡置官以管理之；或屯田以為武備；或徙置降羌於內地；或從羌人之請而內屬於邊郡；甚或以武力軍事征伐之；唯類此政策之制定，率皆剝奪羌人生機，執事者又多貪濆凶殘之輩，復以羌人難用德懷，威脅利誘稍若不逮，故反畔屢起，遂成為東漢邊患之最巨者。

二、永初羌亂略述

西漢時，武、宣、元三朝，各有羌亂。武帝元鼎五年，「九月，西羌衆十萬人反，與匈奴通使，攻安故，圍抱罕。六年十月，發隴西、天水、安定騎士及中尉，河南、河內卒十萬人，遣將軍李息、郎中令徐自為征西羌，平之。」《漢書．武帝紀》，「羌乃去湟中，依西海、鹽池左右。漢遂因山為塞，河西地空，稍徙人以實之。」《後漢書．西羌傳》；宣帝神爵元年，「西羌反，發三輔、中都官徒弛刑，及應募佽飛射士、羽林孤兒，胡、越騎，三河、潁川、沛郡、淮陽、汝南材官，金城、隴西、天水、安定、北地、上郡騎士、羌騎，詣金城。夏四月，遣後將軍趙充國、彊弩將軍許延壽擊西羌。六月，拜酒泉太守辛武賢爲破羌將軍，與兩將軍並進。……二年夏五月，羌虜降服。斬其首惡大酋豪楊玉、酋非首。置金城屬國以處降羌。」《漢書·宣帝紀》、「羌本可五萬人軍，凡斬首七千六百級，降者三萬一千二百人，溺河湟饑餓死者五六千人，定計遺脫……不過數千人，羌靡忘等自詭必得，清罷屯田。奏可，充國振旅而還。」《漢書·趙充國傳》；元帝永光二年，「秋七月，西羌反，遣右將軍馮奉世擊之。」《漢書·元帝紀》，「奉世將萬二千騎，以將屯爲名。典屬國任立、護軍都尉韓昌爲偏裨，到隴西，分屯三處。……羌虜盛多，皆爲所破，殺兩校尉。奉世具上地形部衆多少之計，願益三萬六千人乃足以決事。書奏，天子大爲發兵六萬餘人，拜太常弋陽侯任千秋爲奮武將軍以助焉。……十月，兵畢至隴西，十一月，並進，羌虜大破，斬首數千級，餘皆走出塞。」《漢書·馮奉世傳》此其大較也。

東漢自光武建武十年始，迄於獻帝興平元年止，百六十年間，與羌人征戰之時日，幾佔半數（註二三），與羌人大規模之征戰，計前後有五（註二四），王符《潛夫論》中，〈勸將〉、〈救邊〉、〈實邊〉、〈邊議〉四篇所述之第二次者，即以安帝永初元年起五至十年之羌亂爲主，雖未足涵蓋全局（註二五），若論貲財人命之耗費，此則爲東漢諸多羌亂之最，以微觀箸，則王符所指陳者，實爲研治東漢羌亂不可多得之資助也。

蓋安帝永初元年，遣騎都尉王弘發金城、隴西、漢陽諸郡降羌征伐西域，先此諸羌佈在郡縣，爲吏人豪右傜役，多有怨懣，從行羌人復懼遠屯不還，故行至酒泉而叛，「諸郡各發兵徼遮，或覆其廬落」（《後漢書·西羌傳》），於是金城郡之勒姐、當煎二部同時崩潰，安定燒當降羌麻奴率其衆西出塞外，「群羌奔駭，互相扇動，二州之戎，一時俱發，覆沒騎守，屠破城邑。」（《晉書·江統傳》）其中尤以先零別種滇零與鍾羌之勢最盛。

先零羌於景帝時，有研種留何（註二六）率種人求守隴西塞，漢於是徙留何等於狄道、安故、至臨洮、羌道縣，是爲羌人附塞之始，然「數爲寇略，州郡不能討」（《後漢書·來歙傳》）；鍾羌則「九千餘戶，在隴西臨洮谷」（《後漢書·安帝紀注》），此際即與先零別種滇零，大爲寇掠，斷隴道，羌人原先歸附已久，無有甲兵，「或持竹竿木枝以代戈矛，或附板案以爲楯，或執銅鏡以象兵。」（《後漢書·西羌傳》），郡縣懦弱竟不能制。安帝乃遣車騎將軍鄧騭、征西將軍任尚將五營兵及三河、三輔、汝南、南陽、潁川、太原、上黨兵五萬人，屯漢陽；二年，諸郡兵尚未至，鍾羌數千人先敗鄧騭於冀西，滇零復大敗任尚於平襄（註二七），「鄧騭之征，棄甲委兵，輿尸喪師，前後相繼。」（《晉書·江統傳》）於是滇零「自稱天子於北地」（《後漢書·西羌傳》），以丁奚城爲都城，有僭號文書，羌人之勢，至此而大熾。

而後，滇零招集武都、參狼、上郡、西河諸羌、「東犯趙魏，南入益州，殺漢中太守董炳，遂寇鈔三輔，斷隴道，湟中諸縣粟石萬錢，百姓死亡，不可勝數，朝庭不能制。」（《後漢書·西羌傳》）；三年，漢遣騎都尉任仁督兵救三輔，「衆羌乘勝，漢兵數挫」（《後漢書·西羌傳》），羌人復攻沒破羌、臨洮二縣，生得隴西南部都尉；四年，滇零遣人入寇褒中，大掠百姓，漢中太守鄭勤戰歿，漢乃「徙金城郡都襄武」《後漢書．安帝紀》；五年，羌人入寇河東，至河內，漢使北軍中侯朱寵將五營士屯孟津，並詔魏郡、趙國、常山、中山繕作塢候六百一十六所以備，並「移隴西徙襄武，安定徙美陽，北地徙池陽，上郡徙衙」《後漢書．安帝紀》以避寇難，唯以百姓戀土，不樂離鄉，官府「刈其禾稼，發徹室屋，夷營壁，破積聚，時連旱蝗飢荒，而驅蹙劫略，流離分散，隨道死亡，或棄捐老弱，或爲人僕妾，喪其大半。」《後漢書．西羌傳》，遂有漢陽人杜琦自稱「安漢將軍」，與弟季貢、同郡王信等與羌通謀，入上邽城；後杜琦爲漢陽太守趙博遣刺客殺之，王信爲侍御史唐喜率郡兵斬之，杜季貢則亡從滇零；六年，滇零死，子零昌幼少代立，以同種狼莫爲謀，以杜季貢爲將軍，別居丁奚城。

元初元年，漢遣兵屯河內，「通谷衝要三十三所，皆作塢壁，設鳴鼓。」《後漢書．西羌傳》，零昌派兵寇雍城，燒當羌豪號多與當煎、勒姐大豪，分兵攻武都、漢中，漢中五官掾程信與巴郡板楯蠻破之（註二八），號多退回隴西；二年，號多率種人七千餘人降，而零昌復侵益州，漢遣左馮翊司馬鈞行征西將軍將兵八千人，與龐參所將羌胡兵七千餘人，分道北擊零昌，參爲杜季貢所敗抵罪，鈞亦兵敗，死三千餘人，坐徵自殺，自是史書所謂永初以來，將出不少，覆軍有五者（註二九），此已佔其三矣。漢復使任尚爲中郎將，將羽林、緹騎、五營子弟屯三輔，采虞詡之策，「舍甲胄，馳輕兵」《後漢書．西羌傳》，局勢始爲之不變。

三年，度遼將軍鄧遵率南單于及左鹿蠡王萬騎，擊破零昌於靈州，斬首八百餘級；任尚遣兵先破先零羌於丁奚城，又擊零昌於北地，殺其妻子，燒其廬落，斬首七百餘級；四年，任尙遣客刺殺杜季貢、零昌，並與馬賢並進北地擊狼莫，大破於富平上河，斬首五千級，還得所略男女千餘人，牛馬牲口十餘萬頭，狼莫敗走；五年，鄧遵復募人刺殺狼莫。

自零昌、狼莫死後，「諸羌瓦解，三輔、益州無復寇儆。」《後漢書·西羌傳》范史結之曰：「自羌叛十餘年間，兵連師老，不暫寧息，軍旅之費，轉運委輸，用二百四十餘億，府帑空竭。延及內郡，邊民死者，不可勝數，并涼二州，遂至虛耗。」又曰：「自西戎作逆，未有陵斥上國若斯其熾也，……搖動數州之境，日耗千金之資，至於假人增賦，借奉侯王，引金錢縑綵之珍，徵糧粟鹽鐵之積，所以賂遺購賞，轉輸勞來之費，前後數十巨萬。」《後漢書·西羌傳》，總計災亂覆被之區，除涼州所屬隴西、漢陽、安定、北地、武都、武威、張掖、酒泉、金城諸郡外，復及於并州所屬之西河、上郡、上黨三郡，益州之漢中郡，以及司隸三輔（京兆尹、左馮翊、右扶風）、河內、河東二郡，此正《潛夫論》所謂：「始自并涼，延及司隸，東禍趙魏，西鈔蜀漢，五州殘破，六郡削迹。」〈救邊〉自是以後，涼州羌亂殊未絕迹（註三〇），故江統〈徙戎論〉曰：「自此之後，餘燼不盡，小有際會，輒復侵叛。」《晉書·江統傳》唯事皆在《潛夫論》〈勸將〉等四篇所述之後，故此不復贅述。

依王符所述，永初羌亂初起之時，原本易制，不足爲畏，其言曰：

前羌始反時，將帥以守令之郡，藉富厚之蓄，據列城而處利勢，權十萬之眾，將勇傑之士，以誅草創新叛散亂之弱虜，擊自至之小寇。〈勸將〉

羌始反時，計謀未善，黨與未成，人眾未合，兵器未備，或持竹木枝，或空手相捬，草食散亂，未有都督，甚易破也。〈邊議〉

前羌始叛，草創新起，器械未備，虜或持銅鏡以象兵，或負板案以類楯，惶懼擾攘，未能相持，誠易制爾。〈實邊〉

王符所以有此言者，蓋漢軍，「兵巧之械，盈乎府庫，孫吳之言，聒乎將耳」〈勸將〉，原足以制勝機先；而邊郡之民，初被殃禍，亡失財貨，「人褱奮怒，各欲報讎」〈實邊〉、「新離舊壤，思慕未衰，易獎勵也。」〈救邊〉，《後漢書．鄭太傳》載鄭太之言曰：「關西諸郡，頗習兵事，自頃以來，數與羌戰，婦女猶戴戟操矛，挾弓負矢，況其壯勇之士，以當妄戰之人乎？」史所謂「關西出將，關東出相」《後漢書．虞詡傳》，足見西北民氣可用，實可爲漢庭之奧援；羌則兵械未備，甚或空手搏擊，《後漢書．西羌傳》所稱「或持竹竿木枝以代戈矛，或負板案以爲楯，或執銅鏡以象兵」，正與王符所記相似。復以羌人雖「果於觸突」，而「不能持久」《後漢書．西羌傳》；雖種類繁熾，而「黨與未成，人衆未合」〈邊議〉，實有明顯之分裂傾向（註三一），所謂「不立君主，無相長一，強則分種爲酋豪，弱則爲人附落。」《後漢書．西羌傳》、「羌人所以易制者，以其種自有豪，數相攻擊，勢不一也。」《漢書．趙充國傳》、「無君臣上下，健者爲豪，不能相一，種則群分，強者凌弱，轉相抄盜。」《風俗通》，故王符曰：「今虜新擅邊地，未敢自安，易震蕩也。」〈救邊〉

羌亂初起，原本易制，乃竟「不能擒滅，輒爲所敗」〈勸將〉，遂使羌亂之勢大熾，王符又言之曰：

> 今遂雲烝霧起，合從連橫，掃滌并涼，內犯司隸，東寇趙魏，西鈔蜀漢，五州殘破，六郡削迹，此非天之災，長吏過爾。〈勸將〉
>
> 往者羌虜背叛，始自并涼，延及司隸，東禍趙魏，西鈔漢蜀，五州殘破，六郡削迹，周迴千里，野無孑遺，寇鈔禍害，晝夜不止，百姓滅沒，日月焦盡。〈救邊〉
>
> 太守令長，皆奴怯畏偄，不敢討擊，故令虜遂乘勝自彊，破州滅郡，日長炎炎，殘破三輔，覃及鬼方，若此，已積十歲矣，百姓被害，訖今不止。〈邊議〉

前已言之，和帝元初三年，任尚采虞詡之策，舍甲冑，馳輕兵，鈔擊杜禹貢於丁奚城後，漢軍逆勢始爲之丕變。前此則羌人之勢，銳不可當，如：滇零先自稱天子於北地，定都於丁奚城；鄧騭、任尚、司馬鈞復先後兵敗，漢軍死者萬餘人；故羌人先寇鈔三輔，復寇河東，至河內，直逼京畿洛陽；漢庭爲避寇難，先徙金城郡於襄武，後又移隴西徙襄武，安定徙美陽，北地徙池陽，上郡徙衙。凡此即王符所言「寇鈔禍害，晝夜不止」之具體史實也。

形勢既禍連兵結，漢軍又「徒見王師之出，不聞振旅之聲」《後漢書・皇甫規傳》，推其所以然者，王符首以漢天子（註三二）無能譏之，其言曰：

> 聖王養民，愛之如子，憂之如家，……古者，天子守在四夷，自彼氐羌，莫不來享，普天思服，行葦賴德，況我近民，蒙禍如此，可無救乎？〈救邊〉

齊桓晉文宋襄，衰世諸侯，猶恥天下有相滅而己不能救，況皇天所命，四海主乎？晉楚大夫，小國之臣，猶恥己之身而有相侵，況天子三公，典世任者乎？公劉仁德，廣被行葦，況含血之人，己同類乎？一人吁嗟，王道爲虧，況滅沒之民百萬乎，《書》曰：天子作民父母。父母之於子也，豈可坐觀其爲寇賊之所屠剝，立視其爲狗豕之所噉食乎？〈邊議〉

近民，即指近畿之民，江統〈徙戎論〉所謂「寇發心腹，害起肘腋，疢篤難療，瘡大遲愈也。」近畿之民，漢天子猶不願救，「況滅沒之民百萬乎？」上行下效，則羌亂不能制，從此可見。

次則公卿權臣，苟圖目前自安，不顧百世爲國之利，此亦足以助長羌亂擴大，故王符復譏之曰：

今苟以己無慘恒冤痛，故端坐相仍，不明脩守禦之備，陶陶閒澹，臥委天時，羌獨往來，深入多殺，己乃陸陸，相將詣闕，諧辭禮讓，退云無狀，會坐朝堂，則無憂國哀民懇惻之誠，苟轉相顧望，莫肯違正，日晏時移，議無所定，已且須後，後得小安，則恬然棄忘，旬時之間，虜復爲害，軍書交馳，羽檄狎至，乃復怔忪如前。若此以來，出入九載，庶曰式臧，覆出爲惡，佪佪潰潰，當何終極？〈救邊〉

今公卿苟以己不被傷，故競割國家之地以與敵，殺主上之民以餧羌，爲謀若此，未可謂知，爲臣若此，未可謂忠，才智若此，未足與議。〈邊議〉

王符嘗言，公卿始起州郡而致宰相，其聰明智慮，未必昏闇，「患其苟先私計而後公義」〈愛日〉，此即可爲前引二文作結。蓋羌亂邊害，「震如雷霆，赫如日月」，而公卿皆諱之如犬羊竊盜，不足爲患，「淺淺善靖，俾君子怠，欲令朝庭以寇爲小而不蚤憂。」〈救邊〉，害乃至此，公卿尙不欲救，故王符譏之曰：「假設公卿子弟，有被羌禍，朝夕切急如邊民者，則競言當誅羌矣。」〈救邊〉又羌患被覆之郡縣，「傷害多矣，百姓急矣，憂禍深矣。」〈救邊〉，其刺史太守令長，或畏懦憚事，或不爲武備，故王符倂斥之曰：

前羌始叛，草創新起，器械未備，……郡縣不爲備，乃皆大熾。〈實邊〉

羌始反時，計謀未善，黨與未成，人衆未合，兵器未備，……然太守令長，皆奴怯畏偄，不敢討擊，故令虜遂乘勝自彊，破州滅郡，日長炎炎，殘破三輔，覃及鬼方，若此，已積十歲矣。〈邊議〉

東漢光武七年，嘗下詔裁諸郡都尉，罷都試，惟邊郡仍置都尉，以輔佐郡守，典武職甲卒；郡守除爲郡之最高行政長官之外，復兼領武事，故又有郡將之稱。惟文武實難兼備，多不知曉軍事，故羌亂一發而不可收拾，王符亦曰：

今觀諸將，既無斷敵合變之奇，復無明賞必罰之信，然其士民，又甚貧困，器械不簡習，將恩不素結，卒然有急，則吏以暴發虐其士，士以所拙遇敵巧，此爲將吏驅怨以禦讎，士卒縛手以待寇也。……故曰：其敗者，非天之所災，將之過也。〈勸將〉

永初二年，羌衆南入益州，殺漢中太守董炳；三年，鍾羌沒臨洮縣，生得隴西南部都尉；四年，羌攻襃中，漢中太守鄭勤力戰而沒，漢軍死者三千餘人；元初元年，涼州刺史皮楊擊羌於狄道，大敗，死者八百餘人；二年，漢陽太守龐參代爲護羌校尉，爲杜季貢所敗；安定太守杜恢、北地太守盛包隨司馬鈞攻拔丁奚城後，違鈞節度，散兵深入，羌設伏擊之，光等並沒，死者三千餘人。此中實不乏王符所言不爲守備之例。而奴怯畏懦者，自以永初五年之徙四郡之民以避羌患，所謂「太守令長，畏惡軍事，皆以素非此土之人，痛不著身，禍不及我家，故爭徙郡縣以內遷。」〈實邊〉最爲眞實。

復次，刺史太守之外，掌控戎機，調兵遣將之軍事統帥，王符雖未指名道姓（註三三），然既夙多敗績，王符固以彼輩實非干城之選，王符曰：

> 兵巧之械，盈乎府庫，孫吳之言，聒乎將耳，然諸將用之，進戰則兵敗，退守則城亡，是何也哉？曰：彼此之情，不聞乎主上，勝負之數，不明乎將心，士卒進無利而退無畏，此所以然也。〈勸將〉

> 軍起以來，暴師五年，典兵之吏，將以千數，大小之戰，歲十百合，而希有功，歷察其敗，無它故焉，皆將不明於變勢，而士不勸於死敵也。其士之不能死也，乃其將不能故也，言賞則不與，言罰則不行，士進有獨死之禍，退蒙衆生之福，此其所以臨陣亡戰而競思奔北者也。〈勸將〉

王符嘗引《孫子》之言曰：「將者，民之司命，而國安危之主也。」並以智仁敬信勇嚴六德相期許，「必有此六者，乃可折衝擒敵，輔主安民。」〈勸將〉時諸將攻則賞罰不明，守則畏葸失意，甚或虛應上官，隱匿實情，王符曰：

將帥皆怯劣軟弱，不敢討擊，但坐調文書，以欺朝庭，實殺民百則言一，殺虜一則言百，或虜實多而謂之少，或實少而謂之多，傾側巧文，要取便身利己，而非獨憂國之大計，哀民之死亡也。〈實邊〉

明帝永平元年，燒當羌豪滇吾之弟滇岸，詣漢謁者竇林請降，竇林爲下吏所欺，謬奏滇岸以爲大豪，封滇岸爲歸義侯，加號漢大都尉，二年，滇吾降，竇林復奏其第一豪，與俱詣闕，一種兩豪，明帝疑非其實，竇林辭窘，乃以「滇岸即滇吾，隴西語不正耳」僞對之（註三四）；順帝永和年間，且凍羌入寇武都，燒隴關，掠苑馬，征西將軍馬賢擊之，軍敗於射姑山，馬賢與二子均戰沒，皇甫規上疏，直言邊將怠職，亦有「微勝則虛張首級，軍敗則隱匿不言」之言（註三五），是謬奏虛應之積習，由來已久，皆與王符所言相應。王符又曰：

將帥怯劣軟弱，不敢討擊，……又放散錢穀，殫盡府庫，乃復從民假貸，彊奪財貨，千萬之家，削身無餘，萬民匱竭，因隨以死亡者，皆吏所餓殺也，其爲酷痛，甚於逢虜。寇鈔賊虜，忽然而過，未必死傷，至吏所搜索剽奪，旋踵塗地，或覆宗滅族，絕無種類，或孤兒婦女，爲人奴婢，遠見販賣，至今不能自活，不可勝數也。〈實邊〉

元初二年，零昌種衆分寇益州，漢遣中郎將尹就討之，益州諺曰：「虜來尚可，尹來殺我。」（註三六）元初五年，羌人勢衰，任尙與度遼將軍鄧遵爭功，又「詐增首級，受賕枉法，臧千萬以上，檻車徵棄市，沒入田廬奴婢財物。」《後漢書．西羌傳》，類此「出於平人，回入姦吏」《後漢書．皇甫規傳》之例，必不在少，故王符所謂「其爲酷痛，甚於逢虜」者，實不爲過，而漢陽人杜琦，於隴西四郡內徙之後，自稱「安漢將軍」，與弟季貢、同郡王信等，入據上邽城，與滇零通謀，實亦其來有自矣。

三、永初羌亂之影響

永初羌亂，後雖平定，然其爲患之巨及影響之遠，如范書所謂「十餘年間，兵連師老，不暫寧息，軍旅之費，轉運委輸，用二百四十餘億，府帑空竭，延及內郡，邊民死者，不可勝數，并涼二州，遂至虛耗」《後漢書．西羌傳》者，民殘財盡，足爲漢庭大災。王符亦曰：

> 將帥皆怯劣軟弱，不敢討擊，……又放散錢穀，殫盡府庫，乃復從民假貸，彊奪財貨，千萬之家，削身無餘，萬民匱竭，因隨以死亡者，皆吏所餓殺也，其爲酷痛，甚於逢虜。〈實邊〉
>
> 今數州屯兵，十餘萬人，皆廩食縣官，歲數百萬斛，又有月值，但此久耗，不可勝供。〈救邊〉

《後漢書．龐參傳》載永初四年，龐參奏記於鄧騭之言曰：「比年羌寇特困隴右，供徭賦役，爲損日滋，官負人責，數十萬億。今復募發百姓，調取穀帛，衒賣什物，以應吏求，外傷羌虜，內困徵賦。遂乃千里轉糧，遠給武都西郡，塗路險阻，難勞百端，疾行則抄暴爲害，遲進則穀食稍損，運糧散於曠野，牛馬死於山澤，縣官不足，輒貸於民，民已窮矣，將從誰求？」蓋暴師長久，國用自必不足，「搖動數州之境，日轉千金之資」《後漢書．西羌傳》，如漢軍師出千里，曠日持久，爲恐糧食絕乏，故

「轉輸勞來之費，前後數十巨萬」《後漢書．西羌傳》；而爲防堵羌騎，永初五年，詔魏郡、趙國、常山、中山冀州四郡，繕作候塢六百十六所，元初元年，遣兵屯河內，作塢壁設鳴鼓於通谷衝要三十三所，三年，築馮翊北界候塢五百所（註三七），此皆徭役征發以爲之，勞民傷財，可以想見，而元初二年，中郎將任尚將兵屯三輔，時「三州屯兵二十餘萬人，棄農桑，疲苦徭役，而未有功效，勞費日滋。」《後漢書．西羌傳》，然則王符所言府庫殫盡，萬民匱竭者，徵之史實，誠信而有徵。

用兵不已，誅戰不休，百姓軍士必人命危淺，極武而亡，王符曰：

今吏從軍敗沒死公事者，以十萬數，上不聞弔唁嗟歎之榮名，下又無祿賞之厚實，節士無所勸慕，庸夫無所貪利，此其所以人暴懷沮懈，不肯復死者也。〈勸將〉

往者羌虜背叛，始自并涼，延及司隸，東禍趙魏，西鈔蜀漢，五州殘破，六郡削迹，周迴千里，野無孑遺，寇鈔禍害，晝夜不止，百姓滅沒，日月焦盡。〈救邊〉

今邊郡千里，地各有兩縣，戶財置數百，而太守周迴萬里，空無人民，美田棄而莫墾發。〈實邊〉

軍吏犯堅冒刃而殞命者，《後漢書》諸傳所載，固斑斑可考；而并涼百姓，特銜殘斃，「壯悍則委身於兵場，女婦則徽纆而爲虜，發冢露胔，死生塗炭」《後漢書．西羌傳》，甚或如王符所言，諸亡失財貨，奪土遠移之人，「不習風俗，不便水土，類多滅門，少能還者。」〈實邊〉，則「羌反以來，戶口減少」〈實邊〉之語，固爲實錄。若更以實際之人口數證之（註三八），實又可以無疑矣。

戶口減少，即指「覆宗滅族，絕無種類」〈實邊〉、「邊民死者，不可勝數」《後漢書・西羌傳》而言，庶幾能僥倖存命者，或因國用不足，府庫殫盡，乃復「從民借貸，彊奪財貨」，致使「千萬之家，削身無餘，萬民匱竭」〈實邊〉；或因「捐棄倉庫，背城邑走」〈救邊〉、「湟中諸縣，粟石萬錢」《後漢書・西羌傳》，而陷於窘困；或因徙民內遷，致使「孤兒婦女，爲人奴婢，遠見販賣，至今不能自活，不可勝數也。」〈實邊〉故王符感慨言之曰：

> 今羌叛久矣，傷害多矣，百姓急矣，憂禍深矣，上下相從，未見休時。〈救邊〉
>
> 當此之時，萬民怨痛，泣血叫號，誠愁鬼神而感天心，然小民謹劣，不能自達闕庭，依官吏家，迫將威嚴，不敢有違。〈實邊〉

范書載永初五年，漢陽人杜琦自號「安漢將軍」，與弟季貢、同郡王信，入據上邽城，與羌通謀；順帝建康元年，護羌從事馬玄，爲諸羌所誘，將領衆羌亡出塞外；靈帝中平年間，金城邊章、韓遂以託誅宦官爲名，與湟中義從胡北宮伯玉、李文侯等將數萬騎寇犯三輔，隴西太守李相如、涼州司馬馬騰、金城閻行、成公英，亦援兵反叛，而漢陽王國，自號「合衆將軍」，亦與韓遂相合（註三九），復有「曉習戰陣，識知山川」之諸多段熲時吏加入（註四〇），是則名雖羌亂，已有漢人相助，而以託誅宦官爲名，則羌亂已質變爲東漢朝庭上下對立之勢，源其所自，東漢中期後政經措施內外失序，實爲主因，而「十年之中，夷夏俱斃」、「中世之寇，惟此爲大」《晉書・江統傳》之永初之亂，王符所稱「非人之主，非民之將，非主之佐，非勝之主者」〈邊議〉者，實啓漢祚將亡之先兆，王夫之《讀通鑑論》亦曰：「永元之後，降羌布在郡縣，爲吏民豪右所徭役，積以愁怨，及迎段禧之役，徵發羌騎，諸羌犇潰，因結聚入寇，而隴右、三輔、并、益皆殘殺破敗，內亂乘之，漢因以衰。制之不早，火鬱極而燎原，屈伸必然之數也。」（卷七）其影響之鉅，胥即在此。

四、羌亂肇始之因及王符之因應之道

先秦時，羌族已多次進出華夏，兩漢時，羌人復陸續內遷，或自請內屬於邊境，或爲漢庭徙置於塞內，甚或深入三輔、河東內郡者，實絡繹不絕。塞外羌人，「更相抄暴，以力爲雄」《後漢書．西羌傳》，故漢夙以蠻夷醜寇視之（註四一），入塞羌人，被髮左衽，而與漢人雜處，「習俗既異，言語不通」，故多爲地方豪右欺壓凌辱，爲鞏固邊塞，防禦羌患，東漢邊郡屯田者，又多爲弛刑士、免刑罪人（註四二）等，「本非孝子順孫，皆以罪過徙補邊屯。」《後漢書．班超傳》，故羌人常「數爲小吏黠人所見侵奪，窮恚無聊，故致反叛，夫蠻夷寇亂，皆爲此也。」《後漢書．西羌傳》，不獨吏民貪利，侵奪無饜，邊郡郡守將帥，名雖「持節領護，理其怨結，歲時循行，問所疾苦。」《後漢書．西羌傳》，而反其道而行者，實大有人在，如任尙、馬賢、來機、劉秉之輩，既「天性刻虐」、「撫恤不足」、「性嚴急」（註四三），故「到州之日，多所擾發」；他如鄧騭、鄧遵者，以鄧太后之故，爵封優大，更無論矣。「諸將多斷盜牢稟，私自潤入，皆以珍寶貨賂左右，上下放縱，不恤軍事，士卒不得其死者，白骨相望於野。」《後漢書．西羌傳》，或虛應上官，或敷衍故事，朝庭爲其所欺，如王符所言：「彼此之情，不聞於主上」〈勸將〉，公卿則「轉相顧望」、「怔忪如前」〈救邊〉，故《後漢書》有言曰：

夫羌戎潰叛，不由承平，皆由邊將失於綏御。乘常守安，則加侵暴，苟競小利，則致大害，微勝則虛張首級，軍敗則隱匿不言。軍士勞怨，困於猾吏，進不得快戰以徼功，退不得溫飽以全命，餓死溝渠，暴骨中原，徒見王師之出，不聞振旅之聲。酋豪泣血，驚懼生變，是以安不能久，敗則經年。〈皇甫規傳〉

中興以後，邊難漸大，朝規失綏御之和，戎帥騫然諾之信，其內屬者，或倥偬於豪右之手，或屈折於奴僕之勤，塞候時清，則憤怒而思禍，桴革暫動，則屬鞬以鳥驚。故永初之間，群種蜂起。〈西羌傳〉

若以史實證之，即以永初羌亂前言之，明帝中元二年，燒何羌有婦人比銅鉗者，年百餘歲而多智算，種人皆從其計策，「時爲盧水胡所擊，比銅鉗乃將其衆來依郡縣。種人頗有犯法者，臨羌長收繫比銅鉗，而誅殺其種六七百人。」《後漢書．西羌傳》；章帝建初元年，「安夷縣吏略妻卑湳種羌婦，吏爲其夫所殺，安夷長宗延追之出塞」《後漢書．西羌傳》，種人恐見誅，遂殺宗延而與勒姐、吾良二種相結而叛；章和元年，護羌校尉傅育爲燒當羌豪迷吾所殺，隴西太守張紆代爲校尉，與迷吾戰於木乘谷，迷吾兵敗欲降，張紆納之，「遂將種人詣臨羌縣，紆設兵大會，施毒酒中，羌飲醉，紆因自擊，伏兵起，誅殺酋豪八百餘人，斬迷吾等五人頭，以祭育冢。復放兵擊在山谷間者，斬首四百餘人，得生口二千餘人。」《後漢書．西羌傳》迷吾子迷唐及其種人向塞號哭，於是與燒何、當煎、當闐解仇交質而叛；漢爲求功，復動輒「搆離諸種，誘以財貨」，所俘羌虜之餘，「悉沒入弱口爲奴婢」《後漢書．西羌傳》，至乃「絕其本根，不能使殖」《通鑑紀事本末．諸羌叛服》，是漢羌衝突之勢，遂乃愈演愈烈，終至安帝永初元年，騎都尉王弘發羌騎迫促，羌人懼遠屯不還，遂以烏合之衆，而釀大亂。

羌人勢大，兩漢禦羌之策，以史籍徵之，其大要不外攻擊、防守、退讓三者而已。

西漢武帝、宣帝、元帝時，羌騎屢寇邊郡，漢以出擊及屯田二策，乘除互用，頗見功效。時移東漢，退讓棄邊之策，乃成朝議主張，蓋「朝議憚兵力之損，情存苟安，或以邊州難援，宜見捐棄，或懼疽食浸淫，莫知所限。」《後漢書．西羌傳》故遂有郡縣內徙之舉，較乎西漢時之北卻匈奴，西逐諸羌，初開河西，列置四郡，實有天壤懸殊之別。

以東漢初年言之，光武雖厭兵事，思樂息肩，然仍遣來歙、馬援大破先零、參狼二羌（註四四）；中元元年，武都參狼羌反，又爲隴西太守劉盱所破。然此之後，原先易制之諸羌種，迭經征戰，復解仇交質，漸成氣候，漢力有未及，故防守、退讓二策，遂應之而起。

所謂防守之策，即指屯田而言，東漢屯田之事，初起於和帝之時，永元二年，燒當羌豪迷唐爲漢護羌校尉鄧訓所逐，率餘衆西徙千餘里，鄧訓「遂罷屯兵，各令歸部，唯置弛刑徒二千餘人，分以屯田，爲貧人耕種，修理城郭塢壁而已。」《後漢書．鄧禹列傳附鄧訓傳》；永元十四年，又依隃麋相曹鳳「規固二榆，廣設屯田，隔塞羌胡交關之路，遏絕狂狡窺欲之源」《後漢書．西羌傳》之議，以曹鳳將徙士屯田龍耆，然以規模非廣，故「金城長史上官鴻上開置歸義、建威屯田二十七部，（金城太守）侯霸復上置東西邯屯田五部，增留、逢二部，帝皆從之。列屯夾河，合三十四部。」《後漢書·西羌傳》；永初羌亂之後，順帝永建間，韓皓先「轉湟中屯田，置兩河間，以逼群羌」、馬續復「先示恩信，乃上移屯田還湟中，羌意乃安。」《後漢書·西羌傳》順帝又納尚書僕射虞詡之奏，「乃復三郡（案，安定、北地、上郡三郡），使謁者郭璜督促徙者，各歸舊縣，繕城郭，置侯驛。既而激河浚渠爲屯田，省內郡費歲一億計。」《後漢書·西羌傳》；靈帝時，傅燮出爲漢陽太守，叛羌歸服，傅燮「乃廣開屯田，列置四十餘營，安置降羌。」《後漢書·傅燮傳》，東漢屯田，其大概如此。

屯田之利，原可益種五穀，而無遠糧之勞，復可勒兵而守，以備征戰，然東漢屯田吏士，多爲弛刑士，免罪犯人之流，倘不遇赦免，則依刑期或終身戍邊，軍心士氣，實無足道者，次以屯田區域廣大，連屬呼應，自屬不易，倘羌衆相逼，則屯田隨而瓦解罷置。征戰既常失利，屯田未見功效，故退讓邊郡之議，遂爭論於朝廷。

棄邊之議，東漢初始，即已有之（註四五），永初之後，羌勢日熾，棄邊退守之議，遂甚囂塵上，《後漢書》載之曰：

> 永初四年，羌胡反亂，殘破并、涼，大將軍鄧騭以軍役方費，事不相贍，欲棄涼州，并力北邊，乃會公卿集議。騭曰：「譬若衣敗，壞一以相補，猶有所完。若不如此，將兩無所保。」議者咸同。詡聞之，乃說李脩曰：「竊聞公卿定策當棄涼州，求之愚心，未見其便。先帝開拓土宇，

劬勞後定，而今憚小費，舉而棄之。涼州既棄，即以三輔爲塞；則園陵單外。此不可之甚也。喭曰：『關西出將，關東出相。』觀其習兵壯勇，實過餘州。今羌胡所以不敢入據三輔，爲心腹之害者，以涼州在後故也。其土人所以推鋒執銳，無反顧之心者，爲臣屬於漢故也。若棄其境域，徙其人庶，安土重遷，必生異志。如使豪雄相聚，席卷而東，雖賁、育爲卒，太公爲將，猶恐不足當禦。議者喻以補衣猶有所完，詡恐其疽食侵淫而無限極。棄之非計。」脩曰：「吾意不及此。微子之言，幾敗國事。然則計當安出？」詡曰：「今涼土擾動，人情不安，竊憂卒然有非常之變。誠宜令四輔九卿，各辟彼州數人，其牧守令長子弟皆除爲冗官，外以勸勵，荅其功勤，內以拘致，防其邪計。」脩善其言，更集四府，皆從詡意。〈虞詡傳〉

龐參、鄧騭等意欲棄邊者，殆即以國用不足之故，且欲救邊郡，則實困三輔，三輔既困，則還復爲邊郡之禍，故以棄邊之事，乃勢所必行。然王符以爲期期不可者，其說多與虞詡相合。王符曰：

前羌始反，公卿師尹，咸欲捐棄涼州，卻保三輔，朝庭不聽，後羌遂侵掠，而論者多恨不從咸議。余竊笑之，所謂媾亦悔，不媾亦有悔者爾。未始識變之理，地不可無邊，無邊亡國。是故失涼州，則三輔爲邊，三輔納入，則弘農爲邊，弘農納入，則洛陽爲邊，推此以相況，雖盡東海，猶有邊也。今不勵武以誅虜，選材以全境，而云邊不可守，欲先自割，以便寇敵，不亦惑乎？〈救邊〉

齊魏却守，國不以安，子嬰自削，秦不以在，武皇帝攘夷枏境，廣數千里，東開樂浪，西置燉

煌，南踰交阯，北築朔方，卒定南越，誅斬大宛，武軍所嚮，無不夷滅。〈救邊〉

蹙國減土，非所當爲，且地不可無邊，無邊亦即無國，三輔與涼州，猶脣齒相依，體心相連，「脣亡齒寒，體傷心痛，必然之事，又何疑焉？」〈救邊〉，然則涼州之不可棄，王符固以爲事理之所必然。至若憚以國用不足而言棄邊，王符則駁之曰：

今數州屯兵，十萬餘人，皆廩食縣官，歲數百萬斛，又有月值，但此久耗，不可勝供，而反憚暫出之費，甚非計也。〈救邊〉

今邊陲搔擾，日啓族禍，百姓晝夜望朝庭救己，而公卿以爲費煩不可，徒竊笑之，是以晏子輕囷倉之蓄，而惜一杯之僭何異，今但知愛見薄之錢穀，而不知未見之得民先也，知徭役之難動，而不知中國之待邊寧也。〈邊議〉

《後漢書・西羌傳》載虞詡之刺公卿懦弱之狀曰：「容頭過身，張解設難，但計所費，不圖其安。」王符亦曰：「明於禍福之實者，不可以虛論惑也，察於治亂之情者，不可以華飾移也。」〈邊議〉事有輕重緩急，今不致選賢才，以全邊境，「而云邊不可守，欲先自割，以便寇敵，不亦惑乎？」〈救邊〉

永初四年棄邊之議，雖太尉李脩善虞詡之言，「更集四府，皆從（虞）詡議。」《後漢書・虞詡傳》、「鄧騭及公卿以國用不足，欲從（龐）參議，衆多不同，乃止。」《後漢書・龐參傳》，然次年則因羌人入寇河東，至河內，百姓相驚，「二千石，令長多內郡人，並無戰守意，皆爭上徙郡縣以避寇難，朝庭從之。」《後漢書．西羌傳》，遂移隴西等四郡。王符嘗記此徙移慘狀曰：

太守令長，畏惡軍事，皆以素非此土之人，痛不著身，禍不及我家，故爭徙郡縣以內遷，至遣吏兵，發民禾稼，發徹屋室，夷其營壁，破其生業，彊劫驅掠，與其內入，捐棄羸弱，使死其處，當此之時，萬民怨痛，泣血號叫，誠愁鬼神而感天心。然小民謹劣，不能自達闕庭，依官吏家，迫將威嚴，不敢有違，民既奪土失業，又遭蝗旱饑遺，逐道東走，流離分散，幽冀兗豫荆楊蜀漢，饑餓死亡，復失太半，邊地遂以丘荒，原禍所起，皆吏過爾。〈實邊〉

羌亂未及弭定，而漢民已先受害，故《潛夫論》中，王符力斥公卿端坐相仍，以失據會之非，其言曰：

今苟以己無慘怛冤痛，故端坐相仍，不明脩守禦之備，陶陶閒澹，臥委天時，羌獨往來，深入多殺，己乃陸陸，相將詣闕，諧辭禮謝，退云無狀。會坐朝堂，則無憂國哀民懇惻之誠，苟轉相顧望，莫肯違正，日晏時移，議無所定，已且須後，後得小安，則恬然棄志，旬時之間，虜復爲害，軍書交馳，羽檄狎至，乃復怔忪如前，若此以來，出入九載。〈救邊〉

今羌叛久矣，傷害多矣，百姓急矣，憂禍深矣。上下相從，未見休時，不一命大將，以掃醜虜，而州郡稍稍興役，連連不已，若排槙障風，探沙灌河，無所能禦，徒自盡爾。〈救邊〉

端坐相仍，以緩旦夕之禍，實爲召憂之媒，縱漢庭稍事興兵，仍以因循爲用，殊無進取之意，猶如排簾障風，探沙壅河，實無益於時局，且數州屯兵吏士，數至十餘萬衆，穀食俸祿之須，實不足以勝供，爲求一勞永逸之計，王符遂倡言三策。

㈠、勵武征戰

王符曰：

遣大將誅討迫脅，離逖破壞之，如寬假日月，蓄積富貴，各懷安固之後，則難動矣。《周書》曰：「凡彼聖人必驅時。」是故戰守之策，不可不早定也。〈救邊〉

《易》利禦寇，《詩》美薄伐，自古有戰，非乃今也。……一人吁嗟，王道爲虧，況滅沒之民百萬乎？〈邊議〉

今言不欲動民興煩可也，即然，當脩守禦之備，必令之計，令虜不敢來，來無所得，令民不患寇，既無所失。〈邊議〉

王符所以獻此攻伐征戰之策者，蓋漢軍吏士，非全不能戰，若坐以待時，實爲策之下者，「今兵巧之械，盈乎府庫」、「孫吳之言，聒乎將耳」〈勸將〉，實可放手一搏，即以虞詡例之，初鄧太后以虞詡夙有將帥之略，乃遷爲武都太守，羌率衆數千，遮之於陳倉、崤谷之間，虞詡取孫臏示弱之計，反其道而行，「令吏士各作兩竈，日增倍之，羌不敢逼。」《後漢書·虞詡傳》遂日夜進道，兼行百餘里而到郡。范史載：

既到郡，兵不滿三千，而羌衆萬餘，攻圍赤亭數十日，詡乃令軍中，使彊弩勿發，而潛發小弩。羌以爲矢力弱，不能至，并兵急攻。詡於是使二十彊弩共射一人，發無不中，羌大震，退。詡因出城奮擊，多所殺傷。明日悉陳其兵衆，令從東郭門出，北郭門入，貿易衣服，回轉數周。羌不知其數，更相恐動。詡計賊當退，乃潛遣五百餘人於淺水設伏，候其走路。虜果大奔，因掩擊，大破之，展獲甚眾，賊由是敗散，南入益州。詡乃占相地埶，築營壁百八十所，招還流亡，假賑貧人，郡遂以安。《後漢書．虞詡傳》

羌人雖善戰，虞詡猶能制之，其餘諸郡將帥，「據列城而處利勢」〈勸將〉，固無示弱之理，且以板楯蠻之小，永初之時，羌人入寇漢川，郡縣得其救助保全，「羌死敗殆盡，故號爲神兵。羌人畏忌，傳語種輩，勿復南行。」《後漢書．南蠻西南夷列傳》，而以漢之廣博，「典兵之吏，將以千數」〈勸將〉，「數州屯兵，十餘萬人」〈救邊〉，旗幟蔽野，干戈若林，豈容「當且放縱，以待天時」〈救邊〉？復次，涼州乃「天下要衝，國家藩衛」《後漢書．傅燮傳》，雖屢遭羌寇，民皆「人褱憤怒，各欲報讎」〈實邊〉，「新離舊壤，思慕未衰，易獎厲也。」〈救邊〉《後漢書．虞詡傳》亦載虞詡之言曰：「喭曰：『關西出將，關東出相。』觀其習兵壯勇，實過餘州。今羌胡所以不敢入據三輔，爲心腹之害者，以涼州在後故也。其土人所以推鋒執銳，無反顧之心者，爲臣屬於漢故也。」涼州士人，頗曉兵事，婦女亦「戴戟操矛，挾弓負矢」《後漢書．鄭太傳》，是民氣大有可用，而公卿庸駑，尙不願戰，故王符譏之曰：「痴兒騃子，尙云不當救助，且待天時，用意若此，豈人也哉？」〈邊議〉

(二)、愼選將帥

征戰之計既爲可行，則王符所深念者，唯在愼選將帥而已，「將者，民之司命，而國安危之主也。」〈勸將〉軍將既爲國輔，故王符引《孫子》之言，以智、仁、敬、信、勇、嚴諸德兼具，方爲天下之將，其言之曰：

智以料敵，仁以附眾，敬以招賢，信以必賞，勇以益氣，嚴以一令。故料敵則能合變，眾附愛則思力戰，賢智集則陰謀得，賞罰必則士盡力，勇氣益則兵勢自倍，威令一則唯將所使，必有此六者，乃可折衝擒敵，輔主安民。〈勸將〉

將以士爲體，士以將爲心，將士合一，乃可以全國保勝，然依《潛夫論．勸將》所記，永初羌亂之時，諸多邊郡將帥，「既無斷敵合變之奇，復無明賞必罰之信」，其士民則「器械不簡習，將恩不素結」，卒然有急，「則吏以暴發虐其士，士以所拙遇敵巧」，故「其敗負也，理數也然」。又〈勸將〉亦言軍起以來，暴師五年，「大小之戰，歲十百合」，而希有功者，無其他之故，「皆將不明於變勢，而士不勸於死敵」，將則「言賞而不與，言罰則不行」，士則「進有獨死之禍，退蒙眾生之福」，如此將士，宜乎「其所以臨陣亡戰而競思奔北者也。」尋其所以致此者，實以朝庭選將，或苟惟基序，或私阿親戚，自難持久與羌寇爭鋒，王符曰：

夫世有非常之人，然後定非常之事，必遇非常之事，然後見非常之功，是故選諸有兵之長吏，宜踔躒豪厚，越取幽奇，材明權變。任將帥者，不可苟惟基序，或阿親戚，使典兵官，此所謂以其國與敵者也。〈勸將〉

永初元年冬，漢遣車騎將軍鄧騭將五營及三河、三輔諸部之兵五萬人討羌，征西校尉任尙副之。鄧騭乃鄧太后之兄，雖兵敗於冀西，班師而還，「朝庭以太后故，遣五官中郎將迎拜騭爲大將軍。軍到河南，使大鴻臚親迎，中常侍齎牛酒郊勞，王、主以下候望於道。既至，大會郡臣，賜束帛乘馬，寵靈顯赫，光震都鄙。」《後漢書．鄧禹列傳附鄧騭傳》；任尚屢爲竇憲、鄧騭腹心，繼鄧騭之後，亦兵敗於平襄，死者八千餘人，反遷中郎將，屯於三輔。後羌人力盡瓦解，任尚猶與鄧遵爭功，「詐增首級，受賕枉法，臧千萬以上，檻車徵棄市，沒入田廬奴婢財物。」《後漢書．西羌傳》一爲紈袴，一爲債帥（註四六），實不足以克堪大任，此亦王符所以申言選將尤須明擇非常，待以不次之意也。

(三)、移民實邊

除選將以剋成遠業，爲「充邊境，安中國」〈實邊〉，王符復申言移民實邊之至要，其言曰：

> 夫土地者，民之本也，誠不可以久荒，以開敵心。且扁鵲之治病也，審閉結而通鬱滯，虛者補之，實者瀉之，故病癒而名顯；伊尹之佐湯也，設輕重而通有無，損積餘以補不足，故殷治而君尊。賈誼痛於偏枯躄痱之疾，今邊郡千里，地各有兩縣，戶財置數百，而太守周迴萬里，空無人民，美田棄而莫墾發，中州內郡，規地拓境，不能半邊，而戶口百萬，田畝不全，人眾地狹，無所容足，此亦偏枯躄痱之類也。〈實邊〉

幽并涼州，人口少稀，倘不開草闢土，興利除害，則「戶口百萬，田畝不全」之中州內郡，非特其「人衆地狹，無所容足」之經濟枯窘依舊，而邊郡丘荒無人，遂使「西北羌虜，必生窺欲，誠大憂也。」〈實邊〉故王符之移民實邊，所謂「百工制器，咸塡其邊，散之兼倍，豈有私哉？乃所以固其內爾。」、「先聖制法，亦務實邊，蓋以安中國也，譬猶家人遇寇賊者，必使老小羸軟居其中央，丁彊武猛衛其外，內人奉其養，外人禦其難，蛩蛩距虛，更相恃仰，乃俱安存。」〈實邊〉即已合經濟須求與戰略考量爲一矣。

然邊郡戶口單小，則所謂「虛者補之」實邊之道爲何？王符曰：

今誠宜權時，今邊郡舉孝廉一人，廉吏三十舉一人，益置明經百石一人，內郡人將妻子來占著，五歲以上，與居民同均，皆得選舉，又募運民，耕邊入穀，遠郡千斛，近郡二千斛，拜爵五大夫，可不欲爵者，使食倍賈於內郡，如此，君子小人，各有所利，則雖欲令無往，弗能止也。〈實邊〉

漢制舉孝廉之制，內地邊郡有異，《後漢書．丁鴻傳》：「自今郡國率二十萬口，歲舉孝廉一人，四十萬二人，六十萬三人，八十萬四人，百萬五人，百二十萬六人。不滿二十萬，二歲一人，不滿十萬，三歲一人。」此內郡之制也；又《後漢書．和帝紀》載永元十三年之詔曰：「幽并涼州，戶口率少，邊役衆劇，束脩良吏，進仕路狹。撫接夷狄，以人爲本，其令緣邊郡口十萬以上，歲舉孝廉一人，不滿十萬，二歲舉一人，五萬以下，三歲舉一人。」然則王符所指邊郡選舉孝廉、明經者，實以「羌反以來，戶口減少，又數易太守，至十歲不得舉」〈實邊〉，固重申前令而稍有增易而已；而募運民以耕邊入穀，或拜爵九級五大夫，或使倍價於內郡售之，實即以利誘之，合而言之，「君子小人，各有所利」，「則雖欲令無往，弗能止也」。

王符移民實邊之策，又可以史實說之。兩漢之時，西北屯田之事，所在多有，屯田原爲移民實邊之前提，西漢時先遣戍田卒「務使以時，益種五穀」《漢書．西域傳》，復「募民壯健有累重敢徙者詣田所，就畜積爲本業，益墾溉田，稍築列亭，連城而西，以威西國。」《漢書·西域傳》。東漢和帝永元二年，鄧訓雖罷河湟屯兵，各令歸部，然置弛刑徒二千餘人，「分以屯田，爲貧人耕種，修理城郭塢壁而已。」《後漢書·鄧禹列傳附鄧騭傳》此即先屯田而後移民實邊之事。東漢屯田，固時置時罷，然依王符所言，倘能因其規模，增其舊制，復誘之以利，獎之以賞，如王符所言君子小人，各有所利者，則移民實邊之功，應在屯田之上，既可充羨戶口，殖穀富邊，且省委輸運轉之費，繼而征戰誅討之，則漢殆可以無西方之憂，此正王符所稱「邊無患，中國乃得安寧」〈邊議〉之意也。

惜永初羌亂後，漢庭統領之道，率無常法，唯「臨事制宜，略依其俗」《後漢書·西羌傳》而已。故王符所言，征戰實邊之策，未見其功，即或迭經征討，羌人復時降時叛，誠所謂「得不酬失，功不半勞。暴露師徒，連年而無所勝，官人屈竭，烈士憤喪。」《後漢書·西羌傳》，至桓帝時，雖爲皇甫規、張奐、段熲先後略定，然創夷未瘳，而漢祚亦衰。計羌亂之起，直與東漢相終始，貲財人命之耗損，實爲驚人（註四七），論其先導，則永初羌亂王符《潛夫論》所陳述者，實不可以攢眉而束置高閣矣。

（文學博士，國立中正大學中文系教授，廉教授文友）

【附註】

註一 《史記·匈奴列傳》：「冒頓既立……大破滅東胡王……西擊走月氏，南并樓煩、白羊河南王。悉復收秦所使蒙恬所奪匈奴地者，與漢關故河南塞，至朝那、膚施，遂侵燕、代，……至冒頓而匈奴最彊大，盡服從北夷，而南與中國爲敵國。」

註二　見《後漢書．烏桓鮮卑列傳》。

註三　同註二。

註四　《後漢書．烏桓鮮卑列傳》：「桓帝時，鮮卑檀石槐者，……施法禁，平曲直，無敢犯者，遂推以爲大人。檀石槐乃立庭於彈汗山歠仇水上，去高柳北三百餘里，兵馬甚盛，東西部大人皆歸焉。因南抄緣邊，北拒丁零，東卻夫餘，西擊烏孫，盡據匈奴故地，東西萬四千餘里，南北七千餘里，網羅山川水澤鹽池。」

註五　《史記．匈奴列傳》：「（匈奴）置左右賢王、左右谷蠡王、左右大將、左右大督尉、左右大當戶、左右骨都侯。……大者萬騎，小者數千，凡二十四長，立號曰萬騎，諸大臣皆世官。……左右賢王、左右谷蠡王最爲大，左右骨都侯輔政，諸二十四長亦各置千長、百長、什長、裨小王、相、封都尉、當戶、且渠之屬。」；《後漢書．烏桓鮮卑列傳》：「檀石槐……乃自分其地爲三部，從右北平以東至遼東，接夫餘、濊貊二十餘邑爲東部，從右北平以西至上谷十餘邑爲中部，從上谷以西至敦煌、烏孫二十餘邑爲西部，各置大人主領之，皆屬檀石槐。」

註六　《後漢書．張奐傳》：「舊制：邊人不得內移。」唯有軍功（如張奐之徙屬弘農華陰），及特殊詔命（如移隴西諸郡之民內屬）等，方爲例外。王符乃安定臨涇人，當在內移行列之中。

註七　同第一章註一四。

註八　參見馬長壽《氐與羌》第三章。

註　九　同註八。

註一〇　見《晉書．江統傳》。

註一一　同註八。

註一二　《後漢書．西羌傳》：「羌胡被髮左衽，而與漢人雜處，習俗既異，言語不通。」《魏書．宕昌》：「俗皆土著，……俗無文字，但候草木榮落，記其歲時。」

註一三　《後漢書．西羌傳》：「更相抄暴，以力爲雄，殺人償死，無它禁令。……以戰死爲吉利，病終爲不祥，堪耐寒苦，同之禽獸，雖婦人產子，亦不避風雪。性堅剛勇猛，得西方金行之氣焉。」

註一四　《荀子．大略》：「氐羌之虜也，不憂其係壘也，而憂其不焚也。」《莊子》曰：「羌人死，燔而揚其灰。」《太平御覽七九四》，《呂氏春秋．義賞》亦曰：「氐羌之民，其虜也，不憂其系累，而憂其死不焚也。」

註一五　同註八。

註一六　《漢書．趙充國傳》：「計度臨羌東至浩亹，羌虜故田及公田，民所未墾，可二千頃以上。」所謂羌虜故田，即羌人昔日所開墾之田，與漢未開墾之田約二千頃以上，則羌人所開墾面積之大，從此可知；又羌種之中，燒當羌之勢尤衆，「南得鍾存以廣其衆，北阻大河因以爲固，又有西海魚鹽之利，緣山濱水，以廣田蓄，故能強大。」《後漢書．西羌傳》即以廣拓田蓄而於諸種稱雄。光武建武十年，來歙大破先零羌於金城，「斬首虜數千人，獲牛羊萬餘頭，穀數十萬斛」《後漢書．來歙傳》；和帝永元五年，貫友攻燒當羌豪迷吾於大小榆谷，「獲首虜八百餘人，收麥數萬斛。」《後漢書·西羌傳》，並羌人農稼豐登之證。

註一七　漢軍虜掠羌人牲口數目，從數千餘頭（如元初二年，任尚抄擊杜季貢於丁奚城，斬首四百餘級，獲牛馬羊數千頭），至二十餘萬頭（如建康元年，衛瑤追擊諸羌，斬首八百餘級，得牛馬羊二十餘萬頭）不等，《後漢書·西羌傳》言：「梟剋酋健，摧破附落，降俘載路，牛羊滿山。」即盛稱羌人牲口數目之衆。

註一八　如《詩·商頌·殷武》：「昔有成湯，自彼氐羌，莫敢不來享，莫敢不來王。」《後漢書·西羌傳》亦曰：「至於武丁，征西戎、鬼方，三年乃克。」可證。

註一九　即庸、蜀、羌、髳、微、盧、彭、及濮人。見《尚書·牧誓》。

註二〇　參見馬長壽《氐羌傳》、及管東貴〈漢代的羌族〉（上）一文，載食貨月刊（復刊）第一卷第一期

註二一　如：安帝元初四年，任尚、馬賢與羌人戰於富平上河，斬首五千級；永寧元年，馬賢擊當煎種羌，斬首數千級；順帝陽嘉四年，鍾羌且昌等率種人十餘萬詣涼州刺史降；漢安元年，罕種率邑落五千餘戶降；桓帝建和二年，益州刺史率板楯蠻討破白馬羌，斬首招降二十萬人等。

註二二　如：和帝永元六年，大牂夷種羌豪造頭等，率種人五十餘萬口內屬；安帝永初元年，羌龍橋等六種萬七千二百八十口內屬；永初二年，羌薄申等八種三萬六千九百口舉土內屬；廣漢塞外參狼種羌二千四百口內屬等。

註二三　參見管東貴〈漢代處理羌族問題的辦法的檢討〉附錄〈漢代羌事年表〉，載食貨月刊（復刊）第二卷第

三期。

註二四　同註八。

註二五　安帝永初羌亂，至元初五年始暫止，前後十三年，《潛夫論》〈勸將〉等四篇所述，最遲至元初三年，（案：此依金發根先生所說〈勸將〉等四篇，乃王符於永初元年後五年至十年內寫定推算）未述及結局。

註二六　爰劍曾孫忍有子研，至爲強健，秦孝公時，立爲酋豪，故羌中號其後爲研種。見《後漢書·西羌傳》。

註二七　見《後漢書·安帝紀》、〈西羌傳〉。

註二八　板楯蠻爲八氏之一支，天性健勇，世居渝水左右，東漢以後，地方郡守常率以征戰。見《後漢書·南蠻西南夷列傳》。

註二九　《後漢書·皇甫規傳》：「自永初以來，將出不少，覆軍有五，動資巨億。」《資治通鑑·卷五十四》胡注曰：「謂鄧騭敗於冀西、任尚敗於平襄、司馬鈞敗於丁奚城、馬賢敗於射姑山、趙沖敗於鸇陰河。」

註三〇　滇零雖亡，涼州羌亂，猶未止息。由元初六年，勒姐羌、隴西種羌通謀欲反叛，爲馬賢逆擊於安故起，又有多次羌民暴動，此皆安帝永初羌亂之延續，亦間接導致其後多次大規模之羌亂。參見馬長壽《氐與羌》第三章。

註三一　參見崔瑞德、魯惟一等編《劍橋中國秦漢史》第六章。

註三二　案：此即漢安帝劉祜。

註三三　如：車騎將軍鄧騭、征西校尉任尚、騎都尉任仁、征西將軍司馬鈞、護羌校尉龐參、侯霸、馬賢諸人。

註三四　見《後漢書．西羌傳》。

註三五　見《後漢書．皇甫規傳》。

註三六　見《後漢書．南蠻西南夷列傳》。

註三七　同註三四。

註三八　《續漢書．郡國志》劉昭注引《帝王世紀》曰：「光武中興，百姓虛耗，十有二存。……迄於孝和，民戶滋殖，及孝安永初、元初之間，兵飢之苦，民人復損。」又引伏無忌之言曰：「和帝永興（案：當為元興）元年，戶九百二十三萬七千一百一十二，口五千三百二十五萬六千二百二十九，……安帝延光四年，戶九百六十四萬七千八百三十八，口四千八百六十九萬七百八十九。」二十年間，戶雖稍增，唯口數銳減四百五十餘萬，則羌亂造成人口傷亡，數固不在少。又趙文林、謝淑君著《中國人口史》第三章，依《漢書．地理志》所載西漢元始二年涼州十郡人口數，與《續漢書．郡國志》劉昭注引《帝王世紀》所載東漢永和五年同一區域人口數相較，則東漢時涼州人口減少殆近百分之七十，實不能謂與羌亂無涉。又馬長壽《氐與羌》第三章，亦有比較表，亦可參考。

註三九　見《後漢書．董卓列傳》、《三國志．魏書．張既傳》注引〈魏略〉、〈典略〉。

註四〇　見《後漢書．劉陶傳》。

註四一　見《後漢書．段熲傳》：「中興以來，羌寇最盛，誅之不盡，雖降復叛。今先零雜種，累以反覆，攻沒縣邑，剽略人物，發冢露尸，禍及生死。」〈南匈奴列傳〉：「（安帝永初四年）單于見諸軍並進，大恐怖，……乃遣使乞降，許之。單于脫帽徒跣對龐雄等拜陳道死罪。於是赦之，遇待如初。乃還所鈔漢民男女，乃羌所略轉賣入匈奴中者，合萬餘人。」羌人剽略漢民，發冢露尸，乃至所略漢人轉賣匈奴，宜乎漢以寇讎視之。

註四二　參見劉光華《漢代西北屯田研究》第九章。

註四三　見《後漢書．班超傳》、〈西羌傳〉。

註四四　此建武十年至十二年之事。見《後漢書．光武帝紀》。

註四五　《後漢書．馬援列傳》：「是時（建武十一年），朝臣以金城破羌之西，塗遠多寇，議欲棄之。援上言，破羌以西，城多完牢，易可依固，其田土肥壤，灌溉流通。如令羌在湟中，則爲害不休，不可棄也。帝然之。」

註四六　參見王夫之《讀通鑑論》卷七。

註四七　人口減少之例，可參見註三八；若論貲財之損耗，則《後漢書．段熲傳》所載，至爲明晰，其言曰：「伏記永初中，諸羌反叛，十有四年，用二百四十億；永和之末，復經七年，用八十餘億。費耗若此，猶不誅盡，餘孽復起，于茲作害。」又曰：「今若以騎五千，步萬人，車三千兩，三冬二夏，足以破定，無慮用費爲錢五十四億。」

柳宗元〈遊黃溪記〉研究

胡楚生

柳宗元從唐順宗永貞元年（西元八〇五年）貶往永州，至憲宗元和十年（西元八一五年），奉詔返回長安，在永州居住了整整十年，在永州的十年之中，他撰寫了許多的山水遊記作品，〈遊黃溪記〉作於元和八年，是柳宗元在永州所撰的最後一篇山水遊記。

閱讀了〈遊黃溪記〉之後，個人有一些感想和問題，寫在下面，聊供參考。

一、寫作方法是否摹仿的問題

柳宗元〈遊黃溪記〉是一篇非常優秀的遊記作品，林琴南甚至以為「〈遊黃溪記〉為柳州集中第一得意之筆」（註一），記中最為特殊的地方，一是文章起筆的方式，二是描寫景物的方式。〈遊黃溪記〉開頭寫道：

> 北之晉、西適豳，東極吳、南至楚越之交，其間名山水而州者以百數，永最善。環永之治百里，北至于浯溪，西至于湘之源，南至於瀧泉，東至于黃溪東屯，其間名山水而村者以百數，黃溪最

善。（註二）

廖瑩中注本在此段文字之下注曰：

《漢書·西南夷傳》：「南夷君長以十數，夜郎最大。」此下凡用滇最大，邛都最大、徙、筰都、冉駹最大，公文勢本此。

廖注所說的《漢書·西南夷傳》，其實應作《史記·西南夷傳》，因《漢書》此傳實本於《史記》，所以，吳子良《荊溪林下偶談》便以為柳宗元〈遊黃溪記〉的起語，「句法亦祖《史記·西南夷傳》」，林琴南《韓柳文研究法》也說：「入手摹《史記·西南夷傳》，中間寫石狀，曲繪無遺，唯具此神筆，方許作遊記。」也以為是由於摹仿的工夫，才產生了柳宗元描寫山水的神妙筆法。

柳宗元在〈遊黃溪記〉開頭之處的寫作方法，根據孫琮的分析是，「一起先從豳晉吳楚，四面寫來，抬出永州。次從永州名勝，四面寫來，抬出黃溪，便見得黃溪不獨甲出一個永州，早已甲出天下，地位最佔得高。」（註三）因此，柳宗元是用烘托的手法，突出想要彰顯的目標，由大處寫到小處，這種方法，確實是十分特殊，而這種手法，根據前述三家的說法，都是肯定柳宗元是摹仿自《史記·西南夷傳》的寫法而來。可是，章士釗的《柳文指要》，則不以摹仿之說為然，章士釗說：

〈遊黃溪記〉，王伯厚以為仿太史公〈西南夷傳〉，最稱奇作，所謂仿〈西南夷傳〉，不過〈傳〉云：〈南夷君以十數，夜郎最大。〉而子厚云：「名山水而州者以百數，而永最善。」用筆取勢相似，伯厚因謂仿太史公為奇，此殆頭腦近乎冬烘，而亦小之乎視子厚也。至何門謂〈

黃溪記〉乃柳文之未能自成家者，不得云奇，此冬烘更甚於伯厚，豈足以談柳文哉？（註四）

王應麟（伯厚）是宋朝人，他也以爲〈遊黃溪記〉是摹仿自《史記》的〈西南夷列傳〉，而章士釗則堅決反對，以爲王應麟的意見「近乎冬烘」，未免太小視了柳宗元的創作能力，因此，〈遊黃溪記〉開始的那一段文字，到底是不是由摹仿而來，便有了兩種截然不同的看法。另外，〈遊黃溪記〉中有兩段描寫景物的文字：

黃神之上，揭水八十步，至初潭，最奇麗，殆不可狀，其略若剖大甕，側立千尺，溪水積焉，黛蓄膏渟，來若白虹，沉沉無聲，有魚數百尾，方來會石下。南去，又行百步，至第二潭，石皆巍然，臨峻流，若頦頷齗齶，其上大石雜列，可坐飲食。有鳥，赤首烏翼，大如鵠，方東嚮立。

這兩段文字，描寫景物，頗爲傳神，只是，這種描寫的方法，是摹仿他人而來的呢？抑或是柳宗元自己戛戛獨創的呢？吳汝綸《評點柳宗元集》引述姚氏之言說：

朱子謂《山海經》所記異物，有云東西嚮者，以其有圖畫在前故也，此言最當。子厚不悟，作山水記效之，蓋無謂也，後人又有以子厚此等爲工而效法者，益失之矣。（註五）

此處所引姚氏，當是姚鼐，姚氏先引朱子之說，以爲《山海經》因另有圖畫，所以記述異物，面對圖畫，才有「東西嚮」之說，姚氏又以爲，柳宗元〈遊黃溪記〉中「有鳥，赤首烏翼，大如鵠，方東嚮立」，即是摹仿《山海經》中的記述方法，而卻是摹仿不得其當的。不過，姚氏的看法，吳汝綸本身就不以爲然，他說：

東嚮立云者，與上文「方來會石下」，皆當時所見，即景爲文，不必效《山海經》也，不爲病。

章士釗《柳文指要》也說：

〈記〉云：「有魚數百尾，方來會石下，……有鳥，赤首烏翼，大如鵠，方東嚮立。」此一絲不溢之寫眞文字也，曰「數百尾」，當時所見之魚群如是，曰「東嚮立」，當時目中之方向如是，倘於此而異議焉，惟作記有寫實之例禁則可。

吳氏章氏之說，以爲柳宗元在〈遊黃溪記〉中對於魚與鳥的描寫，只是「即景爲文」，只是根據實物的情況加以描繪，並非摹仿他人，章氏並且以爲，信如朱子之說，必如《山海經》，另有圖畫，才能說明方嚮，則文學作者，「說明方嚮，必賴圖經，倘無圖經，即不可能說方嚮」，「此說殊怪」，其實，無論是《山海經》或是〈遊黃溪記〉，作者當時據實所記動物的位置，總有一個方向，與另外有無圖畫，並無關係，朱子之說，也太拘泥。此外，陳衍在《石遺室論文》中也說：

子厚所記「有鳥，赤首烏翼，大如鵠，方東嚮立」，固特仿《山海經》，然《山海經》係載此處所產之物，柳文乃記此處所見之物，故於「東嚮立」上加一「方」字，移形換步，且上文有例在也，上文言「有魚數百尾，方來會石下」，亦加一「方」字，可見皆就當日所目擊者記之，非呆仿《山海經》，致成笑柄也。（註六）

陳衍以爲，「有鳥」，「方東嚮立」，「有魚數百尾，方來會石下」，都是柳宗元根據當時親身目見的事物加以忠實的記述，句型上雖然有摹仿《山海經》的結構，卻並不是刻板地一昧抄襲。其實，文學作家在平常閱覽時，讀書萬卷，融會胸中，一旦遇到適切的機會，自然會將往日心中積蓄的資料、已有的規模，流露筆下，鋪寫成文，所寫出的方法詞彙，並不一定心中仍然明確記憶其原來的出處，也並不一定必然自覺到是有意識地去強加套用。因此，作者在創作文章時，爲了配合當時的情況，運用胸中平日原有積蓄的方法和資料，變化多端，改易面貌，此在作者自己，或許也不能一一追溯來源，也不必一一去追溯其來源。要之，文學作者，平日的多方積蓄與寫作時的自然流露，兩者並非一事，在讀者而言，或許可以追溯出一些痕跡的來源，在作者而言，則只在要求其表達的適切，兩者之間，各有立場，雖有關聯，卻不必完全相同，因此，是摹仿或是創作，恐怕也不容易分辨得那麼清晰了。

二、柳氏以黃神自喻的問題

柳宗元擅長寫作寓言，不但像〈捕蛇者說〉、〈羆說〉、〈蝜蝂傳〉、〈三戒〉等是純粹的寓言作品，即使是在描寫山水景物的遊記之中，也時常將自己心中所寄託的寓意，寫文章之中，在〈遊黃溪記〉中，有兩段文字，曾提到「黃神之祠」，〈記〉中先說：

> 黃溪拒州治七十里，由東屯南行六百步，至黃神祠，祠之上，兩山牆立，丹碧之華葉駢植，與山升降，其缺者爲崖峭巖窟，水之中，皆小石平布。

〈記〉中又說：

又南一里，至大冥之川，山舒水緩，有土田，始，黃神為人時，居其地，傳者曰：「黃神，王姓，莽之世也，莽既死，神更號黃氏，逃來，擇其深峭者潛焉。」始莽嘗曰：「余，黃虞之後也。」故號其女曰黃皇室主。黃與王，聲相邇而又有本，其所以傳言者益驗。神既居是，民咸安焉，以為有道，死，乃俎豆之，為立祠。後稍徙近乎民，今祠在山陰溪水上。

前一段文字寫景物，極為優美，後一段文字寫寓意，抒發寄託。在前段文字之中，「兩山牆立」，寫山勢陡峭，「丹碧之華葉駢植」，寫紅花綠葉植立在道路的兩旁，比並排列，鮮明艷麗，「與山升降」，寫駢立的樹木隨順山勢的高低起伏而變化多端。在後段文字中，提到黃神為王莽族人，避世來到黃溪，有功於民，身故之後，百姓感念其德，俎豆馨香，祭祀不輟；用來寄託柳宗元自己身遭貶謫，久居邊色，歸期無望，因而想要效法黃神，利安百姓，期能獲得人們的尊敬，徐善同《藏室讀書記》說：

〈黃溪記〉「最差」云者，果何謂乎？寧非以其有大冥之川，為黃氏之所潛歟？「神既居是，民咸安焉，以為有道，死，乃俎豆之，為立祠，後稍徙，近乎民」，記黃神，實自志其所志與所期者歟？並柳州之政，與夫羅池之廟以觀，雖謂之為自志其所志與所期者，可也！則黃溪之記，豈在其山水之美哉！

柳宗元遭遇黨禍，遠謫荒徼，憂讒畏譏的心情，與黃神相同，在歸期難卜的情況下，以黃神自喻，以黃神的作為自期，也是很自然的事情，只是，王莽在歷史上的評價，一直是負面的居多，而柳宗元雖然懷抱濟世之志，革新朝政，八司馬事件之後，表達心意，卻以王莽的族人後裔作爲自己比喻的對象，難道絲毫不顧慮人們的聯想及評議呢？《漢書．王莽傳．贊》曾說：

王莽始起外戚，折節力行，以要名譽，宗族稱孝，師友歸仁。及其居仁輔政，成哀之際，勤勞國家，直道而行，動見稱述，豈所謂「在家必聞」，「色取仁而行違」者邪？

又說：

及其竊位南面，處非所據，顚覆之勢，險於桀紂，而莽晏然自以黃、虞復出也。乃始恣睢，奮其威詐，滔天虐民，窮凶極惡，毒流諸夏，亂延蠻貉，猶未足逞其欲焉。是以四海之內，囂然喪其樂生之心，中外憤怨，遠近俱發，城池不守，支體分裂，遂令天下城邑爲虛，丘壟發掘，害徧生民，辜及朽骨，自書傳所載亂臣賊子無道之人，考其禍敗，未有如莽之甚者也。昔秦燔《詩》《書》，以立私議，莽誦《六藝》，以文姦言，同歸殊途，俱用滅亡。（註八）

《漢書．敘傳》於敘〈王莽傳〉時也說：

咨爾賊臣，篡漢滔天，行驕夏癸，虐烈商辛，僞稽黃虞，繆稱典文，衆怨神怒，惡復誅臻，百王之極，究其姦昏。（註九）

王莽篡漢，班固身爲漢臣，評論王莽，自然不免嚴加斥責，但是，考察王莽的行爲，一個「僞」字，卻也應該是他的定評，雖說及身伏誅，罪不涉於妻孥後裔，但是，從柳宗元的立場而言，貶謫永州，久居邊檄，身罹大僇，歸鄉無望，所可爭者，在表明自己從事政事，「以興堯舜孔子之道，利安元元爲務」（註一〇），在讓世人明瞭，自己參與王韋事件，「許國不復爲身謀」（註一一），因此，心跡的表明，首重「誠」字，而一個「僞」字，最是柳氏應該避之唯恐不及的地方，何以柳宗元卻絲毫不加避諱，而逕以黃神自喻自期呢？

柳宗元遊歷黃溪，得見黃神之祠，觸景生情，感懷身世，因以自喻，這種情況，可以理解，但是，讀〈遊黃溪記〉，總是覺得，「黃神」其人，並不是柳宗元必需取以自喻的絕佳對象。當然，柳宗元在他的遊記文章中，很少假藉古人，用以自喻，〈遊黃溪記〉以古人自喻，是唯一的例外，如果柳宗元能在遊記之中，選出一位更加適合的歷史人物，作爲自己取喻的對象，則對於柳自身，也將能獲得更多的同情與了解。

三、柳文遊記的編次問題

坊間通行的《柳宗元集》共有四十五卷（註一二），〈遊黃溪記〉收在第二十九卷，在二十九卷之中，共收集了遊記十一篇，根據文安禮的《柳先生年譜》，並參考文中的相關記載，可以得知，〈始得西山宴遊記〉（文中說「是歲元和四年也」）、〈鈷鉧潭記〉、〈鈷鉧潭西小丘記〉、〈至小丘西小石潭記〉等四篇，作於元和四年，〈袁家渴記〉、〈石渠記〉（文中說「元和七年正月八日，蠲渠至大石」）、〈石澗記〉、〈小石城山記〉等四篇，作於元和七年，可是，作於元和八年的〈遊黃溪記〉（文中說「元和八年五月十六日，既歸爲記」），卻排列在二十九卷內的衆篇之首。另外，據文安禮《柳先生年譜》所記，〈柳州山水近治可遊者記〉作於元和十年，而〈柳州東亭記〉文末注明「元和十二年」作，卻排列在〈柳州山水近治可遊者記〉之前，因此，二十九卷之中，十一篇遊記的排列次序，並不完全依照寫作時間先後來列次。

《柳宗元集》是由劉禹錫所編定的，《四部叢刊》影宋本《劉夢得文集》載有劉氏所撰《柳宗元集》的〈序〉文曾說：「病且革，留書抵其友中山劉某曰，我不幸，卒以謫死，以遺草累故人。某執書以泣，遂編次爲三十通，行於世。」根據現存的《柳宗元集》四十五卷本來看，編次的原則，大抵是先依文體分類，然後每類之中，再依寫作時間，先後排列。可是，如果每類之中，必依寫作時間先後爲次的話，則二十九卷中的遊記作品，次序便有點紊亂了。

另外，我們再檢視一下二十八卷，卷內收集了九篇記述文章，除了寫作時間無法考定的篇章之外，〈永州法華寺新作西亭記〉（始得西山宴遊記〉說：「今年九月二十八日，因坐法華西亭，望西山，始指異之。」作於元和四年，〈永州龍興寺西軒記〉（文中說「永貞年，余名在黨人，不容於尚書，出爲邵州，道貶永州司馬，至則無以爲居，居龍興寺西序之下」）作於元和元年，而〈西軒記〉反列於〈西亭記〉之後。又〈永州龍興寺修淨土院記〉作於元和二三年間，〈永州鐵爐步志〉（文中說「余乘舟來居九年」）作於元和八年，〈柳州復大雲寺記〉作於元和十二年，而〈大雲寺記〉反列於〈修淨土院記〉與〈鐵爐步志〉之前。

又如卷二十七內，收集了六篇記述文章，其中〈永州韋使君新堂記〉作於元和七八年間，〈永州崔中丞萬石亭記〉（文中說「時元和十年正月五日記」）作於元和十年，〈零陵三亭記〉亦當在永州時作，〈桂州裴中丞作訾家洲亭記〉（文中說「元和十二年，御史中丞裴公來涖茲邦」）作於元和十四年，宗元時在柳州，而〈訾家洲亭記〉反列於〈新堂記〉、〈萬石亭記〉、〈零陵三亭記〉之前。又如卷三十一內，共收集了九篇書信作品，其中〈與韓愈論史官書〉作元和九年（韓愈於元和八年六月爲史館修撰），〈與史官韓愈致段秀實太尉逸事書〉作於元和九年，〈與呂道州溫論非國語書〉作於元和六年以前（呂溫卒於元和六年八月），而〈與呂道州溫論非國語書〉反列於致韓愈兩書之後。

以上略舉其例，以見《柳宗元集》中遊記類以至其他文體類之作品，其編輯次第，有未依寫作先後排列之現象。尤其值得注意的是，柳文中時有明確列舉寫作年月的作品，而其編列次第，竟然仍有紊亂，不免使人覺得詫異。

柳宗元於元和十四年（西元八一九年）去世之後，劉禹錫爲他編定文集，五代以後，《柳集》卻散佚殆盡，宋代初年，穆修訪得《柳集》，與李之才重爲編定，計四十五卷，其後，沈晦、李石、李褫等人，又重加校定，而廖瑩中所刻的世綵堂刊本，最爲精美，南宋以後，學者們對於《柳集》的整理，多半偏重於音釋注解，而張敦頤、嚴有翼、童宗說、潘緯、韓醇、魏仲舉等人，皆嘗從事此項工作，以迄元明清代以下，《柳宗元集》的刊刻印刷，益爲繁多（註一三），改易編次的情形，或也不能斷言絕無僅有，因此，《柳宗元集》中遊記類的文章，以至於其他各類的文章，其編輯的次第，如果有紊亂失序的現象，恐怕也並不能夠完全責怪劉禹錫一人了。

四、「永州八記」或「九記」的問題

世人一般所稱的「永州八記」，是指《柳宗元集》卷二十九中〈始得西山宴遊記〉、〈鈷鉧潭記〉、〈鈷鉧潭西小丘記〉、〈至小丘西小石潭記〉、〈袁家渴記〉、〈石渠記〉、〈石澗記〉、〈小石城山記〉等八篇文章，這八篇文章，前四篇作於元和四年，後四篇作於元和七年，可是，作於元和八年的〈遊黃溪記〉，在各種不同版本的《柳宗元集》中，都排於〈始得西山宴遊記〉之前，而世人也不將之列入「永州八記」之中。

「八記」之名，出現的時間並不太久，清人常安在《古文披金》卷十四的評語中說道：

西山八記，脈絡相通，若斷若續，合讀之，更見其妙。（註一四）

常安只是說到「西山八記」，並不曾說是「永州八記」，其實，〈始得西山宴遊記〉，是從遊歷西山開始，往後〈鈷鉧潭記〉等七篇，都是由西山出發，向前去遊歷，遊歷的方向，多半往西前行，或偏西北，偶或才有折向東方的，遊歷的地點，也都與西山相距不遠，因此，從西山出發，從〈始得西山宴遊記〉開始，稱呼以下八篇爲「西山八記」，倒也是十分適合的。相對地，黃溪不但方向偏在西山的西南方（註一五），距離西山也較爲遙遠（〈遊黃溪記〉說：「黃溪拒州治七十里。」），自然不便與西山有密切關聯的「西山九記」了。至於眞正提到「永州八記」之名的，恐怕是時間比常安稍晚的清人孫梅，他在《四六叢話》卷三十一曾說：

天地間山水林麓，奇偉秀麗之致，賴文人之筆以陶寫之……惟柳子「永州八記」，筆力高絕萬古，雲霄一羽毛，非諸家所敢望爾。

「永州八記」之名，似乎最早見之於此，世綵堂本《河東先生集》卷二十九注曰：

自〈遊黃溪記〉至〈小石城山記〉，爲記凡九，皆記永州山水之勝，年月或記或不記，皆次第而作耳。

世綵堂本《河東先生集》是宋人廖瑩中的刻本，他的刻本，以精美著稱，時代也早，但是，〈遊黃溪記〉也已排列在二十九卷之首，不過，他所提到的「九記」，卻是値得注意的說法，其實，《柳宗元集》中，收集柳宗元在「永州」所寫的「記」，爲數尙多，在《柳宗元集》卷二十七及卷二十八之中，即有〈永州新堂記〉、〈永州萬石亭記〉、〈永州龍興寺息壤記〉、〈永州龍興寺東丘記〉、〈永州法華寺西亭記〉、〈永州龍興寺西軒記〉、〈永州修淨土院記〉等七篇以「永州」爲名的「記」，加上卷二十九的九篇「記」，似乎也可以稱之爲是「永州十六記」了，如果再加上卷二十七的〈零陵三亭記〉和卷二十八的〈零陵郡復乳穴記〉兩篇（零陵爲永州州治所在），則可以稱之爲「永州十八記」了，雖然，「永州八記」或「永州九記」以記述山水遊歷爲主，可是，像〈永州新堂記〉與〈萬石亭記〉的描寫「大石林立」及「怪石森然」的景象，〈零陵三亭記〉的描寫花草魚鳥的形態等等，也都與山水記述有關。

其實，《柳宗元集》卷二十九中的「八記」或「九記」，在篇名上都並無「永州」的字樣，反而卷二十七及卷二十八中的七篇，卻都是在「永州」的「永州」的「記」，將之歸入到「永州×記」的名號之中，在語義上並無不妥。只是，卷二十九中的幾篇文章，從〈始得西山宴遊記〉到〈小石城山記〉或到〈遊黃溪記〉，都是以記述山水景物遊歷爲主，歸成一類，也自合理，與柳氏其他的「記」，也確不相同，因此，在一般的情形下，我們似乎也不必特別去強調「永州十六記」或「永州十八記」的名稱。

至於到底應該是「永州八記」或「永州九記」呢？章士釗《柳文指要》說道：

「永州八記」，世人大抵以〈始得西山宴遊記〉起，到〈小石城山記〉止，共八篇，而〈遊黃溪記〉不在內。猶之「八司馬」，指柳、劉、韓（泰、曄）、李（景儉）、凌（準）、陳（諫）、程（异），共八人，而韋執誼不在內。凡此皆千年來文壇之順口溜，而印合爾巧，莫知其所由然而然。

其實，「永州八記」與「八司馬」，都不應該只是「八」，「八記」之外，還有〈遊黃溪記〉也是在永州的遊記，「八司馬」之外，還有韋執誼曾貶爲司馬，所以，說「永州八記」和「八司馬」，章士釗以爲，只是文壇的習慣說法而已，並不一定需要去認眞看待。

總之，認眞地去推求，「永州八記」之名，還不如「西山八記」之稱，更爲符合事實，也更爲合理，只是，「永州八記」的說法，既已約定俗成，成爲文壇的慣稱，加上國人喜歡言「八」的習慣，像「八景」、「八仙」一樣，「永州八記」長久以來，既然已經被人們的接受所指稱，似乎也就不必再去爭論什麼「永州九記」的名份了。

讀柳宗元〈遊黃溪記〉，心中有幾個問題，抒寫出來，以就教於同好。

（文學博士，現任中興大學文學院長，廉教授文友）

【附註】

註一　見《韓柳文研究法》，此據民國五十三年廣文書局印行本。

註二　此據民國七十一年漢京文化事業有限公司印行點校本《柳宗元集》，下引並同。

註三　見《山曉閣選唐大家柳柳州全集》。

註四　此據華正書局影印本，下引並同。

註五　引見章士釗《柳文指要》。

註六　此據中華書局影印本。

註七　此據作者自印本。

註八　此據鼎文書局影印點校本。

註九　同註八。

註一〇　見柳宗元〈寄許京兆孟容書〉，載《柳宗元集》卷三十。

註一一　見柳宗元〈冉溪詩〉，載《柳宗元集》卷四十三。

註一二　同註二。

註一三　詳萬曼《唐集敘錄》，此據民國七十一年明文書局印行本。

註一四　引見吳文治所輯古典文學研究資料《柳宗元卷》。

註一五　參見湖南省一九七九年測繪所得〈永州九記舊址示意圖〉。

彔諸器及其相關問題

葉達雄

一、彔諸器銘文

彔之器以往著錄的有五器，即：彔作文考段、彔文祖段、彔伯𢦏段、彔尊以及彔卣。銘文有八件，即：

(一)彔作文考段

器，二行16字（三代、七、頁三五甲面）

彔作厥文考乙公
寶隮段子=孫其永寶

（圖　一）

蓋，二行9字（三代、七、頁一九乙面）

彔作文考乙
公寶隮段

（圖　二）

㈡彔文祖段（三代、八、頁三五乙面）

器、蓋各32字

伯雒父來自㝬
蔑彔曆錫赤金
對揚伯休用作
文祖辛公寶䵼
段其子=孫=永寶

（圖　三）

㈢彔伯㦰段（三代、九、頁二七乙面）

攈古錄云：「右銘文一百十二者，凡二器」（註一）

唯王正月辰在庚寅王若
曰彔伯㦰繇自乃祖考有
[illegible]于周邦右闢四方惠弖
天令女肇不㒸余錫女秬鬯
一卣金車桒鬲較桒囩朱虢
䩏虎冟窠裏金甬畫
䡅金厄畫轉馬四匹鋚勒
彔伯㦰敢拜手䭫首對揚
天子丕顯休用作朕皇考

（圖　四）

釐王寶障𣪘余其永邁年

寶用子=孫= 其帥型受茲休

㈣**彔尊**（三代、十一、頁三六甲面）

王令𢦏曰馭淮夷敢

伐內國女其以成周

師氏戍于𠭯師伯雄

父蔑彔曆錫貝十朋彔

拜頴首對揚伯休用

作文考乙公寶障彝

（圖　五）

㈤**彔卣**（三代、十三、頁四三）

器、蓋銘各49字與尊同。

另外，一九七五年三月在陝西省扶風縣庄白村出土了西周𢦏伯器共十八件，即：鼎三件；𣪘二件；甗一件；飲壺二件；貫耳壺一件；爵二件；觶一件；盉一件；盤一件；斧一件；戈一件；齒狀兵器一件；星狀兵器一件。（註二）其中銘文較長的有三件，即：

Ⅰ、式鼎

唯九月既望乙丑在

亯啚王俎姜使內史
員錫㦰玄衣朱襮
裣㦰拜䭫首對揚王
俎姜休用作寶鼎
障鼎其用夙夜享孝
于厥文祖乙公于文
拇日戊其子＝孫＝永寶

Ⅱ、式鼎

㦰曰烏乎王唯念㦰辟刺
考甲公王用肇使乃子㦰
逹虎臣御淮戎㦰曰烏乎
朕文考甲公文母日庚赤休
則尚安永宕乃子㦰心安
永襲㦰身厥復享于天子
唯厥使乃子㦰萬年辟事
天子毋有四芊于厥身㦰拜

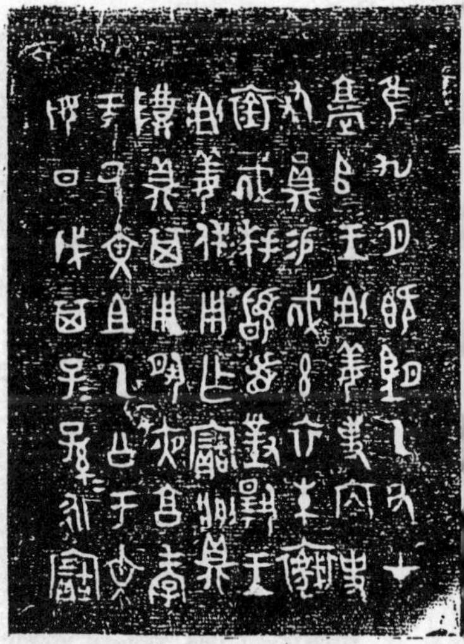
（圖　六）

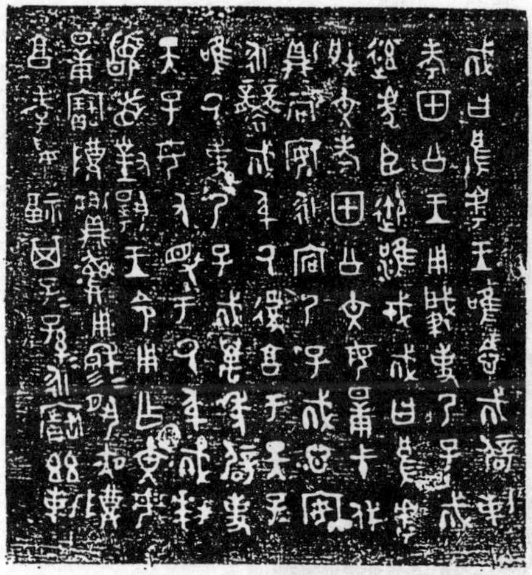
（圖　七）

頶首對揚王令用作文母

日庚寶障鼎彝用穆=夙夜障

享孝妥福其子=孫=永寶茲剌

I、式段

唯六月初吉乙酉在㙜𠂤戎伐

𩵦𢦏達有𤔲師氏奔追禦戎于

𩁹林博戎𢦔朕文母䜌敏𩁹行

休宕厥心永襲厥身卑克厥啻

隻馘百執訊二夫孚戎兵𥻆矛

戈弓備矢裨冑凡百又卅又五

叙孚戎孚人百人十又四人衣

博無𢀜于𢦏身乃子𢦏拜頶首

對揚文母福剌用作文母日庚

寶障毀卑乃子𢦏萬年用夙夜

障享孝于厥文母其子=孫=永寶

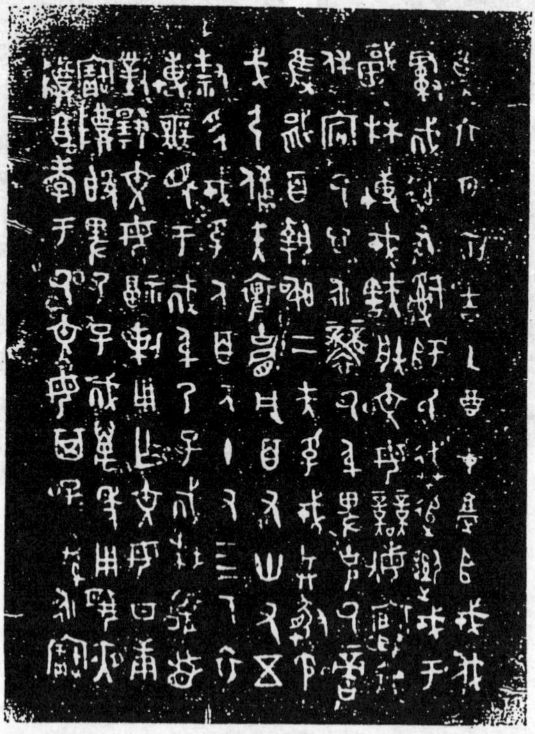

（圖　八）

還有，一九八二年三月在陝西西安東郊三店村西漢墓出土了一批銅器，其中彔盨四件，其形式、紋飾和銘文均相同。器作隋方形、斂口、蓋沿及器沿飾重環紋，蓋上及腹部飾瓦紋，兩側有獸首屈舌形耳，圜足外侈，中有闕。蓋上有四個短扉，飾雲紋，蓋器對銘，各爲『彔作鑄盨廏，其永保用』（註三）

彔盨銘文拓本

1.甲盖　2.丙盖　3.丁器

彔盨甲

（圖　九）

以上是關於『彔』器的著錄及出土的情況。

二、相關問題之檢討

㈠字句解讀

1.圖三之彔文祖段銘文的解讀並無異論，其大意是：伯雒（雍）父從㝬（胡）這個地方來，勉勵彔而賜給彔赤金（吉金，即銅），所以彔就報答顯揚伯雍父的賞賜，因而作了文祖辛公寶𪔂段（鼎・祭祀）其子子孫孫永遠保存。

2.圖四彔伯𢦏段中之「繇」發語詞；「[illegible]」，舊釋爲勞，無說。孫詒讓氏釋爲揞，謂从収古文昏省聲。楊樹達氏從之，謂當讀爲勳。唐蘭氏釋爲爵，無說。（註四）案，此字王國維氏認爲象兩手捧爵之形，意即勞。郭沫若從之。（註五）勳、爵，均有勞之含意。「惠𠬝天命」，惠，有語詞安、順等解釋（註六），於此應作順解爲是。𠬝，有作弘、宏、鞃解。楊氏認爲應釋爲韔，假爲當合之當。（註七）所以此句應釋爲「順合天命」。「女肇不豕」，肇，勉也。豕，爲隊之初文，引申有失落、喪亡、毀滅之意。（註八）此句的意思是「你勉勵不要有失落」。「其帥型受茲休」，帥型，即遵循效法之意。（註九）

此銘文的大意是：

王的正月，辰在庚寅，王如此說：『彔伯𢦏，從你的祖父以來，有勳勞於周國，輔助周國開闢四方，順合天命。你勉勵不要有失落，我賜給你，秬鬯一卣、金車、𠦪鬲較、𠦪韔、朱虢𩊚、虎冟𥦎裏、金甬、畫輯、金厄、畫轉、馬四匹、鋚勒。』彔伯𢦏拜手稽首對答顯揚天子的美意（大賞賜），因此作我皇考釐王寶障段，我永遠用此寶器，子子孫孫遵循效法而受此美意。

3.圖五彔尊銘文之「𠙵師」，有釋「古師」、「由師」、「叶師」。郭沫若、白川靜二氏釋爲「古師」，其地望未指何處？陳夢家氏釋爲「由師」，其地即詩經揚之水「戍許」之「許」。黃盛璋氏從徐中舒氏釋爲「叶」。（註一〇）黃氏說：

『叶』銘文作古、古、甴、𠙹等形，舊釋作「古」或「苦」，顯皆不合。徐中舒先生據甲文『甴王事』，及《說文》『叻』古文作『叶』，斷其字即叶，讀與『叶』同，並考定其地即春秋之叶（介叶縣南之故縣），叶處淮水支流汝水流域，而由淮水向成周、宗周方向入侵，沿汝水西上正是一條重要通道，周派伯雝文、彔㦰、禹、𠬝、稍等一批人以成周師氏在叶𠂤戍守，正是防淮夷沿汝水通道西上。

此銘文的大意是：

王令㦰說：「淮夷敢來侵略內國（近畿之地），你以成周師氏屯戍於甴師」。伯雍父勉勵彔，賜給彔貝十朋。彔拜稽首報答顯揚伯雍父的美意，因而作文考乙公寶器。

4.圖六I式鼎之「亭師」，大都釋爲「堂師」。（註一一）黃盛璋氏認爲「堂師」即《春秋・定五年》吳大夫概奔楚所封之堂谿。氏說：

地名之堂，今本春秋經傳多作『棠』，古本多作『堂』。齊、魯、楚皆有棠（堂）。楚棠在今江蘇六合，其餘皆在今山東，地望不合。堂𠂤應是《春秋・定五年》吳大夫概奔楚所封之堂谿。《水經・灈水注》：『吳房縣西北有堂谿城』。《史記・正義》引《地理志》：『堂谿故城在豫州郾城縣西八十五里』。《元和郡縣志》：『西平縣西界有棠谿村』，堂谿有此三條，方位不難確定。明清志書都說堂谿在今西平西北百里，附近應有故城遺址。戰國時堂谿尙爲韓國著名

產兵器地方，和古代在此駐兵屯戍當有關係。（註一一）

「王〓姜」人名，后妃。〓，白川氏釋為俎，宜象在俎上放置骨肉。黃盛璋氏認為即俎的繁文，从俎从刀，唐蘭氏釋為〓（音呼）「玄衣朱襮裣」，襮，白川氏認為虢的異文，羅西章等釋為襮。說文，襮，黼領也。裣，交衽也。所以「玄衣朱襮裣」是黑色的上衣，交領，領子到襟是繡著紅色的邊。（註一二）

此銘文的大意是：

九月既望乙丑這一天，在堂師，王俎姜使內史員賜給戜玄衣朱襮裣。戜拜稽首報答顯揚王俎姜的美意（賞賜），因此作寶祭祀鼎，夙夜用來祭祀文祖乙公、文妣日戊。子子孫孫永遠保存。

5.圖七II式鼎「尗休」，羅西章等釋尗為戈，說：『十字，金文數見，郭沫若同志釋為『弋』即『必』，在這裡『弋』當假借為『翼』，是輔佑之義。」（註一三）唐蘭氏認為「尗」是菽的本字，豆古代稱菽，金文叔字作叔，就是尗，下面三點是豆形，右邊的手形是揀豆，所以《說文》解叔為『拾也』，尗通淑，美好。（註一四）按淑，善，休亦善也，所以「淑休」是同意聯綿詞。「毋有⿱罒廾」之⿱罒廾，唐蘭釋為『⿱罒尤』，說：「當為從目尤聲的字，借為傷」。郭沫若釋為⿱罒廾，即斁，無斁猶無厭也。楊樹達氏釋為嬕，無嬕即亡尤。白川靜從楊說。（註一五）

此銘文的大意是：

戜說：「嗚呼！王感念戜之君烈考甲公，王因而起用，使其子戜率領虎臣抵禦淮戎。」戜說：

「嗚呼！我文考甲公，文母日庚美好，常常安穩，永遠開拓其子戜的心，安穩地、永遠的照顧戜的身體。使其子再奉獻給天子，使其子戜萬年的君事天子，而沒有差錯。」戜拜稽首報答顯揚王的命令。因而作文母日庚寶祭器，用作早晚肅穆地奉祀孝養祈福，戜子子孫孫永遠保存此種光榮。

6.圖八I式段之「⿱尹敕」，唐蘭氏釋爲⿰車者，黃盛璋氏釋爲敕。（註一六）其地應即是鄢。氏說：

⿱尹敕字上从「尹」，下从「束」从「又」，即《說文》「敕」字。「束」是「束」字，《甲骨文編》收有此種寫法，「又」與「餐」皆手的動作，可以通用。段玉裁于《說文》「敕」字注：「攴而收束之，二義于此會意」，用手收束，所以「敕」有「誡、固、堅、正、理、治」等意，「⿱尹敕字雖不見字書，但尹」只作聲旁，而「敕」多作形旁，表示「整、敕」等意，依「整」字从「敕、正聲」之例，「⿱尹敕」必从「敕，尹聲」。作爲地名可無定字，依聲考地，⿱尹敕應是鄢。《水經．汝水注》：「汝水又東南逕鄢城故城北，故魏下邑也。《史記》楚昭陽伐魏取鄢是也。《寰宇通志》：「漢鄢縣本古鄢子國」。漢鄢縣故城據縣志在今鄢城南五里，俗謂之道州城（隋于縣置道州、故名）。它的西南八十五里爲堂谿城即堂師，棫林正在西北不遠，淮戎沿汝水入侵，矛頭指向成周方向，戜自堂師率成周師氏等追戎并在棫林迎頭堵截，方位是符合的。

黃氏認爲「⿱尹敕」從「敕，尹聲」，讀與「隱、偃」同。而鄢也是借音，讀與「偃、隱」同。故⿱尹敕即後來的鄢。

馘林，唐蘭釋爲棫林，其地即涇水之西。黃盛璋氏認爲：棫林見於記載有三：(1)《世本》：「鄭桓公居棫林」，在今華縣；(2)《左傳》襄十四年晉伐秦「濟涇而次，至于棫林」，在渭忠涇南，當涇水下游的渡口，應在今涇陽附近，地望皆不合；(3)《左傳》襄公十六年晉伐許；「夏六月次于棫林，庚寅伐許，次于函氏」，杜注：「棫林，函氏皆許地」。棫林應是這個棫林；但自杜預以來，地皆無考。棫林必在新鄭至葉的途中。（註一七）

「啻敏纛行」，即競敏啓行。「卑克厥啻」，即卑克厥敵。「兵𩏂矛戈」之𩏂即盾。「弓備矢裨冑」之備即箙，裝箭的囊袋。「𠬪」，唐蘭認爲當讀款，即件的意思。「孚」，即古『捋』字，象兩手取一物，有奪取之義。（註一八）此銘文的大意是：

六月初吉乙酉這一天，在堂師。戎侵略㪟。𢦏率領有司、師氏前往追擊戎於馘林，迫戎。我文母強勁而敏捷地起行開路，賞賜並開拓了我的心，永遠地護衛著我，使我克敵。斬獲一百個首級、活捉了二人，俘戎兵器、盾、矛、戈、弓與成袋的箭與裨冑，共一百三十五件。奪回了被戎所俘的人一百一十四人。博戰無失於𢦏身。你的兒子𢦏拜稽首報答顯揚文母的福廕光榮。因此作文母日庚寶祭毀，使你的兒子𢦏萬年早晚用來祭祀孝養文母，子子孫孫永遠保存。

(二)彔、𢦏、伯𢦏、彔伯𢦏的關係

彔、𢦏、伯𢦏、彔伯𢦏，解銘文者都認爲是同一人。例如：郭氏說：『伯𢦏即彔伯𢦏』，又說：『彔𢦏之考爲乙公，此（彔伯𢦏毀）復稱釐王，蓋乙公乃廟號，釐王乃生稱。』（註一八）羅西章、吳鎭鋒、雒忠如三氏說：

這座墓葬的死者爲伯𢦚，過去出土的伯𢦚銅器，據《攈古彔》和《三代吉金文存》等書著錄的有彔𢦚卣、彔𢦚尊，彔簋、彔伯𢦚簋和伯𢦚簋等八件。有器形可考的三件與這次出土的伯𢦚器的花紋造型作風相同，……這兩批器物有相同的人名，除伯𢦚之外還有伯雍父，這兩批器物記述的事件相同，都與淮夷有關，因此，我們認爲，這兩批器物的伯𢦚應是一人。（註一九）

黃盛璋氏也說：

彔𢦚銅器過去曾出土過，見于著彔八件，有器形可考的有簋、卣、尊。彔簋和𢦚簋形制一樣，都飾有長鳥紋。這三件字體和彔𢦚三器字體也如出一手，這只要一比較彼此都有的字，就即可斷爲一人所書；但簋、卣（尊同銘）所記爲同時事，和彔𢦚三器不同時、地，前者戍于葉𠂤，當時彔𢦚尙爲白雍父的下屬，淮夷僅侵入「內國」，而後者駐在堂𠂤，𢦚已爲主帥，淮戎已經深入到周王室直屬領土棫林等地，因此我們認爲彔𢦚三器應較上一組三器較晚，但相去不遠，甚至前後相接，必同屬一王世。（註二〇）

白川靜氏、籾山明氏亦認爲是同一人。（註二〇）

個人認爲彔器應分兩組，一組是彔作的器，一組是彔伯𢦚作的器。彔作的器包括：圖一、二彔作文考𣪕；圖三彔文祖𣪕；圖五彔尊以及同銘文的彔卣；三店村的彔作鑄盨等。因爲這一組都是與一個名或字叫「彔」有關的銅器。這個「彔」又稱爲「𢦚」。圖五彔尊稱：「王令𢦚……伯雍父蔑彔曆」。「

㦸」即是「彔」，一名一字。依銅器銘文慣例極少以姓氏或方名來稱作器者之名的。所以「彔」是名或字，絕不是姓氏或方名。

另一組彔伯㦸作的器，包括：彔伯㦸毁以及陝西扶風庄白村山土的伯㦸諸器。這一組的「㦸」、「伯㦸」、「彔伯㦸」是同一人。就如籾山氏所說的與一九六〇年所出的微氏家族銅器群所稱的「微白癲、微癲、癲」一樣。（註二一）在銅器銘文裡不乏其例。

彔伯㦸毁之「彔」是姓或方名。郭氏說：

彔國殆即春秋文五年『楚人滅六』之六，舊稱皐陶之後，地望在今安徽六安縣附近。彔國在周初曾與周人啓釁，大保毁『王伐彔子耶』，其證也。此言『乃祖考有𢆶于周邦，佑闢四方，叀亘天命』，則㦸之先人复曾有功于周室。蓋彔子聖被成王征服後即臣服于周，有所翼贊也。

彔伯㦸是商王朝紂王之子祿父之後裔。祿父即太保毁：『王伐彔子耶，𠭯厥反，王降征令于太保，太保克敬無譴，王侃太保錫休余土，用茲彝對令。』之彔子耶，（註二二）彔子耶被太保打敗之後，其一部分被遷往陝西，所以，風俗通姓氏篇（下）說：「逯，秦邑，其大夫封彔因氏焉。」，萬姓統譜說，祿在陝西扶風，（註二三）與伯㦸器在陝西扶風庄白出土不謀而合。因此，郭氏說彔在安徽六安縣，其地望不合，而且六是偃姓，而彔是子姓，不同。

彔伯㦸毁稱：『彔伯㦸……作朕皇考釐王寶障彝』，而圖六II式鼎稱：『㦸曰……朕文考甲公、文母日庚』，I式毁稱『㦸……作文母日庚』，蓋甲公、日庚乃廟號，於先考稱王號，乃因王號生死通用。郭氏說：

彔戜之考爲乙公，此復稱釐王，蓋乙公乃廟號，釐王乃生稱。舊說多以甲乙爲生名，譙周以爲廟主。譙周則以爲廟主，云：『夏殷之禮，生稱王、死稱廟主。』今以卜辭考之，凡祭祖妣父母均稱甲乙，而諸婦祔祭則稱姓。蓋婦無專廟，故無廟號也。今改從譙周說。彔伯父稱釐王與上乖伯毁乖伯父稱幾王同王國維云：『古者諸侯在其國自有稱王之俗，不得盡以僭號竊目之』，其說至塙。（註二四）

白川靜氏說：『本器（彔伯戜毁）、乖伯毁都對先考稱王號，王號是生死通用。在今文裡，西周諸王以外而稱王號的，都是與周室無血緣關係的外藩，這也限於特殊傳統的家。今以彔伯戜爲例來說，彔氏是殷的王子彔父之後，在金文裡稱天子耴，彔子耴的家。』（註二五）

由此可知，彔伯戜器這一組的彔伯戜、伯戜、戜的地位很高，他是領兵作戰的將領。這一組的傳承如下：

文祖乙公（I式鼎）——文考甲公（II式鼎）——戜
文妣日戊　　　　　　文母日庚（I式毁）
　　　　　　　　　　皇考釐王（彔伯戜毁）

至於第一組彔作器的戜，其地位較低，是白雍父的屬官。此由圖三彔文祖毁『伯雍父來自㝬，蔑彔曆，錫赤金，對揚伯休』與圖四彔尊『白雍父蔑彔曆，錫貝十朋，彔拜稽首對揚伯休』可知。其傳承如下：

文祖辛公（彔文祖段）——文考乙公（彔作文考段／彔尊）——彔＝戜

㈢器的時代

容庚氏認為彔卣、彔伯段、彔簋、彔簋二、三等為成王器；郭氏認為是穆王時器。（註二六）郭氏說：

此鼎（㝅鼎）形制與師旅鼎同，知相隔必不遠，而同時之器其形制之可考見者如彔戜卣、彔段、遇甗等均典重有制，不失周初器之風味，字體亦稱是，更由銘辭之內容而言，所紀乃征伐淮夷事。……

……後漢書東夷傳『徐夷僭號，乃率九夷以伐宗周，西至河上，穆王畏其方熾，乃分東方諸侯命徐偃王主之。今觀諸器文，一面言征戍，一面與麸侯復通往還，於此時事正合。

陳夢家氏分析遇甗、㝅鼎、稽卣、臤尊、彔段、彔戜卣、競卣、競段、縣改段等器群，定為康王時器，其中彔段、競段兩器仍有成王時期的作風，故此群銅器不能晚于邵王之世。（註二七）唐蘭氏認為是穆王時器，但無說明理由。羅西章等亦認為是穆王時器。氏等說：『从傳世品的研究，我們已經知道，或是彔國的國君，穆王之世仕于周王室，曾與伯雍父參與征伐淮夷。㦸墓在扶風發現，說明㦸在畿內有采邑。』又說：『從以上銅器形制，花紋和銘文字體的分析，我們推斷這組器物大部分制作于穆王時代，至于墓的埋葬年代當在穆王以後的西周中期。』（註二八）黃盛璋氏也認爲除彔伯㦸卣是恭王時代外，其餘爲穆王時代。氏說：

从彔㦸兩組銅器的卣、尊、簋和方鼎的形制，和長鳥紋的紋飾，顯然介于西周早、中期間，㦸方鼎（甲）直耳穿出蓋上，蓋有四足紐，形制少見。最近房山琉璃河出土西周早期銅器有一件圍鼎，亦有方鼎附耳帶蓋、蓋亦有四足紐，形制相近，說明㦸方鼎（甲）形制應由西周早期發展而來，彔㦸兩組銅器下限不應晚于穆王，上限不應早于康王。唐蘭先生考康王之後金文稱王姜，而『昭王取于房曰房后』房爲祁姓，㦸鼎（甲）王后爲王俎姜，與康昭王后皆不合，徐偃王率九夷伐標準器的遹段是很合的，置于穆王前期比較合適。

又說：

過去著錄彔㦸銅器中有一件彔伯㦸卣，銘文最長，字體也較晚，和上述兩組彔㦸銅器顯有不同，特別是賞賜之物相當優厚，也具西周後期冊命賞賜的一些特點。从錫物看，此時㦸的職位必然很高，應屬于晚年所作，比上述兩組銅器要晚一個王世，字體、銘例置于恭王也都比較合適，因此彔㦸應歷事穆恭兩王。扶風白家墓不得爲穆王，至少是恭王時代入葬。（註二九）

而白川靜氏認爲是昭穆時期對淮域經營的反映。（註三〇）

按，彔伯㦰這一組的時代當如黃盛璋氏所說應屬穆共時代。除了形制、花紋、銘文的字體、賞賜物之外，還有「天子」出現的頻率以恭王時代及其以後爲最多，例如：七年趞曹鼎、史牆盤、師𩛥鼎等等。而彔作器這一組，因𤔲也是屬中晚期才有的器物，而以晚期爲多。可見這一組也不可能早到康昭時期。

（文學碩士，臺灣大學歷史系教授，廉教授同門友）

【附　註】

註　一　吳式芬，攈古錄金文，卷三之二，頁一二〇三。臺灣樂天出版社景印。

註　二　羅西章、吳鎮烽、雒忠如，陝西扶風出土西周伯㦰諸器，文物，一九七六年第六期，頁五一—六三。

註　三　朱捷元、李域錚，西安東郊三店村西漢墓，考古與文物，一九八三年第二期，頁二二—二五。

註　四　孫詒讓氏之說見郭沫若氏所著『兩周金文辭大系考釋』（下簡稱大系）頁六二—六三引。
楊樹達，積微居金文說甲文說，頁二〇，臺灣大通書局翻印。（下簡稱「金文說」）
唐蘭，西周青銅器銘文分代史徵，頁三九七。北京中華書局，一九八六年十二月第一版。（下簡稱「史徵」）

註　五　大系，頁六二—六三。

註　六　魯師實先，周代金文疏證，虢叔旅鐘，未刊。（下簡稱疏證）

註　七　金文說，頁二七四，彔白㦰段三跋。

註　八　疏證，克鐘。

註　九　疏證，虢叔旅鐘

註一〇　郭氏說見大系頁六一臤觶。

白川靜氏說見金文通釋卷二，頁一八三—一八八，遇甗。（下簡稱通釋）。

陳夢家，西周銅器斷代㈤，頁一〇七—一一一，60遇甗。（下簡稱斷代）

黃盛璋，彔伯𢦏銅器及其相關問題，考古與文物，一九八三年第五期。頁四三—四九。

註一一　黃氏說見註一〇。

註一二　白川氏說見通釋卷六，頁二九五—二九八，𢦏鼎一；黃盛璋氏說見註一〇；唐蘭氏說見史徵，頁四〇六，𢦏方鼎一；羅氏等說見註三。

註一三　羅氏等說見註二。

註一四　唐蘭氏說見史徵，頁四〇七—四〇八，𢦏方鼎二。

註一五　唐氏說見註一四；郭氏說見大系頁五五—五六，靜段；楊氏說見金文說，頁一八九—一九一，靜段跋；白川氏說見通釋卷二，頁一二三—一三一，靜段。

註一六　唐氏說見史徵，頁四〇八—四一一，𢦏簋，黃氏說見註一〇。

註一七　唐氏說見註一六；黃氏說見註一〇。

註一八　大系，頁六二—六五，彔伯𢦏段、伯𢦏段。

註一九　見註二。
註二〇　見註一〇。
註二一　籾山明，彔簋，泉屋博古館紀要，第五卷，頁三一一三。昭和63年9月。
註二二　金文通釋卷二，頁二〇九一二一二，彔伯𢦚段。
註二三　風俗通姓氏篇下，頁七四，叢書集成初篇，民國二十六年初版；萬姓統譜，新興書局翻印，頁一五二四。
註二四　大系，頁六二一六四。彔伯𢦚段。
註二五　見註二二。
註二六　容庚，商周彝器通考（上），頁四六一四七，哈佛燕京學社出版，民國三十年三月。
註二七　見註一〇。
註二八　見註二。
註二九　見註一〇。

指事析論

蔡信發

一、前言

指事、象形，孰先孰後，衆說紛陳，迭有爭論，所以自來有主張指事先於象形的，許愼、戴侗即是（註一）；反之，有持論象形早於指事的，班固、鄭衆、顧野王、陳彭年、鄭樵、張有、趙古則、吳元莆、楊垣、王應電即是（註二）；不過，若以研究文字學的立場來言，文字的形、音、義固然同是被研究的對象，唯較偏重於形，應是不可否認的事實，一如聲韻學之主聲，訓詁學之重義。職是，筆者以文字學的立場來論兩者出現的先後，基於具體先於抽象之故，而主張象形先於指事，應無不妥。

指事辨認的原則

許愼對指事字下的定義與例證是「視而可識，察而見意，𠄞、𠄟是也」（註三）。意思是說：一見某字之形，即可辨識；唯須細察才能瞭解其義，上、下二字，就是它的例子。某字既然要看後細察才能知其意義，可見該字形體的辨認就不是那麼簡單，所以筆者謹提出以下幾個對它識別的原則，藉供參稽：

指事出於臆構之像：大凡根據具體的物像將它勾勒下來，以示其義，就造字之法來說，當屬象形，而指事則反之，並無物像可勾勒，表達的是抽象意念，所以它只能憑臆構之像造字。例如做「內」解之「入」，篆文做「入」（註四），以示從上到下而向兩邊深入的意思，並不專指某一物像，而全憑臆構之像造字。正因如此，所以指事字光看其形也就不能明其究竟，而必須細察才能瞭解其顯示之義。像這類構字之法，即屬指事，此其一。

指事以虛像示其義：大凡根據客觀的實像將它描摹出來，以示其義，就造字之法來說，當屬象形，而指事則反之，並無實像可描摹，表達的是主觀意念，所以它只能用主觀的虛像來表義。例如做「姦衺」解之「厶」，篆文做「厶」（註五），以示從外向內而一切為自己打算的意思，與任何實像無關，表現的全是虛像。像這類製成之字，即屬指事，此其二。

指事未必都非名詞：指事字雖憑臆構之像製成，表現的是虛像，然而其詞性卻未必都非名詞。例如做「朽玉」解之「玊」，篆文與其同形（註六），由「王」跟「●」合成。王之構形，像三塊玉用繩子穿連的樣子，獨體象形，而「●」則是臆構的虛像，以示玉有瑕疵。該字由獨體象形之「王」與臆構的虛像「●」相合，構形應屬合體指事，而以其「朽玉」之義來區分詞性，則屬名詞，所以指事字未必都非名詞，應可確定，此其三。

指事不可帶有聲符：指事與象形、會意都屬無聲字；既屬無聲字，其形構中就不可帶有聲符；否則，跟有聲字的形聲字就渾淆不清。因此，若某字帶有聲符，就應視做形聲字。至於會意字之不可附有聲符，則更是天經地義之事，無庸贅言。如《說文》：「㫄，溥也。从二，闕，方聲。」（註七）今人江氏舉謙說：「按字从上，冂則泛象旁達四方之形。故爲指事。方聲。」且歸類爲「指事兼諧聲」（註八），則顯屬非是。因指事字帶有聲符，則屬形聲；否則，它與形聲字就無從區別，所以指事字絕對不可有聲符。再者，指事分類中列有「指事兼諧聲」，則更是說不通，因它有背「獨體爲文、合體爲事」的準則，此其四。

指事不可能再省形：象形字有具體的物像可資描摹，因此，省卻其形體的一部分，還能看出它要表示的意義。如獨體象形之「子」省做「孑」、「孓」，以像人之短缺右臂、左臂（註九）；「羊」之省做「𦍋」，以像「羊角」（註一〇），然而指事字卻不能這樣表現。因其原憑臆構的虛像造字，已不易辨識，若再省減其部分形體，勢必無從瞭解它顯示之義，所以指事字斷無省形的可能，實可做辨認的依據，此其五。

指事縱表物像也籠統：若物像、意像有時不易區別，在這樣的情形下，段玉裁說的一段話很可做爲我們的參考，即「指事之別於象形者，形謂一物，事晐衆物，專博斯分，故一舉日、月，一舉𠄞、𠄟。𠄞、𠄟所晐之物多，日、月祇一物。學者知此，可以得指事、象形之分矣。」（註一一）。試以「上」字爲例，其一長橫表界線，界線上的一短橫，可說是某事，也可說是某物；是某事，其構體當然屬指事；若指某物，由於它不專指某一特定之物，可因人而異，也就是段氏說的「專博斯分」之博，因此也屬指事而非象形。此其六。

指事類別的區分

指事的類別，據先師寧鄉魯實先先生的區分，共計有三：一、獨體指事；二、合體指事；三、變體指事。茲分別舉例說明於后，以明其梗概：

所謂獨體指事，是表現一個臆構的虛像，具有獨立的形、音、義，簡易得不能再加析分，像這類文字即是。如《說文》釋「ㄐ」義為互相糾繚，其篆文做「ㄐ」(註一二)，是以臆構的二道曲折之線互相糾纏在一起，以示其義，所以當屬獨體指事。又若據《說文》另釋ㄐ義為「瓜瓠結ㄐ起」來視其構形，則屬獨體象形。因其據瓜瓠之莖而造字。職是，二者歸類自不相同，前者屬獨體指事，後者為獨體象形。

所謂合體指事，是由一個獨體的象形字或指事字，加上一個不具獨立形、音、義的虛像而成，像這類文字即是。前者如「牟」，篆文做「牟」，隸定做「牟」，由「牛」跟「ㄙ」構成。「牛」是據該動物的形體造字，像牛頭之形，獨體象形；「ㄙ」在此只是表示從其口出的聲音，並沒有獨立的形、音、義，只是一個虛像符號罷了，然而當「ㄙ」加在「牛」上，就成了另一個新字，音ㄇㄡˊ，做「牛鳴」解(註一三)。後者如「匸」，隸定做「匸」，由「ㄴ」跟「一」構成。「ㄴ」做「匿」解，其形表示迟曲隱蔽的意思(註一四)，是個臆構的虛像，具有獨立的形、音、義，屬獨體指事；「一」在此跟數字之「一」無關，只是表示在「乚」上有所覆蓋而已，並沒有獨立的形、音、義，是個不成文的虛像，然而當「一」加在「乚」上，就成了另一個新字，音ㄒ一ˋ，做「衺徯有所夾臧」解（註一五）。像這類構形，即合體指事。

所謂變體指事，是將一個指事字予以相反、顛倒，使其音、義發生變化而成。前者如「幻」，篆文做「[illegible]」，由獨體指事之「予」顛倒而成。「予」做「推予」解（註一六）。現在將「予」顛倒，以示給了而又不給，也就是《說文》解釋「相詐惑」的意思（註一七）。後者如「[illegible]」，由合體指事之「欠」相反而成。「欠」做「張口气悟」解（註一八）。現在將「欠」相反，以示氣不得從口吐出，也就是《說文》解釋「㱃食屰气不得息」的意思（註一九）。像這類構形，即變體指事。

《說文》指事訓釋的術語

許氏解釋指事字的形構，明確標出「指事」的，只有一個「上」字，其餘付闕，且術語很不一致。茲據段注《說文》本，就諸家確認是指事字的，摘錄許氏慣用的術語，表列於后，以知其梗概：

《說文》指事釋語一覽表

釋語	例子	頁數	備註
一．指事也	二，高也。此古文丄。指事也。	一	獨體指事
二．象……也	乃，曳詞之難也。象气之出難也。	二〇五	獨體指事
	入，內也。象從上俱下也。	二二六	
	夊，行遲曳夊夊也。象人兩脛有所躧也。	二三五	先師說：夊是從厂之合體指事（見註二〇）
	凶，惡也。象地穿交陷其中也。	三三七	合體指事
三．象……形	㇄，匿也。象迟曲隱蔽形。	六四〇	獨體指事

四·象……之形	予，推予也。象相予之形。	一六一	獨體指事
	刃，刀鋻也。象刀有刃之形。	一八五	合體指事
	疒，倚也。人有疾痛也。象倚箸之形。	三五一	
	欠，張口气悟也。象气从儿上出之形。	四一四	
五·从某，象……形	𠑹，廱蔽也。从儿，象左右皆蔽形。	四一一	合體指事
六·从某，象……之形	只，語已詞也。从口，象气下引之形。	八八	合體指事
	亦，人之臂亦也。	四九八	

	从大，象网亦之形。		
七·从某，象……之形也	乎，語之餘也。从兮，象聲上越揚之形也。	二〇六	合體指事
八·从某，〇象……	牟，牛鳴也。从牛，𠃊象其聲气從口出。	五二	合體指事
	羋，羊鳴也。从羊，象气上出。與牟同意。	一四七	
九·从某，〇象……也	曰，詈也。从口，乂象口气出也。	二〇四	合體指事
	兮，語所稽也。从丂，八象气越亏也。	二〇六	
一〇·从某某	寸，十分也。……	一一三	

	从又一。		
	卒，隸人給事者爲卒。古曰染衣題識，故从衣一。	四〇一	合體指事
	毋，止之詈也。从女一。	六三三	
一一．从某从某	亐，於也。象气之舒亐。从丂从一。	二〇六	合體指事
	本，木下曰本。從木從丅。	二五一	
	末，木上曰末。從木從丄。	二五一	
一二．从反某	幻，相詐惑也。从反予。	一六二	變體指事

從上列許氏解釋指事字的這些術語來看，如「象……也」、「象……形」、「象……之形」，極易與獨體象形相渾；「从某，象……形」、「从某，象……之形」、「从某，……象……之形也」、「从某，〇象……」、「从某，〇象……也」，極易與合體象形相亂；「从某某」、「从某从某」，極易與會意相雜。總之，許氏對指事字下的釋語不很嚴謹，應無可疑。若這些釋語之「象」改爲「指」或「示」，「形」改爲「事」或「意」，就可避免上列之誤。

指事誤釋的實例

許氏在《說文》中標明某字形構爲「指事」的，只有一個「上」字（註二一），其他大都用「象某某形」或「象某某之形」來解釋。因此，很易使人將它跟象形相渾，難以區別。據筆者的蠡測，許氏之所以有此差誤，其因有三：對指事字瞭解不夠，因此，下的釋語也就含渾不清，似是而非，此其一；下的釋語不夠嚴謹，致有此弊，此不僅他對指事字有此差錯，他如象形、會意、形聲也都不免，此其二；昧於文字的類別，致使其誤下釋語，而以指事居多，尤爲顯著，所以他明言某字是指事的只有一個「上」字，此其三。茲檢許氏誤釋指事字的實例於后，以見其厓略：

誤以獨體象形爲獨體指事：「八」之構體，像人兩臂下垂外伸之形，以示手臂分別之義，是「臂」之初文（註二二），據具體實像造字，獨體象形，本義爲「手臂」，而許氏以「別也」釋其義，是誤以引伸義爲本義；以「象分別相背之形」解其形（註二三），語焉不詳，是誤以獨體象形爲獨體指事。

誤以獨體象形爲合體指事：「示」之構體，甲文做亍、亍、亍、丅，都像籌策之形，據具體實像造字，獨體象形，而許氏釋其義爲「天𠓛象，見吉凶，所㠯示人也」，是誤以假借義爲本義；解其形爲「从二，三𠓛，日、月、星也」（註二四），是誤以獨體象形爲合體指事。

誤以變體象形爲獨體指事：「夊」是「止」之倒文，當以「返行」爲本義（註二五）。止義爲「左腳掌」，於六書屬獨體象形，夊既由止顛倒而成，別示其義，則當屬變體象形，而許氏釋其義爲「從後至也」，是誤以引伸義爲本義；解其形爲「象人兩脛後有致之者」（註二六），是誤以變體象形爲獨體指事。

誤以省體象形爲獨體指事：「冂」義爲「國界」，難有定形，就據獨體象形之「口」省形構字，又「冕」之古文於《盂鼎》做「冂」，與「冂」同形，所以國界之冂又從「口」做「冋」，以免二文形體相渾（註二七），而許氏釋冂之形義爲「邑外謂之郊，郊外謂之野，野外謂之林，林外謂之冂。象遠界也」（註二八），是誤以省體象形爲獨體指事。

誤以省體象形爲變體指事：《說文》釋「厂」爲「抴也。明也。象抴引之形」（註二九）。又釋「乀」爲「流也。从反厂。讀若移」（註三〇）。厂據虛像構形，於六書厂屬獨體指事，許氏解乀爲「从反厂」，則乀當屬變體指事，然先師寧鄉魯實先先生說：乀與《說文》做「小流」解之「く」都是「水」之省體象形，只是く像水之附地平流，乀則像水由上滴下（註三一）。師說是。據此，則乀之與厂原不相干，而許氏解乀爲「从反厂」，應是誤以省體象形爲變體指事。

誤以獨體指事爲獨體象形：做「推予」解的「予」，許氏解其形爲「象相予之形」（註三二）。所謂「相予」，即相給的意思，並無實像可狀，全據虛像造字，屬獨體指事，所以實不宜用「象相予之形」解之。若改以「示相予之意」，則較明顯而不致跟象形的解釋相雜，然而許氏卻解以「象相予之形」，是誤以獨體指事爲獨體象形。

誤以合體指事爲合體象形：「欠」之構形，由獨體象形之「儿」與虛像之「彡」構成。彡置於儿上成「欠」，以示「張口气悟」之義，就六書來說，屬合體指事，而許氏解其構體爲「象气从儿上出之形」（註三三），是誤以合體指事爲合體象形。

誤以合體指事爲異文會意：許氏說解指事形構，常欠周延，致其解釋合體指事很易誤爲會意。如做「十分」解的「寸」，許氏說其構形「从又一」（註三四）。案「又」之構形，像人之右手，獨體象形；「一」只是表示寸口的部位，並非實像，且與計數的「一」字無關。復案許氏說解會意字，每以「从某某」說之，所以據此而論，其解寸爲「从又一」，應是誤以合體指事爲異文會意。

誤以一字的異體爲變體指事：《說文》釋「丂」義爲「气欲舒出勹上礙於一也」（註三五），不解其形，段注說：「此釋字義而字形已見，故不別言形也。」據此，丂據虛像構字，於六書屬獨體指事。又《說文》在丂部末載錄「𠀀」，釋做「反丂也。讀若呵」（註三六），看做是變體指事，而殊不知𠀀是丂之左右反寫，音義未嘗變更，「讀若呵」，是漢人的俗說，不可信，又最重要的是不見有據𠀀構形或諧聲的，則丂、𠀀只是一字的左右反寫而已，當是一字的異體，而許氏列𠀀於丂部之末，分爲二字，顯然是誤以一字的異體爲變體指事。

誤以妄羼之文爲獨體指事與變體指事：《說文》釋「丿」爲「又戾也。象左引之形」（註三七）。又釋「乀」爲「𠂇戾也。从反丿」（註三八）。所謂「又戾也」，是從右彎到左的意思；「𠂇戾也」，是從左彎到右的意思。據許說，丿屬獨體指事，則乀屬變體指事；唯二文孰先孰後，殊難判定，而許氏以乀是丿之反體，未免失之主觀，不足據。再者，先師寧鄉魯實先先生說：由於《說文》誤釋「乂」、「弗」從丿、乀構形，因此就另出丿、乀二文（註三九）。師說是，據此，則丿、乀二文，出自妄羼，應不成立。

結語

指事一如象形，同是國字基本的造字之法，務須辨明，方能奠定研習文字學的基礎；否則，勢必根淺條弱，難以振枝茂葉，更遑論其花果之開結，所以特論列其辨認的原則、類別的區分、訓釋的用語、誤釋的實例，以呈一己之愚見，就教於博雅君子。

（文學博士、現任中央大學文學院長、廉教授同門友）

【附註】

註一　許說見〈說文解字敘〉、戴說見《六書故》。

註二　鄭說見《周禮註》、班說見《漢書・藝文志》、顧說見《玉篇》、陳說見《廣韻》、鄭說見《通志・六書略》、張說見《復古編》、趙說見《六書本義》、吳說見《六書正義》、楊說見《六書溯源》、王說見《同文備考》。

註三　見圈點段註《說文解字》、卷一五、篇上、頁七六二。臺北南嶽出版社。下同。

註四　見同前、篇五、下、頁二三六。

註五　見同前、篇九、上、頁四四一。

註六　見同前、篇一、上、頁一一。

註七　見同前、篇一、上、頁二。

註八　見《說文解字綜合研究》、頁三七四。臺中人文出版社。

註九　分見同註三、篇一四、下、頁七五〇、七五一。

註一〇　見同註三、篇四、上、頁一四六。

註一一　見同註三。

註一二　見同註三、篇三、上、頁八九。

註一三　見同前、篇二、上、頁五二。

註一四　見同前、篇一三、下、頁六四〇。

註一五　見同前、頁六四一。

註一六　見同前、篇四、下、頁一六一。

註一七　見同前、頁一六二。

註一八　見同前、篇八、下、頁四一四。

註一九　見同前、頁四一九。

註二〇　見《文字析義》、頁一〇八六。魯實先全集編輯委員會印行。下同。

註二一　見同註三、篇一、上、頁一。

註二二　說本先師寧鄉魯實先先生之說。見同註二〇、頁一五。

註二三　見同前、篇二、上、頁四九。

註二四　見同前、篇一、上、頁二。

註二五　說本先師寧鄉魯實先先生之說。見同註二〇、頁五一九、八一七。

註二六　見同註三、篇五、下、頁二三九。

註二七　說本先師寧鄉魯實先先生之說。見同註二〇、頁四二三。

註二八　見同註三、篇五、下、頁二三〇。

註二九　見同前、篇一二、下、頁六三三。

註三〇　見同前。

註三一　見同註二〇、頁四二四。

註三二　見同註三、篇四、下、頁一六二。

註三三　見同前、篇八、下、頁四一四至四一五。

註三四　見同前、篇三、下、頁一一二。

註三五　見同前、篇五、上、頁二〇五。

註三六　見同前。

註三七　見同註三、篇一二、下、頁六三三。

註三八　見同前。

註三九　見同註二〇、頁一〇四五。

漢字演化規律中的盲點之一

——一型多文

許錟輝

一、前言

漢字從商代的甲骨文、商周的金文、秦代的小篆、隸書，而至今日普遍使用的楷書，其間字體經過長期的演化，已有很大的改變。這些改變雖然複雜，仍然有其規律可循。關於漢字演化的規律，文字學家已有許多專文討論。但是，在這些規律中仍然有些比較混亂的部分，我把它稱之爲盲點。這些盲點有多種型態，本文所要提出來討論的，是其中的一種，那就是一型多文。

所謂「一型多文」，是指本來是各種不同的文字、或是各種不同文字結構中的一部分部件，這些部件有的是表義的形符，有的是表音的聲符。演化到今日的楷體，這些部件都已歸併成同一個形體。從這一個形體上，已無法辨認它究竟是甚麼結構？這也就形成在識字上的一個困難，這就是所謂的盲點。

二、一型多文例釋

一型多文的例子，不勝枚舉，文僅舉四組例子，參照《說文解字》的釋形、釋義的資料，闡述如下：

(一)楷書字型——十

字形來源

1. 十

字例

(1)十《說文》：「十、數之具也。一爲東西，丨爲南北，則四方中央備矣。」（十部）

(2)千《說文》：「千、十百也。从十人聲。」（十部）

(3)博《說文》：「博、大通也。从十尃。尃、布也，亦聲。」（十部）

按：以上諸例，由篆文至楷體，依然明確可辨。

2. 个

字例

(1)支《說文》：「支、去竹之枝也。从手持半竹。」（支部）

按：《說文》：「箇、竹枚也。从竹固聲。个、箇或作个，半竹也。」（竹部）是支字上體當从个，《說文》云：「持半竹」，實即从个。

又按：此例篆文从个，楷體已演化爲「十」，無法辨認。

3.屮

字例

⑴卉《說文》：「卉、艸之總名也。从艸屮。」（艸部）

⑵疌《說文》：「疌、疾也。从又，又、手也；从止，屮聲」（止部）

⑶妻《說文》：「妻、婦與己齊者也。从女从屮又。又、持事妻職也。」（女部）

按：以上諸例，篆文从屮，楷體已演化爲「十」，無法辨認。

4.甲

字例

⑴早《說文》：「早、晨也。从日在甲上。」（日部）

按：此例篆文从甲，楷體已演化爲「十」，無法辨認。

5.才

字例

⑴𢦏《說文》：「𢦏、傷也。从戈才聲。」（戈部）

⑵哉《說文》：「哉、言之閒也。从口𢦏聲。」（口部）

按：以上諸例，篆文从才，楷體已演化爲「十」，無法辨認。

6. 𠂇

字例

⑴卑《說文》：「卑、賤也。執事者。从𠂇甲。」（𠂇部）

按：此例篆文从𠂇，楷體已演化爲「十」，無法辨認。

7. 來源不明

字例

⑴干《說文》：「干、犯也。从一从反入。」（干部）

按：篆文「一」與「反入」併合，演化爲楷體之「十」，無法辨認。

⑵土《說文》：「土、地之吐生萬物者也。二、象地之上、地之中；丨、物出形也。」（土部）

按：篆文「二」與「丨」拼合，演化爲楷體之「十」，無法辨認。

⑶卒《說文》：「卒、隸人給事者爲卒。古以染衣題識，故从衣一。」（衣部）

按：篆文「衣」與「一」拼合，演化爲楷體之「十」，無法辨認。

㈡楷書字型——𠂇

字形來源

1. ナ

字例

(1)左《說文》：「左、ナ手相左也。从ナ工。」（左部）

按：此例由篆文至楷體，明確可辨。

2. 又

字例

(1)厷《說文》：「厷、臂上也。从又从古文厷。」（又部）

(2)右《說文》：「右、助也。从又口。」（又部）

(3)灰《說文》：「灰、死火餘㶳也。从火又。」（火部）

按：以上諸例，篆文从又，楷體已演化爲「ナ」，無法辨認。

3. 父

字例

(1)布《說文》：「布、枲織也。从巾父聲。」（巾部）

按：此例篆文从父，楷體已演化爲「ナ」，無法辨認。

4. 甲

字例

(1)戎《說文》：「戎、兵也。从戈甲。」（戈部）

按：此例篆文从甲，楷體已演化爲「ナ」，無法辨認。

5.來源不明

字例

(1)丈《說文》：「丈、十尺也。从又持十。」（十部）

按：篆文「十」與「又」併合，演化爲楷體之「ナ」，無法辨認。

(三)楷書字型—勹

字體來源

1.勹

字例

(1)勹《說文》：「勹、裹也。象人曲形有所包裹。」（勹部）

(2)匀《說文》：「匀、少也。从勹二。」（勹部）

(3)包《說文》：「包、妊也。象人裹妊，巳在中，象子未成形也。」（包部）

按：以上諸例，由篆文至楷體，依然明確可辨。

2.包

字例

(1)甸《說文》：「甸、天子五百里內田。从田包省。」（田部）

按：大徐本作从田包省，小徐本作从田包省聲，段注本作从勹田，今從大徐本。

(2)匋《說文》：「匋、作瓦器也。从缶包省聲。」（缶部）

按：以上諸例，篆文从包，楷體演化爲「勹」，形體略近，仍可辨認。

3.人

字例

(1)匃《說文》：「匃、气也。亡人爲匃。」（亡部）

按：此例篆文从人，楷體演化爲「勹」，無法辨認。

4.勻

字例

(1)訇《說文》：「訇、駭言聲。从言勻省聲。」（言部）

按：此例篆文从勻，楷體演化爲「勹」，形體略近，仍可辨認。

5.丩

字例

(1)句《說文》：「句、曲也。从口丩聲。」（句部）

按：此例篆文从丩，楷體演化爲「勹」，無法辨認。

6.回

字例

(1)𠬛《說文》：「𠬛，入水有所取也。从又在回下，回、古文回。回、淵水也。」（又部）

按：此例篆文从回，楷體演化爲「ク」，無法辨認。

7.來源不明

字例

(1)勺《說文》：「勺、枓也。所以挹取也。象形。中有實，與包同意。」（勺部）

按：篆文勺字象枓中有實之形，「ク」則象枓之形，不成文。演化爲楷體之「ク」，已無法辨認。

(四)楷書字型─大

字體來源

1.大

字例

(1)大《說文》：「大、天大地大人亦大焉。象人形。古文亣也。」（大部）

(2)夫《說文》：「夫、丈夫也。从　一。一以象旡。」（夫部）

(3)天《說文》：「天、顚也。至高無上。从一大。」（一部）

按：以上諸例，由篆文至楷體，依然明確可辨。

2.夭

字例

(1)奔《說文》：「奔、走也。从夭卉聲。與走同意，俱从夭。」（夭部）

按：此例篆文从夭，楷體演化爲「大」，無法辨認。

3.丌

字例

(1)奠《說文》：「奠、置祭也。从酋，酋、酒也。丌其下也。禮有奠祭。」（丌部）

按：此例篆文从丌，楷體演化爲「大」，無法辨認。

4.艸

字例

(1)莫《說文》：「莫、日日冥也。从日在茻中，茻亦聲。」（茻部）

按：此例篆文从茻，茻字下體所从之艸，楷體演化爲「大」，無法辨認。

5.廾

字例

(1)爨《說文》：「爨、齊謂炊爨。𦥑象持甑，冂爲竈口，廾推林內火。」（爨部）

按：此例篆文从廾，楷體演化爲「大」，無法辨認。

6. 𠬜

字例

(1)樊《說文》：「樊，鷙不行也。从𠬜，棥，棥亦聲。」（　部）

按：此例篆文从𠬜，楷體演化爲「大」，無法辨認。

7. 來源不明

字例

(1)犬《說文》：「犬，狗之有縣蹏者也。象形。」（犬部）

按：篆文犬字象犬之形，演化爲楷體之「大」，無法辨認。

(2)矢《說文》：「矢，弓弩矢也。从入，象鏑栝羽之形。」（矢部）

按：篆文矢字象形，下體乃象矢幹及栝羽之形，不成文。演化爲楷體之「大」，無法辨認。

(3)奧《說文》：「奧，宛也。室之西南隅。从宀𢍜聲。」（宀部）

按：篆文从𢍜，下體所从之「廾」，演化爲楷體之「大」，無法辨認。

三、結語

許慎撰《說文》，據篆文而說明文字的形體結構，雖然其說不免有錯誤之處，但大致可信。楷書經過長期的演化，形體結構很多已無法辨認，一型多文是由各種不同的初文，歸併爲一個形體，更是複雜難辨，這是今日在漢字識字教學上的一個難題，本文僅提出此類文字演化的現象。如何克服這個困難？有待文字學家進一步的努力。

一九九六、二、一，廉永英教授榮退，謹以此短文誌慶

（文學博士、現任東吳大學中文系教授、廉教授同門友）

敦煌寫本《千字文》研究

宋新民

一、前言

教育爲立國之本，童蒙教育尤其重要，其對個人知識的培育與人格的形成，具有極大的影響。我國自古即重視孩童的啓蒙教育，漢朝即有「蒙學」，一般稱之爲「書館」或「書學」。其教師稱爲「書師」，教材則稱爲「蒙書」。

教育的基礎在語文，而語文教育首重識字，我國古代的蒙書即是從字書發軔，如周代《史籀篇》，秦《蒼頡篇》、《爰歷篇》、《博學篇》，漢魏六朝蒙學字書的編纂更多，《漢書·藝文志》「小學類」著錄即有十家四十五篇，其中有司馬相如《凡將篇》、史游《急就篇》、李長《元尚篇》、揚雄《訓纂篇》等。而《隋書·經籍志》所著錄的尚有賈魴《滂喜篇》、張揖《埤蒼》、班固《太甲篇》、《在昔篇》、蔡邕《勸學》、《聖皇篇》、《黃初篇》、《女史篇》，崔瑗《飛龍篇》，朱育《幼學》、樊恭《廣蒼》、陸機《吳章》、周興嗣《千字文》、束晳《發蒙記》、顧愷之《啓蒙記》，以及《雜字指》、《俗語難字》、《雜字要》等，但多亡佚不存，目前尚完整保存的僅有《急就章》與《千字文》二書而已。

《千字文》一書，自梁武帝時成書後，即流行於各朝代，並遠及海外日、韓等國，成為主要的識字教材。

在敦煌石室所保存種類繁多的遺書中，這部由梁散騎侍郎周興嗣次韻的蒙書，竟然多達四十四個寫卷。可見在隋、唐、五代時，這部書不僅在中原地區廣為流行，甚至遠在四陲地帶的敦煌，亦普遍被採用為童蒙教材。

余有志於兒童語文教育研究，對敦煌文獻中的識字類蒙書多所留意，曾嘗試透過敦煌遺書中的《千字文》、《開蒙要訓》等，以探討敦煌識字類蒙書在中國傳統蒙書發展中的地位。

二、《千字文》成書述略

《千字文》一書的作者，眾說紛紜，據《梁書、文學傳》及《蕭子範傳》記載，主要有「周興嗣次韻，王羲之書」及「蕭子範製《千字文》」兩種說法。另外有鍾繇撰《千字文》之說法，主要根據敦煌本《雜鈔》中記述的「《千字文》鍾繇撰，李暹注，周興嗣次韻」，但李暹序文中述「周興嗣將魏大夫鍾繇《千字文》依韻次第，晉代魏後，武帝在路（潞）州城，繇以千字文呈進，帝愛不釋手。」按：晉武帝在西元二六五年即位，而鍾繇死於二三〇年，不可能在死後呈進《千字文》，因知鍾繇撰《千字文》之說當不可信。

《舊唐書、經籍志》記載：

《千字文》一卷，蕭子範撰。又一卷，周興嗣撰。（卷四六）

清、顧炎武在《日知錄》中記敘：

「《千字文》元有二本，《梁書、周興嗣傳》曰：『高祖以三橋舊宅爲光宅寺，敕興嗣與陸倕製碑。及成，俱奏，高祖用周興嗣所製者。自是銅表銘，栅塘碣、北伐檄、次韻王羲之書千字，並使興嗣爲之。』《蕭子範傳》曰：『子範除大司馬南平王户曹屬從事中郎，使製《千字文》，其辭甚美，命記室蔡薳注釋之。』《舊唐書、經籍志》曰：『《千字文》一卷，蕭子範撰。又一卷，周興嗣撰。』是興嗣所次者一《千字文》，而子範所製者，又一《千字文》也。」（卷二一，千字文條）

梁書文學傳：「周興嗣，字思纂，陳郡項人也。」爲高祖員外散騎侍郎，以文學知名，進直文德壽光省，其成千字文的經過如下：

張萱《疑耀》：

《千字文》劉公嘉話曰：梁武帝教諸王書，令殷鐵石於王右軍書中搨一千字不重者，每字一片紙，雜碎無序，武帝謂周興嗣曰：『卿有才思，爲我韻之。』興嗣一夕編次進上，鬢髮皆白。

張彥遠《法書要錄》：

唐武平一徐氏法書記曰：『梁大同中，武帝敕周興嗣撰千字文，使殷鐵石模次羲之之跡以賜八王。』

李綽《尚書故實》：

千字文，梁周興嗣編次。而有王右軍書者，人皆不曉，其始，乃武帝教諸王書，令殷鐵石于王書中搨一千字不重者，每字片紙，雜碎無序。武帝召興嗣，謂曰：『卿有才思，爲我韻之。』興嗣一夕編綴進上，鬢髮皆白，而賞賜甚厚。

可見千字文，本係「雜碎無序」的兒童認字之課本，經過嗣興的奉旨撰編，才形成有句讀、有意義的韻文，自然有利於童蒙誦習了。

《千字文》全書共一千字，採四字一句，兩句一韻。其內容包括天文，地理，人倫關係，人君德政，歷史事實，德教修養，器物名稱等，不僅可作爲兒童識字教材，也是很好的通識教材。以其文人多知之，僅舉例以明概要：

1.天地玄黃；2.宇宙洪流；3.日月盈昃；4.辰宿列張；5.寒來暑往；6.秋收冬藏；7.閏餘成歲；8.律呂調陽；9.雲騰致雨；10.露結爲霜。

在兩組十句之中，不但教兒童認識了四十字，也介紹了天文、四時、氣象等知識，達成了文字教育與生活知識結合的效應，殊爲難得，故流行千餘年而莫之能廢。以後的書家，寫之以眞草隸篆四體稱爲四體千字文，更是書法範本了。

三、寫本敘錄

在目前所知見的敦煌寫本《千字文》中，可確定書寫年代的僅有兩個卷子，一爲伯三五六一號，題記有：「貞觀十五年（西元六四一年）七月臨出此本蔣善進記」；另一卷則是伯三一一一號，題記有：「乾寧三年（西元八九六年）歲丙辰二月十九日學士郎氾賢信記之也」。其年代前後相距二百餘年。

《敦煌遺書總目所引》著錄有：伯二〇五九號、二四五七號、二六六七號、二七五九號、二七七一號、二八八八號、三〇六二號、三一〇八號、三一一四號、三一七〇號、三二一一號、三四一六號、三四一九號、三五六一號、三六一四、三六二六號、三六五八號、三七四三號、三九七三號、四七〇二號、四八〇九號、四九三七號、斯三二八七號、三八三五號、四五〇四號、四九四九號、五四五四號、五四七一號、五五九二號、五七一一號、五八一四號、五八二九號、六一七三號及散二四〇號、五四九號等三十五個卷子，但經筆者仔細檢視，發現另有伯二七六九號、三一六八號、三三九一號、四〇六六號、五五四六號、斯四七四七號、四九〇一號、五六五七號及北京圖書館藏北七二五八號等九個卷子，總計四十四個卷子，其中除李木齋鑒藏的散二四〇號、五四九號兩卷未得見外，茲將前列四十二卷分別敘錄如下：

㈠法國巴黎國家圖書館藏

1.伯二〇五九號：

卷子本，正背皆書。

正面：三階佛法卷第三。

背面：《千字文》，首存尾缺，計存七行，行約九至十四字不等。

首題：「千字文敕員外散騎侍郎周興嗣次韻」。

起：「天地玄黃，宇宙洪荒」。

訖：「菜重界（芥）壃（薑）海鹹（鹹）河淡，鱗」。

2.伯二四五七號：

卷子本，正背皆書。

正面：閱紫錄儀三年一說。

尾題：「開元廿三年太歲乙亥九月丙辰朔十七日丁巳於河南府大弘道觀敕隨駕修祈禳保護功德院，奉爲開元神武皇帝寫一切經，用斯福力，保國寧民。經生許子顒寫。修功德院法師蔡茂宗初校，京景龍觀上座李崇一再校，使京景龍觀大德丁政觀三校。」

背面：《千字文》，首存尾缺，計存六行，行約十或十一字不等。

首題：「千字文敕員外散騎侍郎周興嗣次韻」。

起：「天地玄黃，宇宙洪荒」。

訖：「金生麗水，玉出崑崗」。

3.伯二六六七號：

卷子本，正背皆書。

正面：殘算書，存第六至第九，其中第七有標題曰「營造部」。

背面：雜錄《千字文》數行，狀數通。

《千字文》，首存尾缺，計存九行，行約十二至二十二字不等。第六至第九行上端殘缺。

首題：「千字文敕員外散騎侍郎周興嗣次韻」。

起：「天地玄黃，宇宙洪荒」。

訖：「豈敢毀傷，女慕貞絜，男」。

3.伯二七五九號：

卷子本，正背皆書。

正面：殘道經一段。

背面：《千字文》，首尾俱存，有四部分，計五十一行，行約十六至十九字不等。前三部分，字跡工整，有絲欄。

第一部分：

起「捕獲叛亡」。

訖：「謂語助者，焉哉乎也。」

第二部分：

首題「千文一卷，敕員外散騎侍郎周興嗣次韻」。

起「天地玄黃，宇宙洪荒。」

訖「推位讓國，弔民伐罪」。

第三部分：

首題「千字文敕員外散騎侍郎周興嗣次韻」。

起「天地玄黃，宇宙洪荒」。

訖「綺迴漢惠，悅（說）感武丁」。

第四部分：字跡潦草。

首題「千字文散騎侍郎周興嗣次韻」。

起「天地玄黃，宇宙洪荒」。

訖「金生麗水，玉」。

卷尾雜寫「千字文敕員外侍郎興嗣次韻」三段數行。

5. 伯二七六九號：

正背皆書。

正面：設齋文一件。

背面：《千字文》，僅存二行，行約二十二字，字跡拙劣潦草。

首題：「千字文敕員外散騎侍郎周興嗣千字文敕員外散騎侍郎周興嗣次韻」。

起「天地玄黃，宇宙洪荒」。

訖「辰宿列張」。

卷前信筆塗寫「應管行人渠人帖」等文字。

6. 伯二八八八號：

卷子本，首尾俱缺，計存三十八行，行約十六至十九字不等。第一行至第七行，及第二十九行至第三十八行，下半截殘缺。

起「安定，篤初誠美」。

訖「布射遼丸，嵇琴阮」。

卷背有「千文一本」，「千字文敕員外散騎」正反二行文字。

7. 伯三〇六二號：

冊子本，首尾俱缺，存九葉，每半葉六或七行，計存一〇七行，行約八至十一字不等。第一至第十五行，第九十五、九十六、九十八行、及第一〇四行至第一〇七行均有部分殘缺，有絲欄。

起「往，秋收冬藏，閏餘成歲」。

訖「愚朦（蒙）等誚，謂語助」。

8. 伯三一〇八號：

卷子本，正背皆書。

正面：《千字文》一卷，首尾完整，共四十六行，行約二十至二十四字不等，有絲欄。

首題「千字文敕員外散騎侍郎周興嗣次韻」。

起「天地玄黃，宇宙洪荒」。

訖「謂語助者，焉哉呼（乎）也」。

尾題「千字文一卷」。

背面：錄有「埋斑首大師後達禪宮和尚施食記事」，「文書趙勝佳押衙申」及《千字文》數行。《千字文》，首存尾缺，計五行，行約十二至二十二字不等。

首題「千字文敕員外散口侍郎周興嗣次韻」。

起「天地玄黃，宇宙洪荒」。

訖「龍師火帝，鳥官人皇」。

9. 伯三一一四號：

似兒童習字，僅十九行，自右至左橫寫「千字文敕員外散騎侍郎」，每字三行，直行書寫，除每行行首字略大外，每行約十四至廿三字不等。

10.伯三一六八號：

卷子本，正背皆書。

正面：《女人百歲篇》。

背面：《千字文》，首存尾缺，存四行，行約十九至廿三字不等，似兒童習字。

起「天地玄黃，宇宙洪荒」。

訖「珠稱夜光，果珍李奈」。

11.伯三一七〇號：

卷子本，首缺尾存，計存三十四行，行約十七至二十字不等，第一行中有殘缺，有絲欄。

起「靜情……神疲……雅操」。

訖「謂語助者，焉哉乎也」。

尾題「千字文一卷歲三月十九日顯德寺學士郎張成子書記也」。

12.伯三二一一號：

卷子本，正背皆書。

正面：《王梵志詩》。

背面：《千字文》，首缺尾存，計存四十六行，行約十二、三字。

起「飛驚，圖寫……傍啓」。

訖「謂語助者，焉哉乎也」。

尾題「千字文一卷，千字文一卷，乾寧三年歲丙辰二月十九日文子（學）士郎氾賢信記之也」。

案：「乾寧」係唐昭宗年號，其元年歲次甲寅，爲西元八九四年，乾寧三年西元八九六年。

13. 伯三三九一號：

卷子本，正背皆書。

正面：字書（似爲諸難雜字，按韻排列）

背面：錄有《千字文》、《結壇散食咒》、《開元寺法會社司轉帖》。

《千字文》，首存尾缺，存五行，行約六至十字不等，卷下半截殘缺。

首題「千字文千字文□次韻」。

起「天地玄黃」。

訖「金生麗水，玉出崑崗」。

14. 伯三四一六號：

卷子本，首尾俱存，計五十二行，行約十八至二十二字不等。第一至第十九行下半截，及第二十一至第二十三行中，第三十二、三十三行末有殘缺，有絲欄。

首題「千字文一卷千字文敕員外散騎侍郎周興嗣次韻」。

起「天地玄黃」。

訖「謂語助者，焉哉乎也」。

卷尾《孝經》一卷，有鄭玄序白文。

15.伯三四一九號：

卷子本，首尾俱缺，計存四十七行，行約五至十三行不等，卷子下半截殘缺，第一至第三十八行，行左有藏文對照。

起「而登益詠，樂殊」。

訖「東帶矜庄（莊），俳佪瞻」。

卷尾有藏文數段。

16.伯三五六一號：

卷子本，首缺尾存，計存三十四行，每行十字，草書楷書間行對照，書法頗佳。

起「帷房，紈扇員（圓）潔」。

訖「謂語助者，焉哉乎也」。

尾題「貞觀十五年七月臨出此本蔣善進記」。

文末與尾題間空白處有「上元二年十二月十三日」，「上元二年十二月十五記莨乾」，「正月出此本」等文字，書法拙劣。

案：「貞觀」係唐太宗年號，其元年爲西元六二七年，貞觀十五年即西元六四一年。「上元」係唐高宗年號，其元年爲西元六七四年，上元二年即西元六七五年。

17.伯三六一四號：

卷子本，首存尾缺，計存四十六行，行約十六至十九字不等，第四十六行上半行殘缺。

首題「千字文敕員外散騎侍郎周興嗣次韻」。

起「天地玄黃，宇宙洪荒」。

訖「梧桐早彫（凋），陳根委翳」。

18.伯三六二六號：

冊子本，首存尾缺，存十葉，每半葉五或六行，計存一〇五行，行約七至十字不等，有絲欄。

首題「千字文敕員外散騎侍郎周興嗣次韻」。

起「天地玄黃，宇宙洪荒」。

訖「老小（少）異粮（糧），妾御績紡，侍巾」。

19.伯三六五八號：（與伯四七〇二號綴合）

首尾俱缺，僅存七行，每行十字，第一行上半部殘缺，篆書楷書間行對照。

起「匡言，濟弱扶傾」。

訖「馳譽丹青，九州」。

卷末雜寫「千字文敕員外散騎侍郎周興嗣次韻，天地玄黃，宇宙洪荒，日月盈口（昃），辰宿列張，寒來暑往，秋收冬藏，潤餘成歲，律呂調陽，雲騰致雨」。

案：此本與伯四七〇二號字體、筆跡、格式相同，爲同一寫本，應綴合。

20.伯三七四三號：

卷子本，首缺尾存，計存二十五行，行約十五至十七字不等。

起「宗恆岱，禪主云亭」。

訖「謂語助者，焉哉乎也」。

尾題「千文一卷」。

21.伯三九七三號：

卷子本，首尾俱缺，存六十六行。

前有「叔姪、兄弟分產書範」，後爲『千字文注文』。

起：「推位讓國，有虞陶唐」下有雙行注文。

訖「福祿善慶」。

22.伯四〇六六號：

卷子本，正背皆書。

正面：殘道經。

背面：《千字文》，首尾俱存，計存二十二行，行約七至十八字不等，第一至第四行，第六、七行，第十九行至第二十二行上端殘缺。

首題「敕員外散侍郎周興嗣次韻」。

起「天地玄黃」。

訖「謂語助者，焉哉乎也」。

案：本卷疑綴合時有誤將「敕員外散騎郎……菜重芥薑」錯置於「解組誰逼……焉哉乎也」之後。

23 伯四七〇二號：（與伯三六五八號綴合）

首尾俱缺，存五行，行十字，第一行末殘缺，篆書楷書間行對照。

起「承明，既集墳典」。

訖「世祿侈富，車駕肥輕」。

案：此本與伯三六五八號，字體、筆跡、格式相同，爲同一寫本，應綴合。

24. 伯四八〇九號：

冊子本，首尾俱缺，計存五葉，每半葉五至八行，行約三至五字不等。

起「惡積，福祿善慶」。

訖「浮渭據涇，宮殿盤」。

25. 伯四九三七號：

卷子本，正背皆書。

正面：《千字文》，首存尾缺，計存三十一行，行約二十至二十四字不等，各行首字殘缺。

首題「千字文□外散騎侍郎周興嗣次韻」。

起「天地玄黃，宇宙洪荒」。

訖「我藝黍稷，□（稅）熟貢新」。

案：首行「千字文」三字上有《開蒙要訓》中文字「暮（幕）懸垂，氍毹毾㲪，盂闐須彌」。

背面：《百行章》第六十七章至七十七章，共三十三行。

26.伯五五四六號：

卷子本，正背皆書。

正面：《武王家教》。

背面：社司轉帖及《千字文》。

《千字文》，首存尾缺，計存十行，行約五至八字不等，卷下半截殘缺。

首題「字文敕員外」。

起「天地玄黃」。

訖「首，□（垂）共（拱）平章」。

㈡英國倫敦不列顛圖書館藏

1.斯二二八七號：

卷子本，首缺尾存，計存四十一行，行十四至十八字不等。第三十七至第三十九行上端有殘缺。

起「慈隱惻，造次弗離」。

訖「謂語助者，焉哉乎也」。

尾題「千字文一卷」。

卷末附五言詩一首，王羲之顧書論，十五願禮佛，甲子五行歌訣。早出種，樂入山，樂住山，李涉法師勸善文等。

2. 斯三八三五號：

卷子本，首尾俱存，計四十九行，行約十八至二十五字不等，第一至第三行有殘缺，有絲欄。

首題「千字文敕員外散騎侍郎周□□次韻」。

起「天地玄黃」。

訖「謂語助者，焉哉乎也」。

尾題「千字文一卷」。

卷末附百鳥名。

3. 斯四五〇四號：

卷子本，首存尾缺，計存十五行，行約十七至二十字不等。

首題「千字文一養（卷）千字文敕員外散騎侍郎周興嗣次顒」。

起「天地玄黃，宇宙洪荒」。

訖「臨深履薄，夙興溫清」。

卷前有佛經戒律，十願歌，五臺山聖境讚，寺名，鄉名，僧名錄，行人轉帖，上從兜降人間詩一首，乙未年押衙龍弘子借閻全子生絹契，乙未年靈圖寺僧善友借閻全子生絹契，卷末爲頌僧文。

4. 斯四七七四號：

卷子本，正背皆書。

正面：新菩薩經一卷。

背面：《千字文》，首存尾缺，存二行，行十四字及二十一字，自左向右直行書寫。

首題「千字文敕員外散騎侍郎周興次嗣韻」。

起「天地玄黃」。

訖「寒來暑往」。

5. 斯四九〇一號：

卷子本，正背皆書。

正面：《韓朋賦》。

背面：《千字文》，僅存「千字文敕員外散騎侍郎興」，「千字文敕員外散騎侍郎」兩行，中間雜有《新集嚴父教》四行，《太公家教》八行。

6. 斯四九四八號：
卷子本，首尾俱缺，計存三十八行，行約十四至十六字不等。
起「驚，圖寫禽獸」。
訖「徘佪瞻眺，孤陋」。
卷前有佛經。

7. 斯五四五四號：
冊子本，首尾俱存，計九葉，每半葉六至九行，行約九至十四字不等。
首題「千字文千字文敕員外散騎侍郎周興嗣次韻」。
起「天地玄黃，宇宙洪荒」。
訖「爲語助者，焉哉乎也」。

8. 斯五四七一號：
冊子本，首尾俱缺，存十六葉半，每半葉六至十行，計二八九行，行約十一至十六字不等，第二〇四、二一六行，第二五四至二五九行，第二六八至二七八行，第二八三至二八八行上端有殘缺。注本，本文各句下有雙行小字注文。
起「爲夜光之寶也。菓珍李柰」。
訖「墨悲絲染，墨子者，梁惠王時人也，……道之士與莊周……道家……俗」。

9.斯五五九二號：

冊子本，首尾俱缺，存五葉，每半葉五至七行，計六十一行，行約九至十二字不等。

起「切磨箴規，仁慈隱測（惻）」。

訖「矩步引領，俯仰」。

10.斯五六五七號：

正背皆書。

正面：四威儀臥輪禪師偈。

背面：《千字文》，首尾俱缺，存十四行，第一至三行上端殘缺。「霜，金生麗水，玉出崑」一字一或二行，似兒童習字。

11.斯五七一一號：

卷子本，首存尾缺，計存十八行，行約十八至二十二字不等。

首題「千字文一卷雜卷千字文敕員外散奇（騎）侍郎周興嗣自」。

起「天地玄黃」。

訖「榮葉（業）所基，藕（藉）甚無竟」。

12.斯五八一四號：

卷子本，首存尾缺，計存十一行，行約十或十四字不等。

首題「千字文一卷千子文敕員外散騎侍郎周興嗣次韻」。

起「天地玄黃」。

訖「坐朝問口（道），誰（垂）共（拱）平章，愛」。

13. 斯五八二九號：

首尾俱缺，僅存五行，行約九至十六字不等。

起「寒來暑往，秋收冬藏」。

訖「始制文字，乃服衣裳，推」。

14. 斯六一七三號：

正背皆書。

正面：《太公家教》。

背面：《千字文》，「長，化被草木，賴及萬方，蓋此身髮，四大五常，恭惟鞠養，豈敢毀傷，女慕貞絜，男效才良，知過必改，得能莫忘，罔談彼短，靡恃已場（長），信」一字一行，似兒童習字，字跡模糊不清。

㈢北平圖書館藏

北七二五八號：

卷子本，正背皆書。

背面：《千字文》，首存尾缺，計存五行，行約九至十六字不等。字跡拙劣，似兒童習字。

首題「千字文敕員外散騎侍郎周興嗣次韻」。

起「天地玄黃，宇宙洪荒」。

訖「玉出崑崗，劍號巨闕」。

四、《新合千字文》與《新合六字千字》

在敦煌寫本中，發現有兩種周興嗣次韻《千字文》的仿作：一是伯三九一〇號、斯二八九號，斯五七八〇號的《新合千字文皇帝感辭》；一是斯五四六七號，斯五九六一號《新合六字千文》。前者七字一句，兩句一韻，標題即是《新合千字文皇帝感辭壹拾壹首》，以「帝詔四海贊諸賓，黃金滿屋未爲珍。雖然某某無才學，且聽歌舞說千文。」起首，以「劍號巨闕七星文，珠稱夜光蛇報恩。菜重芥薑續所貴，李奈甚珍獻聖君。」結束。文中引用周氏《千字文》字，後者係六字一句，兩句一韻；標題是《新合六字千文一卷》，題記「鍾銖集千字文，唯擬教訓童男」，以「石勒稱兵失次，梁帝乃付周興，員外依文次韻，連珠貫玉相系。散騎傳名不朽，侍郎萬（代）歌稱。天地二儀玄黃，宇宙六合洪荒。」起首，文中各句以周氏《千字文》爲基礎，再添加二字成新句。

茲將《新合千字文皇帝感辭》逐錄如下：

帝詔四海贊諸賓。黃金滿屋未爲珍。雖然某某無才學。且聽歌舞說千文。

天寶聖主明三教。追尋隱士訪才人。金聲玉振恆常妙。近來歌舞轉加新。
御注孝經先口唱。又談千文獻明君。一了總於書上讀。不是歌裏滿座聽。
天地玄黃辨清濁。籠羅萬載合乾坤。日月本來有盈昃。二十八宿共參辰。
宇宙洪荒不可測。節氣相推秋復春。四時迴轉如流電。燕去鴻來愁煞人。
三年一閏是尋常。雲騰致雨有風涼。暑往律移秋氣至。寒來露結變成霜。
形端表正自將身。四海知識總相親。禍因惡積行千里。福緣善慶滿鄉鄰。
海水由來有鹹味。河水分流入建章。龍魚帶鱗潛戲水。鸑鷟刷羽遠遨翔。
劍號巨闕七星文。珠稱夜光蛇報恩。菜重芥薑續所貴。李柰甚珍獻聖君。

五、敦煌寫本《千字文》校錄

《千字文》

天地玄黃，宇宙洪荒（一）。日月盈昃，辰宿列張（二）。寒來暑往，秋收冬藏（三）。閏餘成歲（四），律呂調陽（五）。雲騰致雨，露結為霜。金生麗水，玉出崑崗（六）。劍號巨闕（七），珠稱夜光（八）。果珍李柰，菜重芥薑（九）。海鹹河淡，鱗潛羽翔（一〇）。龍師火帝，鳥官人皇。始制文字，乃服衣裳（一一）。推位讓國，有虞陶唐（一二）。弔民伐罪（一三），周發殷湯。坐朝問道，垂拱平章（一四）。愛育黎首，臣伏戎羌（一五）。遐爾壹體（一六），率賓歸王。鳴鳳在樹，白駒食場。化被草木（一七），賴及萬方（一八）。蓋此身髮，四大五常。恭惟鞠養，豈敢毀傷（一九）。女慕貞絜（二〇），男效才良（二一）。知過必改，得能莫忘（二二）。罔談彼短（二三），靡恃己長（二四）。信使可覆，器欲難量。墨悲絲染，詩讚羔羊。景行維賢（二五），剋念作聖（二六）。德建名立（二七），形端表正（二八）。空谷傳聲（二九），虛堂習聽（三〇）。禍因惡積（三一），福緣善慶（三二）。尺璧非寶，寸陰是競（三三）。資父事君（三四），曰嚴與敬（三五）。孝當竭力，忠則盡命。臨深履薄，夙興溫清。似蘭斯馨（三六），如松之盛。川流不息，淵澄取映。容止若思（三七），言辭安定（三八）。篤初誠美（三九），愼終宜令。榮業所基（四〇），籍甚無竟（四一）。學優登仕（四二），攝職從政（四三）。存以甘棠（四四），去而益詠。樂殊貴賤，禮別尊卑（四五）。上和下睦，夫唱婦隨。外受傅訓，入奉母儀。諸姑伯叔，猶子比兒。孔懷兄弟，同氣連枝。交友投分，切磨箴規。仁慈隱惻（四六），造次弗離（四七）。節義廉退（四八），顚沛匪虧（四九）。性靜情逸，心動神疲。守眞志滿，逐物意移。堅持雅操，好爵自縻（五〇）。都邑華夏，東西二京（五一）。背邙面洛（五二），浮渭據涇（五三）。宮殿盤鬱，樓觀飛驚。圖寫禽獸，畫綵仙靈（五四）。丙舍傍啓，甲帳對楹（五五）。肆筵設席，鼓瑟吹笙。升階納陛（五六），弁轉疑星（五七）。右通廣內，左達承明（五八）。既集墳典，亦聚群英（五九）。杜藁鍾隸（六〇），漆書壁經（六一）。府羅將相，路俠槐卿（六二）。戶封八縣（六三），家給千兵（六四）。高冠陪輦（六五），驅轂振纓（六六）。世祿侈富（六七），車駕肥輕。策功茂實，勒碑刻銘（六八）。磻溪伊尹（六九），佐時阿衡（七〇）。奄宅曲阜（七一），微旦孰營（

七二）。桓公匡合，濟弱扶傾。綺迴漢惠，說感武丁（七三）。俊乂密勿（七四），多士寔寧（七五）。晉楚更霸（七六），趙魏困橫（七七）。假途滅虢（七八），踐土會盟（七九）。何遵約法（八〇），韓弊煩刑（八一）。起翦頗牧（八二），用軍最精（八三）。宣威沙漠（八四），馳譽丹青（八五）。九州禹跡（八六），百郡秦并（八七）。嶽宗恆岱（八八），禪主云亭（八九）。鴈門紫塞（九〇），雞田赤城（九一）。昆池碣石（九二），鉅野洞庭。曠遠綿邈，巖岫杳冥（九三）。治本於農（九四），務茲稼穡（九五）。俶載南畝，我藝黍稷（九六）。稅熟貢新，勸賞黜陟（九七）。孟軻敦素（九八），史魚秉直（九九）。庶幾中庸（一〇〇），勞謙謹敕。聆音察理，鑑貌辨色（一〇一）。貽厥嘉猷（一〇二），勉其祗植（一〇三）。省躬譏誡（一〇四），寵增抗極（一〇五）。殆辱近恥（一〇六），林皋幸即（一〇七）。兩疏見機（一〇八），解組誰逼（一〇九）。索居閑處，沈默寂寥（一一〇）。求古尋論，散慮逍遙（一一一）。欣奏累遣（一一二），慼謝歡招（一一三）。渠荷的歷（一一四），園莽抽條（一一五）。枇杷晚翠（一一六），梧桐早凋（一一七）。陳根委翳（一一八），落葉飄颻。遊鵾獨運（一一九），凌摩絳霄（一二〇）。耽讀翫市（一二一），寓目囊箱。易輶攸畏（一二二），屬耳垣牆（一二三）。具膳餐飯（一二四），適口充腸（一二五）。飽飫烹宰（一二六），飢厭糟糠（一二七）。親戚故舊（一二八），老少異糧（一二九）。妾御績紡（一三〇），侍巾帷房（一三一）。紈扇圓潔（一三二），銀燭煒煌。晝眠夕寐，藍筍象床（一三三）。絃歌酒讌（一三四），接杯舉觴（一三五）。矯手頓足，悅豫且康（一三六）。嫡後嗣續（一三七），祭祀蒸嘗。稽顙再拜（一三九），悚懼恐惶（一三九）。箋牒簡要（一四〇），顧答審詳。

骸垢想浴（一四一），執熱願涼。驢騾犢特（一四二），駭躍超驤（一四三）。誅斬賊盜（一四四），捕獲叛亡（一四五）。布射遼丸（一四六），嵇琴阮嘯（一四七）。恬筆倫紙（一四八），鈞巧任釣。釋紛利俗（一四九），並皆佳妙（一五〇）。毛施淑姿（一五一），工嚬妍笑（一五二）。年矢每催（一五三），曦暉朗曜（一五四）。璇璣懸斡（一五五），晦魄環照。指薪脩祐（一五五）。永綏吉劭（一五六）。矩步引領（一五七），俯仰廊廟（一五八）。束帶矜莊（一五九），徘徊瞻眺。孤陋寡聞（一六〇），愚蒙等誚（一六一）。謂語助者，焉哉乎也（一六二）。

（文學博士，現任教育部督學，廉教授門人）

【校記】

一　「洪荒」，斯五七一一號作「共光」。

二　「辰」，斯五七一一號作「神」。
「列」，伯三六一四號脫字；伯三八三五號作「烈」。

三　「收」，斯五八四一號脫字。

四　「閏」，伯二六六七號、三一〇八號、三六一四號、三六二六號，斯三八三五號、四五〇四號、五八一一號作「潤」。
「成」，伯二〇五九號作「城」；斯五四五四號作「誠」；伯二六六七號作「爲」。

五　「呂」，斯五八一一號脫字；斯三八三五號作「侶」。
　「陽」，伯二〇五九號作「楊」。
六　「崗」，伯三六二六號作「剛」。
七　「巨」，斯五七一一號作「鉅」。
八　「珠」，伯二〇五九號，斯五八一一號作「朱」；伯四〇六六號作「殊」。
九　「芥」，伯二〇五九號作「界」。
一〇　「鱗」，伯三六二六作「鄰」。
　「羽」，斯五八一一號作「雨」。
　「翔」，伯五五四六號作「祥」。
一一　「制」，伯三四一六號、三六一四號、三六二六號、斯三八三五號、五七一一號作「製」。
　「乃」，斯五四五四號作「迺」。
　「服」，斯五八一一號作「伏」。
一二　「虞」，伯五五四六號作「盧」。
　「陶」，伯三六二六號作「淘」；斯五八一一號作「挑」。
一三　「弔」，伯五五四六號作「鳥」；斯五八一一號作「吊」。
　「民」，伯三四一六號、四九三七號作「人」，係避唐太宗李世民名諱。

「伐」，斯五八一一號作「罸」。
一四　「拱」，伯三〇六二號、三一〇八號、斯五八一一號作「共」；伯三六一四號、斯三八三五號作「供」。
一五　「戎羌」，斯五四七一號作「羌戎」。
一六　「壹」，伯三四一六號作「一」。
一七　「化」，斯五四五四號作「花」。
一八　「賴」，伯三一〇八號、三四一六號作「賚」。
一九　「豈」，伯三六二六號作「旹」。
二〇　「慕」，伯三六二六號、四九三七號作「暮」；伯三六一四號作「幕」。
「絜」，伯三〇六二號、三六二六號、四九三七號、斯五四七一號作「潔」。
二一　「效」，伯三六二六號作「効」。
二二　「得」，伯三一〇八號、三六一四號、斯三八三五號、五四五四號作「德」。
二三　「罔」，伯三六二六號作「網」。
「彼」，伯三六二六號作「被」。
「短」，伯三一〇八號、三六二六號、四九三七號、斯五四七一作「矩」。
二四　「恃」，伯三一〇八號作「侍」。
二五　「行」，伯四九三七號作「幸」。

二六　「維」，伯四九三七號作「誰」；伯三一〇八號作「爲」；伯三六二六號作「儒」。
二七　「剋」，三一〇八號作「克」。
二八　「德」，伯四九三七號、斯五七一一號脫字；伯三六一四號、斯三八三五號作「得」。
二九　「正」，伯三一〇八號作「政」。
三〇　「谷」，伯三六二六號作「俗」。
三一　「習」，伯三六二六號作「翟」。
三二　「積」，伯三六一四號、斯三八三五號作「穡」。
三三　「緣」，斯五七一一號作「員」。
三四　「競」，伯四八〇九號作「竟」；伯三〇六二號、三一〇八號、三六一四號、三六二六號、四九三七號、斯四五〇四號、三八三五號、五七一一號作「覓」；五四五四號作「覓」。
三五　「資」，伯三六二六號作「慈」。
三六　「與」，伯三一〇八號、三六一四、三六二六號、四八〇九號、斯三八三五號作「以」。
三七　「斯」，伯三四一六號作「思」。
三八　「止」，伯三一〇八號作「旨」。
三九　「言」，伯四九三七號作「立」。
「誠」，伯三四一六號、三六一四號、斯三八三五號、五四五四號、五七一一號作「成」。

四〇　「業」，伯三一〇八號作「葉」。

四一　「竟」，伯三一〇八號、四八〇九號作「竟」。

四二　「優」，伯二八八八號、三一〇八號、三六一四號、三六二六號、斯三八三五號作「憂」。

「仕」，伯三六二六號作「時」。

四三　「政」，伯四八〇九號作「正」。

四四　「棠」，伯三〇六二號作「堂」；伯三六一四號、斯三八三五號作「當」；斯五四五四號作「嘗」。

四五　「卑」，伯四九三七號脫字。

四六　「惻」，伯三六二六號、四八〇九號、斯五五九二號作「測」；伯三一〇八號、三六一四號、斯三八三五號作「側」。

四七　「弗」，斯三八三五號作「沸」。

四八　「義」，斯五四五四號作「儀」。

四九　「匪」，伯二八八八號、三六一四號作「沸」。

「虧」，伯二八八八號作「駈」。

五〇　「糜」，斯五五九二號作「眉」；伯三一〇八號、三一七〇號、三六二六號作「靡」。

五一　「二」，伯三六一四號、斯三八三五號、五五九二號作「貳」。

「京」，伯三一七〇號作「㾫」。

五二　「邙」，伯二八八八號、三〇六二號、斯三三八七號作「忙」。

「面」，伯四八〇九號作「湎」。

「洛」，伯三六二六號作「落」。

五三　「渭」，伯三六二六號作「謂」。

「據」，伯二八八八號作「既」。

「涇」，伯三〇六二號、斯三三八七號作「經」。

五四　「綵」，伯二八八八號作「深」；伯三一七〇號、斯三三八七號、五五九二號作「彩」；伯三六二六號作「採」；伯三六一四號、斯三八三五號作「探」。

五五　「楹」，伯三〇六二號作「盈」；伯三六二六號作「物」。

五六　「升」，伯二八八八號、三〇六二號、三一〇八號、三一七〇號、三三一一號、三四一六號、三六一四號、三六二六號、斯三三八七號、三八三五號、四九四八號、五四五四號作「昇」。

五七　「轉」，伯四九三七號脫字。

五八　「承」，伯四九三七號作「丞」。

「明」，伯三一七〇號作「名」。

五九　「既集墳典，亦聚群英」，伯四九三七號脫字。

六〇　「隸」，伯三一七〇號作「領」。

六一　「壁」，伯三六一四號作「碧」。

六二　「俠」，伯三六二六號作「梜」。

六三　「縣」，伯二八八八號、三〇六二號，四九三七號、斯五四五四號作「懸」。

六四　「兵」，斯四九四八號作「丘」。

六五　「冠」，伯三一七〇號作「管」。

「陪」，伯三一〇八號、四九三七號作「倍」；伯三一七〇號作「皆」。

六六　「驅」，伯三一七〇號、三四一六號、三六一四號、三六二六號、斯三一七八號、三八三五號、四九四八號、五四五四號、五五九二號作「駈」。

「轂」，伯三一七〇號、斯五五九二號作「穀」。

「振」，伯三一七〇號作「鎮」。

「纓」，伯三一七〇號作「影」。

六七　「世」，伯三六二六號作「母」，或係避唐太宗李世民名諱。

六八　「碑」，伯三一〇八號作「卑」，伯三六二六號作「俾」。

六九　「磻」，伯三六二六號作「盤」。

「溪」，伯二八八八號、三一七〇號、三四一六號、三六一四號、斯三八三五號、四九四八號、五五九二號作「磎」。

七〇　「伊尹」，伯四九三七號作「尹伊」。

七一　「時」，伯三一〇八號、三六一四號、三六二六號作「侍」。

七二　「奄」，伯二八八八號、三六二六號作「掩」。

七三　「孰」，斯五五九二號作「熟」。

七四　「營」，伯二八八八號、三一七〇號、三六二六號作「榮」；伯三〇六二號、三六一四號、斯三八三五號作「瑩」。

七五　「說」，伯二七五九、三〇六二號、三一〇八號、三一七〇號、三四一六號、三六一四號、三六二六號、斯三八三五號作「悅」。

七六　「丁」，伯四九三七號脫字。

七七　「乂」，斯四九四八號脫字；伯三六二六號作「拔」。

七八　「密」，伯二八八八號、三〇六二號、三一七〇號、三六二六號、四九三七號、斯三三八九號作「蜜」。

七九　「勿」，伯三一〇八號、三六二六號、斯五四五四號、五五九二號作「物」。

八〇　「士」，伯三六二六號作「仕」；斯四九四八號作「土」。

八一　「霸」，斯五四五四號作「霜」。

八二　「魏」，伯三六二六號作「虞」。

八三　「途」，伯四九三七號脫字。

七九「盟」，斯三二八七號作「朙」。

八〇「何」，伯二八八八號、三二一一號作「河」。

八一「煩」，斯五五九二號作「繁」。

「刑」，伯二八八八號、三〇六二號、三一〇八號、三四一六號、三六一四號、三六二六號、四九三七號、斯三八三五號作「形」。

八二「翦」，伯三一〇八號、四九三七號作「箭」；伯三〇六二號作「剪」。

八三「用」，伯三〇六四號、三六一四號、斯三八三五號作「勇」。

八四「漠」，伯三六一四號、斯三八三五號作「莫」。

八五「丹」，伯四九三七號作「單」。

「青」，伯三六二六號作「音」。

八六「跡」，伯三四一六號作「迹」。

八七「郡」，伯三二一一號作「群」。

「并」，伯二八八八號、三六一四號、三六二六號、斯三八三五號、五五九二號作「併」。

八八「嶽」，伯三〇六二號、三一〇八號作「岳」。

「岱」，伯三四一六號作「伐」。

八九「禪」，伯三四一六號作「繕」；「禪主」，伯三〇六二號作「繕住」。

「云」，斯四九四八號脫字；伯三四一六號作「雲」。
「亭」，伯二八八八號、三一七〇號作「停」。
九〇　「鴈」，斯四九四八號作「應」。
「塞」，伯三〇六二號、三七四三號作「賽」。
九一　「雞」，伯三六一四號、三六二六號、斯三八三五號作「荊」。
九二　「昆」，伯三二一一號作「崑」；伯二八八八號、三四一六號、三六一四號、斯三八三五號、四九四八號作「混」。
九三　「岫」，斯三八三五號脫字。
九四　「於」，伯三七四三號脫字。
「農」，伯二八八八號作「濃」。
九五　「務」，伯三二〇八號作「霧」。
「茲」，伯三六一四號、斯三八三五號作「慈」；伯三〇六二號、三四一六號、斯三二八七號、四九四八號作「滋」。
九六　「俶」，伯三六二六號作「淑」。
九七　「黍」，伯三〇六二號作「委」。
「稷」，斯四九四八號脫字。

九八　「賞」，伯三○六二號、三六一四號、三六二六號、三七四三號、斯三八三五號、五五九二號作「償」。

九九　「素」，伯三六二六號作「索」。

「秉」，伯三六二六號作「康」。

一○○　「幾」，伯三○六二號作「機」。

一○一　「鑑」，伯三四一六號作「監」。

「貌」，斯四九四八號作「貇」。

一○二　「貽」，伯三七四三號作「胎」。

一○三　「勉」，伯三一○八號作「免」。

「植」，伯三七四三號「直」。

一○四　「誡」，伯三七四三號作「解」。

一○五　「增」，伯二八八八號作「僧」。

一○六　「辱」，伯三六二六號作「褥」。

一○七　「林」，伯三一○八號、三六一四號、三六二六號、斯三八三六號作「臨」。

「即」，伯三○六二號作「跡」。

一○八　「疏」，伯三一○八號作「師」。

一○九　「解組」，伯三一○八號作「假祖」；「組」，伯三七四三號作「祖」。

「誰」，伯二八八八號、三六二六號作「祖」；伯三七四三號作「誡」。

一二〇 「默」，伯三〇六二號作「墨」。

「寥」，伯三六二四號、三七四三號、斯三八三五號、五五九二號作「寮」；伯三六二六號作「尞」。

一二一 「逍」，斯四九四八號作「消」。

一二二 「累」，伯三六二六號作「侶」。

一二三 「慼」，伯三〇六二號、三七四三號、斯三八三五號作「戚」。

「招」，伯三〇六二號作「超」。

一二四 「荷」，伯三七四三號作「何」；伯二八八八號、三〇六二號、三一〇八號、三一一一號、三四二六號、三六二四號、三六二六號、斯三二八七號、五四五四號、五五九二號作「河」。

「的」，斯三八三五號、五五九二號作「滴」。

「歷」，三一〇八號作「瀝」。

「的歷」，伯三〇六二號、三四二六號、三六二六號作「滴瀝」。

一二五 「園」，伯二八八八號、三〇六二號、三六二六號、四〇六六號、斯四九四八號作「薗」。

一二六 「枇杷」，伯二八八八號作「琵琶」；伯三〇六二號、斯三八三五號作「笓笆」。

「杷」，斯五四五四號作「笆」。

一二七 「凋」，伯二八八八號、三〇六二號、三一七〇號、三四二六號、三七四三號、斯三二八七號、三八三五號、五五九二號作「彫」。

一一八　「委」，斯五四五四號、五五九二號作「萎」。

「翳」，伯三六一四號作「繄」。

「委翳」，伯三四一六號作「翳藝」。

一一九　「鵾」，伯二八八八號、三〇六二號作「昆」。

一二〇　「凌」，伯二八八八號、三七四三號、四〇六六號、斯三二八七號、三八三五號、四九四八號、五四五四號作「陵」。

「摩」，伯三六二六號作「磨」。

「凌摩」，伯三〇六二號作「陵麼」。

「絳」，伯二八八八號、三〇六二號、三一〇八號、三四一六號、三六二六號、三七四三號、四〇六六號、斯三二八七號、三八三五號、四九四八號、五四五四號作「降」。

一二一　「讀」，伯三七四三號作「獨」。

一二二　「輶」，伯三〇六二號作「猶」；伯三四一六號作「猷」。

「畏」，斯五五九二號作「委」。

一二三　「屬」，伯三〇六二號、三六二六號、三七四三號、斯三二八七號、三八三五號、五四五四號、五五九二號作「囑」。

一二四　「餐」，伯三〇六二號、三二一一號、三四一六號、三六二六號、三七四三號、斯四九四八號、五四五四號、五五九二號作「飡」。

一二五　「腸」，伯三七四三號作「場」；伯三一〇八號作「傷」；伯三〇六二號、三四一六號、斯四九四八號、五四五四號、五五九二號作「膓」。

一二六　「飫」，伯三二一一號作「餵」；伯三〇六二號、三一〇八號、三四一六號、三六二六號、三七四三號、四〇六六號、斯三八三五號、四九四八號、五四五四號、五五九二號作「餧」。

一二七　「厭」，伯三二一一號、三四一六號、斯五四五四號作「⿸疒猒」；伯三〇六二號、三七四三號、斯五五九二號作「猒」。

一二八　「戚」，伯三一七〇號、四〇六六號、斯四九四八號作「慼」；伯三四一六號作「蹙」。

「故」，伯三〇六二號、三七四三號作「古」。

一二九　「少」，伯三一〇八號、三一七〇號、三六二六號作「小」。

一三〇　「妾」，伯三〇六二號、三七四三號作「接」；斯五四五四號作「椄」。

「紡」，伯三七四三號作「訪」。

一三一　「帷」，伯三四一六號、四〇六六號、斯四九四八號作「幃」。

一三二　「潔」，伯三〇六二號作「結」。

一三三　「藍」，伯三五六一號作「藍」。

「筍」，伯三一〇八號、三四一六號、四〇六六號、斯四九四八號、五四五四號作「笋」。

「藍筍」，伯三二一一號作「籃笋」。

「象」，伯三七四三號作「上」。

一三四　「絃」，伯三一〇九號作「玄」；伯三七四三號、斯三八三五號、五四五四號「弦」。

「絃歌」，伯三〇六二號作「弦謌」。

「讌」，伯三〇六二號、三七四三號、斯三八三五號作「燕」；斯三二八七號作「宴」。

一三五　「杯」，伯四〇六六號、斯四九四七號作「桮」。

「觴」，伯三〇六二號作「鬺」。

一三六　「豫」，伯三一〇八號、三四一六號、斯五四五四號、五五九二號作「預」。

一三七　「嫡」，伯三四一六號作「滴」。

「續」，伯三〇六二號作「俗」。

一三八　「稽顙」，伯三一〇八號作「啓桒」。

一三九　「惶」，斯三二八七號作「煌」。

一四〇　「簡」，伯三七四三號、四〇六六號脫字。

一四一　「想」，斯三八三五號作「相」。

「浴」，伯三七四三號作「欲」。

「犢特」，伯三〇六二號、三一〇八號、三一七〇號、三二二一號、三七四三號、斯三二八七號、三八三五號、四九四八號、五四五四號、五五九二號作「特犢」；伯三四一六號、四〇六六號作「特犢」。

一四二 「躍」，伯三一〇八號作「驪」。

一四三 「誅」，伯三一〇八號作「朱」；伯三〇六二號作「珠」。

一四四 「獲」，伯四〇六六號作「獲」。

「叛」，斯三二八七號作「畔」。

「亡」，斯五五九二號作「忙」。

一四五 「布射」，斯五四五四號作「啚謝」。

「遼」，伯三一〇八號作「尞」。

「遼丸」，伯三〇六二號作「寮紈」。

一四六 「阮嘯」，伯三一〇八號作「玩咲」。

一四七 「恬」，伯三一〇八號作「甜」。

「倫」，伯三一七〇號作「論」。

一四八 「紛」，伯三七四三號作「分」；伯三〇六二號作「粉」；斯五五九二號作「忿」。

一四九 「皆」，伯三一〇八號作「階」。

一五〇 「毛」，斯四九四八作「手」。

「施」，伯三○六二號、三一○八號、三一七○號作「詩」。

「姿」，伯三一○八號作「茲」。

一五一　「嚬」，伯三四一六號、三七四三號、斯四九四八號、五四五四號、五五九二號作「頻」。

「笑」，伯三一○八號作「小」；伯三○六二號作「少」。

一五二　「矢」，伯三四一六號作「時」；斯四九四八號作「矣」。

「催」，伯三一○八號、斯五五九二號作「崔」。

一五三　「暉」，伯三七四三號作「煇」；斯五四五四號作「輝」。

一五四　「璇」，伯三七四三號作「璿」；伯三○六二號、三一○八號、三三一一號、三四一六號、三五六一號、斯三八三五號、四九四八號、五四五四號作「旋」。

「璇璣」，伯二七五九號、四○六六號作「旋機」。

一五五　「指」，伯三一○八號作「旨」。

「祜」，伯三四一六號、三七四三號、斯三一八七號、三八三五號、四九四八號、五四五四號、五五九二號作「祐」。

一五六　「永」，伯三○六二號、三一○八號作「詠」。

「劭」，伯四○六六號作「詔」。

一五七　「矩」，伯三一○八作「巨」；伯三七四三號作「炬」。

一五八　「俯」，伯三一〇八號作「府」。
一五九　「莊」，伯二七五九號、三四一六號、斯五四五四號作「庄」。
一六〇　「聞」，伯三四一六號、斯五四五四號作「文」；伯三七四三號作「門」。
一六一　「愚」，斯三八三五號作「遇」。
一六二　「蒙」，伯三〇六二號作「矇」；伯三一〇八號作「朦」。
一六二　「乎」，伯三一〇八號作「呼」。

六、結論

我國傳統的識字類蒙書，從其演變過程中，可以找出一脈相承的痕跡，其中有繼承、有創新、不斷演變，不斷充實。《急就篇》，從西漢元帝時成書開始，流傳了五、六百年，至梁武帝時才爲《千字文》所取代，之後《千字文》開始流傳，至宋代與《百家姓》、《三字經》並存，合稱爲「三、百、千」，一直延續流行至清末民初，前後達一千多年，爲世界各國語文教材史上所罕見。

《千字文》雖然僅採用有限的一千個單字，但卻組成通順有意義的句子，這些句子前後連貫，極有條理，毫無雕鑿的痕跡。除文字通暢典雅外，並保劉了《急就篇》等書整齊押韻的傳統。自梁武帝時成書後流傳使用至清末民初，不僅在中國本土流行，更遠達日、韓等國，除漢文本外，尙有滿漢對譯本、蒙漢對譯本，更有許多仿作，甚至日、韓等國亦有爲數不少的仿作。這部蒙書流行時間之長、地域之廣，爲中外教育史上所僅見。

敦煌寫本《千字文》，除教育上的價值外，對於研究唐代西北地區方音及文學、藝術，以及對當時社會、政治方面亦具有相當意義。

敦煌寫本《千字文》有漢藏對譯本，有行草對照本，有音注本。在寫卷中常發現一些俗字或武后所造的新字及爲了避諱而增減筆畫的錯字，由這些地區文字使用的情形，可更深一層的了解隋唐時期敦煌地區的政治及社會狀況。爲便於兒童學習記誦，寫本中，有許多加注直音，由此可看出有些文字讀音與中原地區迥然不同，充分代表了唐代西北方音的特色。

在寫本中常可發現抄寫者在題記中注明寺院的名稱，如「淨土寺」，「三界寺」，「蓮臺寺」，「靈圖寺」，「永安寺」，「大雲寺」，「龍興寺」，「金光明寺」等，及個人身分如「學郎」，「學士郎」，「學士」，「學生」等，可見唐代廟學興盛狀況。

此外，寫本中亦有漢藏對譯本，由此可知，這些蒙書不僅在漢民族盛行，也流傳到其他各民族間，其影響十分深遠。

總之，透過敦煌本《千字文》，不但可以探討敦煌地區的文化傳承，更可肯定《千字文》在我國蒙書發展史中的意義與影響，其貢獻是不可磨滅的。

（文學博士，現任教育部督學、教授，廉教授門人）

海陸客方言與國語之聲韻對應

古國順

一、前　言

客方言是漢語方言之一，主要分布在廣東、福建、江西、廣西、湖南、四川、臺灣等地，而粵東、粵北、閩西、贛南這一帶相連的地區，是分布的最主要部分。在臺灣，則以臺北、桃園、新竹、苗栗、臺中、彰化、南投、雲林、高雄、屏東、花蓮、臺東、宜蘭等縣市較多。

客方言內部有很大的一致性，故彼此可以相通，但其中也有次方言的差別。楊福綿先生曾根據語音的特性，分爲七個次方言區：梅縣區、興寧區、饒平區、海陸區、香港區、汀州區、四川區（見「客方言的音韻成素」一文）。臺灣地區客語的次方言有四縣（鎭平、平遠、興寧、長樂）、海陸、饒平、詔安和臺中東勢五種，其中以四縣話流行最廣，海陸話次之。

臺灣的海陸話主要分布在新竹縣和桃園縣，其他縣市也有一部分，算是流行相當廣的一種次方言。它與其他的客語次方言同中有異，對應非常規律。認識海陸話，對了解客方言的形成與演變，甚至整個漢語的發展層次，會有一些幫助，對中華民族的移民開拓史，也可能提供相當的佐證。近年來臺灣學術界對方言的研究，正方興未艾。教育部也決定從民國八十五學年起，在國民中小學實施鄉土語言教學，這對保存中華文化的豐富性，有極正面的意義，值得喝采。

目前臺灣使用的語言以國語爲主流，原本是客語家庭的新生代，大多只能說半生不熟的客語，甚至全然不懂，這對語言文化的保存，是很不利的現象。幸好隨著民營電臺的開播，重新喚起傳承鄉土語言的意識，才有使它復蘇的一線生機。對於不諳客家語的國中小學客家子弟而言，學母親的話有如學另外一種語言，這時最好就從他們熟悉的國語入手，所以拿它與國語的聲韻做對應，毋寧是件必要的基本工作。

筆者自幼即使用海陸話讀書交談，對海陸話的音韻，已掌握基本的條件，加上近年來在教學與社會服務的機會裡，曾不斷的向方家請益並作記錄。茲謹就其聲韻部分與國語作成比較，希望對教與學者有所助益。

本文分兩大部分，一是海陸音與國音的比較，二是國音與海陸音的比較；都包括聲、韻、調三項。前者首列海陸音，次列對應的國音，再次列舉例字，最後列出中古音，中古音以廣韻四十一聲紐、二百零六韻及其韻等、開合洪細爲準；後者首列國音，次列對應的海陸音，其餘次序相同。例字中有重出者，則爲一字多音：或爲破讀，或爲語音讀音之別，或爲又音，又音部分可以顯示這種語言的活潑性。至於以中古音爲起點的對應比較，則暫予省略。

客家方言在臺灣，即使在同一村莊裡，都難免有家族性的小差異，要想定於一尊，似非易事，但仍不影響其大同。不過，文中難免有筆者個人的疏失，希望方家不吝賜正。

二、海陸話聲韻系統及其與國音、中古音之對應

一、聲母

(一)聲母表

雙脣音	p	p'	m		
脣齒音				f	v
舌尖音	t	t'	n		l
舌尖前	ts	ts'	(ne)	s	
舌尖面	tʃ	tʃ	ʃ		ʒ
舌根音	k	k'	ŋ		
喉音				h	φ

說明：一、ne母注音不用，以ŋi代之。

二、舌尖面四母發音近於tɕ tɕ' ɕ ʑ

(二)與國音、中古音（廣韻）之對應

1. p：對應國音及中古音的情形是（下同）：

p：巴卑比波布—中古音幫母

f：斧飛（白讀）分（白讀）—非母

2. p′—

p：辦被部白別—並母仄聲

p′：抛飄偏匹烹—滂母

：婆排皮爬平—並母平聲

f：馮符肥縛吠—奉母

：孵蜂—敷母

3. m—

m：眉毛麻買妙—明母

φ：微尾味巫亡—微母

4. f—

f：封反府飛（文讀）分（文讀）—非母

：孚芳妃費赴—敷母

：逢扶煩父凡—奉母

h：揮灰呼昏歡—曉母合口

：洪胡懷回魂—匣母合口

5. v—
φ：文武晚無物—微母
：委畏溫翁屋—影母合口
：位韋往胃帷—爲母合口

6. t—
t：多得都當冬—端母
tʂ：知蛛琢斲追（白讀）—知母

7. t'—
t：大度弟道毒—定母仄聲
t'：偷貪他通天—透母
：投甜提挑堂—定母平聲

8. n—
n：奴耐內乃南—泥母
：尼拏紐吶鐃—娘母

9. l—
l：留盧林呂連—來母

10. ts—

ts：租資子作則—精母洪音

tʂ：詐債斬莊爭—莊母

tɕ：祭焦酒椒津—精母開口細音

11. ts'—

ts：坐在罪自造—從母仄聲洪音

ts'：猜催次怱村—清母洪音

：慈裁殘曹粗—從母平聲洪音

tɕ：就捷賤盡淨—從母仄聲開口細音

tɕ'：清秋悄且取—清母細音

：全前泉錢情—從母平聲開口細音

tʂ：助寨狀棧撰—牀母仄聲

tʂ'：窗楚創釵插—初母

：鋤柴鑱孱槎—牀母平聲

12. s—

s：蘇鎖素桑索—心母洪音

：似隨誦頌祀—邪母洪音

：俟搜森所澀—疏母

ɕ：笑細相宣惜—心母細音

：敘詳旋習席—邪母細音

ʂ：沙師使山霜—疏母

13. tʃ—

tʂ：主詔終震隻—照母

：株展珍忠竹—知母　按：13至16四個聲母，發音接近國語的ㄓㄔㄕㄖ，有的甚至一樣。

14. tʃ'—

tʂ'：川充廠尺觸—穿母

：超丑逞寵徹—徹母

tʂ：紂雉柱治重—澄母仄聲

15. ʃ—

ʂ：書始扇申室—審母

：蛇射神實蝕—神母

：善樹尚淑拾—禪母仄聲

tʂ'：船脣乘　—神母平聲

　：酬仇晨丞誠—禪母平聲

16. ʒ—

z：柔如若褥　—日母

　：融、容彤　—喻母

ϕ：影邕依淵憂—影母

　：陽移姨穎營—喻母

　：于雲尤炎遠—爲母

17. k—

k：故高功甘骨—見母洪音

tɕ：居救簡嘉吉—見母細音

　：技柩　—群母仄聲細音

18. k'—

k'：苦課抗砍刻—溪母洪音

　：逵葵狂　—群母平聲洪音

tɕ：懼臣轎近健—群母仄聲細音

tɕ'：企契卿歉曲—溪母細音
：球騎強窮琴—群母平聲細音

19. ŋ—
ϕ：我瓦玩僞悟—疑母合口一二等
：語過元虞原—疑母合口三等
：牙宜驗眼迎—疑母開口二三四等
ʑ：染熱軟人日—日母部分字

20. h—
h：好罕黑喝霍—曉母洪音
：何孩厚旱合—匣母洪音
ɕ：鞋希曉向血—曉母細音
：暇下現嫌穴—匣母細音

21. ϕ—
ϕ：暗恩哀惡—影母

二、韻母

㈠韻母表

韻類／口呼	陰聲韻									陽聲韻								
	開尾韻母				元音韻母					鼻音尾韻母								
開口	ï	a	o	e	ai	oi		au	eu	am	em	an	on	en		aŋ	oŋ	
齊齒	i	ia	io	ie	iai	ioi	iu	iau	ieu	iam	im	ian	ion	in	iun	iaŋ	ioŋ	iuŋ
合口	u	ua			uai		ui					uan		uen	un	uaŋ		uŋ

韻類／口呼	塞聲韻										
	p韻尾			t韻尾					k韻尾		
開口		ap	ep		at	et	ot		ak	ok	
齊齒	ip	iap	(　)	it		iet		iut	iak	iok	iuk
合口					uat	uet		ut	(　)		uk

㈡與國音、中古音（廣韻）之對應

1. ï～ï：齜貲雌釃斯、咨次師私、菑茲士字詞侍—莊精系止開三支脂之　按：客語空韻僅與聲母ts ts' s拼音。

2. i～ï：知摛馳支眵、脂鴟尸、蚩詩時、死四—知照系、心母止開三支脂之。

i：陂皮羈奇宜支提漪犧、飢梨丕尼伊姨、姬欺其疑醫僖釐、機沂依希；例、迷妻西奚黎—止開三支脂之微，蟹開三四祭齊。

u：儒如乳（豆腐—）日母遇合三虞。

y：居虛渠於胥徐余、拘區衢虞趨須逾—見精影系遇開三魚、合三虞。

ei：碑臂被、悲眉—幫系止開三支脂。

ɚ：兒爾、二、而耳—日母止開三支脂之。

3. u～u：豬攄除諸書蜍臚、跗敷扶無株廚朱樞輸殊、逋模都徒奴孤枯租粗蘇烏呼胡盧—遇開三魚、合三虞、合一模。

ï：賜—心母止開三支（個別字）。

4. a～a：巴杷馬詐茶沙—幫莊系假開二麻。

ia：家架牙霞夏下—見系匣母假開二麻。

ua：挖娃華化—影系假開二麻。

ɣ：遮車蛇奢—照系假開三麻。

5. ia～ie：姐借斜且謝些瀉—精系假開三麻。

ɣ：惹—日母假開三麻。

6. ua～ua：瓜寡誇跨瓦、卦掛—見系假合二麻、見母蟹合二卦。

7. o～o：波播婆魔磨—幫系果合一戈。

uo：多拖駝婆羅、垜妥惰果臥挫座貨—果開一歌合一戈。

ɤ：歌俄何賀、科戈課和—見系匣母果開一歌、合一戈。

au：褒毛刀陶高糟曹騷豪勞—效開一豪。

8. io～ie：茄—果開三戈。

io：唷　按：此係近代擬音字。

ye：瘸靴—果合三戈。

9. e～i：洗細齊係—蟹開四齊。

ï：世勢事—審母蟹開三祭、牀母止開三之。按：客語世勢又音i韻，事讀音爲sï，空韻。

10. ie～ie：街解、皆界介—見母蟹開二佳皆。按：客語又韻ai、iai。

i：計雞契蟻—見母蟹開四齊。

ai：艾：疑母蟹開一泰（個別字）。

11. ai～ai：災猜裁孩、帶泰奈蔡賴；排埋皆齋差豺、牌釵、—蟹開一咍泰、幫莊系蟹開二皆佳。iai：崖—疑母蟹開二佳。

i：低弟（語音）泥犁雞溪—端見四蟹開四齊。

ie：鞋諧—匣母蟹開二皆。

12. iai～ie：皆階解—見母蟹開之皆。按：客語又韻ie、ai

13. uai～uai：乖、拐怪、夬快—見母蟹合二皆佳夬。

14. oi～ai：胎臺該開鰓哀來、蓋害—蟹開一咍泰。
uai：外—蟹合一泰。
ei：背倍梅妹佩誄—幫系蟹合一灰。
uei：堆灰回—蟹合一灰。
睡、推—止合三支脂。

15. ioi～uie：脆—清母蟹合三祭。

16. iu～ou：周州酬讎收手首醜受臭咒、抽儔肘丑、柔糅—照知系日母流開三尤。按：四縣話韻U。
iou：丘求牛憂休尤劉、樛虯遒秋酋修囚幽猷—流開三尤幽。

17. ui～ei：杯枚雷輩內類—幫系、泥來母蟹合一灰。
uei：推傀恢崔摧隈回、劌贅衛芮、圭睽桂慧、嬀虧危吹垂逶爲、追鎚龜逵、錐誰帷蕤—非脣音字，蟹合一三四灰祭齊、止合三支脂微。

18. au～au：袍敖操、包胞庖茅巢梢—效開一二豪肴。
iau：朝超鼂昭炤燒韶—知照系效開三宵。按：四縣話韻同侯：eu。
iau：交膠校較教窖巧效—見系匣母效開二肴。

19. iau～iau：鏢苗驕喬鴞燎饒—非知照系字，效開三宵。
：貂祧迢驍堯蕭聊—非幫系字，效開四蕭。

20. eu～ou：裒兜偷頭謳侯樓、浮謀鄒愁搜—流開一三侯尤。

u：牡、浮畝—脣音流開一三侯尤。

au：茂貿—明母流開一侯。

iau：繆謬—明母流開四幽。

21. ieu～ou：鉤彄狗夠寇—見系流開一侯。

22. am～an：耽探覃南龕簪參蠶諳含梵、擔談甘慙三酣藍—非脣音字，咸開一覃談。

：詀喃斬摻黯闞、攙衫—非脣音字，咸開二咸銜。

：詹苫霑菴—知照系影母咸開三鹽。

：凡犯范泛—非系字，咸合三凡。

ian：咸緘品、銜監—見影系咸開二咸銜。

：淹炎醃鹽厭—影系咸開三鹽嚴。

23. iam～ian：黏箝廉尖籤潛、嚴、添甜鮎兼謙嫌—咸開三四鹽嚴添。

24. em～ən：森岑—莊系深開三侵。

25. im～in：金欽琴吟祲侵心淫林音歆—來母精見影系深開三侵。

ən：壬任碪琛沈斟深諶—日母端照系深開三侵。

yn：尋—深開三侵。

26\. an～an：潘槃瞞、班攀蠻、蕃煩晚—山合一二三桓刪元。
：單灘壇難蘭坦但攤爛、山剗産、潺刪潸—山開一二寒山刪。
：擅然闡善—日母照系山開三仙。
ian：閑簡眼限莧、延演衍—非脣舌音字，山開二三山仙。
uan：剜鑾、彎還—來母影系山合一二桓刪。
yan：鴛袁遠怨—影母山合三元。

27\. ian～ian：姦顏諫雁—見系山開二刪。
：鞭篇便緜煎遷錢仙、言算—山開三仙元。
：邊眠顛天田年堅牽千前先賢連—山開金先。
yan：元暄券圈願、宣旋選—山合三元仙。

28\. uan～uan：款玩、關慣、鰥頑—見系山合一二桓刪山。

29\. on～uan：端團官寬鑽酸歡桓卵亂—非脣音字，山合一桓。
：專穿船遄—照系山合三仙。
an：干看安頇寒按漢翰—見影系山開一寒。

30\. ion～uan：阮、軟—疑日母山，合三元仙。
yan：全詮—精母山合三仙。

31. en ～ ən：恩痕很恨—影系臻開一痕。

əŋ：崩朋登騰能肯增層僧恆楞—曾開一登。

：爭崢—莊系梗開二耕。

iŋ：杏、幸、丁寧冥星—梗開二庚耕、四青。

：傾頃—溪母梗合三清。

uŋ：泓宏—影系梗合二耕。

32. in ～ in：彬賓貧民巾僅津親秦新因粦—臻開三眞。

ən：珍陳眞瞋神申辰仁—知照日母臻開三眞。

iŋ：兵平明卿、并輕精清情騂盈、汀庭經—梗開二三四庚清青。

əŋ：徵瀓蒸稱繩升承仍—知照日母曾開三蒸。

33. uen ～ ən：耿—見母梗開二耕。

34. iun ～ ən：忍刃—日母臻開三眞。

in：勤芹近欣—臻開三欣。

yn：君群薰郡訓—臻合三文。

yŋ：瓊熒—群母梗合三清。

35. un ～ ən：奔濆盆門、分芬汾—脣音字，臻合一三魂文。

un：敦屯昆坤尊村存孫溫昏魂論，椿諄春脣純筠淪—非脣音字，臻合一三魂諄。

yn：逡荀勻旬、熅惲醞雲—精影系臻合三諄文。

36. aŋ～aŋ：邦梆、莽—幫系江開二江、宕開一唐。

əŋ：彭猛瞠生省冷更、耕爭—梗開二庚耕。

：橫、聲成整—匣母，梗合二庚、照系梗開三清。

iŋ：町、硬、頂聽零—知見系梗開二庚耕、來母端系梗開四青。

i：覡—匣母梗開四錫（個別字）。

37. iaŋ～iŋ：平明（清—）驚迎、名輕頸領井請省（—悟）、瓶青星醒—非舌喉音字，梗開三四庚耕青。

38. uaŋ～iŋ：莖—梗開二耕（個別字）。

39. oŋ～aŋ：扛、幫滂傍茫當湯唐囊岡康卬臧倉藏桑航郎、方芳房張長章昌商常—江開二江、宕開一三唐陽。

iaŋ：江講降巷項—見系江開二江。

uaŋ：莊創牀霜亡妄—莊系明母宕開三陽。

：光汪荒黃、狂王—見影系宕合一三唐陽。

40. ioŋ～aŋ：壤攘讓放（語音）紡—日母幫系宕開三陽。

iaŋ：薑羌強將鏘牆襄詳兩亮香響向—見精系曉來母宕開三陽。

41. iuŋ～uaŋ：框劻、網—溪母宕合三陽。

uŋ：弓嵩、重（—陽節）恭恐樅悚龍—通合三東鍾。按：東鍾三等脣音字，已完全沒有介音i，知照系及日母字，如中終戎，踵鍾邕等字，僅老一輩人口中尚有介音i，其餘多與uŋ合流。

42. uŋ～yŋ：穹窮雄、顒胸—見影系通合三東鍾。

əŋ：篷蒙、風豐馮瞢、封峰逢—脣音字，通合一三東鍾。

uŋ：東通同公空怱叢，翁烘籠，冬炵彤農攻宗鬆—非脣音字，通合一東冬。

：中忡蟲終充戎、踵重鍾衝春—知照系日母通合三東鍾。按：此類字原有介音i，今已逐漸消失，四縣話則已全部消失。

uaŋ：窗雙—莊系江開二江。

43. ip～i：急泣及岌集習襲邑吸立—深開三緝。

u：入—日母深開三緝。

ï：執濕十—照系深開三緝。

44. ap～a：答塔踏納帀雜、榻蹋臘、劄眨插—非脣音字，咸開一合盍、開二洽。

：法乏—脣音字合三乏。

ia：甲鴨匣—見影系咸開二狎。

ie：黶葉—影系咸開三葉。

ɣ：鴿溘合、磕盍、輒讋攝涉—見影系咸開一合盍、端母照系咸開三葉。

45. iap～ie：聶曄獵接妾、劫怯業脅、怗牒愜協—咸開三四葉業帖。

ia：夾峽—見影系咸開二洽。

i：粒—來母深開三緝。

46. ep～ɣ：澀雭歰—疏母深開三緝。

47. it～i：筆匹弼吉即七疾悉一逸—臻開三質。

：碧僻闢積席籍益奕—梗開三昔。

：惕敵溺歷績戚析繫—非脣音字，梗開四錫。

：疫役—喻母梗合三昔。

y：律率橘—臻合三術。按：律率又韻 ut。

ɣ：責—莊母梗開二麥。

ï：日—日母臻開三質。

48. at～a：戛札殺、捌剎、怛闥達捺、八拔—山開二黠鎋、端系山開一曷、幫系山合三月。

ia：黠、瞎鎋—影母山開二黠鎋。

ua：滑；襪—山合二三黠月。

o：鉢撥潑沫抹末—幫系山合一末。

uo：闊活—溪匣母山合一末。

ɣ：折哲浙徹撤轍設舌—知系山開三薛。

49. uat～ua：括刮—見母山合一二末鎋。

50. et～i：蜜密、覓踢、逼、訖乞—明母臻開三質，梗開四錫、幫母曾開三職、見母臻開三迄。

ɣ：德忒則賊塞黑劾勒、測色—曾開一三德職。

：策覈厄、瑟—莊影系梗開二麥、疏母臻開二櫛。

o：陌、墨默—梗開二陌、曾開一德。

uo：或惑—匣母曾合一德。

ei：北黑—幫曉母曾開一德。

ie：滅蔑—明母山開三四薛屑。

y：域—爲母曾合三職。

ï：蝨—疏母臻開二櫛。

51. iet～ie：訐揭、鼈別竭傑列、幣鐵涅結節切屑—山開三四月薛屑。

ye：厥闕月、蹶缺蕝臲絕雪、玦闋抉血穴—山合三四月薛屑。

ɣ：熱—日母山開三薛。

52. iet ～ uo：國—見母曾合一德。

53. ot ～ ɤ：割葛渴喝曷—匣母見系山開一曷。

ua：刷—疏母山合二鎋。

uo：掇奪綴撮捋—端精系來母山合一末。

ie：劣—來母山合三薛。

54. iut ～ i：屈—溪母臻合三物。

55. ut ～ u：突骨窟卒忽、黜出術律—非脣音字，臻合一三沒術。

o：勃沒佛—脣音臻合一三沒物。

ɤ：核—匣母梗開二麥。

ï：拭—審母曾開三職。

56. ak ～ ai：百白折麥脈摘—幫知系梗開二陌麥。

o：伯陌脈—幫系梗開二陌麥。

ɤ：格客冊額赫隔扼—非脣音，梗開二陌麥。

uo：握碩—影母江開二覺、禪母梗開三昔。

ua：畫—匣母梗開二麥。

i：曆靂壢—來母梗開四錫。

57. iak ~ a：柵—初母梗開二陌。
i：屐、逆壁劈錫—梗開三四陌錫。
y：劇—群母梗開三陌。
ɤ：額—疑母梗開二陌。
ie：鵲—清母宕開三藥。

58. ok ~ o：博泊莫、剝—幫系，宕開一鐸，江開二覺。
uo：託鐸諾作索落、芍皀著灼綽爍妁若、斲逴搦犖—宕開一三鐸藥、江開二覺。
：郭霍—見影系宕合一鐸。
au：薄芍著、剝雹—幫知系宕開一宕、江開二覺。
iau：角覺—見母江開二覺。
ye：約、覺岳學—影母宕開三藥、見系匣母江開二覺。
ɤ：各恪咢惡涸—見系宕開一鐸。

59. iok ~ iau：腳削—宕開三藥。
u：縛—幫系宕開三藥。
ye：卻虐謔略—宕開三藥。

60. uk ~ u：卜仆木禿獨穀哭族速屋祿、福伏目畜（—牲）叔熟僕篤毒酷、樸燭觸贖束蜀辱—通合一三屋沃燭。

：璞僕—江開二覺。

ou：粥熟—照系通合三屋。

61. iuk～u：足粟錄—精系來母通合三燭。

y：菊麴蓄、曲局續玉旭—見影系通合三屋燭。

ou：肉熟（—果）—日禪母通合三屋。

iou：六—通合三屋。

三、聲調

(一)聲調表

調名	調類	調值	例字
陰平	1	53	tuŋ 東 foŋ 方
上聲	2	24	hi 起 fo 火
陰去	3	31	kin 慶 ho 賀
陰入	4	55—	fap 法 ʒok 約
陽平	5	55	ʒoŋ 洋 p'i 皮
陽去	7	22	t'eu 豆 fu 腐
陽入	8	32—	t'uk 毒 ʒok 藥

說明：

1. 海陸話有七種聲調，以一至八類分領陰平、陰上、陰去、陰入、陽平、陽上、陽去、陽入，因上聲不分陰陽，故省去第六類。
2. 腐字在客語爲陽去聲。

(二)與國音、中古音（廣韻）之對應

1.陰平—一聲：東冬江支佳皆眞山宵庚登—平聲清

：雍恣屁驅深烘綜荒腥拖—去聲清

：鱒粗紓被爸爹—上聲全濁

三聲：尾語姥阮馬養有里裡—上聲次濁

四聲：巨技舅坐簿杜旱—上聲全濁

2.上聲—三聲：董講紙準產小等感—上聲清

：廩兩壤老了卯眼窘縷五—上聲次濁

：榜佐統娶訪—去聲清

：閃妙偶捕—去聲全濁

四聲：鎮臂懈—去聲清

3.陰去—一聲：鋼汪—去聲清

三聲：緩　—上聲全濁

四聲：送宋志祭卦笑過幼徑做錯—去聲清

：問面膩喚—去聲次濁

4.陰入—一聲：屋哭捉悉一七失屈切隻帀—入聲清

二聲：竹叔燭覺吉疾橘別—入聲清

三聲：穀卜篤乞腳尺甲骨—入聲清

四聲：速蓄酷旭菊粟朔必乙筆—入聲清

：六目木祿—入聲次濁

：嚇　—去聲清

5.陽平：二聲：微魚模齊文元寒豪痲陽唐—平聲濁

：邏狂防蝗迎零丞孺謎泥漕—去聲次濁

四聲：郡—去聲全濁

6.陽上—（客家語上聲不分陰陽）

7.陽去—四聲：遇暮隊代願恨換號宕候豔—去聲全濁

：弟漸辯踐飯道惰下杏幸願—上聲全濁

8.陽入—一聲：拉—入聲次濁

二聲：獨族毒局濁學實倔活舌白席—入聲全濁

三聲：蜀屬—入聲全濁

四聲：暴玉觸辱欲錄，續岳秩逸栗蜜食—入聲次濁

一、聲母

1. p～p：巴布—中古音幫母
　p'：辦別—並母仄聲
2. p'～p'：抛平—傍母、並母平聲
　f：孵蜂—敷母
3. m～m：眉妙—明母
4. f～p：斧飛—非母
　p'：馮吠—奉母
　f：封孚逢—非敷奉母
5. t～t：多冬—端母
　t'：大度—定母仄聲
6. t'～t'：偷投—透母、定母平聲
7. n～n：奴尼—泥娘母
8. l～l：留連—來母
9. k～k：故功—見母洪音
10. k'～k'：苦逵—溪母洪音、群母平聲洪音

11. h～h：好何—曉匣母洪音

f：揮洪—曉匣母合口

12. tɕ～ts：祭津—精母開口細音

tsʻ：就淨—從母開口細音

k：居技—見母細音、群母仄聲細音

kʻ：懼巨—群母仄聲細音

13. tɕʻ～tsʻ：清全—清母、從母平聲開口細音

kʻ：企球—溪母細音、群母平聲細音

14. ɕ～s：笑敍—心邪母細音

h：鞋暇—曉匣母細音

15. tʂ～t：知琢—知母

ts：詐莊—莊母

tsʻ：助狀—牀母仄聲

tʃ：珍主—知照母

tʃʻ：紂治—澄母仄聲

16. tʂʻ～tsʻ：窗鋤—初母、牀母平聲

tʃʻ：川超—穿微母
ʃ：船仇—神禪母平聲

17\. ʂ～s：沙山—疏母
ʃ：蛇書拾—神審禪母

18\. ʐ～ʒ：融柔—喻日母
ŋ：染人—日母

19\. ts～ts：租資—精母洪音
tsʻ：坐在—從母仄聲

20\. tsʻ～tsʻ：粗慈—清母洪音、從母平聲

21\. s～s：蘇似俟—心邪疏洪音

22\. φ～m：尾微—微母
v：文委位—微母、影爲母合口
ʒ：影雲陽—影爲喻母
ŋ：我語牙—疑母
φ：暗安—影母（部份字）

二、韻母

1. i—i：貲次侍—中古音莊精系止開三支脂之（見前章第二節㈡「與國音中古音之對應」下之一，以下僅標代號）

i：知鴟詩—2∫(1)

e：世勢事—9∫(2)

u：賜—3∫(2)

ip：執濕十—43∫(3)

it：日—47∫(4)

et：蝨—50∫(8)

ut：拭—55∫(4)

2. a—a：巴杷—4∫(1)

ap：答塔—44∫(1)

at：戛殺—48∫(1)

ak：柵—56∫(7)

3. o—o：婆波—7∫(1)

at：鉢末—48∫(4)

et：陌墨—50∫(3)

ut：勃沒—55～(2)
ak：伯脈—56～(2)
ok：博泊—58～(1)

4\. ɣ—a：車遮—4～(4)
ia：惹—5～(2)
o：歌俄—7～(3)
ap：鴿溘—44～(4)
ep：澀嗇—46
at：折舌—48～(6)
et：德色—50～(2)
it：責—47～(3)
iet：熱—51～(3)
ot：割曷—53～(1)
ut：核—55～(3)
ak：格客—56～(3)
ok：各涸—58～(3)

5\. ai—ai：災帶蔡排釵—11～(1)

oi：胎蓋—14～(1)
ie：艾—10～(3)
ak：百摘—56～(1)

6. ei—i：碑眉—2～(5)
ui：杯類—17～(1)
et：北黑—50～(5)

7. au—o：褒勞—7～(4)
au：袍梢—18～(1)
eu：茂貿—20～(3)
ok：薄剝—58～(3)

8. ou—iu：周尤—16～(1)
eu：裒浮—20～(1)
ieu：鉤寇—21
uk：粥熟—60～(2)
iuk：肉熟—61～(3)

9. an—an：潘晚班—26～(1)

on：干翰—29～(2)

am：耽藍—22～(1)

em：森岑—24

10. ən — en：恩恨—31～(1)

in：珍仁—32～(2)

im：壬深—25～(2)

un：奔分—35～(1)

iun：忍刃—34～(1)

uen：耿—33

11. aŋ — aŋ：邦莽—36～(1)

oŋ：扛幫方—39～(1)

ioŋ：壤紡—40～(1)

12. əŋ — aŋ：彭耕—36～(2)

en：崩登—31～(2)

in：徵仍—32～(4)

13. ɚ — i：兒耳—2～(6)

14. i — i：陂梨迷 — 2 ∫ (2)

e：洗係 — 9 ∫ (1)

ie：計蟻 — 10 ∫ (2)

ai：低溪 — 11 ∫ (3)

aŋ：覡 — 36 ∫ (4)

ip：急立 — 43 ∫ (1)

iap：粒 — 45 ∫ (3)

it：筆碧惕疫 — 47 ∫ (1)

et：蜜覓逼訖 — 50 ∫ (1)

ak：曆靂 — 56 ∫ (6)

iak：逆錫 — 57 ∫ (1)

15. ia — a：家下 — 4 ∫ (2)

ap：甲匣 — 44 ∫ (2)

iap：夾峽 — 45 ∫ (2)

at：黠鍣 — 48 ∫ (2)

16. io — io：唷 — 8 ∫ (2)

17. ie—ia：姐瀉—5∫(1)
ie：街介—10∫(1)
io：茄—8∫(1)
ai：鞋諧—11∫(4)
iai：皆解—12
18. iai—ai：崖—11∫(2)
19. iau—au：交效—18∫(2)
eu：繆謬—20∫(4)
iau：鏢聊—19
ok：角覺—58∫(4)
iok：腳削—59∫(1)
20. iou—iu：丘猷—16∫(2)
：六—61∫(4)
21. ian—an：閑延—26∫(2)
iuk：咸厭—22∫(2)
ian：姦鞭邊—27∫(1)

iam：黏嚴添—23

22. in—in：彬因—32～(1)

im：金歆—25～(1)

ium：勤欣—34～(2)

23 iaŋ—oŋ：江項—39～(2)

ioŋ：薑向—40～(2)

24. iŋ—en：杏丁—31～(3)

in：兵并汀—32～(3)

aŋ：盯頂—36～(3)

iaŋ：平名瓶—37～(1)

uaŋ：莖—38

25. u—i：儒如—2～(3)

u：豬跗盧—3～(1)

ut：突出—55～(1)

iok：縛—59～(2)

iuk：足錄—61～(1)

26. ua～uk：卜福幞—60～(1)
a：挖化—4～(3)
ua：瓜卦—6
at：滑襪—48～(3)
ot：刷—53～(2)
ak：畫—56～(5)

27. uo—o：多貨—7～(2)
at：闊活—48～(5)
et：或惑—50～(4)
uet：國—52
ot：掇捋—53～(3)
ak：握碩—56～(4)
ok：託芍斲—58～(2)

28. uai—uai：乖拐夬—13
oi：外—14～(2)

29. uei—oi：堆睡推—14～(4)

ioi：脆—15

ui：推圭追—17～(2)

30. uan—an：剜彎—26～(3)

uan：款關鰥—28

on：端專—29～(1)

ion：阮軟—30～(1)

31. un—un：敦春—35～(2)

32. uaŋ—oŋ：莊光狂—39～(3)

ioŋ：框網—40～(3)

uŋ：窗雙—42～(3)

33. uŋ—en：泓宏—31～(4)

iuŋ：弓恭—41～(1)

uŋ：東冬中—42～(2)

34. y—i：居須—2～(4)

iut：屈—54

iak：劇—57～(2)

35. ye—io：瘸靴—8～(3)
iet：厥血—51～(2)
ok：約覺—58～(5)
iok：卻略—59～(3)

36. yan—an：鴛怨—26～(4)
ian：元宣—27～(2)
ion：全詮—30～(2)

37. yn—im：尋—25～(3)
iun：君訓—34～(3)

38. yŋ—iun：瓊煢—34～(4)
un：匀雲—35～(3)
iuŋ：窮胸—41～(2)

三、聲調

1. 一聲—陰平：東冬—中古音平聲清（以下省略爲平清、上濁、去全濁等）。雍深—去清　粗紓—上全濁

陰去：鋼汪—去清

陰入：屋哭—入清

陽入：拉—入次濁

2.二聲—陽平：微文—平濁　邏迎—去次濁

陰入：竹別—入清

陽入：獨席—入全濁

3.三聲—陰平：尾里—上次濁

上聲：董感—上清　老五—上次濁　榜訪—去清　閃捕—去全濁

陰去：緩—上全濁

陰入：穀尺—入清　蜀屬—入全濁

4.四聲—陰平：巨技—上全濁

上聲：鎮懈—去清

陰去：送錯—去清　問面—去次濁

陰入：速篤—入清　郡—去全濁

陽去：用候—去全濁　靜願—上全濁

陽入：玉岳—入次濁

四、國音與海陸音（客音）之綜合比較—代結論

一、聲母方面

1.廣韻幫滂母字，國音客音都依次讀p p'，明母字都讀m；並母平聲，國音爲p'，仄聲爲p，客音並母都是p'。

2.廣韻非敷奉母字，國音都讀f，客音大部分字相同，但有部分非母字讀p，部分敷奉母字讀p'，保持重脣。

3.廣韻端透母字，都依次讀t t'；定母平聲，國音爲t'，仄聲爲t，客音定母字都是t'，接近中古音現象。泥娘及來母字，國音客音皆同。

4.廣韻見溪群三母字，國音分洪細音，洪音讀k k'，細音則腭化爲tɕ tɕ'；客音未腭化，都讀k k'。曉匣二母國音也分洪細，洪音h，細音腭化爲ɕ，客音洪細都讀h。

5.廣韻精清從三母字，國音分洪細，洪音讀ts ts'，細音腭化爲tɕ tɕ'；客音未腭化，都是ts ts'。心邪二母的洪音，國語讀s，細音腭化爲ɕ；客音都讀s。

6.廣韻莊初牀疏四母字，國音分二類，一部分同精系字讀ts ts' s，一部分同照系讀tʂ tʂ' ʂ。客音都與精系相同，保留精莊不分的上古音現象。

7.廣韻知徹澄與照穿神審禪母字，國語讀捲舌音tʂ tʂ' ʂ，客音讀tʃ tʃ' ʃ，發音很相近，但四縣客語則

同於精系。

8.廣韻影喻爲及微母字，國音多讀零聲母，客語僅影母一部分字爲零聲母，其餘的讀爲v或ʒ，微母字則讀爲m或v。日母字國語大多讀ʐ，少部分讀ɚ（兒、二），客語則分讀ŋ和ʒ。

9.客語有v和ŋ二聲母，v相當廣韻的微（文、武）和影（委、畏）爲（位、韋）母合口字；ŋ相當疑母合口一二三等及日母一部分字，如我、悟、原、日等。

二、韻母方面：

(一)國音與客音韻母相同有二十個：

1.i：精系字，如資此，司。國音其他空韻字，客音分屬i知、e世、u賜、ip入、it日、et虱、ut拭。

2.a：幫莊系假攝開口二等麻韻字，如把、爬、馬。國音a韻字，尚包括客音ap答、at殺、ak柵。客音a韻字，國音又分出ia家、ua瓜、ɤ車。

3.o：幫系果攝合口一等戈韻字，如波、婆、磨。國音o韻字，尚包括客音at鉢、et墨、ut勃、ak伯、ok泊。客音o韻字，國音又分出uo多、ɤ歌、au刀。

4.e：狀聲詞「誒」。客音e韻字，國音又分出i洗、ï事。

5.ai：蟹攝開口一二等咍泰皆佳韻部分字，如災、蔡、埋、排。國音ai韻字，尚包括客音oi胎、ie艾、ak百。客音ai韻，國音又分出i低、ie鞋、iai崖。

6. au：效攝開口一二三等豪肴宵韻字，如包、拋、矛。國音au韻字，尚包括客音o毛、eu茂、ok薄。客音au韻字，國音又分出iau交。

7. an：山攝合口一二三等桓刪元韻，如班、潘、瞞；開口一二三等寒山刪仙韻，如單、產、善。國音an韻字，尚包括客音on安、am探、em森。客音an韻字，國音又分出ian限、uan彎、yan怨，四呼俱全。

8. aŋ：江攝開口二等江韻及宕攝開口一等唐韻幫系字，如邦莽。國音aŋ韻字，尚包括客音oŋ方、ioŋ壤。客音aŋ韻字，國音又分出əŋ彭、iŋ硬、i覡。

9. i：止攝開口三等支脂之微及蟹攝開口三四等祭齊韻字，如皮、機、迷。國音i韻字，尚包括客音e洗、ie計、ai低、aŋ覡、ip急、iap粒、it筆、et蜜、ak曆、iak逆。客音i韻字，國音又分出ï知、u儒、y居、ei被、ɚ而。

10. io：狀聲詞「唷」

11. ie：見母蟹攝開口二等佳皆韻字，如街介。國音ie韻字，尚包括客音ia瀉、io茄、ai鞋、iai皆。客音ie韻字，國音又分出i計、ai艾。

12. iau：效攝開口三、四等宵蕭韻字，如鏢貂。國音iau韻字，尚包括客音au交、eu繆、ok角、iok腳。客音iau韻字，國音完全相同。

13. ian：山攝開口二三四等刪仙元先韻字，如顏、錢、田。國音ian韻字，客音又分出an閑、am咸、iam添。客音ian韻字，國音又分出yan宣。

14. in：臻攝開口三等眞韻字，如彬因親。國音in韻字，尚包括客音im金、iun勤。客音in韻字，國音又分出ən珍、iŋ兵、əŋ徵。

15. u：遇攝開口三等魚韻及合口一等模韻、三等虞韻字，如豬殊盧。國音u韻字，尚包括客音i如、ut出、iok縛、iuk足、uk卜。客音u韻字，國音也相同（賜字是例外字）

16. ua：見系假攝合口二等麻韻及蟹攝合口二等卦韻字，如瓜卦。國音ua韻字，尚包括客音a化、at襪、ot刷、ak畫。客音ua韻字，國音也相同。

17. uai：蟹攝合口二等皆佳夬韻字，如乖、怪、歪。國音uai韻字，尚包括客音oi外。客音uai韻字，國音相同。

18. uan：見系山攝合口一二等桓刪山韻字，如款關。國音uan韻字尚包括客音an彎、on端、ion軟。客音uan韻字，國音相同。

19. un：非脣音臻攝合口一三等魂諄韻字，如敦、春。國音un韻字客音完全相同。客音un韻字，國音又分出ən門、yn雲。

20. uŋ：通攝合口一三等東冬鍾韻字，如東、攻、戎。國音uŋ韻字，尚包括客音en宏、iuŋ弓。客音uŋ韻字，國音又分出əŋ風、uaŋ窗。

(二)國音獨有的韻母

1. ɤ：包括客音a車、ia惹、o歌、ap合、ep澀、at折、et德、it責、iet熱、ot割、ut核、ak客、iak

額、ok各。

2. ei：包括客音i碑、ui杯、et北。

3. ou：包括客音iu周、eu侯、ieu鉤、uk粥、iuk肉。

4. ən：包括客音en恩、in珍、im壬、un門、iun忍、uen耿。

5. əŋ：包括客音əŋ彭、en登、in升。

6. ə：客音i兒。

7. iou：包括客音iu求、iuk六。

8. iŋ：包括客音en丁、in兵、aŋ頂、iaŋ名、uaŋ莖。

9. uo：包括客音o多、at活、et或、uat國、ot奪、ak握、ok託。

10. uei：包括客音oi堆、ioi脆、ui崔。

11. y：包括客音i居、iut屈。

12. ye：包括客音io靴、iet穴。

13. yn：包括客音im尋、iun君。

14. yŋ：包括客音iun瓊、un雲。

(三)客音獨有的韻母

1. i韻尾：有oi（國音分屬ai、uai外、ei背、uei堆）；ioi（國音uei脆）；ui（國音分屬ei杯、uei推）。

2. u韻尾：有iu（國音ou周、iou休）；eu國音ou侯、u畝、au茂、iau謬）；ieu（國音ou鉤）。

3. n韻尾：有on（國音an看、uan端）；ion（國音uan阮、yan全）；en（國音ən很、əŋ朋、iŋ杏、uŋ宏）；uen（國音「耿」字韻ən）；iun（國音ən忍、in芹、yn君、yŋ瓊）。

4. ŋ韻尾：有oŋ（國音aŋ當、iaŋ江、uaŋ莊）；ioŋ（國音aŋ讓、iaŋ將、uaŋ框）；iuŋ（國音uŋ弓、yŋ雄）。

5. m韻尾：有am（國音an南、ian銜）；iam（國音ian尖）；em（國音ən森）；im（國音in金、ən壬、yn尋）。

6. p韻尾：有ip（國音i急、u入、ï執）；ap（國音a答、ia甲、ie葉、ɤ鴿）；iap（國音ie接、ia夾、i粒）；ep（國音ɤ澀）。

7. t韻尾：有it（國音i筆、y律、ɤ責、ï日）；at（國音a殺、ia瞎、ua滑、o末、uo活、ɤ折）；uat（國音ua刮）；et（國音i蜜、ɤ德、o墨、uo或、ei北、ie滅、y域、ï蝨）；iet（國音ie揭、ye月、ɤ熱）；uat（國音uo國）；ot（國音ɤ割、ua刷、uo奪、ie劣）；iut（國音y屈）；ut（國音u突、o沒、ɤ核、ï拭）

8. K韻尾：有ak（國音ai百、o伯、ɤ格、uo握、ua畫、i曆、a柵）；iak（國音i逆、y劇、ɤ額、ie鵲）；ok（國音o博、uo託、au芍、iau角、ye約、ɤ各）；iok（國音iau腳、u縛、ye卻）；uk（國音u木、ou粥）；iuk（國音u足、y菊、ou肉、六）。

㈣國音客音同有但內涵不同的韻母

1. ia：國音ia包括客音的a家、ap甲、iap夾、at瞎四韻母；客音ia，國音分成ie借、ɣ惹二韻母。
2. iai：國音此韻有「崖」字，客音韻ai；客音此韻有「街解」等字，又音ie、ai，國音ie韻。
3. iaŋ：國音此韻包括客音oŋ江、ioŋ強兩個韻母；客音此韻如平、醒等字，國音韻iŋ。
4. uaŋ：國音此韻包括客音的oŋ莊、ioŋ框、uŋ窗三個韻母；客音此韻，如「莖」字，國音韻iŋ。

三、聲調方面

1. 國音第一聲，包括客語：(1)陰平，如東、冬（廣韻平聲清）、雍、深（去聲清）、粗、紓（上全濁）；(2)陰去，如鋼、汪（去聲清）；(3)陰入，如屋、哭（入聲清）；(4)陽入，如拉（入次濁）。
2. 國音第二聲，包括客語：(1)陽平：如微、文（平聲濁）、邏、迎（去聲次濁）；(2)陰入：如竹、別（入聲清）；(3)陽入：如獨、席（入聲全濁）。
3. 國音第三聲，包括客語：(1)陰平：如里、尾（上聲次濁）；(2)上聲：如董、感（上聲清）、老、五（上聲次濁）、榜、訪（去聲清）、閃、捕（去聲全濁）；(3)陰去：如緩（上全濁）；(4)陰入：如穀、尺（入聲清）、蜀、屬（入聲全濁）。
4. 國音第四聲，包括客語：(1)陰平：如巨、技（上全濁）；(2)上聲：如鎮、懈（去聲清）；(3)陰去：如送、錯（去聲清）、問、面（去聲濁）；(4)陰入：如速、篤（入聲清）、六、目（入次濁）；(5)陽平：如郡（去全濁）；(6)陽去：如用、候（去全濁）、靜、願（上全濁）；(7)陽入：如玉、岳（入次濁）。

（文學博士，現任臺北市立師範學院語文系教授、兼學務長，廉教授門人）

直覺本能與禪宗開悟後「形上世界」之體現

杜松柏

一、禪宗頓悟的要義

禪宗主頓悟，蓋頓悟無餘，則由凡入聖，即以平常的衆生，而一超直入，立即成佛，如六祖慧能所云：

善知識！不悟，即佛是衆生，一念悟時，衆生是佛。故知萬法盡在自心，何不從自心中，頓見眞知本性。……〈壇經般若品〉

一念愚即般若絕，一念智即般若生。……前念迷即凡夫，後念悟即佛；前念著境即煩惱，後念離念即菩提。〈同上〉。

可見悟的重要，不悟是凡夫俗子，悟則成聖而達佛位，除盡煩惱而得菩提，是以禪人無不以求開悟爲目的，故宗門老宿自言本宗的特性云：「直指人心，見性成佛」。如何「見性成佛」？六祖慧能云：

若開悟頓教，不執外修，但於自心常起正見，煩惱塵勞，常不能染，即是見性。〈壇經般若品〉

頓悟者，不離此生，即得解脫。何以知之，譬如師子兒，初生之時，即其師子，修頓悟者，亦

復如是，即修之時，即入佛位。……〈同上〉

頓悟是心悟慧生，因而「見性」——人與道合，是以能斷除塵勞煩惱，達到不懼污染的地步，所謂「本來無一物，何假拂塵埃」，即是此意；又頓悟功成，如獅子兒之初生，已完全是獅子，以形容頓悟即是佛，在頓悟之時，即已完成，故謂之無欠無餘。至於一知半解之悟，或大悟數十回的世俗知識事務之悟，如果不能頓見眞如本性，都不是禪宗的頓悟境界。

二、禪人開悟方法的探求

禪宗頓悟之難，因爲是「發明大事」，是求人與道合的「向上一路」，不是哲學上思悟頓明，可以言語論說的層次，如錢鍾書所云：

由學思所得之悟，與人生融貫一氣，可落言說，可見應用。而息思斷見之悟，則隔離現世人生，其所印證，亦祇如道書所謂視之不見，聽之不聞，摶之不得，佛書所謂不可說，不可說而已。〈談藝錄第三四二頁〉

很明白地道出了這一宗教「頓悟」，與哲學和世俗學問的貫通之悟的不同，前者是思惟可到，言議可及的，而能見之於行爲規範，人生社會應用的實際的；後者則是「眞如」、「本體」形而上的，甚至超越哲學家的思慮所可達的境界；但是頓悟的結果或境界，又不是「不識不知」，如南泉普願所云：

道不屬知，不屬不知，知是妄覺，不知是無記，若眞達不疑之位，猶如太虛廓然洞豁，豈可強

是非也。（註一）

蓋謂其所謂的「道」，以其是超越的存在，所以有非世俗「智知」的特殊性，「智知」，指的是想像力，思考力所可達到的認知思考範疇，但是也不是「無記」—無知無識的愚魯，這一似乎前後矛盾之處，由黃檗希運之言，應能求得合理的解釋，矛盾之中，有其調和融釋者在：

> 此心自無始以來，不曾生，不曾滅，不青不黃，無形無相，不屬有無，不計新舊，非大非小，超過一切限量名言蹤跡，當體便是，動念便乘，猶如虛空，無有邊際，不可測度，唯此一心即是佛。（註二）

黃檗所謂「此心」，乃「眞如」、「本體」之意；「不曾生、不曾滅、不青不黃……」乃其形而上性質、意義之闡明；「當體即是，動念即乖」，謂證悟之時，惟能當下直入，一涉思惟擬議，便與之乖離；因爲此一「眞如」、「本體」，雖係如實的存在，但是並非實有，故曰「猶如虛空，無有邊際」；要證入這一「空無」的境界或至道，自係難之又難，禪祖師比之於「蚊子上鐵牛，無下嘴處」，又曰「虛空中釘橛」，所以反對佛教的「定法求悟」，認爲係「死水裡浸殺」，佛法的戒、定、慧三學，認爲係定法，難有證悟，禪家宗師云：

> 若悟至性，亦不立菩提涅槃，亦不立解脫知見，無一法可得，方能建立萬法。（六祖壇經・頓漸品第八）

> 我宗無言句，亦無一法以與人，若有一法以與人，亦成斷常之法，非正法也。……或於十二分

教明得者；或於教外明得者；或有未舉先知者，未言先領者；或有無師自悟者。〈兀庵和尚語錄．示松島圓海長志書〉

六祖慧能的「無一法可得」，說明了此「眞如」、「本體」超越了「法」的範圍，證悟所到，不過是形而上的「空無」；既無一法可得，自無一法可資傳授；兀庵普寧更明言「無一法以與人」，尤係最直接的說明；至於所舉的證悟的種類「或於十二分教明得者，或於教外明得者……」則是不由「定法」，而由活法求悟的說明。而開悟的根本，不在他求，而在內求，不在外力，而在自力，如枯崖圓悟云：

經是佛言，禪是佛心，初無違背。但世人尋言逐句，沒溺教綱，不知有自己一段光明大事。故達摩西來，不立文字，直指人心，見性成佛，謂之教外別傳，非是教外別是一個理。只要明瞭此心，不著教相，今若只會佛語而不會歸自己，如數他人珍寶，自無半分錢。……〈枯崖和尚漫錄卷中〉

明確地指出了禪宗、佛教的最大差別，是教下信徒沒溺在經、論、律和佛、法、僧的教綱中，不知自己本具佛性，自可成佛，「有自己一段光明大事」；而禪宗則「直指人心」，知有佛性的本具，可以自力、內求，以見性成佛；如果只重經、論、律的佛語，不能回歸自己，則如數他人珍寶，而自己並無半文錢，縱有所得，亦是「小滋味」，「法愛之見」。

大概而論，禪人的證悟，是貴活法，而不守死法、定法；活法的基本意義，是由定法入手，在熟習了規矩方法之後，而變化不測，由定法而達於活法，或無定法，禪人謂之「死蛇活弄」，其不廢佛教的讀研佛典，依戒、定、慧以修行，便是此意；而其積極的意義，是無法，或不主一法，以無法之法，而得一切法的活法之用，其後的禪宗師，根據自己的開悟經驗，建立其門庭設施—亦即引導學人開悟之法，惟未依照佛教定法的方式；而秉持此活法、無定法的精神，如用棒、用喝，以建立其宗風；至宋以後，看話禪，默照禪興，逐漸喪失活法求悟的精神，而歸於定法，此一佛禪的教法融合，而禪宗衰微，乃其特性消失之故。

活法或無定法的意義爲何？其基本的意義，是秉持佛性本具之心，不向外馳求，不修爲造作，依平常心是道的原則，以得脫除習氣、業累，如臨濟義玄所云：

> 道流！佛法無用功處，祇是平常無事，屙屎送尿，著衣喫飯，睏來即臥。愚人笑我，智乃知焉。古人云：向外作工夫，總是癡頑漢。爾且隨處作主，立處皆眞，境來回換不得，縱有從來習氣，五無間業，自爲解脫大海。……（鎭州臨濟慧照禪師語錄）

如果是無知無識的平常無事，則不過是喫飯穿衣的常人，而此一平常無事，乃向上一路不用功的用功方法，以冥達「隨處作主」，「立處皆眞」，如何能如此，即活法求悟—以本見的佛性，平常心的渾然，氣機具於內，以待外境外緣的觸發，所以見桃可以悟道，覩影可以明心，聞雷、聞青蛙入水、聞喝道可以頓悟，這類悟道的方法，實乃不專一法的活法，實乃無法之法，以靈雲志勤的見桃花盛開而悟道，作了一首偈語：

三十年來尋劍客，幾回落葉又抽枝，自從一見桃花後，直至如今更不疑。

後經溈山靈祐的勘驗，與之符契，並加印可道：「從緣悟達、永無退失，善自護持」。可惜「從緣悟達」並未形成公案，爲禪人所注意，筆者曾以專文探論，予以釋說道：

由見桃悟道的可能性而言，桃花的開落，是現象界的「有」和本體界的「空」的顯示，「空」、「有」一如，由「空」而「有」，由「有」而「空」，不斷地交替進行，故靈雲能見「色」明「心」——由現象界的「有」，證悟本體界的「空」；但是這一事象，不限於桃花，任何花卉均有此可能。而且在靈雲的看桃花的三十年過程之中，年年均有可能，何必待「三十年」之後呢？當然這是一種偶然性和突發性，一方面是「時至自悟」，一方面是「可遇而不可求」，這是從緣悟達的外層意義；就靈雲的開悟過程而言，是經過「三十年」的尋求過程，氣機具於內，是爲開悟的主因，見桃花而開悟，桃花只是引發的外緣，這與阿基米德在洗澡時發現了浮力定理，其原因相同。洞山良价的因過水覩影而開悟，正係「從緣悟達」一類的例證……（註四）

禪宗的活法，實應以此爲主，即使禪人行腳參訪，也是在覓求從緣悟達的引發外緣或機緣，所以燈史的記載，多有「機緣不契」，或「子機緣不在此」的答話，可見「從緣悟達」，是活法或無定法以求悟的最大法門，也許不足以概括活法或無定法，但外緣的引發或觸發，極關重要。更可以見出活法或無定法，的確超越了戒、定、慧、和經、論、律的定法範圍，而且較定法遠爲有效。

三、禪人開悟係由「直覺本能」之探究

禪人的悟道，在求人與道合，其所謂的道，不是一般的事理，可理解，可思悟的對象，而是一種超越、絕對的存有，即眞如、本體，其大無外—包含萬有，其小無內—不能作任何的割分，故而泯除了主客，能所的對待，所以無法以人的感覺官能，以求了悟，因爲「非目耳之所到」，雖然就眞如、本體的依體起用而言，固然「色心一如」，形而上的「道」，與形而下的「器」，有「不一亦不一」的一體關係，可是「大用現前，不存軌則」，目擊道存，是開悟後的境界，未開悟以前，見山只是山，見水只是水，欲憑感官的辨識知覺，以達人與道合，殊不可能，所以唯識百法，要立超乎六識以外的第七識、第八識，甚至第九識，以起道種智，可見感覺官能的辨識知覺，於人與道合的開悟而言，是無能爲役的。故牛頭法融云：

靈通應物，常在目前，目前無物，無物宛然，不勞智鑒，體自虛玄。（註五）

「目前無物」，即「非自目之所到」，非感官所能認知，「無物宛然」，謂其非「耳目之所到」，仍如實而存在；所以又云：「實無一物，妙智獨存」，於是提出了「絕觀忘守」的悟道方法。如亡名僧的「息心銘」所云：

關爾七竅，閉爾六情，莫現於色，莫聽於聲，聞聲者聾，見色者盲。（釋道原景德傳燈錄卷三十）

正足說明「絕觀」之意，而「絕觀」非止於「視覺」，乃「關爾七竅，閉爾六情」，即一切視、聽、嗅、聞、觸等的感官認識作用，都要絕止，不能以之識道而悟道。何以如此，只緣「眞如」，本體，是形而上的超越存在，不能由一切形體存有的形而下者，予以認識感知。故而七竅、六情，無用武之地，如牛頭法融云：「六根對境，分別非識」，六根—眼耳口鼻身意六根，所對的聲色味香觸識六境而起的六識，這種分別辨識，不能領會「至道」。

禪入開悟的「眞如」、本體，除了無形無相，是超越的存有，不能用六識的感覺官能由形體的存有作認識之外，復因其係其大無外，其小無內，泯絕主客能所的對待，故而而無思惟言說之可能，如禪祖師云：

多言所慮，轉不相應，絕言絕慮，無處不通。〈三祖僧燦「信心銘」．景德傳燈錄卷三十〉

至理無詮，非解非纏。靈通應物，常在目前。目前無物，無物宛然。不勞智鑒，體自虛玄。〈牛頭法融「心銘」．同上〉

無多慮，無多知。多知多事，不如息意，多慮多失，不如守一。〈僧亡名「息心銘」．同上〉

「至理無詮」，應是「眞如」，本體不能由言語思量的總說明，所以揭示了「多言多慮，轉不相應」的開悟法則，和「不勞智鑒」的法要，以後的禪宗師，不失宗旨，發揮此意道：

出一言半句，不是心機，意識思量，鬼窟裡作活計。

銀山鐵壁，擬議則髑髏前作鬼，尋思則黑山下打坐。（註六）

說明了禪宗的悟道是絕對性的禁止思惟擬議，根本上不許「智知」，因爲這一層次和境界，不但不許思惟擬議，亦非思惟擬議之可及，明乎此，則禪宗「不立文字」的理論基礎和原因，方能明瞭。

在世俗的世界裡，基於人的共具之天賦本能，即能感覺的五官六識，和能思考的理性—邏輯推理，於是形成了「感覺世界」和「理念世界」，如馮友蘭所說：

我們有能感之官能，對於實際的物，能有感覺；我們有能思之官，對於眞際之理，能有概念。

〈見貞六六書新理學〉

能感之官，指的是五官六識所起的認識作用，認識實際環境中的事物，如方圓、大小、色彩、高低聲音，音質，香臭，味覺，以起形象認識，記憶和思考；人的神經組織，有理性本能，以進行邏輯推理，故能形成概念，歸類分類，綜合統一，以致思考判斷，這就是柏拉圖據以建立的「二重世界」—「理念世界」和「感覺世界」，有如韓水法所云：

柏拉圖把知識和存在分別劃爲四個等級。知識的四個等級是：理性、理智、信念和想像。理性和理智是指有關理念和數理學科方面的知識，信念和想像是指有關可感事物的知識，它們實際上都可分別合併爲一種知識。存在的四個等級是：理念、數理學科，可見可感的事物和影像。與知識的劃分相對應。存在前二個等級和後二個等級實際上也可分別合爲一種類型，第一種構成理念世界，而第二種則是感覺世界。（註七）

可見理念世界是由理性、理智所創獲而成（註八）。根據前文所論敘，禪宗人與道合的「眞如」，本體，不屬於「理念世界」和「感覺世界」的範疇，故不可由能感之官以感知，由能思之官，以思知，已可確定無疑。然則禪人的悟道本能爲何？即「直覺本能」，悟道以後的所得爲何，即「本體世界」的呈現。

禪宗的悟道，因爲不許「思知」，不許「識覺」，因爲「禁錮」了人類本具常用的本能，所以形容爲「鐵圍山」，「銀山鐵壁」，和「蚊子上鐵牛，無下嘴處」，然而禪祖師和開悟的禪人，畢究開悟了，當然突破了「鐵圍山」，或「銀山鐵壁」，所依憑的爲何？必然是他們具有這種本能，所以悟道以後才說是「現成事」，「自家珍寶」，根本不待外求，有了這一基本方向的掌握，再作進一步的追尋，便不難而能窺其端倪：

心王亦爾，身內居停，面門出入，應物隨情，自在無礙，所作皆成，了本識心，識心見佛。〈傅大士「心王銘」．景德傳燈錄卷三十〉

虛明自照，不勞心力。非思量處，識情難測。眞如法界，無他無自，要急相應，唯言不二。〈三祖僧璨「信心銘」．同上〉

靈知自照，萬法歸如。無歸無受，絕觀忘守。〈牛頭法融「心銘」．同上〉

不思議，解脫力，此即成吾善知識。〈永嘉眞覺大師「證道歌」．同上〉

傅大士的「心王」，三祖僧燦的「虛明自照」；牛頭法融的「靈知自照」；永嘉眞貴的「解脫力」，都指出了悟道的本能，本自具有，而又不是「理性本能」，和「認識本能」，這一本能爲何？即不經由「思知」「識覺」的「直覺本能」，連一般的動物也能具有，例如抗戰時衡陽大會戰時，衡陽大火的前幾天，衡陽城中的老鼠首尾相銜，成千上萬，逃出衡陽城，渡過湘江，竄泳至江東岸，不久而大火焚城；共軍渡江陰的前日，也發現烏龜成群游走的異象，以至本省颱風草的傳聞，證明了人和物有直覺的本能，這種本能是「思知」、「識覺」以外的能力，這種本能的發揮，和天賦獨厚者，即形成悟道的本能，即所謂的「心王」、「虛明」、「靈知」、知「解脫力」等，也就是不思而知，不慮而得的夙具「直覺本能」，如果沒有這種本能，又不許「智知」，「識覺」，豈有能悟道之理。明乎此，則百丈懷海的頓悟法要，可得而明：

問：如何是頓悟法要？師曰：汝等先歇諸緣，休息萬事，莫記憶，莫緣念，放捨身心，令其自在，心如木石無所辨別，心無所行，心地若空，慧日杲杲自現，如雲開日出相似。〈五燈會元卷二〉

細會其意，「汝等先歇諸緣，休息萬事，莫記憶，莫緣念」，即不「識覺」之謂：而「心如木石，無所辨別，心無所行，心地若空」，即不「思知」之意；阻遏了這些，即斬斷了世俗的情識意想，而達「心如木石，無所辨別」的狀態，此一夙具的直覺本能，方能自然地呈現：「心地若空，慧日自現，如雲開日出相似」。此一開悟的「直覺本能」，即馬祖道一所開示的平常心：

若欲直會其道，平常心是道。謂平常心無造作，無是非、無取捨，無斷常、無凡無聖。（註九）

既「無造作」，乃本能夙具，非後天修持所成：「無是無非、無凡無聖」，顯非「思知」－思量推斷的範疇；無取捨、無斷常，非感覺欲求之事，這一「平常心」、實即「直覺本能」之義，如果不以「思知」，又不以「識覺」，苟無第三種本能，則何能悟道？所以「直覺本能」的開悟，是禪宗師所共許的，只是無統一的名相、明白的界說，加以表顯而已，又如臨濟義玄云：

赤肉團上有一位無位眞人，常從汝等諸人面門前出入，未證據者看看！時有僧出問：如何是無位眞人？師下禪床把住云：道！道！其僧擬議，師托開云：無位眞人，是什麼乾屎橛！〈鎭州臨濟慧照禪師語錄〉

筆者以前認爲係馬祖「平常心是道」的形相化，其實乃「眞覺本能」之形相化，而且此一「直覺本能」，常在發生作用，催動修道人，而本具於修道人的內心，所以才說「赤肉團上有一位無位眞人，常從汝等諸人面門前出入」！當時僧人中似有所直覺者，出而問話，臨濟不予答話解釋，下禪床把住而著其「道！道！」，蓋欲以外力、外緣，引發此一「直覺本能」，可是問話的僧人陷於思惟擬議之中時，則時機已逝，此一直覺本能，已無由發揮，故臨濟即云：「無位眞人，是什麼乾屎橛」，以泯除其「妄想」。這一「直覺本能」，是人人潛存本具的，既不涉及思惟擬議，也與感覺辨識無關，所以才能「一超直入」，指的是在這一「直覺本能」激發之時，在「無著力處」的情況下，通透無餘，豁然領悟，不知其然而然，故以「慧日自現」和「如雲開日出相似」以形容之！例如臨濟義玄的開悟：

（臨濟）初在黃檗，隨衆參侍，時堂中第一座勉令問話，師乃問：如何是祖師西來的的意，如是三問、三遭打，……來日師（臨濟）辭黃檗，黃檗指往大愚，師遂參大愚，愚問曰：什麼處來？曰：黃檗來！愚曰：黃檗有何言教？曰；義玄親問佛法的的意，蒙和尚便打，如是三問三遭被打，不知過在什麼處？愚曰：黃檗恁麼老婆，爲汝得困徹，猶覓過在，師於言下大悟。〈景德傳燈錄卷十二・臨濟義玄章〉

此為臨濟義玄的開悟過程，臨濟義玄的問「佛法的的大意」，黃檗希運在其三問而三次打之，不是義玄有過失而加責打，乃是最直接，最親切的接引，激發其「直覺本能」，不予言話解說，至高安大愚的提示，遂機緣巧合，引發了這「一直覺本能」，因而大悟，因為大愚的答話中，並無玄微之理，神奇的接引方法，其關鍵所在，不過是使義玄得到了機緣—引發直覺本能，故而一超直入。又如洞山良价因過水覩影而開悟，其偈云：

切忌從他覓，迢迢與我疏。我今獨自往，處處得逢渠，渠今正是我，我今不是渠。應須恁麼會，方得契如如。（宋釋普濟五燈會元卷十三）

過水覩影而能開悟，似乎太不可能，其實乃時節因緣，發了「直覺本能」，此一本能，正如影之從形，洞山良价的偈語所謂「切忌從他覓」，可見不在他而在己，所謂的渠，正是「直覺本能」，因其激發契合，方得證悟，而「方得契如如」。此外如香嚴智閑，勞作時以拋瓦礫擊竹作聲，忽然省悟；越山師鼐，因赴官齋，坐久舉目忽覩日光，豁然頓曉；神照本如嘗以經王請益四明尊者，尊者震聲曰：「汝名本如」，師領悟；楚安方禪師於舟中聞鄉人厲聲云叫「那」，由是有省；分庵主因行江干，聞階司喝侍郎來，忽然大悟；應是時節因緣等外緣而引發此直覺潛能而開悟的，亦謂「從緣悟達」，如靈雲志勤見桃花而開悟之例，溈山靈祐結其所悟，與之符契，而告之曰：「從緣悟達，永無退失，善自護持」。看桃花竟然能悟道，當然有其理由，如溈山所云：「從緣悟達」，桃花是外緣的引發，引發的自係這一潛存、本具的「直覺本能」，此一本能，即自性、佛性，神秀弟子信州智常禪師，參六祖，述神秀之言，及六祖、智常之偈語，可明此意：

（智常）於中夜獨入方丈，禮拜哀請，大通乃曰：汝見虛空有相貌否？對曰：虛空無形，有何相貌？彼曰：汝之本性猶如虛空，返觀自性，了無一物可見，是名正見；無一物可知，是名眞知；無有青黃長短，但見本源清淨，覺體圓明，即明見性成佛，亦名極樂世界，亦名如來知見。學人雖聞此說，猶未決了，乞和尚誨示，令無疑滯。祖曰：彼師所說，猶存見知，故令汝未了，吾今示汝一偈曰：不見一法存無見，太似浮雲遮日面。不知一法守空知，還如太空生閃電。此之智見瞥然興，錯認何曾解方便？汝當一念自知非，自己靈光常顯見。師聞偈已，心意豁然，乃述一偈曰：無端起知解，著意求菩提。情存一念悟，寧越昔時迷？自性覺源體，隨照枉流遷。不入祖師室，茫然趣兩頭。〈景德傳燈錄卷五〉

大通係神秀的謚號，信州智常原爲北宗神秀弟子，後參謁六祖慧能，而轉述神秀的說法要旨，「汝之本性猶如虛空，返觀自性，了無一物可見，是名正見」。正足以說明此一「直覺本能」即是自性，「返觀自性」，即是反求自性以作觀照，以求此一本能的激發，不是神秀的理知話說錯了，而是進入了思惟擬議的路頭，爲此一本能所不許，此一「猶存見知的」的過失，故爲六祖所非；六祖所開示於智常的，除了指出「無見」「空知」的不當外，開示的是「汝當一念自知非，自己靈光常顯見」。只是點撥智常去「知見」之非，讓本有的「直覺本能」—自性、佛性的靈光顯見，而一超直入，大概是機緣的巧合，智常竟然在剎那之間而豁契入了，他的主要體會是「自性覺源體，隨照枉遷流」，這一本具的「直覺本能」，是「自性覺源體」，如果不直接激發，而由「知見」以求，便不能發抒，而一超直入，致隨世俗之知見而枉然陷於遷流的無常中。經過了以上的體會和對禪宗師開悟的觀照結果，於禪人的開悟，有了下述的總結：

一、禪人的開悟，一定有其本具潛存的本能，此一本能，是在理性本能、感覺本能之外，故名之爲「直覺本能」，不但與前二者顯然不同，而且有排斥作用。

二、「直覺本能」，即人人本具的「自性」、「佛性」，此一「自性」、「佛性」，不涉及人心、道心的是非善惡和認知，在時至和外緣之下，而自覺自悟，故曰「慧日自現」，故曰「自己靈光常顯現」。

三、「直覺本能」發揮作用而開悟時，不是「思知」，不是「識得」，是直接的覺悟，故曰「一超直入」，而又有悟則成聖的效果，而不能言說，故神秘而難知難測。

四、「直覺本能」是在不以「思知」，不以「識得」的前提下，以「從緣悟達」爲方便；而且是排除了「思知」、「識得」之後，愈有激發的可能，如是才能「心如木石」、「心地若空」、「如雲開日出相似」。

五、「直覺本能」是自然的激發，非做作可得，所以反對一切造作的有爲法；也反對落於「思知」、識得的「定法」；而貴無方法的方法—從緣悟達的活法；若修行的定法，有作有爲的方法，如能達到激發「直覺本能」的地步，而一超直入，亦不反對，甚在無其他方法時，尤可採用這些方法，故謂之死蛇活弄，以後的看話禪，默照禪的產生，其故在此。

六、「直覺本能」，雖然人人本具，個個現成，但有所得薄厚多寡之不同，故禪宗特重厚根利器，所謂「千鈞之弩，不爲溪鼠發機」、「香象所負，非蹇驢所堪」，故成佛作祖，非人人所能，所以人人具有佛性，而絕大多數是凡夫俗子，其故在此。

七、「直覺本能」已具，仍待後天的引發，基本上是「發心」，能直覺到有此本能，而發慧、開悟；有漸漸養成的階段，以達於「豁然曉悟」。雖然是單刀直入，但仍然有「發心有頓漸，迷悟有遲速，迷即累劫，悟即須臾」的不同。故自我發心，師資引導，仍然係重要的因素。

八、「直覺本能」雖然反「思知」，於「向上一路」，反對作知識性的思索和探討論說，但是仍然不是不知，而是「如愚魯」，而非眞愚眞魯，而且在日常生活之中，難以做到如臥輪禪師所云：「臥龍有伎倆，能斷百思量。」而是如六祖慧能所云：「慧能沒伎倆，不斷百思量」，只是「思知」乃係引導，以激發此本能而促成發慧，不許、不能以「思知」而徑求開悟。

九、「直覺本能」的激發，雖然是非耳目之所到，但是外緣的引發，是有待「識得」的，如洞山良价的涉水覩影，靈雲志勤見桃開花，可是不能執著於六識的「識得」爲眞，要「透穿」現象界的假有，以達「目擊道存」，觸目菩提，「立處皆眞」的悟界。

十、「直覺本能」，禪宗祖師，體會最深，所得最多，然哲學家亦約略知之，莊子的心齋、坐忘，以至於罔象得珠，大致是藉之以發揮此一本能，又邵康節云：「夫所以觀物者，非以目觀之也，而觀之以心也，非歡之以心也，而歡之以理也」（見觀物篇）。「觀之以心」，而「非歡之以目」，亦係指此「直覺本能」，可惜「觀之以理」一語，涵意欠明，又似指理性的思知。

十、「直覺本能」，應是萬物所具有，只是有所得的不同，所以才說「佛性徧周沙界」，「無情說法」，前敘的老鼠渡河，烏龜過江以避災禍，即其證例，人類由偶爾的感應，到靈感的出現，以至靈光的顯露而開悟，亦是因所得的不同；而且有時能顯露，有時不能顯露，有人能顯露，有人不能顯露之分。由禪人一超直入的開悟方面而言，不許「思知」、不許「識得」，除了「眞如」本體不能以此二者體悟之外，亦有反知識──「爲學日益，爲道日損」的涵義，此亦宗教家與哲學家界限之所在，哲學家是學思並重，益以經驗的「思知」，而宗教家是「直覺」開悟的體證結果。尤有進者，哲學的本體認識，是由於推論，所得所言各自不同，故有不確定性，甚至矛盾與懷疑；而禪宗的「眞如」、本體，係證悟的結果，故彼此確信而所體會多相同。

土、基於「直覺」而開悟，可能有幻覺，所以禪人注重勘辨，最要者不認可「思知」，而求出一言半語，不是心知；而由體起用，或隨境指出，在如電光火石的機鋒下，取形而下者以表形上者；或「語中無語」，如麻三斤，庭前柏樹子，雲門一字關，而悉知落處，以考驗其悟境。所以禪人的開悟，雖似哲學家「絕對的唯心主義」，但就其開悟所領會者而言，乃「眞如」、本體的如實顯示和表顯者，與哲學的推論所得，大有別異，例如宋代理學家周濂溪以「誠」爲本體；張橫渠以「太和」爲本體；二程子以「仁」爲本體；朱子以「理」爲本體；姑不論孰是孰非，但其所謂之本體，無相同者，而禪宗師則無此一矛盾現象。因爲禪人認爲「眞如」、本體是不能「智知」、「識得」，依「眞如」、本體的形上意義而言，應合理而接近本來的眞實概況。

𠫤「直覺本能」激發後的開悟，係人與道合，而後表顯其體會所得，雖然不能由「智知」、「識得」的認知論證層面，發明其眞僞是非，因爲「智海無性」，「覺妄元虛」，但就開悟後的表顯，而加以如實體會，因爲他們是人類罕有的本能之具有者，不能因我們多數人之中缺乏「不觸事而知」、「不對緣而照」的直覺本能，就否定其證悟所得。

𠫵在佛禪之中，自然有以未悟爲悟之人，即大慧普覺所謂的杜撰長老，「根本自無所悟」，「無本可據」（註一〇）然在禪人勘驗之下，而顯露眞僞，不然則其著語，必落於「智知」，「識得」的範疇。當然，證悟「眞如」、「本體」者，對如實之體會，能頓悟無餘，得大圓鏡智，但止於這一境界，於「智知」的理念世界，「識得」的感覺世界之知，亦不能週知無餘。

由上所論述，可知禪人的開悟，是人與道合，必有開悟後的如實世界，方有如實的「眞如」，本體的領會；亦必有如此之眞如，本體「世界」，方有如此之開悟方法；有如此之開悟方法，必由少數人有此直覺本能，方能運用如此之方法以開悟。

四、禪人開悟「形上世界」之體現

人類基於理性的本能，而有「理念世界」的開拓，邏輯思考的結果和進行的過程，以及方法，是其主要的成就；復基於六識的感知，而有形象認知和記憶，於是有形象思考和運用形成了「感覺世界」，於是由於辨析、究察事物的共相，別相，得出典型，分辨美醜，塑造形象，文學和藝術創作，是其主要結果；自柏拉圖之後，這「二重世界」，已爲學者所共認，而成爲一般常識；形而上的本體論，尤其是佛禪所謂的「眞如」，雖然自巴門尼德以來，便有「眞理世界」的提出，所謂「不會消滅，完整，唯一，不動，無限」的存在（註十一），但是哲學家的本體論的建立，不但存在著現實和超越現實的矛盾，因爲超越的存在，不同於現實，這是可以理解的；但是除了把這本體界建立在現實界和經驗之外，並認爲理性是渡至本體的必登之舟，所以其本體論，當然是出於理性本能和思考推論「的智知」了。但是這一過程和結果，全然爲禪宗所不許。依禪宗由「直覺本能」，形成開悟，以獲致「眞如」、本體的體現，證以由「理性本能」，而有「理念世界」的拓建，由「感覺本能」，而有「感覺世界」的成立，則禪宗師「眞如」、本體的形而上「本體世界」的體現，亦應眞確而可信，表面上是宗教家和哲學家的別異，實際上是我們未充分具有此一本能，未能證悟到此一「世界」，故而不能明瞭，甚至不能接受他們的證悟結果。

禪宗師開悟之後，於所證得體會之所得，實即人與道合之後，於眞如、本體，嘗有敘說表顯，如六祖慧能云：

何者清淨法身佛？世人性本清淨，萬法從自性生。……於外著境，被妄念浮雲蓋覆自性，不得明朗。若遇善知識，開眞正法，自除迷妄，內外明徹，於自性中萬法皆現，見性之人，亦復如

是，此名清淨法身。〈壇經懺悔品第六〉

這一「清淨法身」、「自性」，即是眞如之異名，在人之能開悟而言，即本具之佛性，實即「直覺本能」，在外力而能引發，於個人，則由自覺和自除迷妄，方能「見性」；六祖於開悟之後，自言其所得云：

惠能言下大悟，一切萬法，不離自性。遂啓祖言：何期自性，本自清淨；何期何自性，本不生滅；何期自性，本自具足；何期自性，本無動搖；何期自性，能生萬法。〈同上〉

這是六祖開悟之後，充滿喜悅與自信，向五祖述其所得，「自性」即「眞如」，「本體」；自性的「本自清淨」、「本不生滅」、「本自具足」，是其能開悟根由的陳述，在「自性」的「直覺本能」具有和具足之下，所以才能開悟、證知；至於「自注」的「本無動搖」，「能生方法」，更是「眞如」、眞體，形而上的存在和「能爲萬物主，不逐四時凋」的闡明，至於此一自性的形而上和本體意義，慧能更有概括性的闡明：

猶如虛空，無有邊畔，亦無方圓大小，亦非青黃赤白，亦無上下長短，亦無瞋喜，無是無非，無善無惡，無頭尾。〈同上〉

指出了「眞如」、本體，超越形體的存在，故曰猶如虛空，無有邊畔，亦無方圓大小，亦非青黃赤白，亦無上下長短；又非世界俗的情感經驗所及；故曰「無瞋喜，無是非、無善無惡、無頭尾」，也顯示了此一存在，是超越了「感覺世界」和「理性世界」的，尤以黃檗希運、馬祖道一於此一眞如、本體，有更具體的領會和陳述：

法身無窮，體無增減，能大能小，能方能圓，應物現形，如水中月。不立根栽，不盡有爲，不住無爲，有爲是無爲家用，無爲是有爲家依。不住於依，故云如空無所依。〈馬祖道一語錄〉

諸佛與一切眾生，便是一心，更無別法。此心自無始來，不曾生，不曾滅，不青不黃，無形無相，不屬有爲，不計新舊，非大非小，超過一切限量名言蹤跡，當體便是，動念即乖，無有邊際，不可測度，惟此一心是佛。〈黃檗山斷際禪師傳法心要〉

馬祖道一，爲六祖慧能下第二代；黃檗斷際禪師即黃檗希運，斷際乃其謚號，爲馬祖道一第二代；二人所言與六祖所體悟的「眞如」、本體，幾無實質上的殊異：馬祖的「法身」、黃檗的「一心」，即六祖所言的「自性」，均係「眞如」、「本體」之意：這一「眞如」、本體，因爲無形體，所以無增減，無邊際，無方圓大小，無顏色，無上下長短；而且是一切現象發生的根本，所以說「能大能小，能方能圓，應物現形，如水中月」，亦即「能生萬法」之意；其由體起用，是極自然的，不是有爲有作的有爲，亦不是寂然無動的無爲，而且不待任何的憑依或件條，故曰「不立根栽，不盡有爲，不住無爲，……不住於依」；「眞如」、本體的作用無窮，遍及現象界，無物不在、無物不然，故曰「法身無窮」、「應物現形，如水中月」；這一「眞如」、本體，也是佛與一切衆生的根本或本具，故曰「何期自性，本自具足」，故開悟不待外求；這一「眞如」、本體的存在，是無蹤跡可尋，無形相可識，非言議思惟可及，故曰「超過一切限量名言蹤跡」，「無有邊際」；開悟的原則，只有待直覺本能的發揮，不許「智知」、「識得」，故曰「當體便是，動念即乖」，「不可測度」；證悟後人與道合的境界如何？開悟之後如夢忽覺，不是奇特事，而是現成事，如神照本如云：「處處逢歸路，頭頭達故鄉。本來現成事，何必待思量(註十二)。」「處處逢歸路、頭頭達故鄉」，指在本具的直覺本能的激發下，開悟是如此之容易，以「歸路」、「故鄉」比擬人與道合，處處是歸路，頭頭可回到，而非難事；這一開悟後的境界，有其奇妙之處，如洞山良价所云：「泥牛吼水面，木馬逐風嘶」。大慧宗杲所云：「人從橋上過，橋流水不流」。意謂現象界認爲不能之事，在開悟之後，已完全可能，即六祖慧能所云：「何期自性，能生萬法」。「普見化身，不離自性」。指出了這一開悟後的奇妙境界，無生命的生命如泥牛、木馬、橋，都能動了，自與「感性世界」、「理性世界」不同。

總而言之，基於直覺的本能，而有人與道合的開悟境界，是形而上「眞如」、「本體」世界的體會和呈現，可得言者大致如此所述。所以人類的世界：基於感覺本能，而有感性世界；基於理性本能，而有理念世界，基於直覺本能，而有形而上世界，應無可疑。只以諸多的哲學家，不具有直覺本能，所以對開悟而證得的形而上世界，加以懷疑，認爲「不確定」，因爲他們最有思維和理性思辯的能力，這一本能和方法，全然不能到達此形而上世界，所以其懷疑，其認爲「不確定」，實是「愚昧」和「無知」，正如喪失了感覺本能的人，不具有感性世界，不具有理性本能的人，不能有理念世界，如今之「植物人」，已足爲證明。

五、「直覺本能」的存有述略

基於直覺本能，經過激發和開悟之後，而有形而上世界，禪人開悟之後的表顯，即是此一境界的陳述，對於僅具理念世界和經驗、感性世界和經驗的人，深有隔限和「言語道斷」障礙的存在，故造成了所知障，例如荷澤神會云：

心有是非不？答：無。心有來去不？答：無。心有青黃赤不？答：無。心有住處？答：心無住處。和上言：心既無住，知心住不？答：知。知不知？答：知。（註十三）

神會此一向問的「心」，指目的是「自性」、「佛心」、「眞如」—直覺本能之意，而問話者所指的是感覺本能和理性本能，「心有是非不」？「心有來去不」？問話者所指，當然是指「理念世界」中之事，神會答云「無」，是指明「自性」、「佛心」不是這些，無此類事情的存在；「心有靑黃赤白不」？「心有住處不」？是問「心」是否有感覺本能和感性世界之事？神會答云「無」，是否定了「自性」、「佛」，不是這些；而其「知心無住不」？答云：知。知不知？答云：「知」，則明顯地是除了「感覺」、「理性」之外，有了與之絕異的第三種本能，而知其有，知其存在，只是未明言其爲「直覺本能」而已。而我們又因用「心」、「性」、「自性」、「佛心」等詞的同義性，和界定不明而誤解。致不能確知其意義，研求抉發之後，應可確定由於「直覺本能」，而有形而上世界，自係無可疑議，以之研求禪人的悟道，和悟道後的著語，應能瞭解了。

上述的形而上世界，是根據證悟的禪人依其領會所得的述說而得，其憑直覺本能的發揮而得悟入，雖佛陀亦不例外：佛陀以其利根大器，經長久的苦行修持，未曾開悟；安禪習定，與外道論說，長久的思考，亦未得竟究；最後因明星的出現，方豁然頓悟，是其與禪宗師的證悟，如出一轍，佛陀開悟後所論開悟的根本，在破除「無明」，此「無明」包括我見我執，實即破除「見」「知」二障，如禪宗師的「不許智知」，「非目耳之所到」，與之實無殊異；禪人證悟之後，常言「佛法無多子」，即此形而上世界之謂；上述禪宗師所表顯的形而上世界，與佛陀形而上「道諦」（註十四）的開示，亦無殊異；尤其大乘佛教經典中的「中道論」，更冥合無間，有以證明此一形而上世界的一致性和確定性。

此一「直覺本能」如何而有？雖係難以證明論說之事，竊以爲：㈠人人具有此本能，所謂一切衆生，皆有佛性，應係指此。㈡此一「直覺本能」，因器根的不同，而有鈍、利大、小之分，應係生理組織特殊之故，如人人具有眼識，而有弱視、近視、遠視、色盲，甚至天盲之不同。㈢此一「直覺本能」，常有「理性本能」、「感性本能」的蔽障，所以要加以阻遏，以待其自發和顯現。㈣「直覺本能」激發之後，有以補益「理性本能」與「感覺本能」，正如理性本能和感覺本能的發揮，有以互補，例如天盲之人，可以經過「觸覺」和「理念」的補益，而對大象進行認知，縱然有瞎子摸象的誤差，但總是有了「形相」的辨識。㈤經由直覺本能而開悟，係人神同格之故，如人神異格，則此一開悟而求人與道自不能成立，故於宗教方面，應亦影響匪淺。然則本篇所論，尚有諸多待深入論證發揮之處。則期諸異日。

【附註】

註一　見釋道元〈景德傳燈錄卷二〉。此乃南泉普願告趙州從諗語。趙州乃南泉弟子。

註二　見〈黃檗山斷際禪師傳法心要〉。黃檗希運，乃百丈懷海之法嗣，以住福建之黃檗山而得名，「斷際」乃其謚號。

註三　見釋普濟〈五燈會元卷四〉，溈山靈祐、爲仰山慧寂的弟子，以住湖南寧鄉的溈山而得名，二人開創禪宗的溈仰宗。

註四　見筆者〈知止齋禪學論集〉。〈禪宗的從緣悟達〉（文史哲出版社．民國八十三年初版）。

註五　見釋道原〈景德傳燈錄卷三十「心銘」〉，牛頭法融爲牛頭宗之開創者，相傳爲四祖道信旁出一系。

註六　見〈圜悟佛果禪師碧巖錄卷一、卷四〉，此書乃禪宗最早之公案書。

註七　見韓水法〈康德物自身學說研究第一章〉，臺灣商務）。

註八　柏拉圖所謂的「理念」，雖然有形而上的本體意味，他認爲理念是單一的，是絕對的、不動的、永恆的，但是係對可感事物而言，因爲柏拉圖將理念規定爲「由一種特殊性質所表明的類」，一類事物有一個理念，所以實際的內涵，等於概念，概念對每一類事物而言，有形而上的意義。（見苗力田、李毓章主編〈西方哲學事新編六五頁．人民出版社〉）。

註九　見〈景德傳燈錄卷十八．江西大寂道一禪師語．「平常心」〉，筆者曾誤以爲是不起分別心的「初心」，包括了人心與道心，深入析辨，始知有誤，人心道心，應涉入知解、認識的範疇，而此之「平常心」，顯非此意。

註一〇　見〈大慧普覺禪師卷上・答劉寶學〉，本為斥天童正覺的默照禪而發，此處雖借用，但細閱燈史，自有此一類，禪宗之所以衰微，多由於有未開悟而以為悟者，形成一盲引衆，甚至有的宗脈忽然斷絕消失者，亦坐此故。

註一一　〈古希臘羅馬哲學〉，大陸商務印書館，一九八二年。

註一二　見〈普濟五燈會元卷六〉，神照本如章，神照參四明尊者，開悟時作此偈。

註一三　見〈南陽和上頓教解脫禪門直了性壇語〉，胡適依巴黎國家圖書館所藏伯希和二〇四號第二件為底本，校勘而成。簡稱「壇語」，乃六祖慧能弟子荷澤神會說法之語錄。見中央研究院〈歷史語言研究所集刊〉二十九本，又附入〈神會和尚遺集〉中。

註一四　「道諦」，乃佛陀說法加以分類而有四諦，又二分為「道諦」或「俗諦」等，「道諦」多指佛法的「眞如」、「自性」所體現的「形而上世界」。

童話的想像與現實探討

陳正治

童話是兒童文學中最重要的文體，是最受兒童喜愛的文學作品。這個文體，充滿許多想像的成分。例如在童話的角色中，除了一般的常人外，還有許多特殊的角色。像加樂爾寫的「愛麗絲漫遊奇境記」中的角色——愛麗絲，形體可以變大變小；柯樂笛寫的「木偶奇遇記」中的主角——匹諾曹，由木偶變成人；彼安科的「天鵝絨兔子」，玩具兔子變成眞兔子；安徒生的「人魚公主」，主角是世上未出現過的人魚；孫晴峰的「小紅」，主角是縐紋紙；林鍾隆的「美麗的鴨子」，主角是鴨子。在童話的場景方面，除了現實的環境外，還有許多想像的環境。像「愛麗絲漫遊奇境記」的場所是樹洞下會變化的世界；「人魚公主」生長的地方是海洋底下的美麗宮殿；英國童話「傑克與巨人」的童話，巨人住的是天上的宮殿。在童話的情節方面，除了現實可能發生的事件外，還有許多現實不可能發生的事。像修斯「古賓斯的五百頂帽子」，古賓斯的頭上會長出帽子；格林童話中的「睡美人」，一睡可以睡上一百年才醒來；鮑姆的「綠野仙蹤」，孤女露露西和狗被龍捲風捲到蠻支金國去，不但沒跌死，反而有許多奇遇。

童話的作品充滿想像，因此編寫童話或研究童話的人，都應該了解什麼是想像？想像跟現實有什麼關係？想像跟現實結合的要領和原則。

一、童話的想像與現實的關係

什麼是想像？想像是心理學上的一個名詞，應用到各科後，大家對它的解釋並不完全相同。朱光潛在「文藝心理學」一書中說：「藝術的創造在未經傳達之前，只是一種想像。就字面說，想像就是在心眼中見到的一種意象。意象是所知覺的事物在心中所印的影子。比如看見一匹馬，心中就有一個馬的模樣，這就是馬的意象。我的心中既然留下馬的模樣，牠不在眼前時，我仍然可以回想起牠的模樣如何，這是記憶，也就是想像。不過這種想像通常叫做『再現的想像』。藝術必須有『創造的想像』。創造的定義可以說是：『根據已有的意象材料，把它們加以剪裁、綜合，成一種新形式』（民58，二〇〇－二〇一頁）。」朱光潛對想像的看法，採狹義的範圍，在他的想像定義中，想像跟幻想是不同的。王志健在「文學論」中指出，想像常把我們儲存在記憶的事物，演繹及變化為各種的現象。因此想像在創作的表現上有：經驗的想像、推理的想像、聯想的想像和象徵的想像（民56，八五－一一〇頁）。王志健對想像的看法採廣義的，因此后羿射日、嫦娥奔月、大禹變巨熊開路等屬於幻想性神話故事，都歸入想像的範疇，認為這是人類用豐富的想像創造的（八六頁）。姚一葦在「藝術之奧秘」書中組合浪漫主義時代柯立芝的想像理論說：「在柯氏的觀念中，想像力具有複雜的意義：第一為自我合成的能力，亦即合成事物的能力與變成其他任何事物的能力，或一種連接的能力。第二爲自我變化的能力，想像乃其自身的具體化的能力，一如海神（Proteus）之具有自我變化之才能。『可以變成任何事物，而仍然是他自已，成爲可變的神，可在水中，獅子與火焰中感到。』第三爲化可能爲眞實之能力。想像可以把可能化爲眞實，把本質化爲存在（民57，二四頁）。詩人蕭蕭在「現代詩學」一書（民76，二三一頁）。中對姚一葦組合想像爲三種意義的看法，有明確的闡釋。他說：「這三種能力應具有連鎖性，也就是說，想像力具有自我合成的能力之後，還要能自我變化，變化之後要具有眞實性。以我們通稱的詞彙來說，我以爲第一種能力可以稱爲『聯想』，這種聯想力能將兩種或兩種以上的不同事物，不論原先相關或不相關，予以連接或合成，使其產生新的關係，新的秩序。第二種能力可以稱爲『幻想』，幻想自已是萬能的主一樣，可以『思接千載』、『視通萬里』，可以幻化爲任何動物、植物、天空、水波或火焰，這一部份是想像的主體，幻想可以突破任何限制，海闊天空去遨遊。……第三種想像的能力卻是化可能爲眞實之能力，是一股拉回來的力量，不使想像成爲斷了線的風箏，遠颺無蹤。……聯想是『自我合成的能力』，類似於『譬喻』；幻想是『自我變化的能力』，類似於『轉化』，轉化是以譬喻爲其基礎的，有譬喻的可能，才有轉化的可能。因此，『聯想』發現兩物之間的新關係，『幻想』卻打破這種新關係，或基於這種新關係衍生更多的可能。所以想像並沒有什麼神秘，『聯想』加『幻想』而且使之趨近『眞實』而已」。

根據上面的介紹，想像定義有狹義和廣義的分別。朱光潛的想像看法屬狹義的，這種想像不包含幻想；王志健、姚一葦的想像見解屬廣義的，這種想像包含幻想。童話的想像重視把儲存在記憶的事物，變化爲各種現象，屬於姚一葦所說的第二種能力的想像，也就是蕭蕭說的幻想。

童話是以幻想的故事來反映現實的。由於反映現實，童話中的幻想部份都由現實的人、事、物等部份引申出來。例如現實世界的兒童喜愛糖果，兒童幻想著如果隨時隨地都能吃到糖果，那該多好？於是格林童話中就有「糖果屋」的幻想屋子。現實世界的兒童對人的變化充滿想像，他們希望人可以隨時隨地的變鳥、變兔子、變魚，於是童話中的人會變成野鴨，愛麗絲的身體會變小、變大。兒童希望得到好吃的東西，乘坐快速的交通工具，於是童話中就有奇妙的桌巾一鋪在桌上，便有許多熱騰騰的食物出現；童話中就出現「飛馬」、「飛氈」的飛行東西。兒童對萬物感到好奇，會幻想這個世界可能有許多奇人怪物，童話中就有巨人、小仙子、巫婆、隱形人、大鳥、怪魚出現；童話中也有木偶變成人，玩具兔子變成眞兔子。

童話的想像跟現實有密切的關係。安徒生的「醜小鴨」童話，大家公認跟安徒生身世有關。這篇童話敘述醜小鴨長得醜，在鴨群中到處挨打、被排擠，甚至被鴨媽媽趕走。醜小鴨逃到一塊沼澤地，差點被獵狗叼走。後來他鑽進一個農家小屋裡，被一位眼花的老太太以爲他會生蛋而收留。可是他不會生蛋，不會咪咪叫，被那家的母鴨和雄貓瞧不起。他離開了小屋，孤獨地在水上游，也被其他動物瞧不起。寒冬到了，他昏倒在冰面上，醒來時發現在一個種田人的家裡。由於害怕被懲罰他又逃進灌木林，鑽進雪地裡。整個嚴冬中，他悲慘的過日子。春天來了，他拍動翅膀，居然飛了起來。他看見三隻美麗的天鵝向他游過來。在愛慕下，他自言自語的說，我要向他們飛去，即使他們嫌我醜，把我啄死我也願意。他飛到三隻天鵝前面低下頭說：「弄死我吧！」無意中從水裡看到自己的倒影，發現自己變成了一隻天鵝。於是他得到天鵝和小朋友的喜愛和贊美。他非常快樂，但是一點也不驕傲。這篇童話裡，醜小鴨到處受欺侮，也就是寫安徒生小時候的困苦遭遇；醜小鴨變天鵝後的高貴舉動，也就是寫安徒生成功後仍舊謙虛不自滿、不驕傲的個性。可以說安徒生把自己的故事借醜小鴨的經歷而表達出來。由這篇童話的創作，更可以使我們知道：童話的想像情節，常跟現實情境有密切的關係。

研究童話理論的人都知道，想像和現實的關係相當密切。張錦貽說：「童話用幻想來反映現實，這幻想就是童話的一種巧妙的藝術手段。所以它絕不是虛無縹緲的空想，也不是隨心所欲的遐想。哪個童話不論看起來多麼荒誕無稽，它的基礎必定是真實的生活。即使是最罕見的童話形象，也都是依據現實世界中的各種現象創造出來的。安徒生童話裡拇指姑娘，不正是生活中善良、弱小的人們的寫照嗎？可見童話中的人物與事件雖然都是幻想的產物，在實際生活中並沒有存在和發生過，但又都有現實意義。」（民72，一五七—一五八頁）張錦貽說得很深入，由此我們更可以知道童話想像和現實的關係。

二、童話的想像與現實結合的方法

童話中的想像雖有現實社會存在的人、事、物，但是更多的想像是現實社會不存在的人、事、物。研究這些現實社會不存在的人、事、物是如何產生的，也就是探討童話的想像與現實是如何結合的。研究童話理論的人，雖然很少直接說出童話想像與現實結合的方法，但是我們可以從他們對童話想像的手法找到一些答案。祝士媛在「兒童文學」裡說：『童話的幻想是通過童話特具的某些藝術手法表現出來的。這些藝術手法是：誇張、象徵、擬人。……童話的誇張是從內容到形式的全面強烈的誇張……。象徵也就是比擬、譬喻……。擬人是把非人類的東西加以人格化，賦予它們以人類的思想、感情、行動和語言能力』（民78，九〇—九六頁）。洪汎濤在「童話學」一書中說：『幻想要生活化，生活要幻想化。這是童話必須遵循的規律。……幻想要生活化，就是幻想要有童話的邏輯性（民78，一五五—一五九頁）。』他又說：至於童話的幻想手法是借替、假定和誇張。童話寫人，有時不直接寫。它往往借替於別的什麼物來寫人。……這種手法，也就是過去所謂的『人格物』，現在大家都叫『擬人化』了。……擬人化的變種，可稱爲『變人化』。借替的規律是物性。物性是童話邏輯性中的邏輯之一。什麼是假定？假定是眞有的反義，就是說，它在眞實的生活中是沒有的。例如千里眼、順風耳的異人，神缸、會唱歌的碗等異物，不可能發生的異事，仙境的異地。什麼是誇張？童話的誇張是一種生活的超誇張，不僅是把生活中的某一部份放大開來，而且是到了變形的地步（見民78，一六三—一九九頁）。

以上三家的見解都很好。如果根據黃慶萱先生在「修辭學」一書中的文學術語來看，以上三家對想像與現實結合的方法，可從轉化與誇飾二種加以組合。

轉化是對一件事物，轉變其原來性質，使化成另一種本質截然不同的事物。轉化有人性化、物性化、形象化等的不同(民64，二六七—二六八)。人性化就是把人類的心情投射於外物，把外物看成人類一樣而加以描述。這種方法也就是祝士媛的擬人，洪汛濤的借替法。童話中不管是動物、植物、無生物、自然現象的風雨雷電，都可以變做人，賦予它們人的性格、感情、動作和思想。這種技巧，可以使現實與想像結合一起。安徒生童話中的「小錫兵」能說話，有思想，也就是人性化的應用。物性化是把人看成物，也就是朱光潛在文藝心理學類似聯想中提到的託物法。英國童話作家伯靈罕要寫一個孩子被遺棄，發揮自立自強的精神，創出光明前途的故事，於是把孩子的問題移到一隻狗被主人遺棄的問題上，然後敘述這條狗如何奮鬥向上而寫出「炮彈小黑」的童話。這就是物性化的利用。物性化是否能達到象徵的作用，端看象徵的技巧是否應用上。形象化是擬虛爲實法，也就是抽象的觀念具體化的寫法。例如童話中把人們頭腦裡的某種思維意念，像民主、科學、勤勞、懶惰、思想等當具體的人或物來寫。

誇飾法就是誇張法。童話中對各種事物誇張舖飾而超過客觀事實的，就是誇飾法的應用。誇飾的對象有空間、時間、物象、人情等等。童話中的時空、奇人奇獸、奇事、奇物，都是從現實中的時、地、人、事、物的誇飾應用，有時候有的還達到變形的處理。洪汛濤的「假定」，也可以歸入誇飾的範圍裡。

童話中想像與現實的結合方法，常常是以現實材料爲基礎，再應用轉化和誇飾的手法加以變化的。而其結合種類有尋常結合和異常結合等兩種。，我們試從童話的人物、場景、情節來看他們的結合處理法。

童話的人物，有現實人物，也有變化人物。現實人物像安徒生「皇帝的新衣」中的人物都是。童話中的人物如同眞實社會中的人物，只不過安徒生對這些人物加以特點的誇飾而已。例如皇帝的愚蠢、昏庸，大臣們的阿諛奉迎嘴臉，作者都加以強烈誇飾。這是童話想像與現實的尋常結合。童話的變化人物有擬人與超人。擬人人物如安徒生童話中的「醜小鴨」，作者採用轉化的方式，賦予鴨子有人的思維，人的性格、言語等特性。超人人物如達爾童話「魔指」中的女孩，作者採用誇飾的方式，賦予這個女孩有特殊的魔力，她在生氣的時候，手指向別人一指，別人就會變成其他形體的動物。這種誇飾的使用，就是依據人類對現實無法得到的魔術或權勢，加以誇飾而產生的。這種想像與現實的結合，屬於異常的結合。

童話的場景，有現實的場景，也有變化的場景。例如懷特童話「夏綠黛的網」，場景大部份是過去美國農家的場所。這是童話想像與現實的尋常結合。而鮑姆的「綠野仙蹤」（又譯爲神秘歐茲國），卻是現實人生期盼的仙境。這也是誇飾的應用，依據人類對現實無法得到的場景加以誇飾而產生的。這種想像與現實的結合，屬於異常的結合。

童話的情節，有現實的情節，也有變化的情節。現實的情節像懷特「夏綠黛的網」，父親要殺小豬，小女孩阻止，並負責養小豬。這些情節是現實生活可能發生的，屬於想像與現實的尋常結合。這種尋常結合，常會加以誇飾，例如小女孩如何照顧小豬的情節，也許一般小女孩就做不到。童話的變化情節方面，例如拙作「童話城」（民75，五三—五九頁）中的獅大王的命令這篇童話。這篇童話敘述獅大王根據空氣專家驢先生的研究，實施節約氧氣運動，規定每隻動物要減半呼吸，結果引起猴子小聰等的生活痛苦。這些情節幾乎是現實社會不可能發生的，也就是變化的情節。筆者構思的時候，乃依據現實社會如果推行不良政策，必將害人的事實加以轉化、誇飾而成。其他如愛麗絲漫遊奇境的情節，也是根據現實社會兒童幻想東幻想西的情景，加以轉化、誇飾而成。這種想像與現實的結合，屬於異常的結合。

三、童話想像與現實結合的原則

文心雕龍神思篇說：「古人云：形在江海之上，心存魏闕之下，神思之謂也。文之思也，其神遠矣。故寂然凝慮，思接千載；悄焉動容，視通萬里；吟詠之間，吐納珠玉之聲；眉睫之前，卷舒風雲之色：其思理之致乎？」（民72，劉勰文心雕龍讀本下篇三頁）劉勰在這兒告訴我們：想像力可以不受時間、空間、現實的限制。童話作者可以發揮想像力，以現實爲基礎，利用轉化和誇飾的技巧，編寫充滿想像的美麗故事，但是在想像與現實結合上，並不是胡思亂想，亂編一通的。童話作者的想像，有一定的原則。它的原則就是符合童話的邏輯和兒童的需要的。

童話的邏輯是什麼？祝士媛在「兒童文學」上說：「童話的邏輯性是指幻想和現實結合的規律。

童話要合情合理，就要合乎邏輯性。所有的童話都是虛構的，但有的就入情入理，有的就信口開河。如六十年代發表過一首童話詩『大禹的兒子』，大禹是幾千年前的人，卻有一個十一歲的兒子是紅領巾，有超人的本領。大禹的妻子活了幾千年。大禹兒子的本領是從哪來的？妻子爲什麼能活幾千年？都不合情理，說明構思時沒有遵守客觀規律。……童話的邏輯性還要求，在安排人物的思想活動、事件的發生與變化、角色之間的相互關係等方面，必須遵循生活規律自然規律。即童話描述的雖然是幻想世界，但其中的人物、現象卻仍然要嚴格地遵守眞實生活的邏輯性。如作者可以讓小羊和狼打交道，但是讓羊吃掉了狼就荒唐了。」（民78，一一〇－一一二頁）

祝士媛認爲童話的邏輯有客觀規律和生活規律、自然規律。客觀規律也就是指邏輯上要有必然的關係。假想的人物在假想的生活環境下，要合理的發展。這是想像與現實結合的一個重要原則。好的童話常會注意這個原則。例如安徒生的「醜小鴨」童話，故事結局是醜小鴨變天鵝。爲什麼醜小鴨能變天鵝呢？安徒生在故事中安排了：「只要你是從一隻天鵝蛋裡生出來的，就算是在鴨場裡長大又有什麼關係呢？」這個交代，就符合童話邏輯的客觀規律。安徒生的「人魚公主」童話，故事結局是人魚公主化成氣泡。爲什麼人魚公主會化成氣泡？作者在故事前早已透過巫婆的話告訴我們，如果王子變心，人魚公主就會化成氣泡。故事結束時，王子要跟鄰國公主結婚，結果人魚公主終於化成氣泡。作者這樣的安排伏筆，就是考慮童話邏輯的客觀規律。不如此交代，就是亂編，就是胡思亂想，缺乏邏輯。達爾的「魔指」童話，敘述小女孩生氣時向葛家的人一指，葛家的人變成鴨子。作者在敘述這件事件前，已交代這個小女孩不知為什麼，已具備有此超人的能力，有一次她指著她的老師，結果她的老師的臉上長出貓鬍子來，甚至身體還長出一條像掃把那麼粗的尾巴。這個交代，也就是為了符合編寫故事的客觀規律。至於生活規律、自然規律方面，也就是眞實生活的邏輯。眞實生活中老鼠怕貓，童話裡也應該是老鼠怕貓；除非作者採用客觀規律，對某隻老鼠賦予特殊的能力才不怕貓。洪汛濤在「童話學」說：「物性，是童話邏輯性中的邏輯之一。它是指擬人化被擬物的本性，是必須和擬人的人的人性相結合。舉例來說，你把魚擬為水上運動會的一個運動員，你讓牠跳高、跳遠，完全可以。因為魚能夠在水面上跳，有時也跳得很高，有時也跳得很遠。讓魚作為一個運動員，這是擬人化的人性，就是把這魚借替為一個人了。但是這魚不完全是個人，牠還是魚，魚能夠跳得很高，也能跳得很遠，但是它離不開水，這是魚的本性，也就是魚的物性。」（民78，一七三頁）洪汛濤提的物性，也就是祝士媛說的自然規律。創作童話能注意童話的邏輯性，也就是童話的客觀規律、生活規律、自然規律，則想像和現實才能結合得和諧統一，才不是胡亂拼湊的亂想。

童話想像與現實結合的第二個原則是符合兒童需要。童話作者以現實為基礎，應用轉化、誇飾等技巧加以變化，編織出美麗的故事，主要的是供給兒童閱讀、欣賞。兒童需要什麼童話呢？美國石德萊女士提到兒童需要的讀物，主要的是符合兒童遊戲的需要、安全的需要、成功的需要、審美的需要。兒童文學家林守為先生在「兒童文學」書上闡釋說：由於遊戲的需要，兒童喜歡閱讀驚奇性、滑稽性的故事；由於安全的需要，兒童喜歡圓滿的、喜劇的結尾故事；由於成功的需求，兒童需要勇敢、冒險的成功故事；由於審美的需要，兒童喜歡富有韻律、敘述優美的故事。（民77，13－19頁）童話作者編寫童話，在想像上除了注意符合童話邏輯外，還需要考慮兒童的這四項需要。例如作者只考慮兒童的遊戲需要，對現實材料加以誇飾，以造成驚奇性、滑稽性，卻忽略兒童安全需要，則如果誇飾一個壞人如何具有神力把好人殺盡，然後過著快樂的生活，這種不符合兒童安全需要的想像，並不是好想像。又如想像一群被野狼欺侮的山羊終於逮到野狼，然後大家把野狼剁成八大塊，每大塊再剁成八小塊，八乘八，一共六十四塊。這種血腥，不注意兒童安全需要、審美需要的想像，也不足取。童話的想像與現實的結合，除了注意編寫時的符合童話邏輯外，更應該注意童話內容本質的符合兒童需要。

四、結語

童話是專爲兒童編寫，以趣味爲主的幻想故事（童話寫作研究，七頁）。童話的幻想是廣義想像中的一部份，它是根據現實事務的轉化、誇飾而來。有人說：「沒有現實素材爲根基而發展出來的奇思幻想，必然短命；反之，以現實生活中各種無奈的際遇爲出發點而編織出來的奇思幻想，則深具說服力，引人入勝，扣人心弦，流傳久遠。」（鄭惠玉譯，民79）童話作者要使作品優美、生動，得到兒童喜愛，就得加強想像的訓練，了解想像和現實結合的方法和原則，如此才能寫出更好的童話來。

（文學士，現任臺北市立師範學院語文系教授，廉教授門人）

參考文獻

朱光潛　文藝心理學。臺北：臺灣開明書店（民58）
王志健　文學論。臺北：正中書局。（民56）
姚一葦　藝術之奧秘。臺北：臺灣開明書店。（民57）
蕭　蕭　現代詩學。臺北：東大圖書出版社。（民76）
張錦貽　略談童話的幻想。載於浙江師大兒童文學研究室編：中國兒童文學理論年鑑。（民72）
祝士媛　兒童文學。臺北：新學識文教出版中心。（民78）
洪汎濤　童話學。臺北：富春文化公司。（民78）
黃慶萱　修辭學。臺北：三民書局。（民64）
陳正治　童話城。臺北：聯經出版社。（民75）
劉勰著王更生注釋　文心雕龍讀本下篇。臺北：文史哲出版社。（民72）
林守爲　兒童文學。臺北：五南圖書出版公司。（民77）
陳正治　童話寫作研究。臺北：五南圖書出版公司。（民79）
鄭惠玉譯　從森林的奇思幻想說起。載於國語日報民79年4月15日。

清季中韓邊境商務交涉

嚴錦

一、前言

清室入統中原，歷二百六十餘年，其疆域版圖，直追元代。但此一盛世，自鴉片戰後即形改觀，不僅和列強相繼訂立了不平等條約，藩屬諸國亦多被侵佔或併吞，最後所能保存者，僅東鄰朝鮮。

朝鮮自李朝建國，即列爲明代藩封，兩國關係親善敦睦。努爾哈赤興起東北以後，初與朝鮮保持平等互惠之關係。迨皇太極繼位，其攻略政策是先取朝鮮，再取山海關及寧遠等地。天聰元年（一六二七）正月，皇太極軍隊進入朝鮮，因受明軍牽制，僅至黃海邊之平山，雙方議和，締爲兄弟之國，並在會寧及中江兩地開邊市。（註一）及至清室入主中原，清與朝鮮由兄弟關係轉變爲宗藩關係，因而雙方的商務型態也有很大的轉變。在此之前，雙方商業貿易立足於平等互惠基礎之上。現在朝鮮每年則必須向清廷貢方物或歲幣，清室也以宗主國之尊，回賜各種物產或金銀。這種相互間的「貢」「賜」，政治的意義大於經濟的價值，不能視爲雙方的商業行爲。但兩國仍維持一些實質上的商業關係，如中江、慶源、會寧等地的互市，以及使臣往返在國都或途中所從事的商業活動，均可視爲實質的貿易。不過貿易範圍甚小，對兩國經濟影響不大。這種平淡的商業關係一直維持到壬午事變（一八八二）以後，由於日、俄圖韓日亟，清廷為力保最後的藩國，除在政治、外交、軍事等方面加強干預外，並積極拓展中韓商務，以謀對抗日商在韓的勢力。而東北奉天、吉林兩省，與朝鮮僅一江之隔，邊境互市貿易，亦為重要之商業活動。本文所敘，即以中韓訂定水陸貿易章程後邊境商務為主，由於成章匆促，錯誤舛漏之處，敬祈方家學者指正。

二、中韓訂立水陸貿易章程

壬午事變之前，朝鮮各通商口岸，少有華商，反而日本商人在釜山、元山等地，為數頗多，貿易數字亦直線上升（註二），這是日人於明治維新以後積極謀韓的明證。清廷對此亦早已注意，所以壬午事變中國毅然出兵平亂，未嘗沒有乘機加強對朝鮮主權之意。清廷和朝鮮均有意加強雙方關係，以圖和日本抗衡，所以醞釀訂立水陸貿易章程，即是此一背景所促成。光緒八年正月朝鮮問議官魚允中受命出使中國陛辭韓王時，韓王特別囑魚至中國後，和北洋通商大臣商談邊境貿易和各港通商事宜。（註三）魚允中抵達中國後，於四月一日即將韓王咨文送呈北洋大臣：

朝鮮國王為通商駐使質議事，竊念小邦，偏荷聖朝字小之恩。現宇內多故，時局日變，洋艦迭伺邊陲，日人創開商埠。且北俄毘境，常為隱憂，奈國小力單，恐不克自振。當職與舉國臣庶，蚤夜惕慮，思所以奮發修舉，少弛上國東顧之憂。用是不拘舊章，冒昧煩陳；顧今外人，獨擅商利，船舶駛行洋面。惟上國與本邦，互守海禁，殊非視同內服之義，亟宜令上國及小邦人民，於已開口岸，互相貿遷，亦許派使，入駐京師，藉通情款，以資聲勢，庶外侮可禦，民志有恃。茲專差陪臣統理機務衙門主事魚允中、李祖淵等，前往質議。凡係審時勢切利弊，怯文趨實等合行事件，曲垂裁度，務協妥辦，是實本邦大小臣庶同情之願。（註四）

此時北洋大臣李鴻章因丁憂回籍，魚允中抵天津後先向津海關道周馥提出說帖一份，表明韓方立場：

1.既行通商駐使，則可妥議章程，而惟仰上國之裁定耳。

2.朝鮮咸鏡道和上國之烏喇、寧古塔民人互市事，曾有稟過，而到今俄境毘建，欲防陸路通商之患，則可廢此市，以杜其漸，且宜革供饋商民之規，可於新訂章程時，另議一款奏明。

3.既行駐使，則賀謝陳奏等事，不必另派，如有勅命，亦可順付。

4.使臣自備資糧，從前上國頒賜及沿路留館時廩給，亦可永革。（註五）

四月三日周馥和魚允中、李祖淵筆談，討論日後通商問題，由於文字甚長，僅析其內容要點：

1.邊境互市問題（此爲說帖已提及者）

2.紅蔘運銷中國，若於條約中載明，恐美國亦將援引。因美韓條約禁止紅蔘出口。

3.最優國官員待遇問題：朝鮮君臣深怕給予中國駐韓人員特殊地位，他國亦將提相同之要求。周馥則答以將來中國派員，將由北洋大臣咨派，不會增加朝鮮外交上之困擾。

4.周馥提出日後朝鮮與他國訂約，必須申明爲「中國屬邦」。魚允中則指他出使日本時，日人指朝鮮爲獨立自主之國，以爲爭取。但因事大之禮猶在，僅能表達意見而不敢過分爭辯。（註六）

雙方筆談之時，魚允中等雖爲屬國之臣，但對本國的立場，均能委婉表達。由於李鴻章丁憂回籍，朝鮮國王咨文送至北京由禮部轉奏。因爲此一耽擱，加上朝鮮國內發生壬午事變，待亂事平定後，再派趙寧夏爲全權大臣，金宏集，魚允中副之，來華商談通商事宜，中國則以周馥和馬建忠爲代表，雙方共同擬訂水陸貿易章程八條。（註七）。並在章程之前，特別聲明：「此次所訂水陸貿易章程，係中國優待屬邦之意，不在各與國一體均霑之例。」以表明兩者宗屬關係。

中韓水陸貿易章程八條中，有關邊境商務者爲第五條：「向來兩國邊界如義州、會寧、慶源等處，例有互市，統由官員主持，每多窒礙。茲訂於鴨綠江對岸柵門與義州二處。又圖們江對岸琿春與會寧二處，聽邊民隨時往來貿易。兩國於此開市之處，設立關卡，稽查匪類，徵收稅課。」（註八）但就整個通商章程言，中國不僅充分表現了宗立國的地位，且取得在朝鮮的領事裁判權及關稅權（註九），魚允中對此曾向周馥提出節略，表示反對。（註一〇）周馥答以這是宗主國和屬國所訂的章程，不同於一般平等往來的國家。周並反問魚允中，朝鮮商務委員在中國口岸，是否也要求給予審案之權呢？若果如此，這根本就無大小之分了。（註一一）此一章程在中國強力主導下，於光緒八年十月四日正式締結。（註一二）

三、奉韓邊民貿易

朝鮮北界和我國僅一江之隔，國境相連，尤其臣服之後，邊境互市，行之有年，依例每年夏秋兩季，由中國派遣通官，監理邊地商務。現中韓水陸貿易章程亦已訂定，禮部即依新章奏請將原有派往會寧、慶源等地方通官停派，奏文中特別說明：

查會寧、慶源等處互市，業經議准於鴨綠江對岸柵門與義州二處，圖們江對岸琿春與會寧二處，聽邊民隨時往來貿易。兩國與彼此開市之處，設立關卡，稽查匪類，徵收課稅，均有應辦事件。擬請飭下盛京將軍，奉天府尹，吉林將軍，督辦寧古塔處事宜太僕寺卿吳大澂等，就近派員，會同朝鮮官員，體察情形，妥爲經理。（註一三）

中韓水陸貿易章程雖於光緒八年九月中具奏，但至十月初雙方正式簽訂。而禮部於九月二十日即奏請停派通官。奉天、吉林即遵照執行，此舉頗引起朝鮮官民不安。緣中國境內之鳳凰邊城，向爲兩國互市之地，此時中韓水陸貿易章程初定，邊界貿易地點尚未會商，韓民當然仍至鳳凰城貿易。但奉天地方官即依禮部所奏，不僅停派通官，並照新章徵稅，引起朝鮮政府向中國交涉。於光緒八年十月十一日，由趙寧夏，金允植將咨文送達北洋大臣：

竊照本年九月二十四日，據小邦義州府尹趙秉世啓內稱，今九月十九日，鳳凰邊界門外別定將校鄭一樺報稱：邊門交易之時，凡於貨物有無稅課，各有定規，自古迄今，遵守無違。今茲中江稅務監督衙門曉諭內開：朝鮮現與外洋各國通商，所有到邊外貨無多，稅不敷額，進賣藥材蔘包改稱乾蔘。此次乾蔘到邊，應與外貨海蔘紙皮等類一體存放門外，由舖商赴署起票，照點進門，添設稅課。至於現銀使不私携，亦令舖户赴署起票，依照賣物例價納稅等語。同日又據本府商民金箕錫等宣稱：今當邊門交易之期，中江稅務監督創出無前之稅，曉諭於柵門，故貨路壅阻，交易失宜，秋季賣買自爾梗塞，衆商未免狼狽等因。伏查邊門稅課向有定規，現有新定水陸通商章程第五款云：兩國邊界義州、會寧、慶源等處及對岸柵門、琿春，聽邊民隨時往來交易，一切詳細章程，應俟北洋大臣與朝鮮國王派員至該處踏勘會商，稟請奏定等因。查惟未及派員會勘之先，應照向章納稅，俟將來會勘之後，應照規定通商章程，按値抽稅，無庸更議。至若并稅銀貨，以致商務多滯，事係創有，實非公允之法，似宜咨查該稅官，今年稅課應依舊例。所有銀稅一款，概行豁免，以便商旅流通，則小邦商民感戴無既矣！（註一四）

此一事件之發生，實由於雙方協調不足，加上中國地方官操之過急。因奉韓邊民交易章程是在光緒九年三月，由奉天東邊道陳本植和魚允中會同擬商，同年八月方由北洋大臣具奏。所以李鴻章接到趙寧夏的咨文後，即咨請盛京將軍轉飭中江稅務官：朝鮮邊民交易一切稅課，仍依往例辦理，新增銀稅，即行豁免，以示「體恤」屬邦之至意。（註一五）

除了邊民交易課稅引起爭議外，貢使携帶貨物免稅問題，也形成交涉。按清廷對藩屬諸國貢使所携貨物，無論從陸路水路進京，向來免稅。朝鮮久列藩封，使節往來，名目繁多，但所携物品，例由禮部引崇文門監督免稅。（註一六）然後定期在四譯館交易，凡是中國商民在此購置者，例不繳稅。此法行之多年，也是朝廷對各屬國「嘉其悃忱，不利其財富」，以示懷柔之意。但中韓新的通商程章訂立後，中江地方稅官對朝鮮使臣携帶物品，一律要求課稅。光緒八年十月，朝鮮領時憲賫咨官李應竣至北京進年貢，鳳凰邊城中國稅官要求其納稅。李至北京後即行文禮部，希望仍照舊章辦理，免課關稅，禮部將此案奏請裁示。同年十月二十二日奉上諭：「該部現擬嗣後該國朝賀、陳奏與使臣賫咨官，自入境以及到京，所帶貨物，仍照例免稅。其中國人民，購易朝鮮貨物，如係該國使臣等所帶，由朝鮮官出具切結，照四譯館交易成案，准予免稅。」（註一七）

此兩次引起交涉的邊關徵稅事件，清廷中央對朝鮮均採寬容態度，似乎奉省地方官措置失當。但盛京將軍崇綺亦對雙方邊民貿易，提出主張，並具摺上奏。崇綺認爲：以往兩國貿易往來，於夏秋二季過江，由盛京將軍衙門派員出邊，會同朝鮮地方官稽查，限制極嚴。但新訂章程則讓邊民隨時往來，頗難管理，所以崇綺認爲必須嚴訂限制。但崇綺在摺中並未說明鳳凰邊門課徵貢使携帶貨物及邊民互市關稅之理由，反而特別強調奉省地方緊要，與沿海各省地方不同。因之他提出設立關卡，稽查匪類，力求整肅。此因奉天、吉林仍清室龍興之地，所以必須杜漸防微。崇綺並在摺中建議如正式訂定邊界通商章程，應將原來由鳳凰邊城稽查，改在義州對岸的中江地方，因鳳凰邊城距鴨綠江九十里，以往只准韓民於夏秋二季過江貿易，非貿易時間，不得越界，控制較易。現新訂水陸通商章程，准許邊民隨時往來，則韓民深入九十里之後，再入邊關稽查，難免耳目不周，若改在中江設立關卡，則可嚴邊

禁，杜弊端。所以他的結論是：「互市之法雖變，而祖法有所必遵，沿海之禁雖開，而邊禁有所必肅」。（註一八）

崇綺之摺上奏後，清廷命有關衙門會奏。總署及禮部都有議奏。（註一九）均同意嚴定邊防，設立關卡、稽查匪類。但論及朝鮮官員和中國官員平行一事，禮部認爲中韓水陸通商章程中所謂兩國官員平行，係專指通商官員而言。其貢使或賫咨官，仍依向章辦理。總署對此亦表同意。在各方意見一致情形下，雙方官員必須先行會勘邊市地點。朝鮮國王商請北洋大臣會勘咨文於光緒八年十月十七日發出。（註二〇）在魚允中、李祖淵赴天津商訂水陸通商章程時，韓王即指示魚等對「使价及北道互市事，一一就議於總理各國事務衙門及通商大臣，務歸便宜也」。（註二一）中韓決定會勘奉韓邊市地點時，朝鮮議政府即咨請派魚允中爲朝鮮官方會勘人員。（註二二）中國方面則派東邊道陳本植爲代表。事實上崇綺早已擇定中江爲互市地點，朝鮮派員會勘，也僅是形式而已。但整個會勘過程。中國官方或私人，未見留有資料，反而魚允中的從政年表中，留有紀錄：

正月二十八日：西北經略使魚出去，傳曰：留待。傳曰：入侍，入侍於重熙堂。上曰：今番之行，即開市通商事也，各別對揚可也。允中曰：臣下去後，與彼人相議，量宜做去，而若有民間切骨之瘼，則爲先狀聞，以除其弊矣……。

二月初十日：到義州，以開市事，送書鳳凰城東邊兵備道陳本植。

二月十二日：咨請除鴨江船禁。

二月十三日：渡中江，與通化縣知縣張錫鑾、安東縣知縣耆齡，委用通判汪㮚會商開市事。

二月十七日：與府尹（按朝鮮義州府尹趙秉世）往雪柳館，迎晤張錫鑾、耆齡、汪㮚，會商章程，踏勘貿易處。

二月廿五日：往中江，與東邊兵備道陳本植，議貿易等事，議勘開市處於三江而還。

二月廿六日：與府尹往雪柳館，邀陳本植及張、耆、汪請人晤談，同往西湖洞踏勘，共登統軍亭而送之。

三月十四日：中江貿易章程已議訂矣，與府尹渡中江，別陳本植。（註二三）

從這篇日記中，可以看出雙方從會勘到簽訂貿易章程，費時約一個月。雙方在討論貿易章程內容時，魚雖爲屬國使价，但仍能逐條辯駁。尤以邊市設置商務委員，辯論最烈；魚認爲邊界互市與港口貿易不同，邊市只須設卡徵稅，不必設置商務官員。其他如對有關文字及一些枝節性問題，魚都一一提出修正意見。（註二四）不過證諸事後議訂的章程中，魚所提的意見均未見諸於條文之中，雖在二月二十五日陳本植和魚會談時同意將修正後之章程初稿抄錄送魚（註二五），但此一修正稿亦未採納魚之意見。

奉天與朝鮮邊民交易章程計二十四條，內容詳盡周密，主事者陳本植頗爲用心。事後陳受崇綺及李鴻章力保其「本係創辦東邊之員，在任有年，於該處情形最爲熟悉。此次會議交易章程均由該員一手經理，洵屬處理裕如。」（註二六）陳本植因此被任爲「督理中江稅務」，負責奉天和朝鮮邊界交易事宜。

奉韓邊民交易章程全文甚長，約言之，可以歸納下列數項：

交易地點：奉天爲中江附近之九建城。朝鮮爲義州西城郊外。

貨物課稅：雙方均設卡徵稅，一般貨物稅率值百抽五，紅蔘值百抽十五。

貢使入關，仍按定例辦理，貢物例不徵稅，貢使及隨從所携物品及紅蔘等貨品，各依官級而予不同免稅權額，以示體恤。

嚴限邊禁，不得潛行遊歷，不得私逃越界，不得販運私貨，不得夜間交易，不得私捕官魚。（註二七）

此案由總署主稿，並會同禮部、戶部會奏，摺中除對章程中第二十三條中國邊官稱朝鮮爲「貴國」不予同意外，其他各條均表認可，同年十月二十日奉旨依議。十二月盛京將軍崇綺奏明以東邊道陳本植接任中江稅務。（註二八）至此奉天和朝鮮邊境商務即按新訂章程展開。

朝鮮和奉天貿易，主以紅蔘及牛皮爲大宗，中國則以絲綢和京貨爲主。雖然盛京將軍於訂章之初，再三表示「商務其次，邊防爲主」。但事實上自新章訂立之後，對奉省稅收，有相當的增加；邊界交易開辦一個月後，即徵銀三千七百餘兩，此一數字，較諸新章訂立前，一年稅收尚不足此數。按照舊例，奉韓邊民互市年稅收入，除扣除稅務監督鹽糧銀二百兩外，餘均解送戶部。但新章實施後一年左右，計徵稅銀四萬四千兩。（註二九）較前增加十倍有餘。此一好景自光緒十一年後，又漸漸減少，此受紅蔘減稅及免稅所影響。

紅蔘爲朝鮮輸中國之大宗，價格昂貴，按新章稅率值百抽十五，但朝鮮上下，均感稅則過重。由禮部奏請敕議，經由北洋大臣李鴻章，盛京將軍慶裕會奏，改爲值百抽十。（註三〇）因之光緒十一年中江紅蔘稅減收八千餘兩。光緒十四年，朝鮮國王再派賫咨官李應竣來華，要求販運至中國紅蔘，完全免稅，禮部於十月廿一日代爲轉奏，二十二日奉上諭：「朝鮮土產稅課，半賴紅蔘，前因商情苦累，格外施恩，將此項厘稅減爲值百抽十。茲後據奏蔘枝滯銷，懇恩概予免徵等語，朝廷體念藩封……著即將紅蔘厘稅一項，完全寬免。」（註三一）中江稅收從光緒十年的四萬四千餘兩，到了光緒十四、十五年僅收七仟餘兩。光緒十九年則減至四千餘兩。（註三二）此固由於紅蔘減稅、免稅有關。但海運日益發達，陸路通商日漸衰退，也是原因之一。

奉韓商務另一項交涉爲貢使課稅。按新訂交易章程第八條規定：「使臣不准携帶貨物，所帶衣物、行李、書籍、藥物，每員以三百斤爲度。差官每員准帶紅蔘二十斤，衣服行李等一百六十斤。從人每人帶紅蔘十斤，衣服行李等八十斤。」（註三三）當時議定此條時，係中國官員爲了杜絕朝鮮商人，將貨物混入貢使行李之中，以圖免稅，所以才各有限制。光緒十一年底李鴻章據朝鮮國王咨文，奏請嗣後朝鮮貢使由陸路返京，所帶行李及零星貨物概行免稅，毋庸核計斤數。其差官、從人所帶紅蔘、行李、零星貨物，均照原定章程，增加一倍。使臣回國，如從北京帶回貨物而非在奉省包攬者，亦概予免稅。（註三四）

規範貢使携帶物品數量限制，自有其嚴限邊防的意義，但朝鮮官員爲牟利而違禁，仍有發生，如光緒十二年朝鮮差官金載老携帶紅蔘一萬五千斤，這已是明顯的商業行爲，清廷爲示恩恤，採減半收稅方式處理。（註三五）奉韓交易章程新訂之初，盛京將軍崇綺即以「邊防」重於「貿易」爲新章的基本立場，實具深意。

四、吉韓貿易與流民入籍

奉天、朝鮮邊民交易章程訂定後，魚允中即從義州出發，於光緒九年四月二十一日抵咸鏡北道之會寧，第二天，即照會吉林派任主持會勘吉韓貿易地點之刑部候補郎中彭光譽。但直到五月十四日，魚允中偕慶源府使李熙榮、譯官卞春植渡豆滿江，在琿春新城和彭光譽及琿春副都統依克唐阿見面，會談至六月六日方訂妥吉韓貿易章程。（註三六）

魚允中和彭光譽會談之先，吉林將軍銘安，督辦寧古塔事務吳大澂已於光緒八年底擬出吉林與朝鮮變通互市章程四條，以爲商訂詳細章程之基礎。其要點爲：

1. 琿春與會寧分兩處貿易：一路由敦化縣之黑石道。一路由琿春城至朝鮮之慶源府。
2. 在黑石道至會寧之江口，琿春至慶源之江口，各擇往來要道，設立渡船兩處，並於各渡口設立卡房，以便稽查匪類及進出貨物。
3. 進出貨物除紅蔘一項抽百抽十五外，其他各項貨物，一律値百抽五。

4.會寧慶源兩地，中國商人難免與朝鮮人有錢財糾紛，或有不安分之人，藉端滋擾，恐朝鮮地方官不能管理，宜由吉林遴派委員，分駐慶源、會寧，管理一切商務。（註三七）

彭光譽、魚允中即以此四條爲基礎，再參酌已訂立的奉韓邊民交易章程，於九年六月六日訂定了吉林朝鮮邊民隨時貿易章程十六條。其中如進出貨物稅率，嚴限邊防，禁止偷越，不准商人夜市等，均如奉韓邊民交易章程。其不同於奉韓貿易者如：通商地點原訂琿春，但因距韓境過遠，改在土門江邊之和龍峪、西步江一帶，設立稅局、分局。朝鮮人如欲入奉省遊歷，因近清室祖宗陵寢，概不給照，亦不准進入俄境。吉省人民如在朝鮮滋事或私逃朝鮮以及尋常詞訟，交吉林督理商務人員發落。若情節重大，應詳奉北洋大臣、吉林將軍或寧古塔督辦批示後，再由督理商務人員照會朝鮮地方官遵批辦理。（註三八）

此時吉林將軍銘安去職，由希元接任，所以遲至光緒九年十一月希元方將此章程咨會總署，並會同北洋大臣李鴻章，督辦寧古塔事務大臣吳大澂，於十一月二十一日共同會奏。上諭總署議奏，總署於光緒十年二月初五遞摺具奏，除第十五條對朝鮮公文無庸稱「貴國」字樣外。餘均認爲切合實際。同日軍機大臣奉旨依議。

吉韓貿易章程訂立之初，朝鮮邊民因議准通商，撤除邊禁，所以沿江一帶民人，遂任意往來兩岸，頗爲吉省地方帶來困擾。琿春副都統不得不照會慶源府使，希望約束邊民，等到開市通商之後，再行開禁。但吉韓正式開市遲遲至光緒十一年，考其原因；一爲光緒十年中法之戰，清廷全力於中法交涉，無暇他顧。一爲光緒十年冬朝鮮發生甲申事變，雖在袁世凱明快措置下亂事平定，但韓廷善後安撫及內部整飭，需要時間。一爲希元於吉韓貿易章程訂定之後，曾奏請刷還越界之朝鮮流民及酌撥防軍，加強邊禁。由於上列原因，吉韓新章雖已完成，但遲遲未能正式開市。

光緒十一年，希元得知俄人和朝鮮有通商之議，深恐朝鮮政府和人民受俄人愚弄，以貽他日之憂，遂在三月二十九日會同北洋大臣，奏請吉韓早日開市。摺中指出：「爲今之計，唯有將吉林與朝鮮通商事宜，亟爲舉行。於招携懷遠之中，寓先發制人之意，庶可以阻敵謀而定民志。倘拘守前定章程，必俟流民刷還再行開市，恐輾轉延遲，貽誤事機。」（註三九）並保舉「志成穩練，勤樸耐勞」補用知縣秦煐爲督理商務委員。四月一日奉旨允准。另由北洋大臣咨文朝鮮國王，錄送新訂之吉韓貿易章程十六條，並告知已奏派秦煐督理商務，希望朝鮮國王轉飭咸鏡北返沿邊會寧、慶源各府，一體遵照。（註四〇）

朝鮮方面，議政府於七月十六日向韓王稟報：「即見北京禮部咨文，則吉林與朝鮮互市，添派商務委員分設局卡事也。回咨以承領之意」。（註四一）但朝鮮正式派遣人員司理吉韓商務，則等到光緒十二年七月，由朝鮮督辦交涉通商事務徐相雨通知袁世凱，派會寧府使金在容兼任關北監理事務。（註四二）

吉韓商務較之奉天和義州，相去甚遠，主因吉林爲清廷封禁之地，地廣人稀，加之朝鮮貢使往來，也不經此。所以開市之初，清廷特於山海關洋稅出使項下撥銀三千兩，以爲試辦邊地通商三年之經費。

揆諸開市後一年八個月（光緒十一年十一月至光緒十三年六月）計徵得稅銀一千四百四十四兩。當時各局卡人員薪水等項每月需銀一千兩。是以一年所徵，不足一月需。（註四三）到了光緒十四年八月，爲撙節開支，遂由秦煐提出減薪之議：

和龍峪、光霽峪等處，又係吉林邊地，人烟稀絕，罕有其匹。彼疆此界，均不能產貨，又不能銷貨，是以富商大賈，無從招徠……卑職再四籌維，非刪減薪水等項，亦覺無法可施。蓋奏設此局時，徵稅外別有精意，固不敢妄議裁撤。第明知意不在稅，而坐耗公帑，莫展一籌，於心未免難安。撤之不可，安之不能，此所以唯有刪減之一法也。（註四四）

由秦煐稟文，可以看出吉韓邊境易不在稅收，目的在羈縻藩屬，杜絕俄人窺伺。所以改互市爲通商，分設局卡，以資箝制。但是此項裁減經費，和收支平衡目標相去甚遠。光緒十四年秋，設局試辦三年期滿，遂有裁撤和龍峪商務局之議。但爲北洋大臣李鴻章反對，李認爲和龍峪分設局卡，本爲羈縻韓民，非爲稅收，一旦裁撤，恐於時局有礙。他仍願以山海關出使經費項下，再支持三年經費。（註四五）李之主張，頗有見地，吉韓之間，本無利圖。當奉省紅蔘減稅，吉省也一併辦理，稅收更爲減少。光緒十八年，由於吉省書巡勇丁，對韓民藉端訛擾，有失懷柔之意。吉林將軍長順，於十八年五六月間，令和龍峪等處局卡，凡韓民過江交易者，一律停止徵稅。（註四六）以減輕韓民負擔，亦可免除邊吏苛擾。但是華民至朝鮮地界貿易，應否納稅，頗使朝鮮地方官爲難；一則影響其稅收，一則怕華商抗稅，一則懼俄人亦照例要求免稅。所以朝鮮外署督辦閔種默照會袁世凱，希望仍舊徵稅：

本月二十三日，接據會寧監理洪來牒內開；案照吉林將軍告示，吉朝交界地方所徵稅課，暫行寬免等因。茲將原本并與西步江分局照會謄本上送，起自本年六月初六日，管下各局卡商，并行停課等因前到。據此，查此次暫停稅課，固是出於格外體恤，實感其懷柔厚意。第念自吉林將軍衙門已為寬免徵稅，則在敝邦亦應一體遵辦。見今會寧監理署局樣樣凋弊，各項支用全藉稅款，若或停免，該局經費無容措辦；且恐日後陸路通商之國，援例均霑。反覆思維，實難權免。請電北洋大臣衙門，轉知吉林將軍，仍聽敝邦稅局照章抽納貨稅。

袁世凱接獲閔種默照會後，即稟呈北洋大臣李鴻章。李於八月二日回電，告以「各華局免徵，與韓局本無干涉，韓局仍可照章徵稅。」（註四八）閔種默得袁之覆照後，對中國如此優惠屬邦，除認為非常公允，並說出不勝嗚謝的語辭。（註四九）就公允言，此種片面免稅方式華商頗為不平，因之華商在朝鮮亦抗不繳稅，並引起會寧監理金，和和龍峪督理商務田正鏞之交涉。（註五〇）朝鮮通商督辦趙秉稷將此情形照會袁世凱，袁即轉呈北洋大臣。光緒十九年五月北洋大臣告知吉省免徵韓人稅收，為暫時措施，對於朝鮮仍徵華商稅課，不必與之爭執，並飭和龍峪商務局轉諭華商，一體遵照。此案所以如此措置，因和龍峪吉朝商務局即將改制為撫墾局有關。

緣吉林和朝鮮訂定邊民交易章程之時，中國官員已向會勘的魚允中提出韓民越界偷墾問題，所以魚於勘定通商地點時，已派人至白頭山分水嶺審察兩國分界水源。當魚回國後，向韓王提出豆滿、土門兩江之說，成為日後中韓勘界之濫觴。（註五一）蓋吉林朝鮮以圖們江為界，清廷入關以後，此一龍興之地即行封禁，中國臣民絕跡於此二百餘年，對朝鮮民人界禁更嚴，犯越者處以極刑。但荒原沃甸，綿亙千里，韓民迫於生計，冒禁犯越偷墾者，彼彼皆是，成爲中韓邊務交涉中最爲棘手問題。吉韓通商，其目的不在商務，而是藉通商之名，設局設卡，嚴禁邊防。但設局之後，一年稅收不足一月所支，而韓民仍不斷偷越，甚至朝鮮地方官亦推波助瀾，過江徵收越墾韓民地租。（註五二）光緒十五年，吉林將軍長順，奏請將茂山以下之越墾韓民入籍。（註五三）光緒十六年三月清丈韓民越墾地畝，十七年七月竣事，共收撫越墾韓民四千餘戶，男女丁口二萬餘人。（註五四）光緒十九年，吉林將軍長順奏清裁撤和龍峪通商局：

是以臣等於上年六月間彼此函商，將各局卡稅課暫行停徵，俾免擾累。一面暫留局卡，撫輯韓民。蓋越墾韓民自光緒十五年，經臣長順奏准入籍爲民之後，現在薙髮易服，編甲升科，遵我政教，一切詞訟，均由局員爲之審理。稅已停徵，而局未遽撤。職是之故，今後再三酌察，此項局費曠日持久，更覺虛糜。擬請將西步江分局，光霽峪分卡，概行撤除。其和龍峪總局，酌留督理一員，司事一員，書識一員，聽差二名，專辦吉林朝鮮交涉事務與撫輯越墾韓民。並擬將通商局名改爲撫墾二字，以期名實相符。（註五五）

吉韓通商設局，起自光緒十一年，至十九年裁撤，約計八年左右。其間商務始終未見發展，反而朝鮮邊民越墾日多，朝鮮政府由流民刷還到請求勘界，始終未能提出一套可資解決途徑，最後在中國片面主導下，將越墾韓民，編籍外科，建堡立社，（註五六）和龍峪商務總局，已無存在的需要，爲了撫綏越墾韓民，遂將吉朝商務局更名為「撫墾局」，結束了八年左右的吉林和朝鮮間的「商務」工作。

五、結論

清季中韓商務關係，嚴格說來，政治意義大於經濟價值。因為日本自明治維新以後，野心勃勃，首當其衝者為一海之隔的朝鮮半島。當日本政治、外交、軍事尚未侵入朝鮮之前，已有大批的日本商人湧入，日韓貿易因而節節上升。光緒八年以後，清廷已注意及此，所以清廷一面主導朝鮮與西方各國通商，希望在國際上取得均勢。另一方面加強中韓兩國之商務關係，以謀和日本在韓的勢力抗衡；中韓水陸貿易章程，即是在這樣的背景下訂立。此章程最大特色，在其條文前的序言中，說得很清楚：

> 惟現在各國既由水路通商，自宜亟開海禁，令兩國商民一體互相貿易，共霑利益。其邊界互市之例，亦因時量為變通。惟此次所訂水陸貿易章程，係中國優待屬邦之意，不在各與國一體均霑之例。（註五七）

中韓邊界貿易，亦本此精神，將原有的宗藩邊界互市，更改為邊界通商，並聽由邊民隨時往來。但基本的精神仍著眼於政治考慮。所以奉韓通商後，邊關稅收大增，為了恩恤屬邦，將韓國輸到中國大宗商品紅蔘，由減稅而免稅，以致中江年稅收僅剩四千餘兩，為開辦之初的十分之一。再如吉韓邊境設局設卡，但一年稅收不足一月所支，如此一直維持至光緒十九年方始裁撤。主因固為嚴限邊防，但韓國北界俄國，防俄也是因素之一，所以和龍峪總局設有俄羅斯通譯一名，即可見其端倪。

中韓邊境商務在這樣既定的原則下發展，當然談不上經濟利益，但讓清廷意外的由於朝鮮流民越界偷墾，其政府又無力刷還，最後竟提出勘界要求。終清之世，兩國界務始終未獲解決，這對當初邊境通商「稽查匪類，羈縻屬邦」的目標實係一大諷刺。

（文學士，現任臺北市立師範學院社教系教授，廉教授同門友）

【附註】

註一　中江：九連城與義州間鴨綠江中的蘭子島。

註二　袁世凱與朝鮮，林明德，頁一八七，中央研究院近代史研究所刊（下引祇列書名、頁次）。

註三　從政年表、陰晴史，魚允中，頁一二六，韓國國史編纂委員會編印，漢城（後引註祇列書名、頁次）。

註四　仝前，頁一三〇—一，清季中日韓關係史料（中研院近史所刊），卷二津海關道周馥致總署函附件四，頁五九六—七。（下引簡稱中日韓檔）

註五　仝註四，中日韓檔未收入此一說帖，但在周、魚筆談曾有提及。

註六　中日韓檔，卷二，頁五八九—九五。

註七　中日韓檔，卷三，頁九八九—九九三，又清季外交史料卷二十九，北洋大臣李鴻章奏妥議朝鮮通商摺附件。

註八　仝註七。

註　九　如通商章第二條：中國商民在朝鮮若有訴訟案件，由中國商務委員審斷。第四條對進出口商品稅則，均有規定。

註一〇　李文忠公全集・譯署函稿，卷十三，此為李鴻章光緒八年八月議訂朝鮮通商章程之附件。

註一一　仝註一〇。

註一二　中日韓百年大事記，陳固亭，頁三十八，中華叢書編審委員會。

註一三　中日韓檔，卷三，頁一〇〇九。

註一四　仝前，頁一〇四二—三。

註一五　李文忠公全集，奏稿，卷四，頁四六—五八。（吳汝綸輯、文海書局影印）

註一六　清代宗藩貿易，張存武，中央研究院近史所刊，頁六九。又中日韓檔，卷三，頁一〇五二。

註一七　清光緒朝中日交涉史料，卷四，頁三七，（故宮博物院、文海影印）。又中日韓檔卷三，頁一〇五七。上諭：中日韓檔，卷三，一〇五六。

註一八　清光緒朝中日交涉史料，卷四，頁三八—三九。因摺文甚長，僅擇其要點。

註一九　該議奏文稿，中日韓檔卷三，頁一〇八五，收禮部文一件，清光緒朝中日交涉史料，卷四，頁四四—四五，收總署摺一件。

註二〇　中日韓檔，卷三，頁一〇九二—三。

註二一　朝鮮李朝實錄中的中國史料，吳晗輯，中華書局，下編卷十七，第十二冊，頁五二六五。

註二二　仝前，頁五二七一。
註二三　從政年表，韓國國史編纂委員會編印，漢城，頁八四三—五。
註二四　魚允中全集，韓國學研究所編，漢城，經略使，頁四五六—四六一。
註二五　仝前，頁四六四。
註二六　中日韓檔，卷三，頁一一八七。
註二七　仝前，頁一一八八—一一九四，全部章程計二十四條，極其詳密完備。
註二八　仝前，頁一三三一。
註二九　仝前，卷七，頁四七五九—六一。
註三〇　李文忠公全集，奏稿，卷五十五，頁三九—四一，中日韓檔卷七，頁四七六二。
註三一　中日韓檔，卷七，頁四七七〇—一。
註三二　仝前，頁四七六二—四七七二，此爲戶部奏文之附件，由附件六至附件十九。
註三三　李文忠公全集，奏稿，卷五十五，頁三九—四一，中日韓檔卷四，頁一九七六—九。
註三四　仝註三三。
註三五　中日韓檔，卷七，頁四七六五。
註三六　從政年表，頁一五五—八。
註三七　中日韓檔，卷三，頁一一一四—七。

註三八　仝前，頁一五一—六。

註三九　仝前，卷四，頁一七六三—四。

註四〇　仝前，頁一八一八。

註四一　朝鮮李朝實錄中的中國史料，下編，卷十七，十二冊，頁五二八一。

註四二　中日韓檔，卷四，頁二一一七。

註四三　仝前，頁二二四七—八。

註四四　仝前，頁二三四六—七。

註四五　仝前，卷五，頁二五一九—二〇。

註四六　仝前，頁三〇二六。長順告示爲李鴻章致總署之附件，未註明日期。但停止徵稅爲六月六日，故推測在五、六月間。

註四七　舊韓國外交文書，一九七〇漢城，清案(二)頁一二八—九。

註四八　仝前，頁一三〇。

註四九　仝前，頁一八〇。

註五〇　仝前，頁二〇五。

註五一　從政年表，頁一六二，有韓王和魚允中談兩國邊界之問答。關於中韓勘界問題，參見拙著光緒初期中韓邊務交涉。原刊於女師專暑期部學報，現收入中國近代現代史論集第十五編。

註五二　舊韓國外交文書，卷八，清案十五冊，頁五二二—三。

註五三　中日韓檔，卷六，頁三三九五。

註五四　仝前。

註五五　仝前，卷五，頁三一七九—八〇。

註五六　升科：按一般解釋：凡新墾土地，滿年限後，（水田六年，旱田十年）按照賦則，科以糧銀，與普通地畝同，謂之升科。
建堡立社：中日韓檔卷六，頁三三九五—六。共建立四堡三九社。

註五七　仝註七。

癌病的成因與治療

董延齡

癌，又名惡性腫瘤。國內據衛生署發表的統計資料，自民國七十二年起，即躍居臺澎死亡原因的第一位，其中尤以肝癌爲甚；美國自一九八九年起因癌症而喪生者，年約五十多萬人，佔全美死亡原因之第二位，可見癌症威脅人類之健康、生命日甚一日，因此醫藥先進國家莫不頃全力研究治療方法，然而儘管研究者衆多，所花費之人力財力相當可觀，惟在臨床上迄無可靠的治療方法，說來實令人氣結。

癌症的成因，根據很多學者專家研究的結論；咸認爲由於人體細胞因爲受了某種原因的刺激，發生不正常的分裂或由正常細胞在一定條件下轉化成惡質細胞所致，然其眞正致病因素，迄今猶如瞎子摸象，人言言殊。不過從以往衆多研究者的資料，約可歸納下述多種。

㈠遺傳說：因癌症是由病毒（Virus）所形成，不但侵犯個體各組織，且能遺傳給後代子孫，是由於體內含有癌症病毒的遺傳基因；據說，法國的英雄人物拿破侖的祖父和父親均死於癌症，而拿破侖本人也因胃癌而去世。

㈡精神壓力說：現代工商業發達，人們工作繁忙，精神壓力繁重，爲了要求工作積效，身心得不到適當的休息，致使精神刺激過度、情緒緊張，或因憂愁煩惱，七情鬱結，心理影響生理，以致體內細胞不勝負荷，引起不正常的分裂。

㈢氣滯血瘀說：傳統生理學說氣血並論，認爲血液在人體內循環，是氣催血行，血因氣動，如人體四肢百骸氣血通暢則百病不生，如人體氣弱血滯，則日久聚而成型，因人體質，或成良性，或成惡性。

㈣飲食不當說：某些食物多吃有致癌可能，據美國詹森博士研究，多吃含鈉的食物如食鹽、味精等致癌的機會多，多吃含鉀的食物如蔬菜和豆類等致癌的機會少；又如前時新聞報導；午餐吃便當配香腸或腊肉，飯後吃香蕉，再喝含乳酸菌之飲料，易患消化系統癌症；美國報導多飲咖啡易患胰臟癌等。

㈤不良嗜好說：吸煙易感肺癌，多飲酒易致肝癌，多嚼檳榔易生口腔癌等。

㈥空氣缺氧說：諾貝爾獎得主，奧圖瓦伯博士指出：人體任何組織的細胞，如果氧氣壓力不足，或新陳代謝遭到干擾，正常的細胞會轉化成癌細胞。

其他如，某些賀爾蒙劑多用，常期居住在石綿瓦蓋頂的屋內，多吃含硝製過的肉類等，都曾經報導：致癌的機會增多。

但據雷久南博士的研究，癌病的形成原因不是單一的，必須有二種以上的因素同時存在才能發生，換言之，正常細胞若是遇上患者吃了致癌因素的食物，同時又當情緒低潮以及在身體組織缺氧狀態下才能轉化成癌細胞。

癌病的成因既如上述，它的種類更是繁多，依其結構分約有硬性、膠樣、髓樣、纖維樣四類；依其性質分約有局限性、瀰漫性、潰瘍性、結節性、深蝕性、萎縮性、鎧狀性七類。有人把癌病形容成千面女郎，變化多端，深不可測。雖然是同一種癌症，在不同的人，它會有不同徵候，大約又可歸納爲三大類。第一類：由於器官的特性，病灶位置的不同，而發生特有的症狀。喉癌引起的聲音沙啞；食道癌出現的呑嚥困難；支氣管性肺癌引起的咳嗽、胸痛、痰中帶血；以及大腸癌的便血等，此類使我們很容易聯想到某一特定的器官，而有一個推斷的目標。第二類：由於惡性腫瘤，移轉途徑的不同，侵犯器官的有異，所出現的症狀。如胃、腸、肺等惡性腫瘤，移轉到肝臟時，出現肝臟腫大，由外觀的檢查，很難與肝癌區別；當肺癌或乳癌移轉到腦時，常出現行爲上或神經方面的異常症狀，有時與腦瘤很難區別。第三類：異位性賀爾蒙所產生的症狀，如血球增多症、低血糖症、高血鈣症，類癌症侯群等，常在診斷上發生混淆。

由上種種，可以了解到，惡性腫瘤—癌—是如何的難纏，雖然是一種症狀，可能是二種截然不同的結果；雖然是同一種癌症，它外在的症狀，相差甚遠。依其病灶所在部位，據統計共有四十多種。此種疾病之可怕，即在發病初期，症狀不甚明顯，不易爲患者察覺，及待發現確診時，往往已頗嚴重。但從以往患者自述探知：多數病人其前期症狀常常是身體極端虛弱、疲勞、意志消沉，體重忽然減輕若干公斤，且有嗜睡情形；又根據公共衛生教育的資料顯示，有七點可能與癌症有關之徵候出現：㈠大便或排尿習慣之改變，㈡身體傷處不易愈合。㈢體表或體內不尋常的出血或分泌物。㈣乳房或其他部位變厚或出現腫塊。㈤胃腸消化不良或呑嚥困難。㈥體表贅疣或黑痣明顯的長大。㈦咳嗽不止或聲音沙啞久不癒。若有上述症狀，經過適當治療，不見功效，都須借重現代儀器，作週密適當的檢查，斷定其確實病症，再確定其治療方針。

筆者治療癌症的經驗不是很多，但從已往二十餘年，對十餘位患者的臨床觀察與體認，現在正統醫學所用的化學療法、外科手術療法、放射線療法、甚至免疫療法，都屬單一療法，治療的成效非但不理想且副作用多。雖然又有人採取中西並療法但仍嫌不夠。筆者認爲：針對此種陰惡、頑強、而複雜的敵人，採取單純的對抗療法或能收效於一時，決難見效於長久。曾嚐試以多管齊下治癌法，使數位重度癌症患者延長壽命數年之久，其中一位甚至延長生命達十年者。

所謂多管齊下治癌法即：西醫療法、中醫療法、運動療法、飲食療法、宗教信仰，集體活動等，分述如次：

㈠西醫療法：癌症有的發展迅速，有的發展緩慢，若病情急劇，發展迅速，應採取西醫療法，以符急則治其表之原則，在治療期間，若發生明顯的副作用，病人不能適應，可配合中醫療法，以減低其副作用，如化療期間出現極度疲勞，虛弱頭昏等症，可輔以補氣補血之劑；放射線療法出現陰虛、血燥、津液不足等症，則給予滋腎養陰之味；外科手術之後遺症，可視病情給予針灸或藥物之治療。

㈡中醫療法：對於病情發展緩慢的，大多可根據孫啓元先生的治癌八法（見自然療法報導）給予辨症施治，如患者信心充分，多可收到預期效果。

㈢食物療法：由於食物是維持健康的基本要素，食物的營養又是合成細胞的基本元素，西洋人說：「你的食物就是你的藥物。」人類吃下去的任何食物都會對身體產生巨大的影響。營養學家認爲：「癌症是於血液作酸性反應時才開始發作的。」換言之如人體血液常保持鹹性反應，則不易生癌。素食者更認爲：癌種子易於繁殖的對象，是偏食肉、蛋類及酸性食品的患者。易言之，如將體內的酸性血液改變其性質，而飲食上多攝取蔬菜、水果、乾果、核仁等，使血液變爲鹹性，則癌細胞的營養失調，即可抑制其繁殖。這樣再配合藥物的治療，癌細胞即呈現衰弱而易於撲滅。

㈣運動治療：運動本是常人保健的方法之一，但癌症患者，由於其體能已不如常人，其運動方法亦應有所不同。根據生物學家和奧圖瓦伯博士的研究：癌細胞的形成初期大部份是由體內細胞含氧量不足所致；換言之：如果體內平時氧氣不足的好細胞，常會轉化成癌細胞。由於運動時氣血的循環較活躍，可帶動多量的氧供給體內，無形中即可抑制癌細胞的發展。基於這個理由，有些研究氣功的人亦在著書立說，強調氣功治癌的重要性。但癌症患者大多體力不足，須選擇空氣新鮮的場所，作柔和且配合吐納的運動，促使體內的含氧量增加，如太極拳、華佗拳、五禽戲或氣功等是較理想的運動。

㈤宗教信仰：以前醫生發現病人患了癌症，爲恐影響病人心理大多隱而不宣，或僅告知病人家屬，不知曾幾何時，直接告知病人，絕大多數患者，聽到自己患了不治之症時，內心的恐懼、絕望、懊惱、無助、思想雜亂、紛至沓來，常是健康人所難體會的；心靈的脆弱不言可喻，此時需要借助宗教的信仰，來鼓舞患者的求生意志，扶慰患者脆弱的心靈，使其情緒穩定，信心增強，再配合上述治療、方克有濟。

㈥集體活動：對於初中期的癌症患者，趁體力尚能負荷，如經濟能力許可，可採取野外集體活動的方法，如在森林中露營，訓練專業人員，指導前述不須耗費太多體力而又能吸入多氧的集體活動，使病人天天在歡樂中渡日，忘卻病痛在身。據知，日本人在美國加州的森林裡，即有一個專門收容癌症病人的組織，採取此法，更採藥物、飲食等療法，治療效果優於其他療法。

病例舉證：鄒×麗年38歲，原爲筆者醫務助理，於民國六十九年十二月突然發現右頸部長出疙瘩二個，大者如桃核、小者如花生米、不痛不癢、皮色不變，以手捫之堅硬如石，以手指推動不移，似有根結紮住，更似從深部長出。經筆者初步診斷，認爲極可能是惡性頸部淋巴瘤，乃囑其至×大醫院切片檢查，經切片檢查結果爲：頸部淋巴癌，且轉移肺部，經該院鈷60照射十次，頸部癌腫消失，惟耳後至頸部組織焦黑一片，並有凹陷情形。因患者之姐姐在×總服務，又安排至×總施行化療，經注射三針後，患者頭髮全部掉光，且有嘔吐，精神恍惚、極度疲勞等強烈不適感，乃拒絕化療；轉而尋求中醫治療，筆者曾以括蔞、冬瓜仁、半夏、山慈茹、海浮石、葶藶子、□桑皮、生石膏，杏仁、薤白、炙麻黃、紫蘇、黃芩、蘇子、炙甘草治療轉移性肺部腫瘤，頗見功效，同時患者亦勤練華佗拳、五禽戲，並採取食療予以配合，後來頭髮慢慢長起，其間有六七年時間身體狀況頗佳，每天照常工作，各種生理狀況如同常人。至八〇年春頭頂長出一疱，大如桃核，外觀上如同百會疽，推測可能爲腫瘤轉移，至秋天其友人約其吃羊肉火鍋後咳嗽加劇，胸悶而痛、呼吸困難，又住進×新醫院，約月餘去世；自六十九年發病，至八十年去世，整整活了十年，而當時和她患同樣腫瘤，同住一間病房的二位患者，在醫師的鼓勵下，把規定的化療針都打完，確先後在七十二年、七十三年去世，她的姐姐曾一度爲她慶幸：「你幸虧未聽醫師的話接受全部化療，否則你的命運可能和你的二位病友一樣！」另有陳×杜患者亦和筆者認識多年，亦患了和鄒×麗同樣的病，在×大醫院接受鈷60和全部化療，壽命亦僅維持了二年多。

由以上的四個實例可知，癌症的治療方法，應採何者較爲優異，勿待多言。

（文學士、中醫師、廉教授門人）

論無因管理之承認　　朱柏松

一、前　言

無因管理爲我國現行民法（以下或簡稱本法）明文規定之債之發生原因之一。諸外國立法例亦莫不設有相同之規定（註1），現實上亦屬於相當重要之類型。惟由於無因管理制度，就我國民事法規範而言，完全係屬外國法之繼受，既有成例完全無案例可尋（註2），另外一方面，本法對於無因管理的規範亦非完整，屬於這方面的學術論述又相當有限，因此，對於無因管理原因事實之成立以及具法效力之論斷，往往人云亦云莫衷一是。尤其是本法第一百七十八條關於無因管理之承認及其效力之規定，各方說法更是難得一致（註3）。本條條文之適用，事關無因管理事實之成否，以及管理人與本人間權利義務關係之論斷，誠不應等閒視之。

現行民法關於無因管理之規定，如單就第一百七十八條之規定而言，固爲瑞士債務法第四百二十四條之繼受法，但就無因管理全般法制度之結構以及內涵而言，則又與德國民法（§§677～687）頗多雷同，似可被認爲繼受自德國民法。法律繼受之檢討乃至於諸外國法理之闡述，有助於繼受法上之認識。因此，本文之撰寫，作者擬自比較法之立場去分析現行法第一百七十八條之結構，並探討其適用上之當爲，最後則以分析之結果去導出若干結論。

二、我國民法關於無因管理制度之法律繼受

本法債權編係公布於民國十八年五月二十三日，並於同年十月十日施行（註4）。如前面所述，若就無因管理設有承認之規定一點觀之，我國現行民法關於無因管理之規定或係屬於瑞士債務法之立

法繼受（註5）。不過，如果就全部的法律結構觀之，無寧應被認為係屬德國法之繼受法。此點在大清民律草案或民國民律草案時代，固可看出其端倪（註6），就是就現行法的法文結構亦可獲得此一認識。

首先，德國民法於其第六百七十七條就無因管理分別為適法無因管理（berechtigte Geschäftsfuhrung ohne Auftrage）與非適法無因管理（unberechtigte Geschäftsfuhrung ohne Auftrage），並以依本人明示或可得推知之方法，為本人之利益而管理，為成立前者無因管理之前提（Ubernahme der Geschaftsfuhrung）（註7），而以之為論斷法效果不同之所在。此一關於無因管理之類型劃分的法律設計，亦見諸我國民法第一百七十二條。此與瑞士民法雖亦將有利於他人及依他人明知或可推知之意思列為立無因管理之條件，但其未以之為區分法效果之基礎者，有所不同。

其次，由於德國民法已將無因管理分為適法及非適法兩類型，則在效力論斷上，適法之無因管理，其管理人自可依同法第六百六十三條規定，對於本人主張與受任人相同之權利，其雖非適法之無因管理，但管理人係在於為本人履行公益上應履行之義務，或法定扶養義務時（Erfüllung in offentlithen Interesse, oder eine gesetzliche Unthaltspflich）（BGB § 679）者，管理人仍有相同之請求權。反之，管理人所為之無因管理屬非適法無因管理時，除上引第六百七十九條之情形者外，應依不當得利之規定論斷本人與管理人間之權利義務關係。不過，如果本人對非適法無因管理加以承認（genehmigen）者，管理人仍可享有本諸委任契約之規定，所得加以主張之權利。德國法上述規定，其該當於適法無因管理或雖屬非適法無因管理，但管理人係為本人履行公法上之義務或法定扶養義務之部分，因我國民法已在第一百七十六條另設請求權範圍上之規定，故無須另依委任契約決之。另外，非適法無因管理之情形，本法已另設第一百七十七條加以規範，故未如德國法第六百八十四

條第二項一般之規定。

不過，針對上述德國法及我國民法所規定以外之事項，瑞士債務法之規定，無寧較接我國立法例。亦即，如屬適法無因管理（Übernhame einer Geschäftsbesorgong durch das Interesse des geschäftsherrn gebute war）（註8），同法第四百二十二條規定並非適用委任契約之規定其權利義務關係，而係如同我民法第一百七十六條規定另設範圍上之限制。至於非適法之無因管理，其管理人之請求之範圍，更是與我民法第一百七十七條規定幾無差別（OR §423）

另外關於無因管理人之注意義務，以及其義務違反所生責任之問題，德國法所規定者，我國民法雖非全部亦有之，但其屬於重要者幾已具備矣，具體言之，其屬於非適法因管理人之無過失責任（BGB §678），以及緊急情況之無因管理人之注意（BGB §680），我國民法則分別於其第一百七十四條第一項以及一百七十五條設有明文。而德國法關於無因管理人通知並接受指示之義務之規定（BGB §681），本法亦於第一百七十三條另加規定。不過，對於這些條文，除該當我民法第一百七十五條之規定者外，皆乏明文，倒是瑞士債務法所規定者，甚多不爲德國民法以及我國民法所明文（註9）。

三、無因管理成立要件與效力之分析

本來，任何人既未受任何他人之委任、受僱，而且在法律上亦無義務爲他人處理事務，則本於「任何人皆負有不對他人事務加以干預」（res inter alios alis neque nocere neque）之原則，自應無容任何人干預、管理他人之事務，此一法律上之原則，特別是在個人主義興盛近代初級資本主義的時代，更爲人人所堅持與贊同。不過，人類經營社會生活，在甚多情況並非是一個絕對的單一個體，無寧是休戚與共的。同時，亦唯有在守望相助、互助互愛的情況下，

人性始得以彰顯，社會和諧亦可因而被加期待，而個人乃至於社會經濟利益亦可因此而獲得確保。因此，無因管理自羅馬法以來即在適度的範圍內被加以承認，這是一個充分體現事物本性，以及自然的法律感情所被加以承認的一個法律制度。

本於此一立法背景，如本文在前言所述及者一般，各國民法例皆設有關於無因管理之規定，嚴格限定其成立要件並使其發生債權債務關係（註10），我國民法如前面所述，承襲德國法及瑞士法，亦設相同規定，茲依我國民法規定，就本文論述之需要，分析其類型、構成要件及其效力如下。

㈠無因管理之類型

本法關於無因管理之發生，僅於第一百七十二條規定，「未受委任並無義務，而爲他人管理事務者」，性質上屬客觀性、抽象性之法律規範，只要爲他人處理、管理事務係未受委任，且法律上亦無義務者（註11），皆可該當之。因此，屬於單純事實所生，例如救火、代爲看守他人房舍、或因法律行爲無效但仍爲事務之處理，法律關係終了後事務之繼續處理，皆無礙其成立無因管理（註12）。另外，無因管理亦不限於一時性、長期性，有財產價值或無財產價值，或以事實行爲或法律行爲爲內容，皆足以成立之，惟關於單純之不作爲，究否可以成立無因管理。在多數之情形，固無由該當之，但類似對本人在交易上之利益加以留意（Interessenwahrnehumung）之情形，學說上仍無礙其該當爲無因管理（註13）。

不過，由於本法在無因管理之設計上，尙有其他法定之要件與之配合，並本於此等法定要件之具備與否，有其各自不同效力之規範。具體言之，就無因管理之效力而言，如無因管理係該當於第一百七十六條第一項規定，無因管理人之權利關係以及效力，自可依同條項之下段規定論斷之。反之，其有不該當於同條之規定者，依本法第一百七十七條之規定以論斷其效力。其屬於前者之無因管理（亦即第176條）一般稱之爲適法之無因管理，其屬於後者者（亦

即第177條），則稱之為非適法之無因管理。這是我國民法承襲自德國民法（BGB § 677, 683, 679）後所為之規定。關於其詳細，已在前面有所述及，茲不另述。

㈡無因管理之構成要件及若干效力之分析

依本法第一百七十六條規定，適法之無因管理在其成立要件上，除應具備未受委任並無義務管理他人事務，及其管理係應為他人而管理等兩個條件之外，尚須以管理人係「依本人明示或可得推知之意思而管理」，且「其管理係應屬於有利於本人」，否則不足以該當。在「為他人而管理」之要件上，一般之要求，只要管理人主觀上有為他人之利益而管理之「意思」狀態即足以該當（註14），惟既以此「意思」為必要，則管理人至少亦應具備意識能力，否則無因管理之效力無由發生（註15）。

至於適法無因管理所須另予具備之其他條件，亦即「無因管理之承擔」（Übernahme der Geschäftsführung），依我民法之規定，應同時就「應依本人之明示或可推知之意思」，以及「以有利於本人之方法」加以管理始足該當（註16）。理論上，二者相互一致之情況應屬常態，但呈現相互矛盾的情形亦不在少數，例如對逃避鉅額債務之追償尋求自殺以期解脫之人施以救助，或對於原已由本人決意加以廢棄之古宅，基於保護（重要文化財）之目的而加以整修等情形，皆屬之。在二者呈現相互矛盾時，學說上認為，屬於本人主觀意思要件之「明知或可得推知之意思」，與現實之利益相互矛盾時，則應將意思視為其次，以是否符合公益為論斷之依據。因此，類似上引兩則事例，皆應可該當為適法之無因管理（註17）。不過，處理事務之本人明示或可推知之意思，與客觀對本人之利益相互矛盾，但事務之處理與否卻與本人應履行公法上之義務，或履行法定扶養義務有關者，依本法第一百七十四條第二項規定，仍成立適法之無因管理，無庸就管理事務是否符合本人明知或可得推知之意思予以探討。例如對於罪犯協助其投案，或對於滯納稅捐之人代為繳

納稅款之情形是。

由於民法對於適法之無因管理，已在第一百七十六條明白規定，僅限於其第一項上段及同條第二項之情形，則參酌第一百七十七條所稱「管理不符合前條之規定時」，顯然本法對於「非適法之無因管理」（註18），係採非屬於第一百七十六條規定之情形皆足以該當之二分方式。以下對於非適法之無因管理，試做若干之分類與整理。

1.無因管理人雖係爲他人管理事務，但管理並非本於本人可得推知之意思，或本於本明示之意思而加以管理，但管理之結果卻是有利於本人者。

2.無因管理人雖係爲他人管理事務，雖其管理方法係本於本人明示或可得推知之方法而加以管理，但其管理之結果卻於本人並非有利者。

3.無因管理人雖係爲他人管理事務，但管理之方法並非本於本人明示或可得推知之意思，且其管理之結果亦於本人並非有利者。

4.無因管理人係爲他人管理事務，其管理之方法係依他人明示或可得推知之意思，且其管理之結果亦於本人有利，不過，管理人在開始管理後，經通知本人（註19），於本人未爲任何表示而仍繼續管理，或經本人表示拒絕繼續管理，但仍繼續管理者（註20）。

5.管理人管理他人事務，但其管理之意思係非本於本人之意思而管理，而係爲自己或爲另外第三人之利益而管理者。

6.因錯誤，將自己之事務誤以爲他人之事務而加以管理，或誤以他人之事爲自己之事務而加以管理者。

7.管理人雖係爲他人之利益而管理事務，但所謂爲他人管理事務，發生當事人同一性之錯誤（Irrtum über Person des Geschäftsherrn）之情形。

上述諸非適法之無因管理，其屬於第5.之情形，於其係以自己之利益而管理他人之事務者，因已不符無因管理之基礎條件，事實

上係屬介入他人事務而謀自己之利益，其性質已該當侵權行為或不當得利之類型，無法再對之論以無因管理之效果，充其量亦僅生準用無因管理，然後本於準用第一百七十八條之規定，使管理之效果歸於本人所有而已（註21）。至若管理人係明知為甲之事務，而為乙之利益加以管理者，在事務係屬於客觀上為甲之事務，尚無妨使管理人與甲之間成立無因管理之關係，而有第一百七十八條準用之餘地者外，其屬於主觀之事務之情形，不論其管理行為，係屬法律行為或侵權行為，充其量僅使管理人與事務關係人間成立不當得利之關係。具體的案例；其該當為客觀之事務管理，如管理人甲基於乙將來可使用丙的房屋之目的，而加以整修、管理之情形。此時，就管理人甲之意思雖有為乙之利益而為事務之管理，但因事務屬客觀存在，其無因管理之結果，勢將直接出現於丙屋之上，乙終究無法因甲之管理行為而獲得利益。因此，甲、乙、丙間之法律關係而已，當只能分別就甲、丙之間論斷，亦即準用無因管理之規定，使丙依本法第一百七十八條加以承認，而發生彼此間之債權債務關係。至於事務非屬典型客觀事務者，於其屬於法律行為之情形，例如股票集保公司管理員，將甲所存放之無記名股票為乙之利益而加以炒作，使乙因而獲利（即將甲之股票高價賣出之後再以低價買進，以謀取其中鉅額之差價是），在現實上管理員不論有無將其利益交予乙，充其量亦僅使甲與管理員之間成立不當得利之返還，或準用無因管理之規定使之發生債權債務關係而已（註22），尚與乙之間，無任何法律關係之存在。

在該當為第 6.及第 7.類型之「無因管理」方面，如就其構成事實而言，客觀上雖都具有管理行為，但在「為他人之利益」而管理令要件，則仍有疑義。因此，嚴格言之，已不符合無因管理之成立要件，而不應有「適用」無因管理規定，以論斷其法律效力之餘地。如一般所瞭解者，無因管理雖亦有以主觀「為他人管理事務之意思」存在為必要，但此意思（Geschäftsfuhrungswille），與意思表示

（Willenerklarung）之情形有所不同，因此，應無依錯誤之法理由管理人行使撤銷權（註23），充其量只能就表現在外之具體管理行爲論斷其效力。本於此，若管理人因錯誤之認識，將自己之事務誤爲他人之事務而加以管理者，其在主觀上，固有爲他人而管理事務之意思，但客觀上並無足以使他人發生因管理而獲得利益之結果。因此，自不生無因管理或不當得利返還之法律效果問題。

不過，在「管理人」錯誤地將他人事務誤爲自己之事務而管理之情形，其究否有無因管理規定之準用，則並非無探討之餘地。在「管理人」所管理之事務屬於客觀他人之事務之情形，例如「管理人」誤將他人之土地認爲自己之土地而加以耕作之情形（註24），因管理之結果事實上當然顯現於他人之土地上，但就「管理人」之意思而言，並非爲「爲他人管理事務」，自應無適用無因管理規定論斷其效力之理由，充其量僅生不當得利或侵權行爲（註25）等效果之論斷問題（註26）（註27）。惟若「管理人」所管理之事務係屬非客觀事務，而係主觀之事務或中性之事務之情形，因成立無因管理，須以管理人「有爲他人管理之意思」，而管理他人之事務爲要件，故既使有錯誤亦非來自於事務之對象，而係出自於「爲他人之意思」。因此，甚難想像有誤以他人之事務爲自己事務而加以管理之情形。本於此，在類似管理人甲誤以爲乙有意購買房屋，而以乙之利益向第三人丙，由甲自己或以乙方之名義購買房屋之情形，是否應僅有不當得利或侵權行爲規定之適用，則不無疑問（註28）。拙見以爲斯時似應可發生準用無用管理，由乙逕行依本法第一百七十八條之規定行使承認權之問題。

至於在當事人同一性錯誤之無因管理，理論上亦應不能排除物或事務上之同一性錯誤之無因管理。此種情亦可分客觀之事務及主觀的事務加以說明。在人的同一性錯誤方面之客觀事務管理，例如誤以甲爲乙而基於乙之利益施以救助是，而其屬於人的性質錯誤方面，在主觀事務管理，例如誤認甲有爲乙有購屋之意思，而代乙購

買房屋之情形。而在物的同一性錯誤方面，其屬於客觀之物的同一性錯誤之無因管理，例如誤以甲屋爲乙屋，而在甲屋上爲乙之利益而加以管理是，至於其屬於主觀之物的同一性錯誤之無因管理，例如誤以甲屋適合於乙之所需，爲乙之利益而加以購買之情形是。

關於當事人同一性錯誤之無因管理，德國民法第六百八十六條規定，眞實之本人（wirkliche Geschäftsherr）仍因無因管理取得權利，並負義務（aus der Geschäftsführung berechtigt and verpflichtet）（註29），我國民法則對之並未設有明文加以規範。在屬於人之同一性錯誤方面，其屬於客觀之事務管理方面，因管理之效果現實上已具體出現在被管理人身上，雖該被管理人（即本人）與管理人之認識有所不符，但錯誤在無因管理並無適用之餘地，因此，管理人及非管理人本意加以管理之該被管理人（即本人）間，應有適用無因管理之規定，以論斷其法效力之餘地。而在於人的錯誤之主觀的無因管理，則絕非可與客觀人的錯誤之無因管理相提並論，斯時，自應有準用無因管理，由被加以管理之人加以承認，始生其效力之餘地。

反之，在物的同一性錯誤之無因管理上，如屬於客觀物之同一性之錯誤之情形，其情形與前述之客觀的同一性錯誤之無因管理一樣。因爲，管理之結果係直接建立在非眞正本人之物上，其效力自應由非眞正之本人予以承受，惟斯時是否應如客觀人的同一性之無因管理一樣，當然應有無因管理規定之適用，就公平、正義之考量上應非無探討之餘地。因爲，事務客觀屬甲所有，而管理人誤爲乙所有，甲與乙對於事務之利益與否，管理之方法是否相同，皆不可能完全一致。因此，若率爾爲無因管理規定之適用，其於本人利益之保護難免有未洽之處，故基於公平之考慮，應容非眞正本人有選擇權，僅於管理利於非眞正之本人之時，始有準用無因管理之規定，經由其承認後之發生權利義務關係。不過，如管理不利於非眞正之本人，甚至於非眞正本發生損害時，應無排除成立侵權行爲責任之餘

地。不過，同樣之物的同一性之錯誤，如屬於主觀性的，例如前面所引，誤以甲屋適合乙使用或需要，而以乙之名義或由管理人自己之名義予以買下者，對於乙而言，是否可成立無因管理，此就現有私法體系而言，係屬動機錯誤之問題，在由管理人與第三人所爲房屋買賣中，因法律行爲不因動機錯誤，而構成得以撤銷之理由（註31）。因此，管理人與第三人（即房屋出賣人）間之法律行爲仍應繼續有效。不過，雖然法律行爲並不因此而爲無效或得撤銷，但如因此認爲管理人之行爲亦於本人當然生無因管理之效果，則未兔於本人利益之保護背道而弛。拙見以爲，斯時，在無因管理，其爲本人之利益而管理這個要件上應非不符，但因對標的發生錯誤，以致在成立適法之無因管理之另一要件，「依本人明示或可得推知之意思」之要件，已有所不符，因此，亦應將之納爲非法之無因管理之列予以論斷。

四、民法第一百七十八條規定評釋

如吾人在前面所曾一再加以強調者一般，如就現行無因管理第一百七十八條規定而言，因德國法並無相類似之規定（註32），卻爲瑞士債務法第四百二十四條規定，似可認爲本法第一百七十八條，甚至於整個無因管理之規定爲瑞士債務之繼受法（註33）。不過，如果就現行民法關於無因管理類型上之劃分，以及無因管理其他條文之規定之情形觀之，使吾人對於無因管理之規定，究否全屬於瑞士債務法之繼受法，不得不持保守的看法。

吾人之所以很在意我國民法關於無因管理之規定是否爲瑞士債務法之繼受法，是因爲瑞士債務法第四百二十四條規定於其法典之中確有其存在之地位，我國法既爲其繼受法，則基於本法之理論傳承，亦基於本法之有效適用，瑞士法本法解釋之方法、態度，乃至其理論，則將於我國法解釋第一百七十八條時有相當之影響作用。無因管理需經承認使之適用委任契約之規定，其最主要之原因，係

在解決無因管理當事人間之權利義務關係（註34）。瑞士債務法如吾人在前面所述及者，關於無因管理當事人之權利義務關係，除其第四百二十二條規定，「爲本人之利益而管理事務（die Übernahme einer Geschäftsbesogung durch das Interesse des Geschäftsherr geboten war）」者，管理人可享一定之請求權，以及同第四百二十三條對於「非斟酌本人利益（nich mit Rucksicht auf das Interesse des Geschaftsherrn）」之無因管理，亦容許管理人在本人獲有利益之限度內，得享有補償或免除債務之權利之外（註35），皆未設有詳細之明文。本於此，瑞士債務法第四百二十四條規定，於該法有否存在之價值，自絕對有其探討之價值。

不過，我國民法關於無因管理當事人間之權利義務關係，並非如瑞士債務法一般之不明確。至少就文字之表現而言，屬於應由管理人對本人加以負擔之債務或責任，已在第一百七十三條第二項所明定（註36）。而關於適法之無因管理，亦即包括無因管理人係以本人明示或可得知之方法管理事務，而其管理之結果利於本人，以及其管理雖非本於本人明示或可得推知之方法，但管理係在爲本人盡公益上之義務或履行法定扶養義務者，亦於第一百七十六條設有明文（註37）。則關於本人對於管理人在此方面所應負擔之義務及責任，亦已有法律上之依據，至於屬於第一百七十六條以外之非適法的無因管理，其應由本人對管理人所負擔之義務與責任，亦有第一百七十八條爲法解釋上之依據。顯然，我國民法並非如瑞士債務法一般，非必有第一百七十八條規定之適用不可，因此，本法第一百七十八條之存在及其意義，自有另予考慮之必要。

1.無因管理為獨立之債之發生原因

足以發生債權債務關係的法律事實非常之多，實在難以全部網羅而加以規範。因此，大陸法系諸國民法，顯有單章規範債之發生原因者（註38）。我國兩次的民律草案，亦都未有「債之發生」原因之單章、單節之設計，一直到了民律草案以及現行民法典起著時，始

仿瑞士債務法之立法例（註39），於債法之首節，另成立債之發生，使債之發生原因有所明確（註40）。

依現行法關於債之發生原因之規定，即明白於第一百七十二條至第一百七十八條等計七個條文，規定關於無因管理之成立，以及其效力。顯然，就本法之立場而言，無因管理本身即是債之發生最主要之原因之一（註41）。不但如此，民法第一百七十三條至第一百七十七條尚設有關於無因管理之效力方面之條文（註42），此與瑞士債務法未將無因管理納爲債之發生之原因之一，而於其第二部（Abteilung）第十四章（Titel）另以各種契約關係（einzelnen Vertragsverhaltnisse）之方式加以規範者大有不同。

就我民法關於無因管理此一法律事實在法律上之編排，顯然可以知悉，民法第一百七十二條至第一百七十七條即爲關於無因管理之發生，以及其效力之全部規範之所在，故特定法律事實，究否該當無因管理，以及一旦該當無因管理之後，其關係人，亦即債權人及債務人，彼此之權利義務應如何論斷，全部皆應依本法關於無因管理這一節之規定予以論斷，殊無再求諸於本法其他各章節規定之必要。僅於該當與前面所述，非屬於典型之無因管理之管理行爲，亦即前述之關於「無因管理構成要件及其若干效力之分析」中所列①至⑦之行爲，始有是否應準用無因管理之規定或其他條文以論斷其效力之問題而已。

針對以上所述，最高法院下列兩則判例及判決即不無探討之餘地。民國55年台上字第228號判例謂，「無因管理成立後，管理人因故意或過失不法侵害本人之權利者，侵權行爲仍可成立，非謂成立無因管理後即可排斥侵權行爲之成立」。本於該判例，56年台上第3186號判決則指出，「無因管理之收取物，因上訴人之過失已經毀損或遺失，即應負侵權行爲之賠償責任，至無因管理成立後，並不排斥侵權行爲之成立，上訴人亦難免其連帶賠償之責。」

無因管理雖是管理人未受委任管理他人事務，但因係爲本人而

管理事務，故就該管理事務本身，法律上使管理人發生違法阻卻之效果（註43）。不過，此種違法阻卻之效果，亦僅在於該當爲無因管理本身，且其管理係爲本人而管理之情形，始足以該當之。至若，無因管理人，以其有管理他人事務之事實，而另對本人發生侵權行爲之事實，且以之援引違法阻卻之效果，以圖免除其應對本人加以負擔之損害賠償責任，則顯與無因管理之立法趣旨大相違悖，此乃事理所自明，同時若干國家之民法亦曾特別明示斯加以強調（註44）。

然則，上述侵權行爲責任之不被排除，應與管理人因管理他人事務欠缺注意，而致對本應生損害賠償責任，亦屬侵權行爲責任之情形，不可混爲一談。如前面所述，無因管理本來就足使管理人生違法阻卻之效果，因此，如謂無因管理因過失致生損害於本人，即生對本人成立侵權行爲責任，顯於法理不符。在此種情形，充其量亦只生無因管理人因違反無因管理之規定，應對本人負債務不履行之責任而已。

按本法對於無因管理人在管理事務時，究應負擔何種程度之注意義務並未設有共通規定（註45），但並不能僅以此爲理由，即謂侵權行爲責任因係就故意或過失之不法侵害負賠償責任，故於管理人在管理他人事務有故意或過失之條件時，即應依侵權行爲法論斷管理人應對本人負擔損害賠償責任。管理人不以一定之注意程度爲本人管理事務，係屬管理人對本人債務未予履行之問題，雖本法對此並未設有明文（註46），但唯有以之爲債務不履行而加以論斷，始可獲得適當之結論，否則在無因管理的效力論斷上，另加入侵權行爲損害賠償效力之論斷，不但混淆當事人請求權之基礎，同時，亦於當事人間權義之正確判斷產生困擾。

2.無因管理之債權債務關係

無因管理乃方便於無因管理人，確保管理之利益，同時，亦在基於公平正義之價值判斷下所建立之法律制度。因爲，如果未設有無因管理之制度，其管理所得之利益，對於本人而言終屬不當得利

（註47），最後仍應依不當得利之法則論斷彼此間之權利義務。但依不當得利法則確定此種權利義務，在適法之無因管理之情形，有時對於管理人在權利之主張甚爲不利（註48），故有另建立無因管理制度之價值與必要。

關於無因管理所生債權債務關係，本法在第一百七十三條及第一百七十六條至第一百七十七條之間業已有明白之規定。亦即，就無因管理人之義務方面，本法第一百七十三條明白規定，應由管理人對本人負通知，並接受指示之義務（註49），以及，準用本法第五百四十條至五百四十二條之規定，向本人履行報告之義務，交付金錢物品及孳息之義務，與移轉權利之義務。而無因管理人亦可依本法第一百七十六條之規定向本人主張其應有之權利。此一權利之內涵，依無因管理係具有雙務及同時履行抗辯之性質，即爲本人所應對於管理人履行之義務，其具體的內容包括有，返還必要及有益費用、支付（由必要及有益費用所生）利息、清償債務，以及損害賠償等諸義務。顯然，關於無因管理人間之權利、義務之規範及其內涵，本法已設有明文，則以無因管理既係一債之發生原因，在發生無因管理之法律事實以後，本法第一百七十三條及第一百七十六條，即應爲論斷管理人及本人間權利、義務之依據，其經由本人之承認，使之「適用」委任契約之規定者，顯於本法單獨以無因管理爲一債之發生原因，而另設論斷債權債務關係特別規定之法律設計，難爲法理上之合理說明與配合。

以上本法第一百七十三條及第一百七十六條關於無因管理債權債務關係之規定，在法解釋上乃至於法律規定上，皆屬於適法之無因管理之情形，始有適用之餘地（註50）（註51）。至若屬於非適法之無因管理，其管理人間之權利義務關係則如何？據本人所信，如本法非有第一百七十七條之規定，因非適法之無因管理，終究與適法之無因管理有別，且其於本人權利之干預、侵害之程度，遠較適法無因管理爲烈。因此，若謂本法第一百七十八條所規定之「承認

」，有其法律上之價值與意義，應在非適法之無因管理方面充分表現。不過，現因本法第一百七十七條已明文規定，「管理事務不合於前條之規定時。本人仍得享有無因管理所得之利益，而本人所負前條第一項對管理之義務，以其所得之利益爲限」。所謂「享有利益」，所謂「負前條第一項義務」，即已明白表示本條規定，爲屬於非適法無因管理人間之權利義務方面之規定。因此，既使在非適法之無因管理之間，亦已因有本條規定之緣故，似應使第一百七十八條之適用性，喪失其立法所預期之意義與作用。

至於第一百七十七條與前條第一項之關係，吾人以爲應係屬準用之關係（註52）其原因是，第一百七十六條第一項所規定本人對於管理人之義務，原本係設定在「適法之無因管理」（註53），亦即，第一百七十六條所規定者爲「管理事務利於本人」、「並不違反本人有示或可得推知之意思」（註54）。因此，只有在無因管理，但其管理係利於本人，惟違反本人明示或可得推知之意思而管理，或管理雖係依本人明示或可得推知之意思而管理，但管理之結果現實上並於本人不利，或無因管理既不依本人明示或可得推知之意思，且結果亦於本人不利之情形，始有適用第一百七十七條而準用第一百七十六條規定，論斷彼此間之權利的餘地。其非屬於無因管理，雖亦或可該當爲準無因管理，但絕非屬於適用第一百七十七條規定而生準用一百七十六條第一項規定之問題（註55）。

3.第一百七十八條規定之真義

關於無因管理之債權債務關係，吾人已如上段一般詳予說明，在無因管理各該規定已對管理人及本人間爲明文規定之情形下，純就法適用之理論而言，第一百七十八條規定，「管理事務經本人承認者，適用關於委任之規定」，如前面所曾予提及者，不但喪盡其立法所預期之意義與作用。不過，或謂，無因管理所生之債權債務關係，應不僅如本法第一百七十三條及第一百七十六條第一項、一百七十七條所規定者一般，其他類似委任契約所規定，屬於受任人

之權限（第532條至第534條）、受任人變更指示、親自處理事務、複委任（第536條～第539條）之規定，以及委任人讓與處理事務請求權之禁止（第543條）、委任人之預付費用、支付報酬（第545條至第548條）等義務，無因管理一節並未設有明文，依本法第一百七十八條使本人加以承認，逕適用委任契約之規定，以求解決，自有其必要。

委任契約與無因管理雖同爲足生法律效果（債權債務關係）之法律事實，但不但其發生之方法不同，而且其性質亦有所差異（註56），只是同係以處理他人事務爲其目的，故立法例上多將其並列。正由於二者之間有性質上以及發生方式上之不同，因此，不但委任契約一節諸條規定多有不適合適用於無因管理者（註57），即連本法第一百七十六條所規定關於本人應對管理人須加以負擔之義務，其內容與委任契約所規定者，亦多有不同（註58）。

由於委任契約與無因管理二者有如上所述性質上與成立上之差異，因此，關於無因管理人對於本人之義務，於本法未明白規定其內容的前提下，逕以第一百七十三條規定，使它以法律類推之方式，準用同法第五百四十條至第五百四十二條之規定，此一規定自然是正確的（註59）。不過，第一百七十八條規定，無因管理得逕由本人之承認，而生「適用」委任之效果，不論在立法體例上，乃至於法律解釋學上，是否完全無誤，則大有商榷之餘地。蓋無因管理在其成立方法與基本性質和委任契約所呈現之差別，應無能僅因本人之承認而完全予塡補或抹消也。因此，如將本法第一百七十八條解釋其眞正之作用，係在對於無因管理加以「承認」，並因而發生「適用」委任契約之效力，不但罔顧無因管理一節另設其權利義務之規定的立法設計，同時，亦不免發生單純因法律規定而生改變自然現象的笑話。

然則，本法第一百七十八條之規定，是否即完全喪失其存在之價値或意義，吾人的答案是，並不盡然。基於對無因管理法理之認

識，以及本法對無因管理效力之設計上之考量，雖然第一百七十八條在立法體例上顯得兀突，且並非與現行民法架構完全脗合，但參酌我國法無因管理立法上之特點，特別是就比較法之立場去加以觀察，第一百七十八條自身仍應可具有下列法適用上之意義。

其一是，將第一百七十八條所規定之文字，改讀爲「關於無因管理之效力除第一百七十二條至第一百七十七條所規定者外，準用委任之規定」（註60）。如前面所曾提及者，關於無因管理之成立要件及其效力，亦即管理人與本人間之權利義務關係，本法於第一百七十二條至第一百七十六條設有明文，則純就法規範應具有強行適用之原則，這些規定自應有其一般規範作用，殊無理由將之捨棄不用，而僅依本條（即第178條）規定，由本人逕對無因管理予以承認，使之「適用」委任契約之規定之理由。不過，亦如吾人在前面所曾予述及者一般，本法第一百七十二條至第一百七十七條關於無因管理之成立及效力方面諸規定並非完整，在無因管理與委任契約同在於以處理他人事務爲目的的前提下，使其有所不足之點得以「準用」委任契約之規定，以獲得解決（註61）。事實上，就無因管理本身在效力上之本法規定方面，法文亦已明白規定有「準用」之文字（註62），顯見其他本法對於無因管理之成立或效力方面未加以規定之部分，在解決之方法上，似以「準用」委任契約之規定，較爲合宜、適當而且可能。若係如此，本法委任契約之規定，透過對於第一百七十八條規定之改讀，應係屬於學說準用，亦即一般所稱之「類推適用」。

其二是，以本法第一百七十八條經本人承認「準用」委任契約之規定，所生效力論斷，與直接依本法第一百七十二條至第一百七十七條規定所生效力，二者形成「法條競合」關係（註63）。此時，因本人業已有承認之表示，依第一百七十八條發生效力之特別要件業已具備，自應先行適用第一百七十八條之規定，使之逕行「準用」（註64）委任契約之規定以論斷其效力。不過，正因先行「準用

」委任契約之規定，則民法第一百七十二條至第一百七十七條等諸規定，自應捨棄不予適用，此一效果之發生使此種情形之準用委任契約，與前述第一類之準用有所差別，因爲前述第一類型之準用並無須以本人之承認爲其條件，而且其準用係在適用第一百七十二條至第一百七十七條規定以後尙有所不足之情形，始有準用委任契約規定之餘地。

對於第一百七十八條使之發生法條競合作用之解釋，在既有法律體系之中誠然甚爲少見，不過亦非絕無僅有，具體的例子，如無因管理本身，本人不向管理人履行第一百七十六條之給付之情形，自只能由管理人依不當得利之規定，向本人請求不當得利之返還的情形是。這一點吾人在前面已有所述及。與此相類者，在學說乃至於判例上亦可找到適例（註65）。

承認在法律之性質上屬於以意思表示爲內涵之單獨法律行爲。因此，自應受本法第115條規定之拘束，使承認之效力得以溯及既往而發生。同時，承認之意思表示在法律規定上，並無所謂除斥期間之問題。因此，本人如一直未表示承認，純就理論而言，其承認權仍將繼續存在，並不因時間之經過，即認爲有承認之存在（註66），反而，斯時，若無因管理人逕依第一百七十六條或第一百七十七條之規定向本人有所主張時，承認權存在之意義自此即告喪失。不過，如果無因管理人本於第一百七十六條或一百七十七條之請求權，因十五年間不行使（第125條），仍將不影響本人行使本條（即第178條）之承認權，斯時管理人因準用委任契約所得行使之各種權利，應告復活。

其三是，針對本文在三之２，「無因管理之構成要件及若干效力之分析」一段所列舉屬於⑤、⑥、⑦諸情形，基於公平、正義之考量，容由本人行使承認權，使之發生無因管理之效果者。如前面所曾述及者，無因管理不論屬於適法或非適法，在成立要件上皆須以有爲「他人（即本人）」管理事務之意思存在，但上述⑤、⑥、

⑦之情形，管理人管理事務，或皆非有爲本人加以管理之意思，或管理意思，在主觀之認識上與客觀存在之事實上有所差異，因此，不但無法使其管理成爲適法之無因管理，即連非適法之無因管理之條件皆無法該當之，然在現實卻往往出現管理之結果。

對於此類之管理行爲，除其中之特別情況，例如客觀爲乙之事務，甲誤以爲係自己之事務而加以管理者，因無因管理之「爲他人」管理事務之主觀條件，並非該當意思表示，而不適用錯誤之法理，使其效果仍無礙於爲甲係爲乙之利益而管理事務之論斷（註67）。但屬於其他之情形究應爲如何之法效力之論斷，在說法並非一致，就德國法而言，因已有明文規定使之準用無因管理之規定（BGB§§687），學理上將之稱爲「不眞正之無因管理（Unrechte geschaftsfuhrung）」，而我國學者亦多持肯定之見解（註68）。不過，就實例上之表現，則無寧認爲既然其所表現之事實與無因管理之成立要件不符，自應準用無因管理規定以論斷其效力之理由。反而應分別其情兄適用侵權行爲或不當得利之規定，以論斷其效力（註69）。

此類在性質上既不符合無因管理之成立要件，但要使之準用無因管理以論斷其效力，則在事理上，乃至法律問題之解決需要上，其經由本人承認爲無因管理乃屬事理所必需存在之事實，惟其需由本人加以承認，亦僅屬事理所必需，但並非謂此爲無因管理效力論斷上之必要條件，更與應「適用」委任契約之規定與論斷其效力，完全無涉，蓋此時充其量亦只不過發生究否應依第一種或第二種情況，準用無因管理或委任契約之規定，以論斷彼此間之權利、義務關係而已。

其四是，對於以法律行爲爲內容之無因管理，經由本人之承認，使該當爲無因管理之內容的法律效力，得以直接及於本人及第三人之間（註70）。無因管理在成立要件上，屬於「爲他人處理事務」方面，並未限定事實行爲，法律行爲之情形亦在於容認之列。在以

法律行爲爲內容之無因管理，如無因管理人係以自己之名義（註71）與第三人成立法律行爲，則對於因該法津行爲所生之權利、義務關係，將來充其量亦只生應由管理人依第一百七十三條第二項規定，準用五百四十一條第二項，將之轉移於本人而已。不過，如果管理人係以本人之名義成立法律行爲無因管理者，因管理人事實上爲該法律行爲之前，並未獲得本人授權，應屬典型之狹義無權代理，其因此所生之效力，究否可以直接對本人發生，純就代理行爲之理論而言，則大有疑義。

關於這個問題，就日本法則而言，因日本法並未有如我國民法第一百七十八條設有「承認」之條文。因此，在學說上，認爲無因管理一旦有效，其因無因管理所爲法律行爲，在事務處理之必要範圍內，當然對於管理人發生代理權，因此，應可直接對本人發生效力，判例上的態度亦傾向於此（註72），不過，持反對見解者亦不在少數。不過，我國民法因第一百七十八條另有關於「承認」之規定，究否宜採日本法一般之見解，則並非無探討之餘地。

純就法設計而言，無因管理與無權代理是完全兩個各自獨立、互不相干之法律制度，雖然實例上可得發生以法律行爲目的之無因管理，但這只是無因管理各種不同目的中之一個表現而已，並不意味二者有必然之結合（註73）。因此，如謂以法律行爲爲目的之無因管理，管理人即可得享有代理權，純從法理而言，應非可盡信。而且，從另一角度而言，無權代理最基本的發生原因是代理人未經本人之授權而爲代理行爲，無因管理在法律上即無受委任亦無義務，雖亦係爲本人之利益而爲本人爲法律行爲，但終究脫離不了未經授權爲代理行爲之色彩，苟或僅因有無因管理介入其間，即逕認定此時即有代理權，亦大大地破壞代理的法體制。

我民法第一百七十八條之存在及其地位，如本文在前面所說者，如謂其在於經由本人之承認而因「適用」委任契約之規定，以完全否定第一百七十二條至第一百七十七條之地位與價值，顯然是屬自

毀設立無因管理制度之一種矛盾的法律設計。而且就立法理由觀之，亦未就此點加以強調，倒是立法理由中曾謂，「…第二主義最適於理論，蓋無因管理人所爲之行爲，一經本人承認，即變爲有權代理也。…」（註74）。因此，本法決定採第二主義，姑不論立法理由文字表達欠缺邏輯上之週延性，但就本段文字之主要趣旨而言，應可得知，對於以法律行爲爲內容之無因管理，僅於經本人承認之後，始使該法律行爲之效力及於本人及第三人之間，亦即使該無權代理因此獲得補正（註75）。若係如此，就本法之立場而言，其以法律行爲爲內容之無因管理，管理人以本人之名義從事時，其效力並不採日本多數學說以及判例之立場，而僅於經由本人向管理人或第三人表示承認時，始對本人及第三人直接發生效力（註76）。

五、結　論

人類不能索群獨居，則人與人之間的交往、發生關係自屬無法避免。在諸多的人際關係，自羅馬以來即經由法學者的努力思維與歸納，使其中適合於發生私人權利、義務關係者，列入民法加以規範之中，其適於禮俗、道德乃至於宗教加以規範者，排除在民法領域之外，而使之不生權利、義務之論斷（註77）。無因管理是一種人類合群的一種表現，是一種人性發揮、互助互愛的具體的社會事實，我們以爲這是自有人類以來即已當然會發生存在的現象。只是一則由於法學理論發展進程之局限（註78），二則亦是時代思潮的推移，具體言之，即是資本主義的到來，方使無因管理由實證法的規範，成爲各種之債的一個類型。

不過，正由於無因管理的基礎背景是人類社會群體生活互助互愛的表現，同時，亦因爲其發生並非猶之於契約或其他法律行爲，係來自於有效果意思之意思表示。因此，關於無因管理的法律規範，自無法期待猶如各種契約一般之細膩、完整。在此前提下，無因管理雖亦爲以資本主義社會爲其成立背景之近、現各國民法典所明文，

並確立其地位，但在法規範之表現上，仍只能給予債權人（即管理人）在權利享有上之最低要求。至於對本於事實性質甚濃無法類型之無因管理，則只能以抽象之適法、非適法無因管理等抽象之二分法予類型劃分。

其實，無因管理就其本質上，固然係屬人類社會生活互助、互愛的一種表現，民法基於當事人自治原則的確立，原則上並不鼓勵無因管理之輕易發生，惟純就民法係在於論斷社會法律關係主體間之權利義務、公平與正義之前提下，對於因無因管理所造成當事人間權利義務上之差距，如無予公平之分際，似於民法自身之立場有所違背，故包括瑞士民法乃至我國民法，始有無因管理經本人承認，應「適用」委任契約之明文。就委任契約可容許受任人請求報酬之規定而言，吾人認為，儘管本法第一百七十六條及第五百四十六條所規定，容由管理人加以主張之權利，其依第一百七十六條加以規定者，應較有利（註79），但全面觀之，依委任契約論斷權利，仍於受任人（即徑承認前之管理人）較為有利。因此，若就形式的乃至於市場的公平、正義而言，瑞士債務法第四百二十二條以及我民法第一百七十八條規定，應有其意義存在。

不過，儘管如此，吾人尚須強調，儘管我國民法第一百七十八條係為瑞士債務法之繼受法，但其他各條無因管理之規定，皆與瑞士法有異。因此，在解釋第一百七十八條時，於我民法其他無因管理諸規定之配合，則應不能有所偏廢。否則輕者造成各法條在適用上無法配合，重則將使第一百七十二條至第一百七十七條各條規定流為具文。本法第一百七十八條之確立，就吾人所認識，既在追求無因管理在形式上以及市場上之正義，以擺脫無因管理具有人類互助、互愛特質下的相互協助，則吾人以為第一百七十八條於依法直接論斷無因管理當事人間之權利、義務時，並無適用之餘地，僅於無管理人本人基於自己為承認管理之決定（註80）。始有「適用」委任契約之規定，與直接依第一百七十六條、一百七十七條論斷之

結果，依法條競合之關係加以論斷之餘地。

至於第一百七十八條在補強民法無法類型無因管理，以論斷其作用上，亦有其作用。無因管理係屬以混合事實行爲爲原因而成立之債之類型，立法之初或基於現實之考量，未對之爲類型化之分別規範，這一些類型，至少依吾人在前面三之2「無因管理之構成要件及若干效力之分析」所述，第一百七十八條至少於其中之⑤、⑥、⑦三類型之「無因管理」中，有其發生作用之餘地，不過，依本條（第一百七十八條）規定爲各類型「無因管理」之承認，應僅生準用第一百七十二條至第一百七十六條之規定以論斷其效力而已。蓋此等「無因管理」，本來即欠缺「爲他人管理事務」之條件，其本諸承認，準用委任契約規定，加重本人之債務，顯非本法所期待。

人類經營社會生活，人人互尊互重、守望相助，原本是人性格發揮的一種表現，此種人性之表現，本來與是否應由本人向管理人提供報酬或以之作爲一種鼓勵，應是非同層次之問題。不過，純就權利、義務之關係而言，管理人既基於本人之利益而無因管理他人事務，自亦無理由使管理人負擔本應由本人負擔之損失之理由，此無因管理之所以被納爲債之類型之一的主要原因，站在利益衡量、公平正義之立場，無寧應屬正確的。至若無因管理於本人帶來利益，本人基於感謝，容由本人對於無因管理加以承認，使之準用委任契約容由管理人請求包括報酬等較依無因管理規定加以計算爲高之給付，無寧應是對於社會連帶的一種重視與強化，絕非在於利誘增加無因管理之發生頻率，因爲，承認之主導終究是在於本人。惟有如此解釋第一百七十八條，該條文始具其意義之存在，無因管理在人性發揮之潛存意義，亦不致因此喪失殆盡。

【附　註】

註 1：無因管理制度雖在歐洲近代立法時期，爲歐洲大陸諸國民法典所規範，不過，溯其根源應可謂淵源於羅馬法。依羅馬法之解釋，通說皆以無因管理爲一種準契約。法國民法承受羅馬法較爲直接亦較爲

深刻，故仍以準契約方式納入規範，目前與侵權行爲合併爲其第三編第四節「契約外之債務（engagements qui se forment sans convetnion　）」之主要內容。不過，包括德國民法、瑞士債務法、奧地利民法則皆以之爲一單獨之債之類型。惟因其性質類同委任，故又稱之爲非委任之事務管理（die Geschäftsfuhrung ohne Auftrag）。至於在英美法方面，無因管理雖未如歐陸諸國有成文之規定，但對於本諸利他（an altruist）之意思而介入他人之事務，亦以無因管理之原因事實，論斷其法律效力。我國以及日本乃至（中南）美洲諸國各爲德國、法國民法之繼受法，故亦有無因管理一節之設置。至於包括馬來西亞、菲律賓、印度、紐、澳則爲英美法影響圈之國家，自亦因英美法之影響而有無管理規範（法典）之存在。

註 2：古代中國因受儒家思想之支配，禮法的規範遠較功利的支配更具作用，因此，無因管理之事固在所不免，但並無以之爲成立債權債務關係之概念（另參照葉孝信主編「中國民法史」——1995年上海人民出版社出版，第518頁記載）。故查施沛生等人合編之「中國民事習慣大全」（民國13年上海廣益書局發行），亦未見有關於無因管理之案例。而最初本於無因管理所出現之判例（大理院上字第140號）亦要到民國3年始行出現。

註 3：較早的學說，有主張「無因管理於開始管後，本人與管理人之間更成立委任關係自屬無妨，則此時即可由無因管理一變而爲委任，以後其效力即可從依委任關係，故民法於第一百七十八條明定管理事務經本人承認者，適用關於委任之規定」（陳瑾昆著，「民法通義——債編總論」，民國19年朝陽大學出版，第56頁記載）。近期史尙寬先生認爲因本法第一百七十六條已對管理人之權利設有詳細規定，因此第一百七十八條之承認效果應有所保留（民著債法總論，民國61年台三版，第68頁）。惟史氏見解卻不爲孫森焱先生所贊同（氏著民法債編總論，民國75年6版第98頁）。至於胡長清先生則主張本條之承認足生代理契約之效力（氏著「中國民法債編總論」，

民國57年商務台三版，第94頁）。其他各說之觀點可參照鄭王波著「民法債編總論」（民國51年三民出版社）第98—99頁說明。

註 4：現行民法財產三編（即總則、債及物權）在立法上幾未經什麼討論，僅以當時氏遴選委員之舉手無異議通過，爲形式上之法定程序而已。以債法之立法過程爲例，現行民法債編計604個條文，（國民黨）中央政治會議於民國18年6月5日通過民法債編立法原則，同年10月30日即由起草委員（傅秉常、史尙寬、林彬、焦易堂、鄭毓秀）等人向立法院提出擬就之民法債編草案報告，並將草案送審。而立法院則於民國18年之11月8日完成全部之審查工作（其間僅分別於11月5、6、7、8各日上下午共計28個小時進行審查而已）。因此，若單純就所存文獻觀之，現行法債編幾未曾有過絲毫之內容實質審查（參照司法行政部編民國65年6月30日出版之「中華民國民法制定史料彙編下冊」第389頁至第538頁記載）。

註 5：在大清民律草案（以下簡稱一草案）及民國民律草案（以下簡稱二草案）時代，無因管理與買賣、租賃等契約一樣，被納爲各種之債的一個類型（一草案爲第918條至第928條，二草案爲第735條至第744條）。不過，民國民律草案自其第224條以下至第285條則設有專節，以規範契約、不當得利、侵權行爲三大部份，特名之曰「債之發生」。此一立法方式完全與瑞士債務法無異（Erster Teil Die Entstehang der Obligationen §§1-67）。民國民律草案設專節以規範債之發生之立法方式，沿續至現行民法，只是現行民法將其內容擴張，包括代理權之授與以及無因管理。

註 6：現行民法關於無因管理之規定，結構上屬於德國民法之立法繼受一點，將在本文中予以述及，但兩次之民律草案關於無因管理之規定，亦屬德國民法之繼受法一點，則在此稍予說明。兩次民律草案皆未設有關於無因管理之承認而適用委任契約之明文（但一草案第926條有不同文字之規定），顯爲非受瑞士債務法影響之具體說明，另外兩草案皆明白設有屬於德國民法無因管理規定之特點，例如區分適

法與非適法無因管理（BGB§§民677～679，一草案918～919，二草案735～736），對於非適法之無因管理未經承認者依不當得利之規範決之，經承認者視同適法之無因管理（德民684，一草案925，二草案742），以及設有錯誤之無因管理及誤信為自己事務之無因管理之規定（BGB686～687，一草案927～928，二草案743～744）等是。

註 7：無因管理就法條規定之結構觀之，只要有客觀未受委任並無義務而管理他人事務，及主觀為他人而管理事務之條件，即足以該當，不過，如與管理他人事務應依本人明示或可得推知之意思，以有利於本人之方法等之承擔（Ubernhme）相互結合探討時，其僅具前者之事實而未具承擔者，自應被論斷為非適法之無因管理。

註 8：適法無因管理之請求權，依德國民法第683條規定僅設有費用之返還（Aufwendungen），反之瑞士債務法則規定管理人得請求一切必要或有益費用（alle Verwendungen, die notwendig oder nutzlich）及其利息（samt Zinsen），並以同一標準清償所負債務（in demselb Masse zu ersetzen），及賠償由法院所裁量之損害（nach Ermessen des Richters Ersate zu leisten）。

註 9：瑞士債務法關於無因管理所規定，但為我民法或德國民法所不見明文者，可列舉如下。非適法之無因管理僅於本人不為事務之處理，並非違反善良風俗或違法時，應由管理人就事變所致之損害負賠償責任（§422Ⅱ）。無能力之無因管理人，僅於管理受有利益，或以惡意之方法（auf boswillige Weise）拋棄其利益（Bereicherung entaussert hat），始負賠責任。

註10：無因管理之法制度成立之目的，在羅馬法時代旨在保護本人之利益，以防止他人任意干預別人之事務。不過，自近代民法典確立以來，以無因管理係屬社會連帶的一種表現，足以實現互助合作之理想，故一改往昔立場，使之成立為一債權債務關係，期對管理行為之雙方有權利義務上之規範。參照孫森焱前揭書（註3）第80頁說明。

註11：所謂法律上無義務，其法律屬私法者固不待言，在公法上有其義務者，亦不得以之爲無法律上之義務而成立無因管理。不過，在道德上或宗教上、禮俗上有其義務時，管理人本於該義務處理事務，是否仍可該當無因管理則不無疑問。按履行道德上或禮俗上（Anstand）之義務，其於法律上已見明文者，例如本法第一百八十條第一款、第四百零八條第二項等，依各該法律規定，受領此項給付之人並不必該當於不當得利，則他人代爲管理其事務，應無由成立無因管理，惟宗教上之事務管理並非法律所得規範，故除非宗教上給付（事務管理）可被認爲係該當於上述之道德上之給付，否則，仍無礙於無因管理之該當。

註12：BGHZ 37 258; 39 87 ; Fikentscher , Schuldrecht, 4 Aufl. 1973 s.497 ; Larenz, Lehrbuch des Schuldrechts Bd, Ⅱ 10 Aufl 1972 s.267 Anm.3 。

註 13 ：Larenz a.a.o.s.269 ; Staudimger-Nipperdey, Staudinger. Komnentar zum BGB Bd Ⅱ. Recht der Schuldverhaltnisse 11 Aufl Teil3 1958 Bem 20 vor § 677, 4 zu § 677。

註14：所謂「爲他人之利益而管理」，通常係指「以其行爲所生之事實上之利益，歸屬於他人之意思」（史尙寬著前揭書——註3——第60頁說明）。其所謂之「他人」，通常皆爲本人，惟若爲本人以外之第三人而管理，究否成立無因管理，則有待斟酌。例如，乙屋已有上百年歷史，但已陳舊不堪。乙有意於再隔一些時日予以拆除重建，甲以該屋具重要文化財之價值予以維修，斯時，究否成立對乙之無因管理自不無疑義。吾人以爲此屋爲客觀屬於他人（即本人）之物，維修後之價值雖同時具保護重要文化財之意義，但現實利益應仍歸乙所得，現實上應無法否認爲乙之利益而管理。不過，此時，究否成立對乙之適法無因管理，則係屬另一層面之問題。至於類似本案例之情形，其事務係屬主觀他人之事務，亦可就管理人在客觀所表現之事實，故論斷其屬於爲本人之利益而管理，論斷上應不致困難。

註15：關於此點，德國民法（§682）及瑞士債務法（§421 I）設有明文，我國民法則無另設規定，學說上之態度迄今不明。個人以爲，斯時只能依不當得利之規定論斷其效力，如因無因管理致本人發生損害，亦只能適用本法第187條之規定論斷其效力。不過，此種情形亦屬於可由本人加以承認而生準用委任契約論斷其效力之問題。

註16：德國民法就此二要件雖亦見明文，但彼此之間的關係語意卻未見明確。因此，學說之態度未見一致。有認爲二者同時具備始成立適法之無因管理者，例如前揭Staudinger-Nipperdey, a.a.o.Bem 8 Zu § 683；Erman, Handkommentar zu BGB 4 Aufl 1967 zu §683〔Hauβ〕; Larenz, a.a.o.s. 273。但反對說則認爲意思條件係屬優先，但意思條件無法具備者，亦可由客觀存在事實加以論斷（Brox, Besonder Schuldrech, 1970 Rdne. 369；Medicus, Burgerliches Recht 5 Aufl. 1971 §18 I 2a）。

註17：孫森焱前揭書（註3）第87頁參照。

註18：此處所之非適法無因管理，係純就廣義之見解加以認識。亦即，凡非該當於第172條之成立要件，而管理他人事務之情形，皆是該當。至於其各自之效力，則當於下面分述之。

註19：無因管理人未依本法第173條規定，對本人履行通知之義務，是否將因而使無因管理成爲非適法之無因管理，說法上並未一致（參照胡著前揭書—註3—第89頁），惟拙見以爲，管理人在能通知而未通知之情形下，充其量亦僅止於被論斷是否已盡善良管理人之注意義務而已，與適法無因管理與否，應就管理是否利於本人，或管理方法是否依本人明示或可得推知之意思尙不生關連。因此，認爲尙不得以管理人未履踐本條（即173條）規定之通知義務，而以其無因管理爲非適法之無因管理。

註20：關於通知後管理行爲之是否續行，我國民法並未如日本或法國民法一般設有規定，致在法解釋上頗生疑義。另外，學說上雖曾針對續行管理之義務有所主張，但續行管理之行爲與指示之內容互有不同，

甚至背道而馳等，究應發生何種效果皆未見提及。余意以爲此時應該當狹意之非適法無因管理，而有本法第177條規定之適用。

註21：此時若管理人因管理所獲得之利益，遠大於本人因此所受之損害時，其本諸不當得利或侵權行爲之法理爲論斷其效力之依據時，自有犧牲被害人（本人）而縱容管理人之不公平現象，故應有考慮準用無因管理之規定，使本人得準用第178條規定，準用委任契約之規定（雙重準用），將管理之所得歸本人享有。

註22：斯時是否可使甲與乙之間成立不當得利之返還請求權，則不無疑義。蓋關於不當得利之返還，其屬於成立要件之利益與損害之間，雖不必以有直接及單一法律事實爲必要（最高法院民國65年台上字第138號判決），不過，在本案之情形，甲是否已該當受有損害之條件，則不無疑義。因此，解釋上，似仍以準用無因管理之規定，使甲對管理員有所主張，方於理論有所脗合。

註23：參照史尙寬前揭書（註3）第57頁。

註24：此種情形於僱工爲自己之土地加以施肥或耕作，因對工人所示錯誤或工人認識錯誤，而在他人土地上施肥或耕作之情形，亦應有相同法效力論斷之問題。不過此時，就管理人與其所僱用之工人之間尙發生是否爲法律行爲錯誤或債務不履行之問題。

註25：此時對他人之土地加以管理並非全然於他人有益，在有益之情形，固於土地所有人發生本於非給付原因之不當得利返還之問題。反之，如屬非有利益之情形，則有侵權行爲損害賠償之問題。例如，乙地本已計劃種植煙草，其土質應期乾燥、鬆散，並多施以氮肥，但甲或甲之受僱人誤以爲自己或甲之土地，以目的在種植豆類而以灌溉並施以鉀肥之情形則屬之。

註26：此時，尙有依民法規定發生添附（811～816）之問題，但仍不排除土地所有人受有損害時之損害賠償責任，惟若係屬不當得利之情形，因添附之結果亦在於使合成物所有人取得動產所有權，故應僅生民法第八百十六條規定，由土地所有人對於「管理人」支付償金而已。

註27：此種情形，依德國民法第六百八十六條規定，「不適用（德國民法）第六百七十七條至六百八十六條之規定（即該法之無因管理之全部規定」，既使本人欲經由承認，而準用無因管理之規定去論斷其效果，亦在所不許（RG 105 92）。

註28：至於誤以爲自己有購屋之需要，而爲他人之利益購買房子之情形，則顯屬不堪想像。

註29：此時，在法效力上自應由眞實之本人對於因錯誤而受管理利益之人請求利益之返還（非屬於不當得利，而係適用本條文之結果），但眞實之本人則應對管理人負該國民法第六百八十三條所規定之義務（Karl Larenz, Lehrbuch des Schuldrechts Bd. Ⅱ 12 Aufl. 1981 s 353, Aum 6）。

註30：雖然此時之管理人仍係具有爲他人管理事務之意思，但由於對於本人發生認識錯誤，在無因管理無發生撤銷「意思表示」之前提下，現實受無因管理之人，仍非管理人所認爲管理事務有利之相對人，因此，對於受無因管理之人而言，他人之管理行爲，於自己受有損害之限度內，仍不失爲一項侵害權益之行爲，故容被害人有對之請求損害賠償之餘地。

註31：參照施啓揚著，民法總則，民國72年校訂版第251頁說明。

註32：如在本文中所述者一般，德國民法亦設有對於非適法之無因管理加以承認，而使無因管理人得有適法無因管理人一般之請求權（Steht dem Geschäftsführer der in § 683 bestimmte Anspruch zu）（BGB § 684 Ⅱ）。其規定之效果，依文字所述，並非如瑞士民法第四百二十四條所規定者一般，適用關於委任契約之規定（Kommen die Vorschriften uber den Auftrag zur Anwendung）。

註33：例如我妻榮著．洪錫恆譯，「中國民法續編總則論」商務印書館民國20年出版，第28頁記載。

註34：不論我民第178條或瑞士債務法，其法條文字，使用「適用」二字本已不當，這一點既使不就無因管理及委任契約係屬完全不同性質之

法律原因事實而言，而單就法律效果之規範而言，亦應因此兩法律原因事實之不同性質，而應無使用「適用」二字之理由。

註35：瑞士債務法依其第四百十九條規定，雖亦將有利於本人以及可推知之觀點（Mut masslichen Absicht）列爲爲他人管理事務，而爲成立無因管理之條件，但在論斷效力時卻不明確將之分別地（即分別以於本人有利及是否依本人明示或可得推知方法）爲論斷權利義務之基礎，有如我國民法及德國民法一般。

註36：此爲瑞士債務法所未見明文。

註37：屬於本法第一百七十五條之無因管理，解釋上仍屬於適法之無因管理，蓋維護本人之生命、身體或財產上之重大危險者，乃爲依客觀且屬於符人類本性之合理行爲，因此，苟或本人發生自殺、自傷或自毀財產，他人予以挽救者，雖背於本人之本意，但仍於人性相符，故仍該當爲適法無因管理。

註38：德國民法即無債之發生之規定，依德國民法關於債權債務關係之規定，計有債務關係之內容（Inhalt der Schuldverhältnisse）、契約之債（Schuld Verhältnisse aus Vertrag）、債之消滅（Erloschen der Scheuldverhältnisse）、債權之讓與（Ubertragung der Forderung）、債務承擔（Schuldübernahme）、多數債權債務關係（Mehrheit von Schuldern und Glaubigern），以及各種之債（Ein Zelne Schuldverhältnisse）。至於法國民法關於債之規定，則只大致分類爲契約及本於合意之債務關係（des Contras ou des Obligations Conventionnelles en general）（§§1101-1369）與非本於合意之債務（des engagements qui se forment sans Convention）（§§1370-1386）。義大利民法（§§1173-2059）、奧地利民法（§§859-1341）亦然。

註39：瑞士債務法第一章即設有債之發生（Entsethung der Obligationen），其內容包括契約之發生（§§1-40）、侵權行爲之發生（§§41-61）、不當得利之發生（§§62-67）。而我國大清民律草案所

規定者計爲債權之標的、債權效力、債權之讓與、債權之責任、債權之消滅、多數債權及債務人、契約（通則、各論）、廣告、發行指示證券、發行無記名證券、管理事務、不當得利及侵權行爲等部分。至於民國民律草案之債法，雖已設有債之發生一節（§§224-285），但包括之內容與瑞士民法同，而與現行民法則有異。民國民律草案較現行法，其不同者在於前者未將無因管理納爲債之發生原因，僅將之列爲一單獨之各種之債的一個類型而已（§§735-744）。

註40：本來，法典之中既設有債之發生原因，其規範之內容應以發生債權債務之原因事實，及其關係爲其對象，至於其效力部分則應納入各種之債之中加以規範，但現行民法典關於此一原則完全未予把握。首先，關於代理權之授與之規定，觀現行民法典第167條至第171條之規定，除第167條代理之授與方法以及第168條共同代理人行使代理權之方法，尙勉強可稱之爲屬於「債之發生原因」方面之條文。但其餘包括第169條之表見代理及第 170條至171條之無權代理，皆屬無權代理（廣義）效力之規定，與代理在形成債之原因完全無涉。事實上「代理之授與」自身是否可單獨形成債權債務關係，即大有可疑之處，儘管自耶林（Radof v. Jhering）以來，即懷疑代理權應可獨立於委任、僱傭等法律關係之外，但代理權之授與可發生債權債務關係，在理論上則大有疑義。關於其詳細因已逾越本文範圍，故省略不述，請逕參照王澤鑑書「法學上之發現——Laband關於代理權授與及其基礎關務之理論」（爲氏著民法學說與判例研究第四冊所收）。

註41：參照本法關於「債之發生」之立法理由記載。

註42：如就「債之發生」一節之目的而言，應僅就如何始可形成債權債務關係，何種情況足以形成債權債務關係加以規定，即爲已足。但本法關於債之發生之規定，卻並非盡然全是如此。契約方面之規定（第153條至第166條），固全係屬於債之發生方面之規定，但代理權之授與以下之各節規定，則除債之發生原因之外，尙涉及其效力方

面之規定，致令包括不當得利、侵權行爲等，除債之發生一節所規定者外，其餘各章節皆未見另有與效力方面之規定。

註43：參照史尚寬著前揭書（註3）第61贏，孫森焱著前揭書（註3）第86頁說明。

註44：例如瑞士債務法第421條規定，「由侵權行爲所生之其他責任，不受同項規定之影響」。

註45：但對於非適法之無因管理及管理係爲免除本人生命、身體或財產上之急迫危險時，分別在第174條及第175條設有應就無過失或故意、重大過失負責任之明文。

註46：對於此，本法雖未見明文，但因無因管理係管理人未受委任並無義務而管理他人事務，爲避免無因管理可任意發生，同時亦在於加重無因管理人之責任。因此，儘管無因管理人原則上無對本人請求給付報酬之權利，而有該當本法第220條第二項之條件，但學說仍主張無因管理人所應負之注意義務爲善良管理人之注意，參照史著前揭書（註3）第62頁，及孫著前揭書（註3）第89頁。

註47：德國民法第684條規定，凡不具備第683之要件（即成立適法之無因管理之條件）時，本人應依不當得利返還之規定，對管理人返還其因事務管理所得之全部利益（第一項）（本段譯文引自民國54年台大法研所編譯德國民法第451頁）。

註48：在善意的不當得利之情形，依民法第182條第一項規定，不當得利人僅於現存利益之限度內負返還利益之義務。此時，如返還不當得利之時間距無因管理開始之時間愈長，無因管理人受法律保障主張權利之機會愈來愈小，其負擔損失的風險亦將愈來愈大。

註49：管理人於從事無因管理之後，依本法第173條第一項規定，應由管理人對於本人負通知之義務，此項通知義務違反如前面所曾述及者（註18），學說上咸認爲應構成管理人對本人之債務不履行（史著前揭書第62頁，孫著前揭書第90頁，鄭著前揭書第92頁）。不過，對於管理人履行通知以後之續行管理與否所生之法律效果，學說則未

見一致。這中間除無因管理具有急迫之情形者外，於經通知本人，並由本人表示拒絕，或本人爲不同管理方法之指示時，管理人若仍依原管理方法續予管理，應成立非適法之無因管理（鄭著前揭書92頁，孫著前揭書90頁）者外，在本人全無指示，管理人究否應有續行管理之必要，如予續行管理其法律效果如何，則說法並非一致，有認爲如終止管理反較未開始管理於本人有害時，管理人有續行管理之義務，否則應終止管理。另說則完全以事務是否有急迫性以爲論斷，其屬非急迫性之事務，本人既未有任何表示，管理人如續行管理者，應可能成立非適法之無因管理（孫著前揭書第95頁註4說明）。

註50：但依第176條第二項規定，雖屬於非適法之無因管理，若其管理係屬於第174條第二項，同時，在解釋上亦應包括雖管理人在管理上有具體輕過失，但管理人係爲免除本人之生命、身體或財產上之急迫危險之情形，亦應視爲適法無因管理，而有第176條第一項規定之「準用」。

註51：本法第175條基於急迫危險之無因管理，在管理之目的上，似僅限於免除本人之「生命、身體或財產上」之急迫危險。法條文字，關於法益之規定，似採列舉方式，但就法解釋而言，健康上之急迫危險其法益遠大於身體、財產上之急迫危險，其他人格法益之急迫危險，包括隱私、名譽、貞操等亦非全無保護價值，殊無將之排除在本條適用之外。事實上包括德國（§680）、瑞士（§420Ⅱ），皆未設明列舉之明文，僅規定「爲防止本人之急迫危險（drohenden dringenden Gefahr）」，解釋上，外國法例似可供參考。

註52：所謂法律之適用，即是「將抽象的法規適用於具體的事實，以獲得一定的結論」（施啓揚著，「民法總則」，民國71年初版，第40頁說明）。因此，法律之適用與法律之準用不同，蓋前者有所預定加以規範之法條，儘管有時該法條所使用之文字有不明或疑義之存在，但其仍屬於法律解釋之問題。就本法第177條規定而言，其於非適法

無因管理之法律解決，其屬於法律適用應無疑義。不過，如就權利、義務之具體論斷而言，因第177條本身並未有明文，反而應依第176條規定予以論斷，但因第176條規定適法無因管理之權利義務關係，不在於規範非適法無因管理。因此，其於第176條之規定而言，應屬準用而適用。

註53：此就適法無因管理本人對無因管理人所負義務固屬如此，但就管理人對本人之義務而言，因本法第173條第二項並非直接加以規定，而是使之準用委任契約之相關條文，故屬於準用應無疑義。不過，這裡有一點應予補充說明者是，非適法無因管理依第177條既有準用176條第一項規定之餘地，則於其屬於管理人對本人之義務方面，亦應依第173條規定，準用委任契約之相關規定。

註54：依第177條規定，其足以發生準用第176條第一項規定之情形，似仍應只限於無因管理之情形。亦即，其管理事務應具有「爲他人管理」之目的在內，否則，如非以「爲他人管理」爲目的而管理者，自均不在適用第177條之列，但對此另有異說存在（參照史著前揭書第66頁）。

註55：依德國民法第684條第二項規定，此時始生本人承認無因管理，而使管理人得享有同法第683（該當我民法第176條第一項）之請求權。不過，日本民法並未對此有明文之規定，早期的學說主張可參考德國法之規定，使之發生準用無因管理之規定，以論斷其效果。但新說則主張法條既無明文規定，則應分別其管理之結果是否於本人有害或有利，而各自依侵權行爲及不當利之規定，以求解決。關於其詳細可參照松坂佐一著，「事務管理・不當得利」（新版），有斐閣法律學全集22—1（昭和48年出版）第47頁至第51頁說明。

註56：若就單純之無因管理而言，管理人不但要有管理他人事務之客觀事實，倘須要以有爲他人而管理事務之主觀意識，其欲成立適法之無因管理者，管理人倘須有依本人明示或事得推知之意思及以有利於本人之方法管理事務。因此，學理上咸以無因管理爲混合事實行爲

（Tathandlungen innerer Tatsache）。反之委任契約，既屬於一個契約之類型，則其自屬以意思表示爲組成要件之法律行爲，二者之間在發生原因及性質上顯有差異。只以無因管理亦以處理他人事務爲其目的，故在立法例上，以它與委任契約並列，並將之稱爲「未受委任之事務處理（Geschaftfuhrung ohne Auftrag）」而已。

註57：具體之例子，如第528條至第531條關於委任契約之成立、第532條至第534條之受任人之權限、第537條至第539條之複委任、以及第547條關於報酬給付之規定是。其中關於報酬之給付與無因管理之本質相互背馳，故除法律另有規定，可容許無因管理人請求報酬，例如海商法第143條海難求助之報酬給付者外，皆在禁止之列（同說孫著前揭書第86頁）。

註58：關於176條及第546條所規定內容上之差異，可以下列圖示加以說明。

法律事實 差異 事項	委任契約（§546）	無因管理（§176 I）
1.可得請求之費用	必要費用	修要及有益費用
2.應清償之債務	必要債務	不限
3.應支付之利息	自支付必要費用時起之利息	自支付必要及有益費用時起之利息
4.是否提供擔保	應提供	未規定
5.損害賠償之範圍	因非可將責於受任人之事由所生之損害	未規定其條件

註59：將類推適用（Analogic）本身認爲係屬於法律補充（Rechtsergänzung）之問題，在學說上並無爭議。不過，對於類推適用與準用之概念，學說上則有所不同。有認爲準用僅爲「法律明定將關於某種事項（法律事實）所設定之規定，適用於其相類似之事項之上」（王澤鑑著，民法實例演習叢書──第二冊，民國72年初版第21頁

參照），亦有認準用係爲中性抽象之概念，其內涵包括法律所明定之準用，此處所討論第173條第二項規定屬之。另一則爲由法官依法律性質以判決或裁定加以準用、類推適用者（施著前揭書——註52，第48頁參照）。

註60：國內學者多主張第178條之承認，不論對於適法之無因管理或非適法之無因管理，皆可適用，惟所謂承認並無法改變無因管理之本質，使之轉變成爲委任，故所謂「適用」其實應只生「準用」之效果而已，關於其詳細，可參照史著前揭書（註3）第68頁說明。

註61：德國法關於不以本人之利益之事務管理，於其民法中明白規定，得經由承認而適用無因管理之規定，以論斷其效力（BGB § 684），已在前面有所說明者，對於無因管理自身所未規定，但仍須論斷其效力者，學說上咸認爲應有委任契約之準用（K. Larenz, Lehrbuch des Schuldrechts Bd Ⅱ. 12 Aufl. 1981. ss.345-346ff）。在日本法方面，日本民法關於無因管理雖無設有追認之明文，但關於無因管理之效力，於適用其自身規定尙有不足解決者，學說上亦認爲有準用委任契約規定之餘地，參照松坂著前揭書（註55）第36頁。

註62：關於本法第176條，本人對無因管理人所應負之義務，因本人承認無因管理而生準用同法第546條，所謂雙重準用，究應如何論斷其效力之問題，吾人認爲在屬於第一類型之承認所生之準用效果，僅就本法對無因管理所未規定之部分，始發生準用委任契約規定之餘地，其情形與下面所述第二類型之承認，因係屬法條競合，應優先準用委任契約之規定，而完全排除無因管理規定之情形自有不同。

註63：本來「法條競合」（Gesetzkonkurrenz）係指對於同一法律事實，具備有數個規範之要件，而使各該法律規定，就該特定法律事實，形成位階關係、特別關係、補充關係甚至於吸收關係，此時即稱之具有法條競合關係。就此處所涉及之問題，本來無因管理原已有第172條至第177條加以規範，但因第178條規定之適用，使整個委任契約之法規完全取代無因管理之規定，故性質上與同一法律事實具

備數個法規範之要件的法條競合關係。

註64：由於本人之承認仍無解無因管理爲混合事實行爲之法律性質，故即使依第178條規定，使之受委任契約規定之規範，自仍非屬於法律適用之問題，而僅爲準用委任契約之規定而已。

註65：關於實爲無因管理但論以不當得利之詳細，可參照本文四之2，「無因管理之債權債務關係」的說明。至於其他之適例，其屬於法律另有規定之情形，包括本法第386條、387條試驗買賣效力因承認與否之轉變、第451條因消極不爲表示之事實，使定期租賃契約發生被視爲不定期租賃之效力等。而屬於這方面在判例上之表現，包括以附買回條件之買賣爲設定抵押，或以買回爲買賣式之讓與擔保（28年院1832解釋參照）是。

註66：但學者史尙寬先生則持相反見解，參照史著前揭書（註3）第68頁說明。

註67：同說史著前揭書（註3）第61頁，孫著前揭書（註3）第84頁。惟在此時解釋上似仍應徑由本人對管理人之管理行爲加以承認，始生準用無因管理規定之效果。

註68：史著前揭書（註3）第67頁，及孫著前揭書（註3）第93頁。

註69：下列各判決可供參考，即52年台上字第2974號判決（類編7-807），55年台上字第1949號判例，公報8-11）。

註70：此時，並無礙發生或繼續維持無因管理債權債務關係之餘地。例如甲爲鄰居乙之房屋僱工修理房屋，因僱用關係所生債權債務關係，固係存在於乙與受僱人間，而成爲此處所討論之問題，但甲在僱用關係成立前所爲之支付，例如交通費、廣告費等，仍應有第176條適用之餘地。

註71：但管理人在主觀意思上，仍須以有爲他人管理事務之認識爲必要，否則充其量不過發生準無因管理之效果，與此處所說者無涉。

註72：學說上參照松坂著前揭書（註55）第39頁及所引（註3）說明，判例則參照大判大正6.3.31.民錄23-619。

註73：其情形顯與法人之董事人，經理人或其他有代表權之人必然應具有代理權之情形大有不同，蓋此等人本來的目的，即在代理法人爲法律行爲（但亦包括事實行爲）（民法27條）。因此，即使未經授權亦享有代理權，故此等人並不發生是否授權之無權代理問題，充其量僅生逾越權限或因撤回代理權或限制代理權，而發生無權代理權之情形而已。

註74：本條立法理由全文爲，「謹按管理事務經本人追認時，無因管理之本質，是否有所變更，立法主義有二。一使管理人就其違反本人意思所支出之費用，得向本人求償其全部。二使本人與管理人之間適用委任之規定。第二主義最適於理論，蓋無因管理人所爲之行爲，一經本人承認，即變爲有權代理也。本條特採用之」。本段文字甚不明確，疑義亦多。所謂「最適於理論」，究何所指，完全不明。另外，所謂「無因管理人所爲行爲，一經本人承認，即變爲有權代理」，亦欠缺邏輯周延性，無因管理如以事實行爲爲內容，何得因本人之承認而成爲有權代理。又，所謂第一主義在於無因管理經本人承認，可「使管理人就其違反本人意思所支出之費用，得向本人求償其全部」，其所指是否指本法第177條之情形，或是否非以本人之利益而管理之情形，就上揭立法理由之文字表現，亦無法得知，而立法理由既曰第二主義最適於理論，故加以採行，顯然第一主義所揭諸事實，就本法之立場，係不予採納，故本法不擬就各該無因管理，經由本人之承認，使之對本人發生效力？

註75：如單純就本法第178條之立法理由加以認識，因立法理由僅強調採第二主義，是否意味第178條之目的僅在於使以法律行爲爲目的之無因管理，得以經由本人之承認，而變爲有權代理而已，並無其他之作用與目的。不過，查遍我國諸教科書，似無一學者係首肯此一見解者。

註76：至於在此情形，本人承認後關於有權代理之效力，是否即完全「適用」委任契約之規定，此若就代理行爲與基礎法律關係係屬各自獨

立之立場而言，自未必如此。

註77：是否應被納爲法律加以規範之範疇，其決定往往甚爲困難。尤其是在各該事實未具有具體明文之情形尤甚。例如宴客有主張並非贈與契約（鄭玉波著民法債編各論〔上〕，民國60年三民書局出版，第144頁），但亦有持肯定之見者（史尚寬著債法各論第115頁）。另外，關於第180條第一條之道德上之給付，因在法效果表現上，既以之爲道德給付，自於給付後不得請求返還。但與此相同之禮俗上之給付，依本條款之規定，給付人固不得請求返還，然判上卻認爲於該當有被詐欺或民法第416條、417條或408條規定之情形，尙得撤銷給付而請求返還（參照最高法院民法50年台上字第2197號判決及同院54年台上字第724號判決），此與德國民法第534條第814條之規定有所不同。

註78：在法學理論乃至於法律制度的發展，大概皆須歷經經驗始步入抽象、條理。這一點可自不當得利乃至於侵權行爲之法制及其理論之發展，獲得佐證。關於侵權行爲法之發展進程可參照拙著，「一般侵權行爲之加害態樣與被害法益類型之分析」（載台大法學院出版社會科學論叢第34輯）第51頁以下。

註79：就委任契約之委任人給付義務（第546條），以及無因管理之本人之給付義務（第176條），兩相對照（本文註58參照）包括債權人（即受任人或無因管理人）可得請求之費用、利息、受領清償之債務、損害賠償之範圍，解釋上似乎後者（即無因管理）較前者爲優渥。

註80：此處所指之承認在解釋上，似不必然與適用第173條第一項下段規定之情形同其意義，蓋第173條第一項下段規定，「如無急迫之情事，應俟本人之指示」，其所謂「指示」並非必然皆爲承認，尙有停止管理、爲其他不同方式或條件加以管理等情形，而此等情皆與承認殊有不同。即或屬於「爲續予管理」之指示，嚴格言之，尙與承認其爲無因管理，並「適用」委任契約規定，論其效力之情形有一段差距。

（法學碩士，國立臺灣大學法律系教授，廉教授門人。）

論婦女之骨質疏鬆問題　徐約翰

前　言

二次大戰後，人類平均壽命之持續延長，及人口結構老年比例之增加，造成骨質疏鬆問題亦隨之突顯，最近十年來世界各國對這問題之探索及研究可謂如火如荼。主要原因是老年人一旦發生骨折，常失去行動能力，長年臥床，需人照顧，股骨近端發生骨折後，約20%病患在半年內因併發症死亡。骨折之發生，其外緣雖是碰撞摔跌，其內因則是骨質疏鬆。老年骨折造成的是社會沈重的負擔及人間悲劇。

衛生署於1995年報告台灣地區男性平均壽命是72歲女性爲 78歲，隨著老年人口結構之深化。骨質疏鬆及合併的問題將構成新流行病。骨質疏鬆之進行常是無聲無息，無知無覺，望聞問切亦皆不可得，有稱之爲「無聲小偷」者，普通X光片子在骨鈣減少30%以上時才能照察出問題，其時已是太遲，幸有新一代以X光式陰極管爲射源之雙光子儀器（Dual energy X-ray absorptiometer, DEXA）問世，能精確測量骨密度，提供臨床醫師對骨鬆問題取得掌握與防治之機會。

中山醫院從1995年3月1日開始進用DEXA機器，至8月31日止共檢查婦女2368名，其中1116名（47.13%）有骨鬆傾向（附表），總結表列結果，可以看出：

一年齡愈長婦女發生骨密度不足之比率愈高，尤其50歲之後更是明顯增高。

二隨年齡之增長，較重度（三、四度）骨鬆狀態之比率亦增高，是乃長期缺少女性賀爾蒙（雌激素）及老化之雙重作用結果。

在DEXA機器引進之前，醫師根本無緣得見以上數據所顯示的

現實狀態，對骨鬆之處理只是人云亦云。

今將以此結果重新辨證，作爲診治之參考。

骨鬆之基本原因

骨雖硬體，是一活物，非如外觀一成不變，骨之外層緻密如石，內髓交錯若海綿，其內總是不斷維持動態之平衡，骨組織之新陳代謝由骨修補單元（bone modelling unit）擔當，此即破骨細包（osteoclast）及造骨細胞（osteoblast）之交互作用。破骨在前，造骨在後，循環反覆以調節骨質骨量，作爲對環境刺激需求之適應。破骨細胞之活性與造骨細胞之活性，在生理狀態下大致相配。青少年至三十歲左右，若營養攝取正常，造骨細胞再生能力總量常超過破骨細胞侵蝕骨骼表面之總量，其配對呈正平衡而達到巓峰骨量（peak bone mass）。壯年之後則骨代謝略呈負平衡，持續損耗至老死，這是老化的影響。

婦女停經，因體內雌性素頓減，原雌性素對破骨細胞之抑制作用隨之解除，致破骨細胞過度活動，發生所謂停經後骨骼加速流失期（postmenopausal accelerated bone loss）。歲月因素，在老年男女均造成腎機能及小腸機能退化，前者使維生素D之活化不全，後者致小腸組織內維生素D受器之濃度減少，兩者之總效應是吸收鈣質能力減退，血鈣濃度因之偏低，副甲腺因應低血鈣而機能昇高，刺激骨骼之代謝率加快。骨骼代謝抽取骨鈣以維持血鈣濃度，造成骨質之流失。運動，特別是載重性之活動可刺激造骨細胞，減少骨骼代謝之負平衡，故載重性運動量大者，或體重較重者，骨質量常較多。鈣質攝食夠、日照夠、維生素D攝取夠，皆利於抑制副甲腺素，使骨代謝率減緩，對老年退化性骨質疏鬆之進行略可抑制。

以上所論年歲、運動、營養、甚至服藥影響都視之爲後天影響因素。而遺傳則可視爲先天因素，同卵雙生之個體，兩者之巓峰骨量及骨質流失速率皆很類似，其差異較異卵雙生者小得多（註1–4）。

一般人之巔峰骨量及骨質流失率與其父母有相關連性（註5）。遺傳因素之影響明顯於年輕時期，特別是在脊椎骨部位，至於年歲漸長至老年時期，則是後天因素對骨質量之影響愈形重要（註4）。

診斷與臨床監視問題

由本院六個月檢查之統計表數據，可看出每個年齡層都有骨鬆傾向的婦女被檢出。國內平均停經年齡是49歲，從51—60這年齡層開始顯示骨鬆人數百分比急遽上升，證實更年期爲骨鬆發生關鍵階段。

骨髓內如海綿之網狀結構，似樑柱之互相交錯互相支撐，成一整合之結構體，能有效地傳遞壓力，支撐八面。骨鬆效應，先使骨小樑變薄變細，繼而中斷發生結構空洞化。此時骨內柱樑結構已受破壞，外來之壓力之傳遞不再能四通八達分擔，這樣的骨結構對壓力之承擔，其分佈不能均匀，重者過重易斷裂，輕者過輕易廢用性萎縮，到此地步，無論如何用藥、補鈣，至多只能使殘存之骨小樑再增厚，卻無法恢復其原結構（註6–7）。

有一部分的婦女可能是遺傳因素，在更年期後骨質流失速率較常人尤快，這種高速率骨質流失狀況可持續15年而不變（註8）。這類婦女是屬骨質疏鬆合併骨折之高危險群病患，應予密切臨床監視。目前之DEXA骨密度儀器，其準確度誤差近3%（註9）。若同一病患相隔數月再檢時，得數値差2%，則難以判斷是眞正骨質增減亦或是機器誤差之結果。正常婦女停經後每年骨密度減少1—3%，故應用DEXA機器，不宜在一年內作一般病情之追蹤。既然以物理方法作短期追蹤爲不可得，乃以生化方法在骨骼代謝指標（bone markers）之研究近年來備受注目，所謂骨骼代謝指標是指血液中或尿液中之生化成分，可以表現出骨骼內之破壞侵蝕（resorption）或生長形成（formation）之代謝狀況者。唯這些檢驗目前在國內恐只有醫學中心研究單位才能做得到，本院的條件只能考慮以

DEXA之應用來達到追蹤之目的。

首先我們不反對更年期前之婦女，自疑有骨鬆可能時，來尋求骨密度檢查，根據附表之統計資料，有20—30%人數可能被發現具骨鬆傾向。一旦發現骨密度偏低，可及早調整飲食、運動習慣及探索可能之原因。對於開始停經之婦女，建議應每人作一次骨密度檢查，建立個人骨質量之基本資料，如果骨密度高於正常平均值一個標準差以上，以後可以不必再追蹤，如果骨密度低於正常平均值，應開始治療預防骨內結構空洞化之發生。一年或一年半後應再作骨密度追蹤檢查，一方面可評估治療成效，另方面希望篩檢出骨質高流失率族群，以便能密切追蹤治療，若屬非高流失率族群，目前暫定第五年再作一次追蹤檢查。對於已過更年期後多年之婦女，亦應檢查先了解骨量狀況，即使已經是重度骨鬆，馬上治療可有效減泜骨折之發生機會。因手術卵巢切除之婦女，則比照停經婦女處理。

治療問題

對非更年期婦女，發現有骨密度不足現象時，應就其飲食、運動狀況、疾病、是否長期服藥、家族史……等找出原因並糾正之。

更年期後婦女骨質疏鬆問題者，其表象雖是起於停經，其實質內涵是體內雌性素缺乏久暫問題（註10）。對症之舉即是投與雌性素補其不足。其效已有定論；持續補充雌性素之病患，見其骨密度緩慢增加至第三年可增達3.7%。中途停止補充者，即見其骨密度流失，平均年減率2.3%。原無雌性素補充之對照組，在骨密度流失下降中途改補充之，即見其骨密度由下降翻變為上升（註11）。

更年期後之婦女保護其骨密度最理想之處方是雌性素補充，加上鈣元素及維生素D之補充，這樣之組合補充可年增骨密度至4%，如單獨投予鈣元素或鈣元素加維生素D，則見骨密度下降略緩，卻擋不住下降，雌性素之防治地位是無可取代的（註12）。

雌性素與造骨細胞內之受器結合，調節造骨細胞分泌特殊之介

質以抑制破骨細胞之活性，這是其保骨之機轉。當然雌性素亦可增加腸胃對鈣的吸收能力。雌性素長期使用之主要副作用，在子宮內膜癌之發生率略有增加，乳癌及其他癌症並不增加，若雌性素與黃體素合併使用，則子宮內膜癌之發生率反而減少（註13）。故對子宮未曾切除之病患，雌性素使用應合併黃體素。

對於婦女更年期後之骨流失型態，過去總錯認爲從停經開始快速流失5—10年後，即穩定不再流失（註14）。依據此項經由數學推論之結論，治療策略之重點便在停經後5—10年期間，而忽略更年期10年後之治療，錯以爲65歲以上婦女之治療效果不大，不値得。最近實際追蹤之研究顯示骨質流失實在是持續不斷至80歲以上猶不止（註15、16、17）。即使高齡已達65歲以上，馬上的保骨治療對減低未來可能之骨折有極大效用（註17、18）。研究也顯示極高齡之婦女對於雌性素補充仍能有很好之反應效果，且能增長骨密度（註19）。基於以上之證據，我們主張不僅在 50歲時婦女要特別注意保持骨密度，即使是在停經後已20年之極高齡婦女，保護骨頭之措施仍有極大之效用及價值。雌性素、鈣元素、維生素D是對更年期後骨鬆婦女之第一線藥物，至於其他如抑鈣素、雙磷酸鹽類藥物（bisphosphonates）、氟化物、副甲腺素，應是第二線藥，可因個別需要而選用。

結　論

由本院骨密度檢查之統計資料顯示婦女在各年齡層皆有至少20—30%之骨鬆傾向。更年期後之婦女受檢者中有60—80%骨密度偏低，隨年齡增長，骨鬆人數比例亦增，71歲以上者高達86.86%。我們建議每一位50歲以上之婦女應至少作一次骨密度篩檢，作爲防治及追蹤之根據，骨鬆症之防治戰線應是宏觀性的，年輕時致力於骨巔峰量（peak bone mass）之建立。年長時努力減低骨質流失，無論多老永不放棄，永不嫌遲。

參考文獻

1. Smith DM, Nance WE, Kang KW, Christian JC, Conraq Johnston C Jr. Genetic factors in determining bone mass. J clin invest 1973;52:2800-8.
2. Pocock NA, Eisman JL, Yeates MG, Sambrook PN, Ebert S. Genetic determinants of bone mass in adults. A twin study. J clin invest 1987;80:706-10.
3. Dequeker J. Nijs N, Verstraeten A, Geusens P, Gevers G, genetic determinants of bone mineral content at the spine and radius ; a twin study, Bone 1987;8:207-9.
4. Slemenda CW, Christian JC, Williams CS, Norton JA, Johnston CC Jr. Genetic determinonts of bone mass in adult women : a reevaluation of the twin model and the potential importance of gene interaction of heritability estimates. J Bone Min Res 1991;6:561-7.
5. Seeman E, Hopper JL, Bach LA, et al. Reduced bone mass in daughters of women with osteoporosis. N Engl J Med 1989;320:554-8.
6. Parfitt AM. Age-related structural changes in trabecular and cortical bone:Cellular mechanisms and biomechanical consequences , Calcif Tissue Int 1984;36:122-8.
7. Kanis JA. Treatment of osteoporotic fracture, Lancet 1984;1:27-33.
8. Hansen MA. Overgaard K, Riis BJ, Christiansen C. Role of peak bone mass and bone loss in postmenopausal osteoporosis :12 year study. Br Med J 1991;303:961-4.
9. Rizzoli R, Slosman D, Bonjour JP, The role of dual energy X-ray absorptiometry of lumbar spine and proximal femur in the

diagnosis and follow -up of osteoporosis. Am J Med, 1995;98 (s) :2A-332-36s.

10. Richelson LS, Wahner HW, Melton LS, Riggs BL. Relative contributions of aging and estrogen deficiency to postmenopausal bone loss. N Engl J Med 1984;311:1273-5.

11. Christiansen C, Christensen MS, Transobol I. Bone mass in postmenopausal Women ofter withdrawal of estrogen / gestagen replacement therapy. Lancet. 1981;1:459-461.

12. Finn Jensen G, Christiansen C, Treatment of postmenopausal osteopotosis. A Controlled therapeutic trial comparing estrogen/gestagen 1,25-dibydroxy -Vitamin D3 and calcium. Clin Endocerinol 1982;16:515-524.

13. James HP, et al. Incidence of endometrial hyperplasia in postmenopausal women taking conjugated estrogens (premarin) with medroxyprogesterone acetate or conjugated estrogens alone, Am J Obstet Gynecol 1994;170:1213-1223.

14. Nilas L, Gotriedsen A, Hadberg A, Hadberg A, Christiansen C, Age-related bone loss in women evaluated by the single and dual photon technique, Bone Miner 1988;4:95-103.

15. Davis JW, Ross PO. Wasnich RD, Maclean CJ, Vogel JM. Comparison of cross-sectional and longitudinal measurements of age-related changes in bone mineral content. J Bone Min Res 1989;4:351-7.

16. Steiger P, Cummings SR, Black DM, Spencer NE, Genant HK. Age-related decrements in bone mineral density in wome over 65, J Bone Min Res. 1992;7:625-32.

17. Dennis MB. Why elderly women should be screened and treated to prevent osteoporosis. Am J Med 1995;98:2A-67s-75s.

18. Geelhoed E, Harris A, Prince R. Cost-effectiveness analysis of hormone replacement therapy and life-style intervention for hip fracture Aust J Public Health 1994;18:153-60.

19. Robery L, Jack FT. Estrogen treatment of partinents with established postmenopausal osteoporosis. Obstet Gyncol 1990; 76:290-5.

（醫學士，婦科醫師，中山醫院副院長，廉教授門人）

1995年3月—8月BMD女性受檢人統計表

年齡	受檢人數	骨鬆人數	骨鬆人數	年齡層	各級骨鬆人數							
			百分比	百分比	Ⅰ	百分比	Ⅱ	百分比	Ⅲ	百分比	Ⅵ	百分比
21-30	89	25	28.09%	2.24%	15	16.85%	8	8.99%	2	2.25%	0	0.00%
31-40	375	75	20.00%	6.72%	57	15.20%	13	3.47%	3	0.80%	2	0.53%
41-50	771	221	28.66%	19.80%	146	18.94%	65	8.43%	8	1.04%	2	0.26%
51-60	659	396	60.09%	35.48%	160	24.28%	154	23.37%	60	9.10%	22	3.34%
61-70	337	280	83.09%	25.09%	75	22.26%	97	28.78%	74	21.96%	34	10.09%
71以上	137	119	86.86%	10.66%	21	15.33%	40	29.20%	35	25.55%	23	16.79%
合計	2368	1116	47.13%	100.00%	474	20.02%	377	15.92%	182	7.69%	83	3.51%

臺北地區自然降雨動能之簡易評估法

范正成[1] 賴永豐[2] 吳明峰[3]

摘 要

自然降雨動能是預測土壤沖蝕量的重要參數。此動能與最大三十分鐘降雨強度之乘積即爲通用土壤流失方程式（USLE）中的降雨逕流因子（R Factor）。這個降雨逕流因子爲評估坡地土壤沖蝕的必要資料。

然而，自然降雨動能之求得，不但需要有完整而連續的降雨記錄資料，而且計算的過程甚爲繁瑣，有必要尋求一簡化的方式以便能迅速獲得降雨動能之值。因此，本研究即分別利用美國華盛頓特區降雨動能公式及臺北地區降雨動能公式，針對臺北地區之自然降雨情況，先將暴雨簡化爲均匀降雨情況，然後再將此簡化之降雨情況所得之降雨動能與由眞實降雨情況所得之降雨動能加以比較分析。

本研究由氣象局取得民國七十七年及七十八年在臺北地區的九十六場降雨記錄加以分析，結果發現簡化情況之降雨動能和眞實情況的降雨動能之間有著非常密切的關切。

1.國立臺灣大學農業工程學研究所教授
美國普度大學土木工程學研究所博士
2.美國伊利諾大學土木工程學研究所碩士
3.國立臺灣大學農業工程學研究所碩士

ABSTRACT

The kinetic energy of natrual rainfall is a significant parameter for predicting soil erosion. In the Universal Soil Loss Equation (USLE) , the rainfall and runoff factor (R) is the value of the kinetic energy multiplied by the maximum 30-minute intensity. The R factor is one of the necessary factors for predicting soil erosion on hill slopes.

However, calculation of the kinetic energy from the original data is rather complicated and needs a series of continuous rainfall data. In order to calculate these data quickly, a simplified method is proposed in this paper. That is : all natural rainfalls are firstly assumed to be uniform. Then, the rainfall data of Taipei and the equation developed in Washington,D.C.,U.S.A. and the equation developed in Taipei, Taiwan, R.O.C.,for evaluating the kinetic energy of natural rainfall are applied, The kinetic energy of natural rainfall calculated by using the simplified method and the conventional method are analyzed and compared.

In this study, 96 rainfall records of the Taipei area in 1988 and 1989, which were collected from the Weather Service, were analyzed. It is found that the kinetic energy of natural rainfall evaluated by using the two methods are highly related.

一、前　言

台灣面積狹小，地形陡峭，河川短急，雨量多且集中，使得坡地常發生大量的土壤沖蝕。近幾年來，由於經濟發展、社會進步、交通發達，對於生活空間的需求也相對增加。但是平地的開發已幾近飽和，所以只好轉向山坡地的發展。然而，山坡地開發常常造成

一嚴重的問題，那就是土壤冲蝕。土壤冲蝕對於農業生產力，灌溉及水利工程、山坡地的穩定、環境品質・・・等，都有很大的影響。尤其土壤冲蝕所造成的非點源污染對於河川湖泊的水質產生相當嚴重的影響。又由於近年來環境意識普遍覺醒，因此，如何評估及控制土壤冲蝕是一件刻不容緩的事情。

到目前爲止，最被廣泛應用的土壤冲蝕預測公式爲 Wischmeier and Smith (1978)(1) 所提出的通用土壤流失方程式 （ The Universal Soil Loss Equation，簡稱 USLE ）。其公式如下：

$$A = RKLSCP \quad (1)$$

其中

A：土壤流失量（the computed soil loss) (ton / acre)

R：降雨逕流因子（the rainfall and runoff factor)
(hundreds of foot-tonf・inch / acre.hr)

K：土壤可蝕性因子（the soil erodibility factor)
(ton.acre.hr / hundreds of acre.foot-tonf・inch)

L：坡長因子（the slope length factor)

S：坡度因子（the slope steepness factor)

C：覆蓋及處理因子（the cover and management factor)

P：水土保持措施因子（the support practice factor)

註：L，S，C和P沒有單位

在降雨逕流因子（R factor) 中：

$$R = Ei_{30} \quad \text{。} \quad (2)$$

其中

E：總降雨動能（the total rainfall energy）（foot-tonf / acre）

i_{30}:最大30分鐘降雨強度（the maximum 30 minute intensity）
（inch/hr）

由於，我們可看出降雨動能在預測土壤冲蝕量時，扮演一非常重要的角色。然而，其計算的過程不但非常繁瑣，而且需要有完整而連

續的降雨記錄資料。為此，本研究嘗試尋找一替代的簡化方法，以便能迅速地求得降雨動能之值，作為估算土壤沖蝕量之用。

二、前人研究

2.1 Cook (1936)(2) 列出影響R因子的參數：

(1)降雨量 (the amount of rainfall)

(2)降雨強度 (the rates of rainfall)

(3)雨滴的速度 (the velocities of the raindrops)

(4)表面逕流量 (the amount of surface runoff)

(5)表面逕流率 (the rates of surface runoff)

(6)表面的坡度 (the.slope of the surface)

2.2 一個雨滴打在土壤表面的動能是它在撞擊時瞬間之粒徑（或質量）和速度的函數：

$$e_s = 1/2\ m_s\ v_s^2 \quad (3)$$

其中

e_s ：單一雨滴撞擊地表時之動能

m_s ：該雨滴之質量

v_s ：該雨滴撞擊地表時之速度

2.3 Laws and Parsons（1943) (3)、利用麵粉球團法，在美國華盛頓特區區（Washington, D.C.area) 量測自然降雨的粒徑分佈，發現此粒徑分佈是降雨強度的函數，結論是中值雨滴粒徑與降雨強度的0.2次方成正比。並且發現所有降雨強度之雨滴粒徑分佈均呈鈴的形狀分佈，其分佈隨著降雨強度的增大而增廣。 2.4 Marshall and Palmer（1948）（4）、利用染色濾紙法和雷達回聲法來量測雨滴粒徑也得到類似的結果。

2.5 Law（1941）(5) 、和Gunn and Kinzer（1949）(6) 、發現雨滴之終端速度與雨滴粒徑呈對數相關。

2.6 單位深度降雨動能與降雨強度之關係

(1)Wischemeier and Smith （1958）(7)

Wischemeier and Smieth （1958）利用美國華盛頓特區的降雨資料，合併了雨滴粒徑和終端速度的數據來計算降雨動能，提出如下的公式：

$$e = 916 + 331 \cdot \log_{10} i$$

其中

e：每吋降雨量之動能（foot-tonf / acre · inch） (4)

i：降雨強度（inch / hr）

(2)Brown and Foster（1987）(8)

Brown and Foster依據所有的數據迴歸出如下的公式：

$$e = 0.29\,(1.0\text{-}0.72 e_n^{-0.051})$$

其中

e：單位降雨量之動能（MJ / ha mm） (5)

e_n ：2.718285（自然對數）

i：降雨強度（mm / hr）

(3)伍婉貞（1991）(9)

伍婉貞（1991）利用台北地區的降雨資料，合併了雨滴粒徑和終端速度的數據來計算降雨動能，提出如下的公式：

$$e = 700 + 232 \log i \quad (6)$$

其中

e＝每吋降雨量之動能（foot-tonf / acre · inch）

i＝降雨強度（inch / hr）

2.7 通用土壤流失方程式（USLE）中，總降雨動能之計算過程，

如Foster and Meyer （1975）(10)和Wischmeier and Smith（1978）(1)所提出的：

$$E = \sum_{m=1}^{n} e_m \cdot \Delta V_m \qquad (7)$$

其中

E：總降雨動能（foot-tonf / acre）

e_m ：某一特定降雨強度，其單位面積降雨深度之動能（foot-tonf / acre · inch）

Δv_m ：某一特定降雨強度之降雨量（inch）

n：降雨強度之變化個數

在降雨過程中，降雨強度會隨時間而變，又單位深度的降雨動能隨著降雨強度的變化而改變，將某段時間的單位深度降雨動能乘上這段時間的降雨量，此即爲這段時間的降雨動能。而每一段時間降雨動能的總和，即爲此場降雨所提供之總降雨動能。

2.8 Brown and Foster（1987）(8)利用降雨強度均勻係數（m）來簡化降雨動能之計算，提出如下的公式：

$$E = e_m\ v_r\ \left(\frac{m+1}{m}\right)\left(1 - \frac{1}{m+1} - J\right) \qquad (8)$$

其中

E：總降雨動能（MJ / ha）

e_m ：最大單位降雨能量（MJ / ha mm）

v_r ：總降雨量（mm）

m：降雨強度均勻係數

2.9 范正成、賴仲智、陸元平（1990）(11)以Brown and Foster（1987）(8)導出之公式（式 8），針對台北地區之降雨型態來作分析，發現降雨強度均勻係數（m）在一年之內的變異性很大，在預測降雨動能時不易掌握，而其值之獲得又非常繁鎖。

三、研究方法

本研究之主要目的在於嘗試找出台北地區簡化成均勻降雨情況之降雨動能與眞實降雨情況之降雨動能的關係，以能對台北地區之降雨動能作簡易的評估。

3.1 資料之收集與整理

本研究由中央氣象局收集了台北地區民國七十七年及七十八年每日十分鐘累積降雨深度記錄。

此記錄每十分鐘記讀一次累積降雨深度，以0.5mm爲一個單位，若不及一個單位，則省略不計。記錄由每日00：00歸零，至當日24：00止。

降雨場次之分割與取捨原則，係依據Wischmeier and Smith（1978）⑴所提出之判定原則：亦即若一場降雨之總降雨深度不及0.5in.（12.7mm），並且發生在前一次降雨之後6小時以上者，此場降雨不計算在內，除非有0.25in.（6.3mm）之雨量在15分鐘內降下。

經場次分割之後，民國七十七年有49場有效降雨，民國七十八年有47場有效降雨，兩年共得96場的有效降雨記錄。此項降雨資料，係採用范正成、賴仲智、陸元平（1990）⑾針對台北地區降雨資料所作場次分割後的降雨記錄。典型之降雨記錄如表一所示。

3.2 降雨資料之分析

⑴眞實降雨情況之總降雨動能（E）

A.降雨記錄中僅有降雨之累積時間（t）與累積深度（V）

B.將後一段之累積時間減去前一段之累積時間，此即爲前一段降雨之時間（Δt）

C.將後一段之累積深度減去前一段之累積深度，此即爲前一段取雨之深度（ΔV）

D.將每一段時間之降雨深度（ΔV）除以降雨時間（Δt），即可得該段時間之平均降雨強度（i）

E.將每一段時間之降雨強度（i）分別代入Wischmeier and

Smith（1958）、 Brown and Foster（1987）與伍婉貞（1991）三者所提出之單位深度降雨動能關係式，即可得該段時間該降雨強度之單位深度降雨動能（e）

F.將每一段時間之單位深度降雨動能（e）乘上降雨深度（ΔV），即可得該段時間之降雨動能（ΔE）

G.每一段時間之降雨動能的總和，即爲此場降雨之總降雨動能（E）

將民國七十七及七十八年96場降雨記錄依上述步驟處理，即可獲得每一場降雨之總降雨動能。典型之眞實降雨情況之總降雨動能計算如表二所示。

(2)平均降雨強度情況之總降雨動能（E_a）

將降雨情況簡化爲均勻降雨之情況，而此一均勻降雨之降雨強度大小爲平均降雨強度（$\bar{i}$）。

表一：典型之降雨記錄

CRD——CUMULATED RAINFALL DEPTH (0.1mm)

TIME	***	CRD	***
0810	001	0000	000
0820	003	0000	001
.	.	.	.
.	.	.	.
.	.	.	.
0720	011	0000	007
0730	011	0000	007
0740	013	0005	007
0750	013	0010	007
0800	013	0045	008
0818	014	0065	008
0820	014	0085	008
.	.	.	.
.	.	.	.
.	.	.	.
2358	013	0085	018
2400	018	0085	018

77.12.31

A.將一場降雨的總降雨深度除以總降雨時間，即為此場降雨之平均降雨強度（$\bar{i}$）

B.將平均降雨強度（$\bar{i}$）分別代入Wischmeier and Smith（1958）、Brown and Foster（1987）與伍婉貞（1991）三者所提出之單位深度降雨動能關係式，即可得此場降雨簡化情況之單位深度降雨動能（e）

表二：典型之眞實降雨情況之總降雨動能計算

Brown and Foster（1988. 8.30）

t (hr)	V (mm)	Δt (hr)	ΔV (mm)	i (mm/hr)	e (MJ/ha mm)	ΔE (MJ/ha)
0	0	—	—	—	—	—
1/6	6.5	1/6	6.5	39.0	0.2603	1.6919
2/6	7.5	1/6	1.0	6.0	0.1353	0.1353
3/6	8.0	1/6	0.5	3.0	0.1103	0.0551
4/6	8.5	1/6	0.5	3.0	0.1103	0.0551

E ＝ 1.9374

C.將此單位深度降雨動能（e）乘上總降雨深度，即可獲得此一簡化情況之總降雨動能（E_a）

將民國七十七及七十八年96場降雨記錄依上述步驟處理，即可獲得每一場降雨平均降雨強度情況之總降雨動能。典型之平均降雨強度情況之總降雨動能計算如表三所示。

(3)最大30分鐘降雨強度情況之總降雨動能（E_{30}）

將降雨情況簡化為均勻降雨之情況，而此一均勻降雨之降雨強度大小為最大30分鐘降雨強度（i_{30}）。

A.在降雨記錄中僅有降雨之累積時間（t）與累積深度（V）

B.將後一段之累積時間減去前一段之累積時間，此即爲前一段降雨之時間（△t）

C.將後一段之累積深度減去前一段之累積時間，此即爲前一段降雨之深度（△V）

D.將每一段時間之降雨深度（△V）除以降雨時間（△t），即可得該段時間之平均降雨強度（i）

E.以降雨強度（i）爲縱座標，以降雨累積時間（t）爲橫座標，繪出降強度與降雨延時之關係圖（i-t）

F.由關係圖上找出最大30分鐘降雨深度（V_{30}），將此降雨深度除以0.5hr（30min），即可得最大30分鐘降雨強度（i_{30}）

G.將最大30分鐘降雨強度（i_{30}）分別代入Wischmeier and Smith（1958）、 Brown and Foster（1987）與伍婉貞（1991）三者所提出之單位深度降雨動能關係式，即可得此場降雨簡化情況之單位深度降雨動能（e）

H.將此單位深度降雨動能（e）乘上總降雨深度，即可獲得此一簡化情況之總降雨動能（E_{30}）

將民國七十七及七十八年96場降雨記錄依上述步驟處理，即可獲得每一場降雨最大30分鐘降雨強度情況之總降雨動能。典型之最大30分鐘降雨強度情況之總降雨動能計算如表四所示。

⑷眞實降雨情況之總降雨動能（E）與平均降雨強度情況之總降雨動能（E_a）之關係

以眞實降雨情況之總降雨動能（E）爲縱座標，以平均降雨強度情況之總降雨動能（E_a）爲橫座標。

A.將民國七十七年49場降雨所得之值，描繪於座標圖上

B.將民國七十八年47場降雨所得之值，描繪於座標圖上

C.將民國七十七與七十八年96場降雨所得之值，描繪於座標圖上

⑸眞實降雨情況之總降雨動能（E）與最大30分鐘降雨強度

情況之總降雨動能（E_{30}）之關係

以眞實降雨情況之總降雨動能（E）爲縱座標，以最大30分鐘降雨強度情況之總降雨動能（E_{30}）爲橫座標。

A.將民國七十七年49場降雨所得之値，描繪於座標圖上

B.將民國七十八年47場降雨所得之値，描繪於座標圖上

表三：典型之平均降雨強度情況之總降雨動能計算

Foster （1988. 8.30）
總降雨深度＝85mm，總降雨時間＝4/6 hr
平均降雨強度（$\bar{i}$）＝8.5/（4/6）＝12.75mm/hr
$e=0.29\,(1.0-0.72e_n^{-0.511})$
$=0.29\,(1.0-0.72e_n^{-0.05\times 12.75})$
＝0.1796 MJ/hr mm
Ea ＝0.1796*8.5＝1.5266 MJ/hr

表四：典型之最大30分鐘降雨強度情況之總降雨動能計算

Foster （1988. 8.31）
總降雨深度＝8.5mm
最大30分鐘降雨深度（V_{30}）＝8.0mm
最大30分鐘降雨強度（i_{30}）＝8.0/0.5＝16.0 mm/hr
$e = 0.29\,(1.0-0.72e_n^{-0.51})$
$= 0.29\,(1.0-0.72e_n^{-0.05\times 16.0})$
＝ 0.1962 MJ/hr mm
E_{30} ＝0.1962*8.5＝1.6677 MJ/hr

C.將民國七十七與七十八年96場降雨所得之値，描繪於座標圖上。

四、結果與討論

4.1 眞實降雨情況之總降雨動能（E）與平均降雨強度情況之總降雨動能（Ea）之關係

(1)Wischmeier and Smith（1958）關係式：

A.民國七十七年（1988）：

$E = 1.1977\ Ea$ ；$R^2 = 0.9788$

詳見圖一

B.民國七十八年（1989）：

$E = 1.2540\ Ea$ ；$R^2 = 0.9911$

詳見圖二

C.民國七十七及七十八年（1988 & 1989）：

$E = 1.2240\ Ea$ ；$R^2 = 0.9847$

詳見圖三

(2)Brown and Foster關係式：

A.民國七十七年（1988）：

$E = 1.2874\ Ea$ ；$R^2 = 0.9184$

詳見圖四

B.民國七十八年（1989）：

$E = 1.4848\ Ea$ ；$R^2 = 0.9594$

詳見圖五

C.民國七十七及七十八年（1988 & 1989）：

$E = 1.3656\ Ea$ ；$R^2 = 0.9308$

詳見圖六

(3)伍婉貞（1991）關係式：

A.民國七十七年（1988）：

$E = 1.1813\ Ea$ ；$R^2 = 0.9834$

詳見圖七

B.民國七十八年（1989）：

$E = 1.2272\ Ea$ ；$R^2 = 0.9930$

詳見圖八

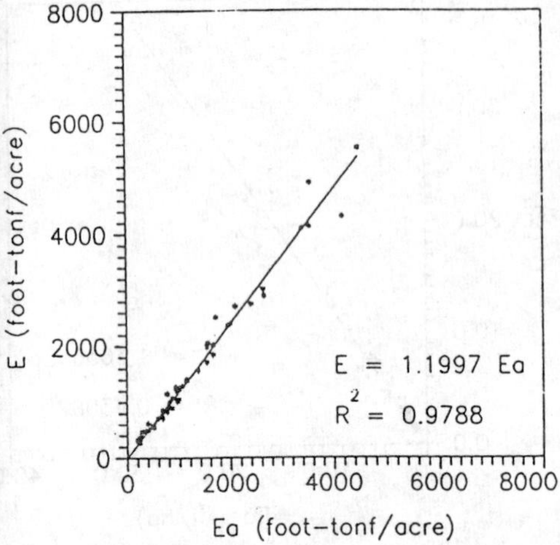

圖一：眞實降雨情況與平均降雨強度情況之
總降雨動能關係圖
（降雨資料：1988年
動能公式：Wischmeier and Smith（1958））

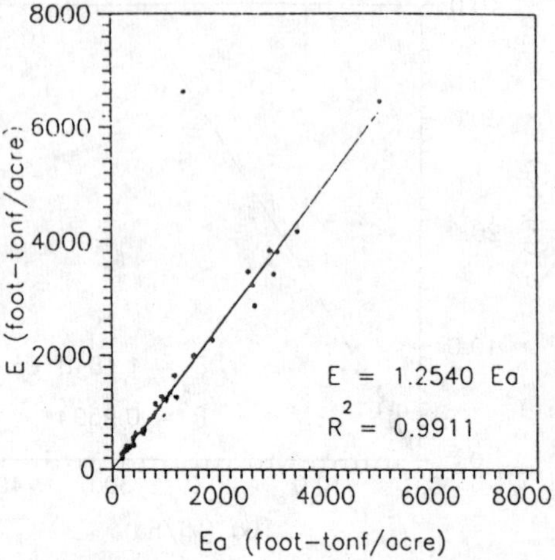

圖二：眞實降雨情況與平均降雨強度情況之
總降雨動能關係圖
（降雨資料：1989年
動能公式：Wischmeier and Smith（1958））

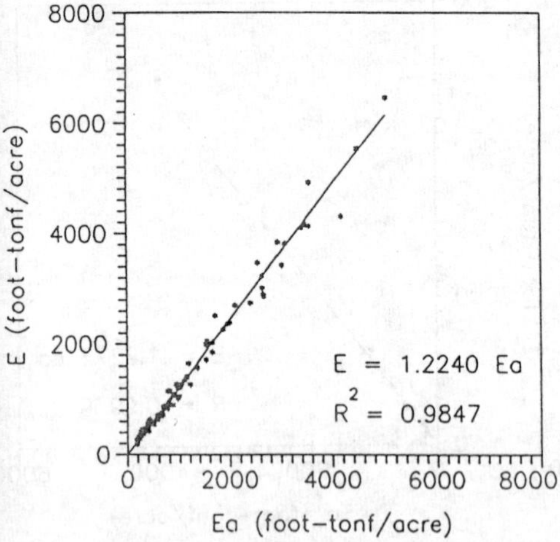

圖三：眞實降雨情況與平均降雨強度情況之
總降雨動能關係圖
（降雨資料：1988 & 1989年
動能公式：Wischmeier and Smith（1958））

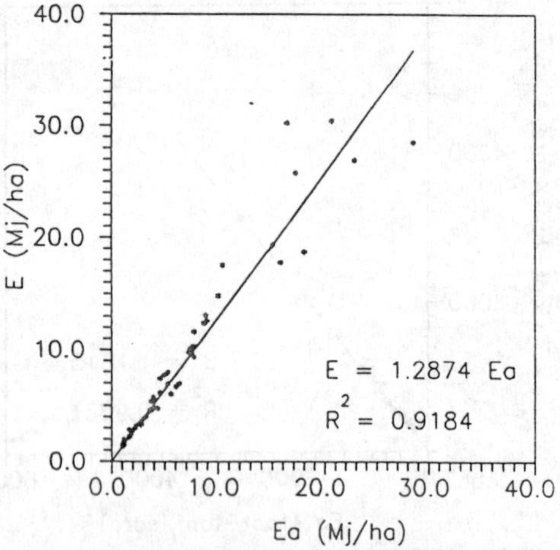

圖四：眞實降雨情況與平均降雨強度情況之
總降雨動能關係圖
（降雨資料：1988年
動能公式：Brown and Foster （1987））

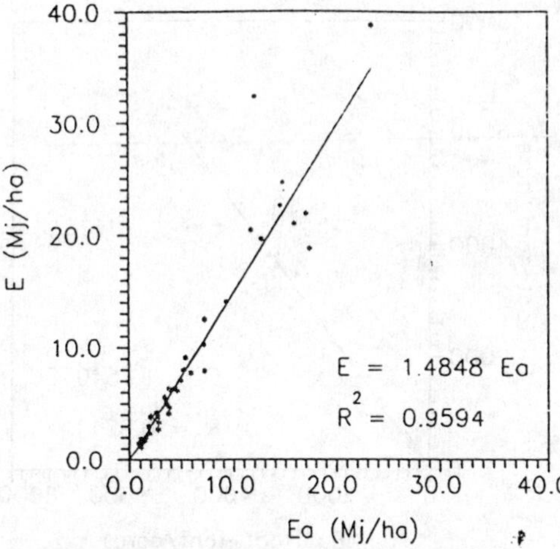

圖五：眞實降雨情況與平均降雨強度情況之總降雨動能關係圖
（降雨資料：1989年
動能公式：Brown and Foster （1987））

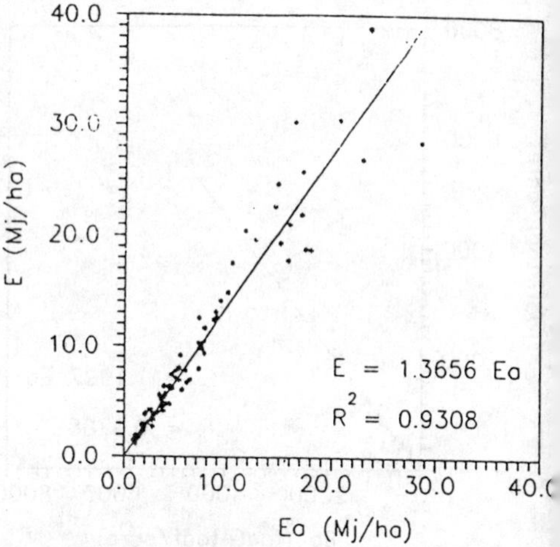

圖六：眞實降雨情況與平均降雨強度情況之總降雨動能關係圖
（降雨資料：1988 & 1989年
動能公式：Brown and Foster （1987））

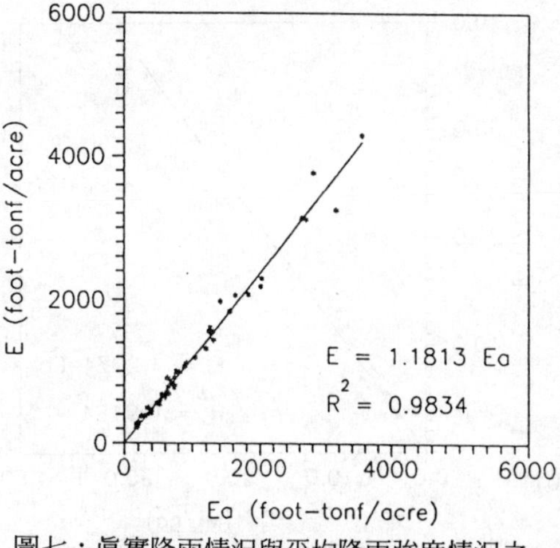

圖七：眞實降雨情況與平均降雨強度情況之總降雨動能關係圖
（降雨資料：1988年
動能公式：伍婉貞（1991））

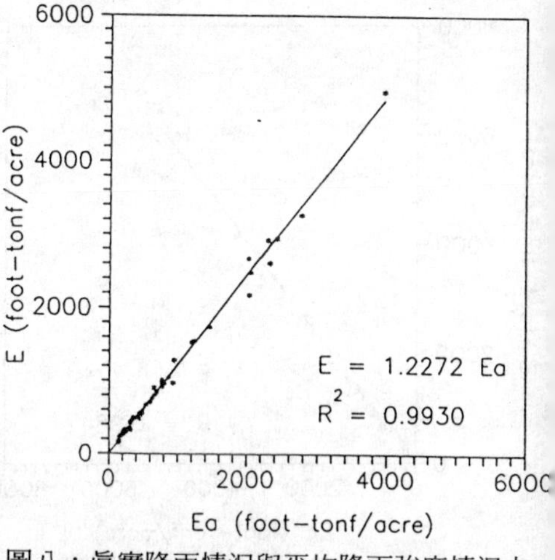

圖八：眞實降雨情況與平均降雨強度情況之總降雨動能關係圖
（降雨資料：1989年
動能公式：伍婉貞（1991））

C.民國七十七及七十八年（1988 & 1989）：

$E=1.2021\ Ea$ ； $R^2=0.9880$

詳見圖九

4.2 眞實降雨情況之總降雨動能（E）與最大30分鐘降雨強度情況之總降雨動能（E_{30}）之關係

(1)Wischmeier and Smith（1958）關係式：

A.民國七十七年（1988）：

$E=0.8196\ E_{30}$ ； $R^2=0.9891$

詳見圖十

B.民國七十八年（1989）：

$E=0.8575\ E_{30}$ ； $R^2=0.9955$

詳見圖十一

C.民國七十七年及七十八年（1988 & 1989）：

$E=0.8749\ E_{30}$ ； $R^2=0.9981$

詳見圖十二

(2)Brown and Foster（1987）關係式：

A.民國七十七年（1988）：

$E=0.8213\ E_{30}$ ； $R^2=0.9615$

詳見圖十三

B.民國七十八年（1989）：

$E=0.7642\ E_{30}$ ； $R^2=0.9839$

詳見圖十四

C.民國七十七及七十八年（1988 & 1989）：

$E=0.7927\ E_{30}$ ； $R^2=0.9710$

詳見圖十五

(3)伍婉貞（1991）關係式：

A.民國七十七年（1988）：

$E=0.8999\ E_{30}$ ； $R^2=0.9909$

詳見圖十六

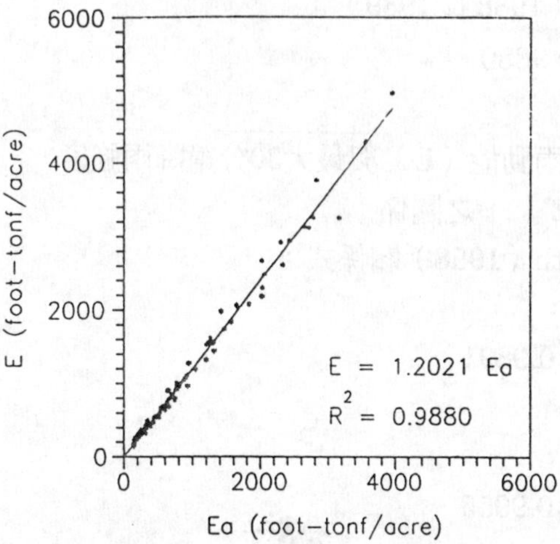

圖九：真實降雨情況與平均降雨強度情況之總降雨動能關係圖
（降雨資料：1988 & 1989年
動能公式：伍婉貞（1991））

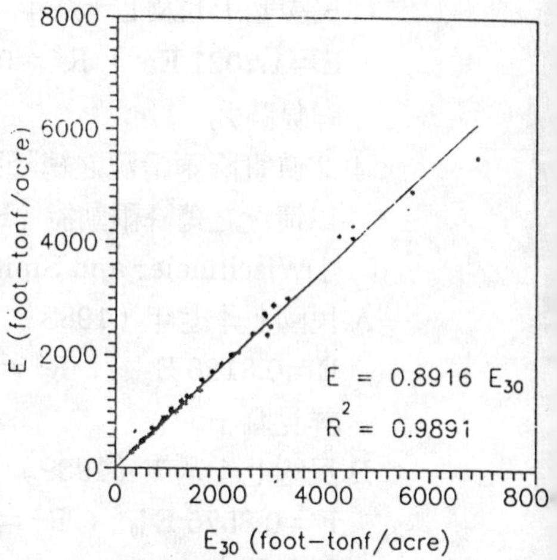

圖十：真實降雨情況與最大30分鐘降雨強度情況之總降雨動能關係圖
（降雨資料：1988年
動能公式：Wischmeier and Smith（1958））

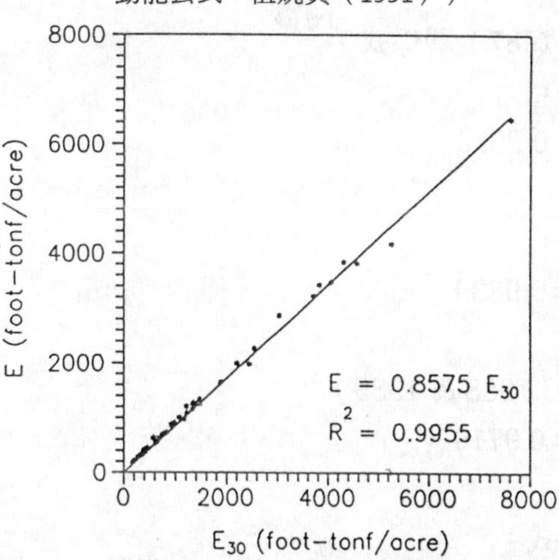

圖十一：真實降雨情況與最大30分鐘降雨強度情況之總降雨動能關係圖
（降雨資料：1989年
動能公式：Wischmeier and Smith（1958））

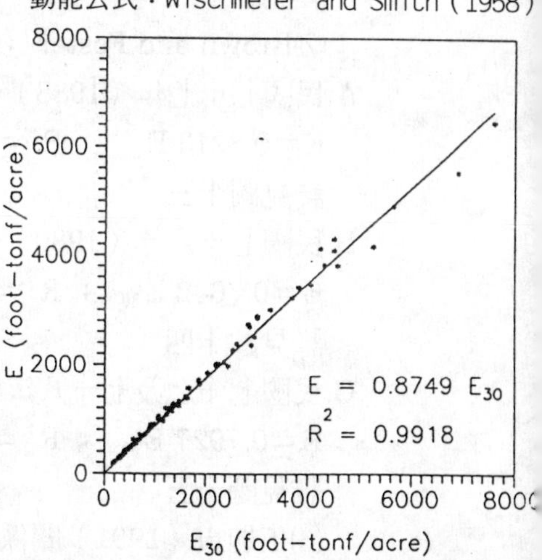

圖十二：真實降雨情況與最大30分鐘降雨強度情況之總降雨動能關係圖
（降雨資料：1988 & 1989年
動能公式：Wischmeier and Smith（1958））

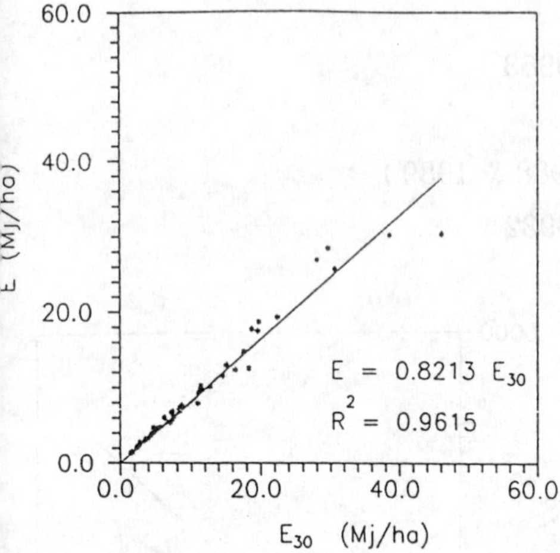

圖十三：眞實降雨情況與最大30分鐘降雨強度情況之總降雨動能關係圖

（降雨資料：1988年

動能公式：Brown and Foster（1987））

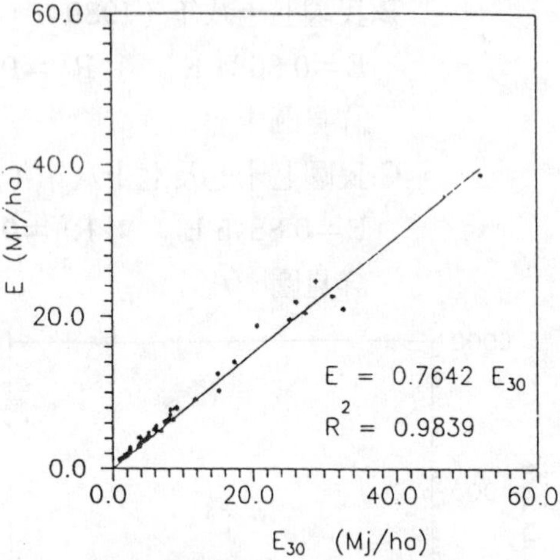

圖十四：眞實降雨情況與最大30分鐘降雨強度情況之總降雨動能關係圖

（降雨資料：1989年

動能公式：Brown and Foster（1987））

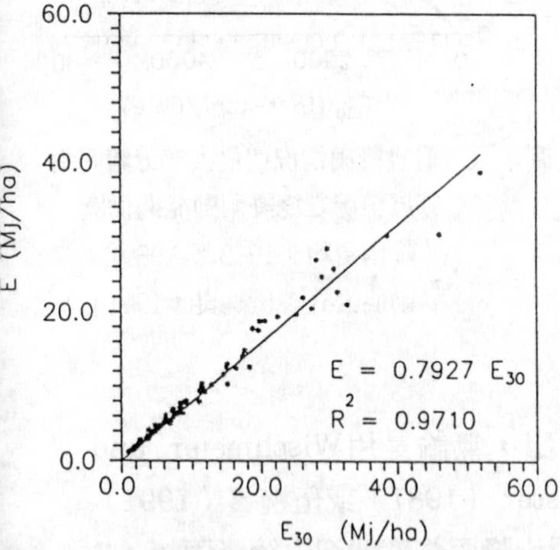

圖十五：眞實降雨情況與最大30分鐘降雨強度情況之總降雨動能關係圖

（降雨資料：1988 & 1989年

動能公式：Brown and Foster（1987））

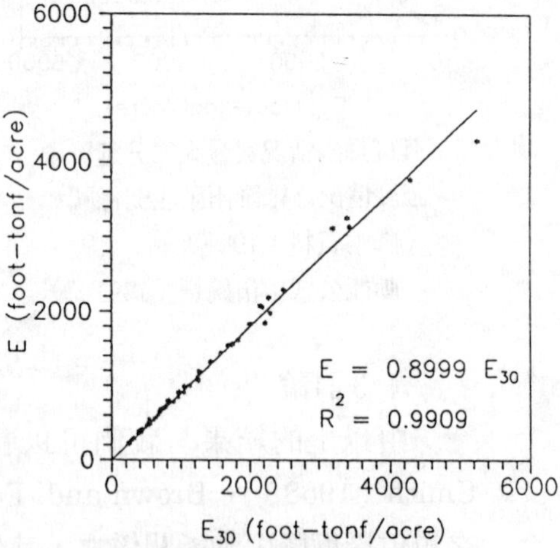

圖十六：眞實降雨情況與最大30分鐘降雨強度情況之總降雨動能關係圖

（降雨資料：1988年

動能公式：伍婉貞（1991））

B.民國七十八年（1989）：

$E = 0.8684\,E_{30}$ ； $R^2 = 0.9963$

詳見圖十七

C.民國七十七及七十八年（1988 & 1989）：

$E = 0.8845\,E_{30}$ ； $R^2 = 0.9932$

詳見圖十八

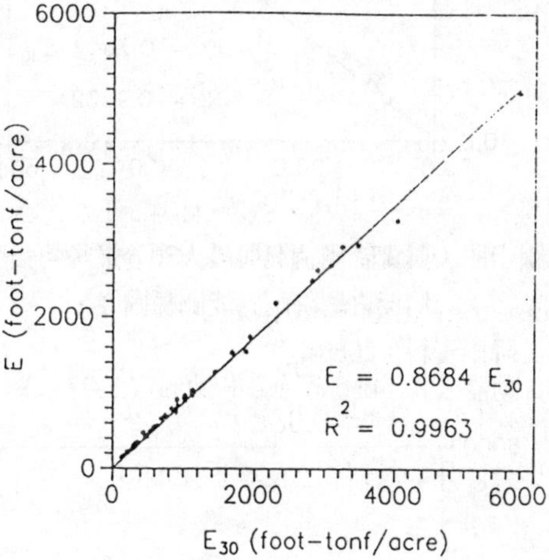

圖十七：眞實降雨情況與最大30分鐘降雨強度情況之總降雨動能關係圖（降雨資料：1989年 動能公式：伍婉貞（1991））

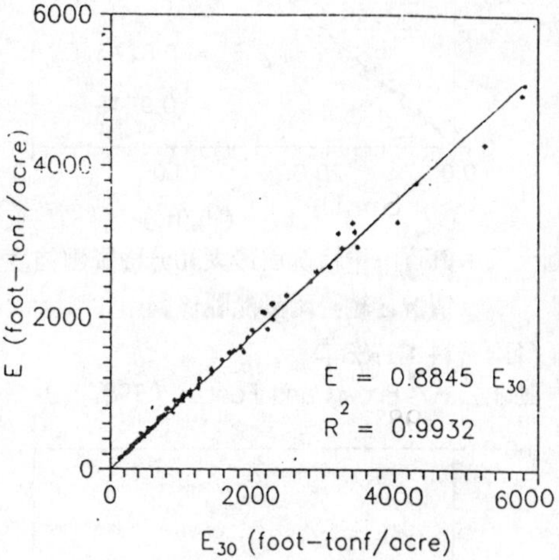

圖十八：眞實降雨情況與最大30分鐘降雨強度情況之總降雨動能關係圖（降雨資料：1988 & 1989年 動能公式：伍婉貞（1991））

4. 3 討論

由以上的結果，我們可以看出，無論是用Wischmeier and Smith（1958）、Brown and Foster （1987）或伍婉貞（1991）之單位深度降雨動能關係式，其平均降雨強度情況之總降雨能（E_a）和最大30分鐘降雨強度情況之總降雨動能（E_{30}）與眞實降雨情況之總降雨動（E）之間有著相當良好的正比關係。

民國七十七年（1988）之降雨記錄中，以伍婉貞（1911）之E

與E_{30}關係（E＝0.8999 E_{30}，R^2＝0.9909）最佳，Wischmeier and Smith（1958）之E與E_{30}關係（E＝0.8916 E_{30}，R^2＝0.9891）居次，其次是伍婉貞（1991）之E與E_a關係（E＝1.1813 E_a，R^2＝0.9834），接著是Wischmeier and Smith（1958）之E與E_a關係（E＝1.1997 E_a，R^2＝0.9788），Brown and Foster（1987）E與E_{30}關係（E＝0.8213 E_{30}，R^2＝0.9615）次之，最後是Brown and Foster（1987）之E與E_a關係（E＝1.2874 E_a，R^2＝0.9184）。

民國七十八年（1989）之降雨記錄中，以伍婉貞（1991）之E與E_{30}關係（E＝0.8684 E_{30}，R^2＝0.9963）最佳，Wischmeier and Smith（1958）之E與E_{30}關係（E＝0.8575 E_{30}，R^2＝0.9955）居次，其次是伍婉貞（1991）之E與E_a關係（E＝1.2272 E_a，R^2＝0.9930），接著是Wischmeier and Smith（1958）之E與E_a關係（E＝1.2540 E_a，R^2＝0.9911），Brown and Foster（1987）E與E_{30}關係（E＝0.7642 E_{30}，R^2＝0.9839）次之，最後是Brown and Foster（1987）之E與E_a關係（E＝1.4848 E_a，R^2＝0.9594）。

民國七十七年及七十八年（1988 & 1989）合併之降雨記錄，以伍婉貞（1991）之E與E_{30}關係（E＝0.8845 E_{30}，R^2＝0.9932）最佳，Wischmeier and Smith（1958）之E與E_{30}關係（E＝0.8749 E_{30}，R^2＝0.9918）居次，其次是伍婉貞（1991）之E與E_a關係（E＝1.2021 E_a，R^2＝0.9880），接著是Wischmeier and Smith（1958）之E與E_a關係（E＝1.2240 E_a，R^2＝0.9847），Brown and Foster（1987）E與E_{30}關係（E＝0.7927 E_{30}，R^2＝0.9710）次之，最後是Brown and Foster（1987）之E與E_a關係（E＝1.3656 E_a，R^2＝0.9308）。

整體而言，民國七十八年（1989）簡化情況之總降雨動能與眞實情況之降雨動能的關係較民國七十七年（1988）為佳。以伍婉貞

（1991）關係式所得之結果最佳，其次依序爲Wischmeier and Smith（1958）關係式所得之結果與Brown and Foster（1987）關係式所得之結果。E與E_{30}之關係較E與AE之關係爲佳。

五、結論與建議

5.1 結　論

(1)將暴雨簡化爲平均降雨強度情況所得之總降雨動能與眞實降雨情況之總降雨動能存在非常良好的正比關係。

(2)將暴雨簡化爲最大30分鐘降雨強度情況所得之總降雨動能與眞實降雨情況之總降雨動能存在非常良好的正比關係。

(3)對於某一場降雨，如知道其總降雨深度及其降雨延時，即可求其平均降雨強度，由平均降雨強度求得平均降雨強度情況之總降雨動能，將此動能代入平均降雨強度情況之降雨總動能與眞實降雨情況之總降雨動能關係式，即可求得眞實情況之總降雨動能。如此，不需分段計算其不同降雨強度之降雨動能，減少了計算的時間與麻煩，而能對於降雨動能作簡易且有效的評估。

(4)對於某一場降雨，只需知道其最大30分鐘降雨強度，即可由最大30分鐘降雨強度求得最大30分鐘降雨強度情況之總降雨動能，將此動能代入最大30分鐘降雨強度情況之總降雨動能與眞實降雨情況之總降雨動能關係式，即可求得眞實情況之總降雨動能。如此，不需分段計算其不同降雨強度之降雨動能，減少了計算的時間與麻煩，而能對於降雨動能作簡易且有效的評估。

5.2 建　議

本研究僅針對台北地區民國七十七及七十八年之降雨記錄作分析，若欲求得更準確、更具代表性的簡化情況降雨動能與眞實情況降雨動能迴歸關係，應收集更多時間的降雨記錄來作分析。

六、謝誌

本研究所使用之降雨記錄由中央氣象局提供，在研究期間承蒙賴仲智先生及伍婉貞小姐協助提供資料及意見，謹在此表示萬分的謝意。

七、參考文獻

(1) Wischmeier, W.H., Smith, D.D., 1978, Predicting Rainfall Erosion Losses : A Guide to Conservation Planning, Agriculture Handbook No. 537, U.S. Department of Agriculture, Washington, D.C. 58 pp.

(2) Cook, H.L., 1936, The Nature and Controlling Variables of The Water Erosion Process, Soil Science Society of American Proceedings, Vol.1 ,pp.487-494

(3) Laws, J.O. and D.A. Parsons, 1934, The Relation of Raindrop Size to Intensity, American Geophysical Union, Transactions, Vol.24, pp. 452 -460

(4) Marshall, J.S., and Palmer, W., 1948, Distribution of Raindrops with Size, Journal of Meteorology, Vol.5, pp.165-166

(5) Laws, J.O., 1941, Measurements of The Fall-Velocity of Water-Drops and Raindrops,American Geophysical Union Transactions 22, pp.709-721

(6) Gunn, R., and Kinzer, G.D., 1949, The Terminal Velocity of Fall for Water Droplets in Stagnant Air, Journal of Meteorology, 6, pp.243- 248

(7) Wischmeier, W.H., and Smith, D.D., 1958 Rainfall Energy and Its Relationship to Soil Loss, American Geophysical Union, Transactions, Vol.39, pp. 258-291.

(8) Brown, L.C. and Foster, G.R. 1987, Storm Erosivity Using Idealized Intensity Distributions. Transactions, ASAE, 30(2): 379-386

(9) 伍婉貞，1991，台北地區自然雨動能及其降雨強度之關係，碩士論文，國立台灣大學農業工程研究所，台北

(10) Foster, G.R., and Meyer, L.D., 1975, Mathematical Simulation of Upland Erosion by Fundamental Erosion Mechanics, In: Present and Prospective Technology for Predicting Sediment Yields and Sources, USDA-Agricultural Research Service, ARS-S-40,pp.190-207

(11) 范正成、賴仲智、陸元平， 1990, 臺北地區降雨型態及其與土壤沖蝕之關係，中國農業工程學會學術技術研討會

（范正成，廉教授門人。）

紅磚隧道窯之改善

喻志平

紅磚的製造是一項歷史悠久的行業，在一般人心目中，多少認爲是夕陽工業，但無可否認，紅磚仍然會在未來使用到。這種產品從製造到銷售，有它一定的特性，首先磚窯必然是建造在原料供應地的附近，否則運費超過原料本身價錢很多，製造出來的磚塊在價格上就無法與同行競爭。其次是紅磚窯的燃燒材料，絕大多數仍採用粉煤，其原因也同樣是基於成本價格上的考量。建築用紅磚不像耐火磚或斷熱磚之類的高附加價値的產品。粉煤是它唯一可採用的競爭性燃料，因此磚窯還必須建造在運煤卡車能夠順利抵達的地方，再者建築紅磚的利潤，是來自它的大量生產。因此採用隧道窯，而非梭窯。換句話說，使用連續式而非批次。

對於隧道窯及梭窯在此作一概略的敘述，隧道窯是以內層爲耐火磚外層爲斷熱磚砌成的一隧道型建物，地面上有軌材，承載磚胚的台車就以一穩定速度在軌材上向前緩緩移動，經過預熱帶，燒成帶，冷卻帶，出來成爲建築紅磚，此時，帶著相當量的餘熱。雖然在冷卻帶已抽走一部份熱用在磚胚的乾燥。隧道窯在燒成帶的正上方和左右兩側上方都粉煤拋入口，藉螺桿送料機構控制粉煤進入隧道窯的量，粉煤一旦被送進窯內，將會因爲窯內高溫而自引燃燒。粉煤拋入口的位置和粉煤送入量不但影響燃燒的溫度，而且也決定燃燒效率的高低。先解釋燃燒的溫度，一座設計良好的磚窯，應該是上下左右各區域的溫度均勻而一致，至少要相差不太多，一旦相差太大，會發現溫度過高的區域，紅磚已經變焦，材質變脆，根本沒有預期的強度。而溫度不足的區域；紅磚尚未燒結熟透，不但強度不夠，而且容易滲水。這兩種有缺陷的磚塊，都可以從顏色上來

判別，前者的色澤大都在紅黑之前，後者大都趨近粉紅色，只有顏色是橘紅色，敲上去鏗然有聲的才是良品。

梭窯和隧道窯不同者，就是台車上裝載好乾燥的磚胚經軌道推入窯內，關上窯門燃燒燃料，慢慢加溫，相當於台車在隧道窯中預熱，直到加至最高溫，完成燒結保持某一特定的時間，其目的是爲了每塊磚內外溫度均勻，台車上各區域的磚塊溫度亦趨於一致。相當於台車在隧道窯中的燒成帶，然後就慢慢降溫，如同台車在隧道窯中的冷卻帶。最後打開一端的窯排氣管③

部份其上的磚塊，立刻關閉這一端的窯門，打開另一端的窯門，推進另一批的台車及其上的磚胚，重複上述的作業。窯兩端的台車，一進一出就像織布機（傳統的織布機的樣子，新型的已用壓縮空氣或高壓細水柱來取代入）的梭子往復運動，梭窯即因此而得名。

梭窯的產量不如隧道窯大，它較適合生產量少但附加價值高的特種磚碗。不論梭窯或隧道窯，台車兩側必須和窯兩邊內壁靠沙封阻隔台車上方的高溫氣體流竄到台車下方，否則長時期會傷到台車車輪、軸承、輪軸等各運轉或有摩擦的機構，車軌下方的結構亦經過負荷設計，使其上載有磚胚的台車經年累月行走而不凸陷。

磚胚在送入隧道窯燒結前，必須先進乾燥窯將磚胚乾燥到某一程度，或者說含水率到達某一數值，而此含水率的多寡將直接影響粉煤耗用的多或少，愈是乾燥的磚胚愈節省燃料。這是很普通的觀念，不論含水率是採取乾基或溼基來計算。

在台灣東部某紅磚廠同意筆者對隧道窯作量測，經質能平衡計算後，找出問題癥結點，作爲草擬改善對策的參考，現將測試記錄及已知條件漸次陳述：

燃料數據方面：

燃料種類：煤碳（印尼煤）

燃料熱值：6500 Kcal／kg

單　　價：2400元／Ton（含稅及運費）

耗 用 量：245Ton／Mon.或366kg／hr.

磚塊數據方面：

成型後重：2.433 kg／pc ，含水率25.87%（乾基）

乾燥後重：2.233 kg／pc ，含水率15.52%（乾基）

燒成後重：1.933 kg／pc ，含水率 0%（乾基）

磚塊尺寸：21（L）×10（W）×5.5（H）單位cm

煤碳與紅磚產量關係表

年 月 1993年	煤 碳 耗 用 量 （噸）	紅 磚 產 量 （塊）	單位產量燃料消耗燃料 （公斤）／磚（萬噸）
1 月	雖生產，但不便提供	雖生產，但不便提供	無正確數據
2 月	0	0	停 工
3 月	270	2,774,200	973.25
4 月	243	2,649,400	917.19
5 月	270	2,722,200	991.84
6 月	238	2,527,200	941.75
7 月	240	2,623,400	914.84
8 月	240	2,579,200	930.52
9 月	230	2,384,200	964.68
10 月	240	2,451,800	918.87
11 月	雖生產但不便提供	雖生產但不便提供	無
12 月	同上	同上	無下磚數據
月平均	246	2,588,950	951.64

工作時間

每年平均11個月

每月平均28個工作日

每日工時：製磚機：8—10 hr／day

隧道窯：24 hr ／day

乾燥窯：24 hr／day

全年合計總工時：308 day／yr. 或2464 hr／yr.

隧道窯的所有相關資料：

窯體尺寸：全長96M

預熱帶外壁：36（L）×3.15（W）×2.8（H） 單位M

燒成帶外壁：24（L）×3.15（W）×3.3（H） 單位M

冷卻帶外壁：36（L）×3.15（W）×2.8（W） 單位M

內壁尺寸：96（L）×1.85（W）×2.35（H） 單位M

台車尺寸：2（L）×2（W） 單位M

台車重量：空車重500kg（以S45C角鋼，SS41C鋼板與鑄鐵製車輪，連座軸承製成），比熱0.11Kcal／kg ℃

台車上鋪一層紅磚，200 PC 計重390kg.

紅磚比熱0.236 Kcal／kg ℃

每部台車總重890 kg

每部台車承載2600PC 紅磚

進料磚塊數值：

數量：3853 PC／hr（平均每40.5分鐘進一車，每車2600PC）

溫度：25℃

入窯前重：2.233 kg／PC

出料磚塊數值：

數量：3853 PC／hr

溫度：84℃

入窯前重：1.933 kg／PC

窯內燃燒狀態：

平均含氧量：17.5%

燒成溫度：1043℃（平均）

量測溫度點窯內上下溫差：104℃（上：1095℃，下：991℃）

煙囪排氣狀態：

煙囪尺寸：高35M，內徑1.4M

排氣含氧量：17.5%（平均）

平均排氣流速：5.13 M／sec

平均排氣溫度：128℃

平均排氣CO含量：390 PPM

窯壁平均表面溫度：

預熱帶窯頂：42℃

預熱帶左右壁：43.5 ℃

燒成帶窯頂：39℃

燒成帶左右壁：55℃

冷卻帶窯頂：45℃

冷卻帶左右壁：43℃

大氣條件：

溫度：25℃

相對濕度：60% RH

窯內排氣：（請參考後三頁的系統流程圖）

冷卻帶排至乾燥窯

排氣管A：管徑：58cm

氣體流速：11.7 M／S

氣體溫度：156℃（T_1），145℃（T_2）

排氣管B：管徑：58cm

氣體流速：12.3 M／S

氣體溫度：107℃（T_1），97℃（T_2）

燒成帶窯頂夾層排至乾燥窯：

排氣管C：管徑：58cm

氣體流速：7.8 M／S

氣體溫度：70℃（T_1），65℃（T_2）

排氣管D：管徑：58cm

氣體流速：6.7 M／S

氣體溫度：61℃（T_1 ），57℃（T_2 ）

說明：（T_1 ）表排氣管內起點的氣體溫度

（T_2 ）表排氣管內末端的氣體溫度

乾燥窯的所有相關資料：

窯體尺寸：86（L）×3.2（W）×1.5（H）M.（窯內雙排台車）

台　　車：尺寸1.2（L）×1.2（W）M.

每部重量100 kg，比熱0.11 Kcal／kg℃

每部台車承載800 PC磚胚

進料磚胚數值：

數量：3853 PC／hr.（平均每12.36分鐘進一車，每車800PC）

溫度：25℃

入窯前重：2.433 kg／PC

出料磚胚數值：

數量：3853 PC／hr.

溫度：32℃

出窯後重：2.233 kg／PC

窯壁平均表面溫度：

兩側壁：39℃

窯　頂：42℃

熱風輸入：

排氣管A：管徑：58cm

氣體流速：11.7 M／S

氣體溫度：145℃

排氣管B：管徑：58cm

氣體流速：12.3 M／S

氣體溫度：97℃

排氣管C：管徑：58cm

氣體流速：6.7 M／S
氣體溫度：65℃

排氣管D：管徑：58cm
氣體流速：6.7 M／S
氣體溫度：57℃

乾燥窯排氣：

排氣管 1.：管徑：58cm
氣體流速：8.2 M／S
氣體溫度：48℃
相對濕度：35% RH

排氣管 2.：管徑：58cm
氣體流速：6.7 M／S
氣體溫度：50℃
相對濕度：37% RH

排氣管 3.：管徑：58cm
氣體流速：9.3 M／S
氣體溫度：32℃
相對濕度：72% RH

排氣管 4.：管徑：58cm
氣體流速：9.9 M／S
氣體溫度：28℃
相對濕度：78% RH

紅磚的生產流程圖簡單顯示如下：

原料土 → 加水攪拌 → 擠製成磚胚 → 堆置於乾燥窯台車上
→ 進入乾燥窯乾燥 → 出乾燥窯 → 重新堆置於隧道窯台車上
→ 進入隧道窯 → 預　熱 → 燒　成 → 冷　卻
（在隧道窯中進行）
→ 出隧道窯 → 檢　查 → 裝車出貨

乾燥窯和隧道窯的整體系統流程圖

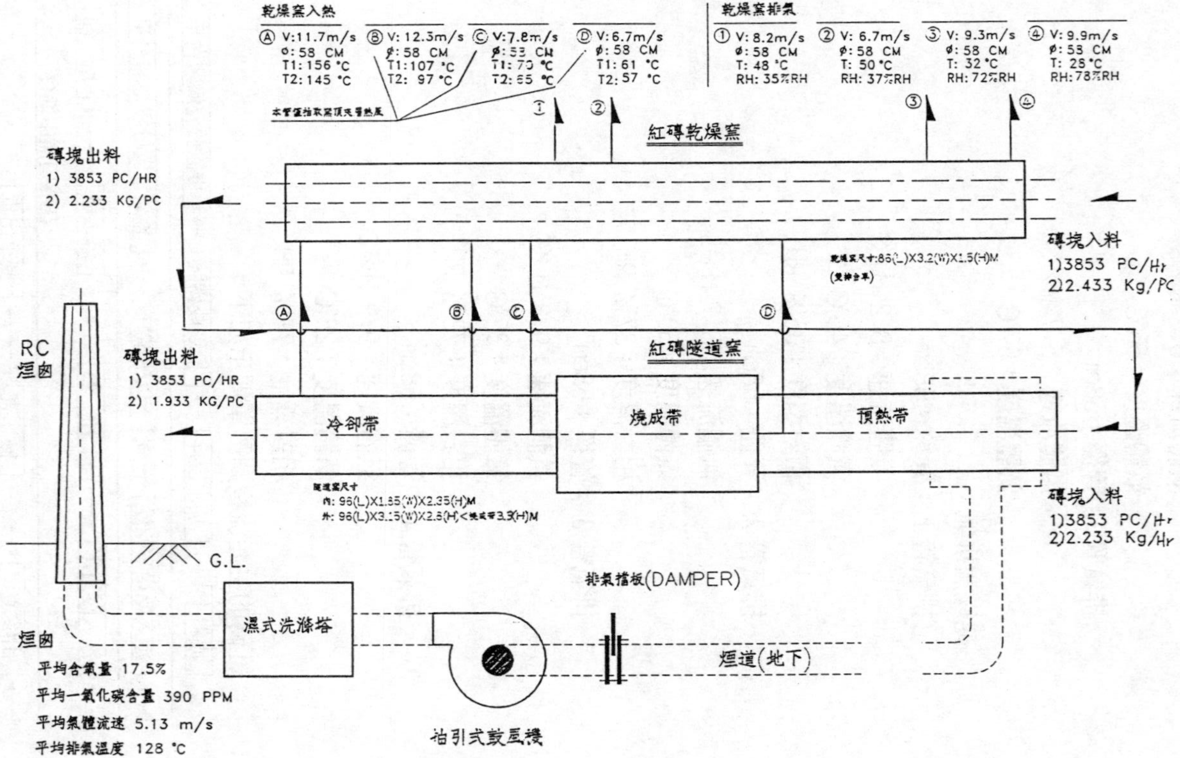

隧道窯燃燒分析（請參考前頁系統流程圖）

燃燒空氣量（Ao & Aot）：

燃料低發熱值（H_1）：H_1＝6500 Kcal／kg （廠商提供）

理論燃燒空氣量（Ao, & Aot）：

$$Ao = \frac{1.01\ H_1}{1000} + 0.5 \quad (N m^3 / kg)$$ ← Rosin Equation 適用固體燃料

$$Ao = \frac{1.01 \times 6500}{1000} + 0.5$$

$$= 7.065\ N m^3 / kg$$

$$Aot = 7.065\ N m^3 / kg \times 366\ kg / hr$$

$$= 2586\ N m^3 / hr$$

空氣狀態：

60% RH，25℃

空氣中所包含水蒸汽的量（Z）

$$Z = 0.622 \times \frac{\varphi \cdot Ps}{P - \varphi \cdot Ps}$$

φ：空氣中相對濕度：60％RH

φP：空氣壓力760 mm Hg

φP_s：空氣中飽和水蒸氣分壓23.7mm Hg

$$Z = 0.622 \times \frac{0.62 \times 23.7}{760 - 0.6 \times 23.7}$$

$$= 0.0119\ kg / D.A.$$ D.A. 爲Dry Air 的簡寫

→ 請參考附件一飽和蒸汽表

理論濕排氣量（Go & Got）

$$Go = \frac{0.89\ H_1}{1000} + 1.65 \quad (N m^3 / kg)$$

$$= \frac{0.89 \times 6500}{1000} + 1.65$$

$$Got = 7.435\ N m^3 / kg \times 366 kg / hr = 2721$$

磚塊於預熱帶蒸發的水份

3853 PC／hr×（2.233－1.933）kg／PC

＝1156 kg／hr

窯內過剩空氣量（V_1）

煙囪排氣含氧量17.5%

燒成帶內之含氧量：17.0%，17.2%，18.4%

→平均值17.5%

藉由O_2平衡推測隧道窯自煙道到煙囪量測點之間並無外氣被吸入，故窯內過剩空疑量（V_1）

$$V_1 = \frac{0.175 \times (Got)}{0.21 - 0.175} = \frac{0.175 \times 2721}{0.21 - 0.175} \quad (Nm^3/hr)$$

$$= 13605\ Nm^3/hr$$

窯內空氣實際進入量（Av）

$$Av = Aot + V_1$$
$$= 2721 + 13605 \quad Nm^3/hr$$
$$= 16326 \quad Nm^3/hr$$

窯內實際燃燒空氣比（m）

$$m = \frac{Av}{Aot} = \frac{16326}{2721} = 6$$

實際總濕排氣量（G & Gt）

$$G = Go + (m-1)Ao$$
$$= 7.435\ Nm^3/kg + (6-1)\,7.065\ Nm^3/kg$$
$$= 42.76\ Nm^3/kg$$
$$Gt = 42.76\ Nm^3/kg \times 366\ kg/hr$$
$$= 15650\ Nm^3/hr$$
$$15650\ Nm^3/hr \times 1.2928\ kg/Nm^3 \times (1 + 0.0119)$$
$$= 20232\ kg/hr\ (Air) + 241\ kg/hr\ (H_2O)$$

冷卻帶排氣量

(A)排氣管

$$\frac{\pi}{4}(0.58)^2\ m^2 \times 11.7\ m/s \times 3600\ s/hr$$

$$=11128.44\ m^3/hr\ at\ 145℃$$

$$11128.44\ m^3/hr \times \frac{273}{273+145} = 7268.1N\ m^3/hr\ at\ 0℃$$

$$7268.1\ m^3/hr \times 1.2928\ kg/m^3 st\ 0℃ = 9396kg/hr$$

(B)排氣管

$$\frac{\pi}{4}(0.58)^2\ m^2 \times 12.3\ m/s \times 3600\ s/hr$$

$$=11699.13\ m^3/hr\ at\ 97℃$$

$$11699.13\ m^3/hr \times \frac{273}{273+97} = 8632.1N\ m^3/hr\ at\ 0℃$$

$$8632.1\ m^3/hr \times 1.2928\ kg/m^3 = 11160\ kg/hr$$

(C) 排氣管

$$\frac{\pi}{4}(0.58)^2\ m^2 \times 7.8\ m/s \times 3600\ s/hr$$

$$=7418.96\ m^3/hr\ at\ 65℃$$

$$7418.96\ m^3/hr \times \frac{273}{273+97} = 5992.24\ m^3/hr\ at\ 0℃$$

$$5992.24\ m^3/hr \times 1.2928\ kg/m^3 = 7747\ kg/hr$$

(D) 排氣管

$$\frac{\pi}{4}(0.58)^2\ m^2 \times 6.7\ m/s \times 3600\ s/hr$$

$$=6372.70\ m^3/hr\ at\ 57℃$$

$$6372.70\ m^3/hr \times \frac{273}{273+57} = 5272\ m^3/hr\ at\ 0℃$$

$$5272\ m^3/hr \times 1.2928\ kg/m^3 = 6816\ kg/hr$$

排至乾燥窯之總排氣量（Ge）（Z＝0.0119kg／kgD.A.）

	AIR	H_2O
A 管：	9396 kg／hr	112 kg／hr
B 管：	11160 kg／hr	133 kg／hr
C 管：	7747 kg／hr	92 kg／hr
D 管：	6816 kg／hr	81 kg／hr
	35119 kg／hr	418 kg／hr

窯內總進氣量（Gi）

因爲窯內是負壓的關係，故窯內總進氣量應包括：

(1)實際總濕排氣量（Gt）；(2)排放至乾燥窯的總排氣量（Ge）兩者之和 56016kg／hr。

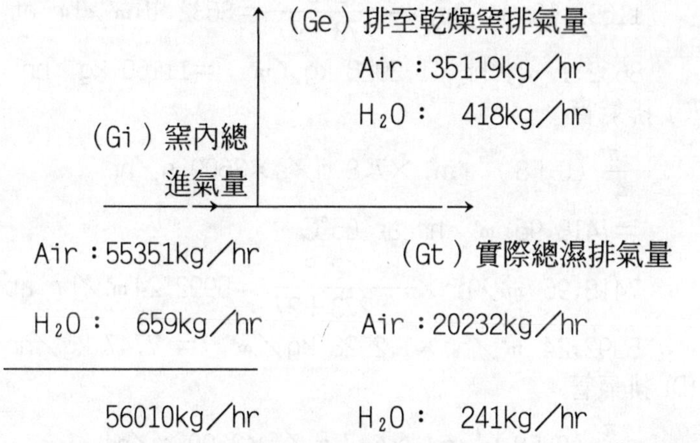

質量平衡計算：（隧道窯與乾燥窯台車進出之質量相同，故不列入計算）。

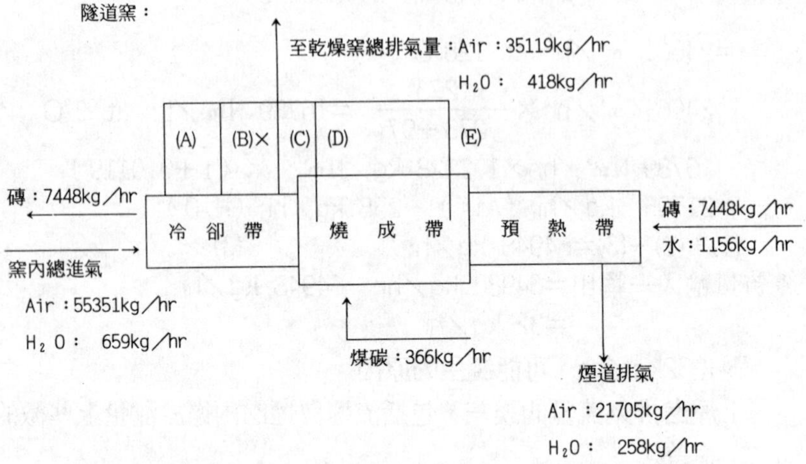

質量輸入：

磚胚：3853 pc／hr×1.933 kg／pc

=7448 kg／hr

磚胚帶入水份：1156 kg／hr （H_2O）

煤碳： 366 kg／hr

窯內總進氣量：55351 kg／hr （Air）

659 kg／hr （H_2O）

窯內總質量輸入：64980 kg／hr

質量輸出

磚塊：7448 kg／hr (1)

排至乾燥窯的總排氣量：35119 kg／hr（air） (2)

418 kg／hr（H_2O）

煙囪排氣：

(a)煙囪直徑ϕ 1.4m

(b)測量點平均流速4.45 m／s

(c)溫度 128℃

$$流量 = \frac{\pi}{4}(1.4)^2 \times 4.45\ m/s \times 3600\ s/hr$$

$$= 24661\ m^3/hr\ at\ 128°C$$

$$24661\ m^3/hr \times \frac{273}{273+97} = 16789\ Nm^3/hr\ at\ 0°C$$

$$16789\ Nm^3/hr \times 1.2928\ kg/Nm^3 \times (1+0.0119)$$

$$= 21705\ kg/hr\ (Air) + 258\ kg/hr\ (H_2O)$$

(1)+(2)+(3)=64948 kg/hr (3)

總質量輸入—輸出=64980 kg/hr−64948 kg/hr

=32 kg/hr

誤差32kg/hr，可能發生的原因：

1.煙囪排氣流量的誤差，包括流速與煙囪內徑於測量上些微的誤差。

2.煙囪排氣成份與正常空氣成份的差別導致實際排氣比重與1.2928kg/Nm^3（air at 0℃）有誤差。

3.煤碳進料量366 kg/hr 係根據8個月統計的平均值而來，與測試當時的耗用量有差距。

誤差的百分比為 32÷64980×100%=0.049%

在一般可接受的程度之內

乾燥窯：

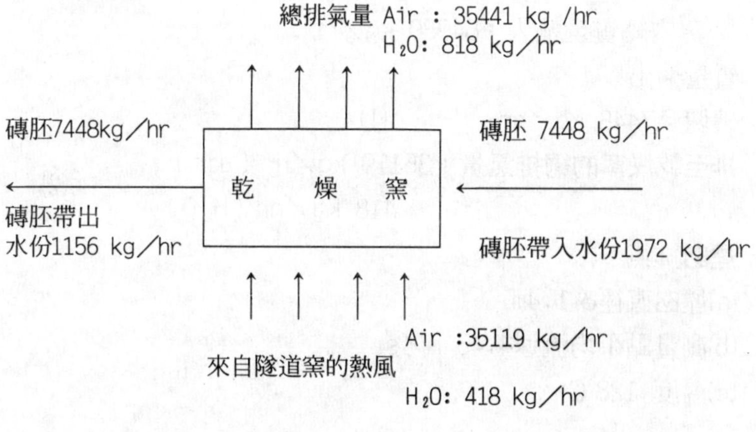

質量輸入：

磚胚：3853 pc／hr×1.933 kg／pc

=7448 kg／hr

磚胚帶入水份：3853 pc／hr×（2.433−1.933）kg／pc

=1927 kg／hr

來自隧道窯的熱風：35119 kg／hr（air）

418 kg／hr（H_2O）

窯內總質量輸入 44912 kg／hr

質量輸出（請參考附件二，濕空氣線圖）

磚胚：3853 PC／hr×1.933 kg／pc

=7448kg／hr

磚胚帶出窯水份：3853 pc／hr×（2.233—1.933）kg／pc

=1156 kg／hr

乾燥窯排氣輸出：

(1)①號排氣管，48℃，35%RH，查表得

25g H_2O／kg D.A.　0.945 m³／kg D.A.

$$\rho_1 = \frac{1}{0.945\ hr/kg} = 1.058\ kg/m^3$$ ←乾空氣密度 at 48℃，26.5RH

①號管乾空氣排放量

$$\frac{\pi}{4}(0.58)^2\ m^2 \times 8.2\ m/s \times 3600\ s/hr$$

=7799 m³／hr

7799 m³／hr×1.058 kg／m³ D.A.

= 8251 kg／hr （只有乾空氣部份）

①號管水蒸汽排放量

8251 kg D.A.／hr×25 g H_2O／kg D.A.

× 0.001 kg H_2O／g H_2O

=206kg H_2O／hr

Air：	8251 kg／hr
H_2O：	206 kg／hr
	8457 kg／hr

②號排氣管，50℃，37% RH 查表得

30g H_2O／kg D.A.　　0.959 ㎥／kg D.A.

$$\rho_2 = \frac{1}{0.959\ hr/kg} = 1.043\ kg/m^3 D.A.\ at\ 50℃，37\%\ RH$$

乾空氣排放量

$$\frac{\pi}{4}(0.58)^2\ m^2 \times 6.7\ m/s \times 3600\ s/hr$$

=6373 ㎥／hr

6373 ㎥／hr ×1.043 kg／㎥ D.A.

= 6647kg／hr D.A.

水蒸汽排放量

6647 kg D.A.／hr ×30 g H_2O／kg D.A. ×0.001kg H_2O／g H_2O

=199kg H_2O／hr

Air：	6647 kg／hr
H_2O：	199 kg／hr
	6846 kg／hr

③號排氣管：32℃，72% RH 查附件二得

21.8 g H_2O／kg D.A.　　0.895 ㎥／kg D.A.

$$\rho_3 = \frac{1}{0.895\ hr/kg} = 1.11 kg/m^3\ D.A.\ at\ 30℃，72\%\ RH$$

乾空氣排放量：

$$\frac{\pi}{4}(0.58)^2\ m^2 \times 9.3\ m/s \times 3600\ s/hr$$

=8845.7 ㎥／hr

8845.7 ㎥／hr ×1.11 kg／㎥ D.A.

=9818kg／hr D.A.

水蒸汽排放量：

9818kg D.A.／hr ×21.8g H_2O／kg D.A. ×0.001kg H_2O／g H_2O

=246kg H_2O／hr

Air：	9818 kg／hr
H_2O：	214 kg／hr
	10032 kg／hr

④號排氣管：28℃，78% RH ，查表得

18.6g H_2O／kg D.A.　　　　0.878 m³／kg D.A.

$$\rho_4 = \frac{1}{0.878\ hr/kg} = 1.139\ kg/m^3\ D.A.\ at\ 27℃，75\%\ RH$$

乾空氣排放量：

$$\frac{\pi}{4}(0.58)^2\ m^2 \times 9.9\ m/s \times 3600\ s/hr$$

=9416 m³／hr

9416 m³／hr × 1.139 kg／m³

= 10725kg／hr kg／hr D.A.

水蒸汽排放量：

10725 kg D.A／hr ×18.6g H_2O／kg D.A ×0.001kg H_2O／g H_2O

=199 kg H_2O／hr

Air：	10725 kg／hr
H_2O：	199 kg／hr
	10924 kg／hr

乾燥窯總排氣量：

Air：	35441 kg／hr
H_2O：	818 kg／hr
	36259 kg／hr

窯內總質量輸出 44863

總質量輸入－輸出總質量=44912kg／hr －44863kg／hr

＝49kg／hr

誤差 49 kg／hr，最可能發生在小數點進位後乘積之差值。

誤差的百分比爲 49÷44912×100％＝0.11％，爲可接受範圍。

質量平衡統計及示意圖

隧道窯

質量輸入

	質　量	百　分　比
入窯磚胚重	7448 kg／hr	11.50％
磚胚帶入水份	1156 kg／hr	1.80％
入窯煤碳重	366 kg／hr	0.50％
窯內總進氣量	56010 kg／hr	86.20％
合　　計	64980 kg／hr	100％

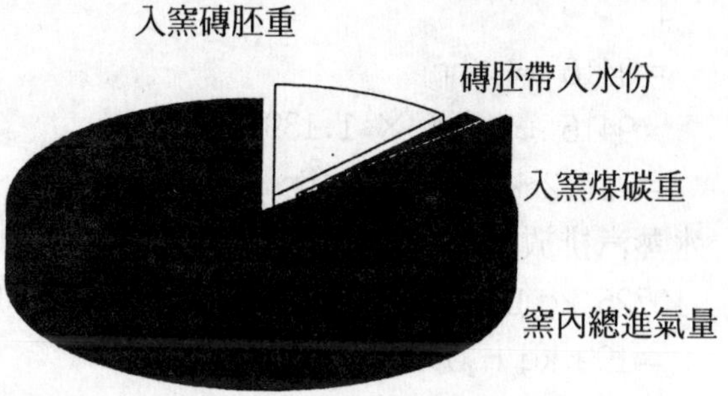

質量輸出

	質　量	百　分　比
出窯磚塊重	7448 kg／hr	11.50％
排至乾燥窯之總排量	35537 kg／hr	54.70％
煙囪排氣量	21963 kg／hr	33.80％
合　　計	64980 kg／hr	100％

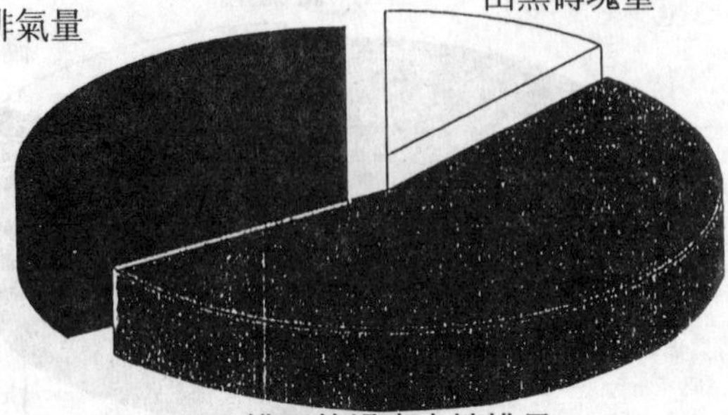

乾燥窯

質量輸入

	質　　量	百　分　比
入窯磚胚重	7448 kg／hr	16.60％
磚胚帶入水份	1927 kg／hr	4.30％
來自隧道窯熱風	35537 kg／hr	79.10％
合　　計	44912 kg／hr	100％

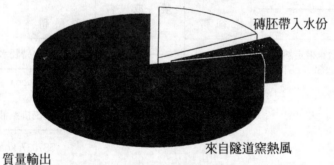

質量輸出

	質　　量	百　分　比
出窯磚塊重	7448 kg／hr	16.60％
磚胚帶走之水份	1156 kg／hr	2.60％
排氣輸出	36259 kg／hr	80.80％
合　　計	44912 kg／hr	100％

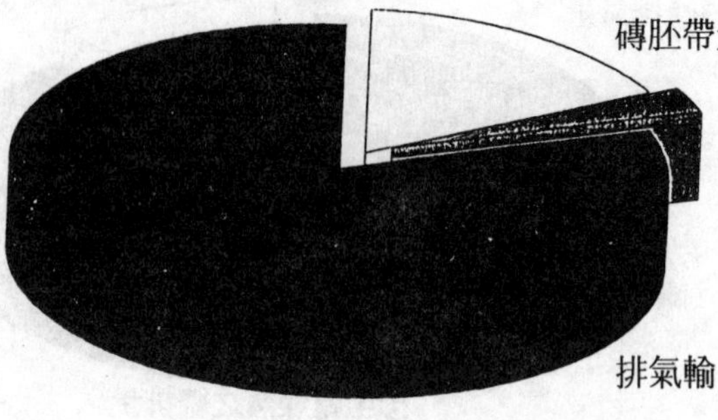

能量平衡計算

隧道窯：（請參照下面系統流程圖）

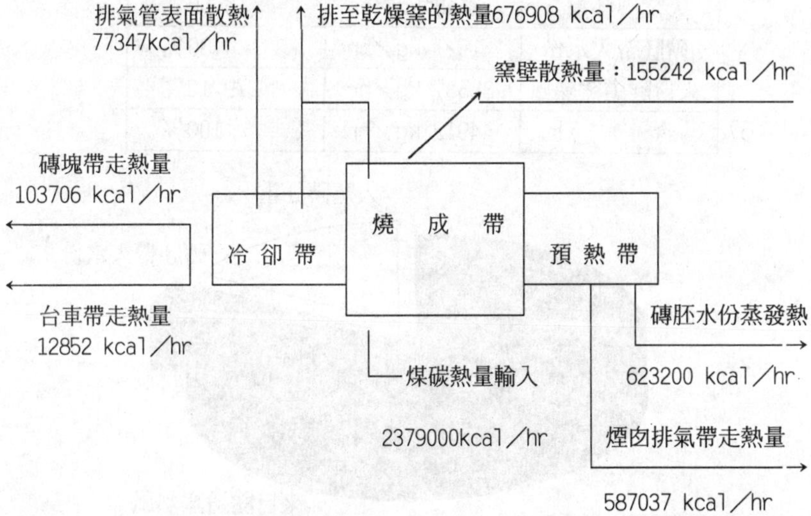

能量輸入（由燃燒煤碳獲得熱量）

366 kg／hr×6500 kcal／kg ＝2,379,000 kcal／hr

能量輸出：

磚塊帶走的熱量：

7448 kg／hr×0.236 kcal／kg℃ ×（84－25）℃

＝103,706 kcal／hr

台車帶走的熱量：

鐵材部份：

60分／小時 ÷ 40.5 分／車×500kg／車

×0.11 Kcal／kg · ℃×（84－25）℃

＝4807 Kcal／hr

台車面磚（紅磚）：

60分／hr÷40.5 分／車×390kg／車

×0.236 Kcal／kg · ℃×（84－25）℃

＝8045 Kcal／hr

合計台車帶走熱量：

4807 Kcal／hr＋8045 Kcal／hr＝12852 Kcal／hr

煙囱排氣帶走熱量：

$$16789\ m^3/hr\ at\ 0℃ \times \left(\frac{273+25}{273}\right) = 18326\ m^3/hr\ at\ 25℃$$

18326 m^3／hr at 25℃×0.311Kcal／m^3 · ℃×（128－25）℃

＝587.037 Kcal／hr

排至乾燥窯的熱量（空氣比熱0.311 Kcal／m^3 · ℃ at 25℃）

(A)排氣管

$$7633\ m^3/hr\ at\ 0℃ \times \left(\frac{273+25}{273}\right) = 8332\ m^3/hr\ at\ 25℃$$

8332 m^3／hr at 25℃×0.311 Kcal／m^3 · ℃×（145－25）℃

＝310950 Kcal／hr

(B)排氣管

$$9125\ m^3/hr\ at\ 0℃ \times \left(\frac{273+25}{273}\right) = 9961\ m^3/hr\ at\ 25℃$$

9961 m^3／hr at 25℃×0.311 Kcal／m^3 · ℃×（97－25）℃

＝223047 Kcal／hr

(C)排氣管

$$6175\ m^3/hr\ at 0℃ \times (\frac{273+25}{273}) = 6470\ m^3/hr\ at\ 25℃$$

$$6740\ m^3/hr\ at\ 25℃ \times 0.311\ Kcal/m^3 \cdot ℃ \times (65-25)℃$$
$$=83846\ Kcal/hr$$

(D)排氣管

$$5437\ m^3/hr\ at 0℃ \times (\frac{273+25}{273}) = 5935\ m^3/hr\ at\ 25℃$$

$$5935\ m^3/hr\ at\ 25℃ \times 0.311\ Kcal/m^3 \cdot ℃ \times (57-25)℃$$
$$=59065\ Kcal/hr$$

排氣熱量合計：676,908 Kcal／hr

窯體表面散熱：

窯外壁平均溫度：47℃

窯頂表面平均溫度：42℃

窯外壁面積:36×2.8×4＋24×3.3×2＝562m^2

窯頂面積：

96×3.15＝302m^2

窯壁散熱（Q_1）

$$q_1 = 4.88 \times \varepsilon \times [(\frac{273+tw}{100})^4 - (\frac{273+ta}{100})^4]$$
$$+ h_c (tw-ta)$$

上式：ε ：固體表面輻射率→磚，取ε＝0.93

t_{10} ：爐壁溫度〔℃〕

t_a ：爐壁溫度〔℃〕

h_c ：自然對流傳熱係數〔Kcal／m^2・hr・℃〕

本例垂直窯壁：

$$h_c = 1.5\ \sqrt[4]{t_w - t_a}$$
$$= 1.5\ \sqrt[4]{47-25} = 3.25\ Kcal/m^2 \cdot hr \cdot ℃$$

窯頂 $h_c = 2.1 \sqrt[4]{t_w - t_a}$

$= 2.1 \sqrt[4]{42-25}$

$= 4.26$ Kcal／m²・hr・℃

$q_1 = 4.88 \times 0.93 \times \left[\left(\frac{273+47}{100}\right)^4 - \left(\frac{273+25}{100}\right)^4 \right]$

$+ 3.25 \times (47-25)$ Kcal／m²・hr

$= 118 + 71.5 = 189.5$ Kcal／m²・hr

$Q_1 = 189.5$ Kcal／m²・hr × 562 m²

$= 106499$ Kcal／hr

窯頂散熱（Q_2）

$q_2 = 4.88 \times 0.93 \times \left[\left(\frac{273+47}{100}\right)^4 - \left(\frac{273+25}{100}\right)^4 \right]$

$+ 4.26 \times (47-25)$

$= 89 + 72.4 = 161.4$ Kcal／m²・hr

$Q_2 = 161.4$ Kcal／m²・hr × 302 m²

$= 48743$ Kcal／hr

合計窯體表面散熱（$Q_1 + Q_2$）

$Q_1 + Q_2 = 155,242$ Kcal／hr

排氣管表面散熱（排至乾燥窯的排氣管

(A)排氣管

$\triangle t = 156 - 145 = 11$℃

$H_1 = 8332$ m³／hr at 25℃ × 0.311 Kcal／m³・℃ × 11℃

$= 2850$ Kcal／hr

(B)排氣管

$\triangle t = 107 - 97 = 10$℃

$H_2 = 9961$ m³／hr at 25℃ × 0.311 Kcal／m³・℃ × 10℃

$= 30979$ Kcal／hr

(C)排氣管

$\triangle t = 70 - 65 = 5$℃

$H_3 = 6740$ m³／hr at 25℃ × 0.311 Kcal／m³・℃ × 5℃

＝10481 Kcal／hr

(D)排氣管

△t＝61－57＝4℃

H_4 ＝5935 ㎥／hr at 25℃×0.311 Kcal／㎥・℃×4℃

＝7383 Kcal／hr

排氣管表面散熱合計：77347 Kcal／hr

磚胚水份於窯內蒸發所帶走的蒸發熱

飽和水之焓值　100.1 Kcal／kg

飽和水蒸汽之焓值 639.2 Kcal／kg　　Water

飽和水之蒸發熱＝639.2－100.1　　at 100℃, 1atm

＝539.1 Kcal／kg　（請參考附件一）

磚胚水份蒸發熱

1156 kg／hr×539.1 Kcal／kg

＝623,200 Kcal／hr

其它熱損失＝2379,000 Kcal／hr －（前面7項總和）

＝2,379,000 Kcal／hr－ 2,236,292 Kcal／hr

＝142708 Kcal／hr

乾燥窯：

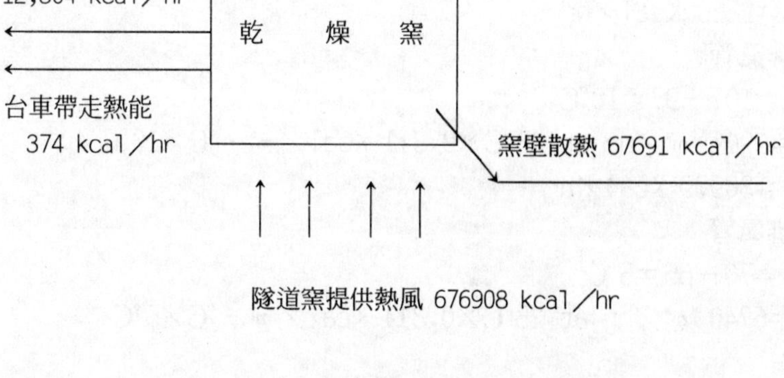

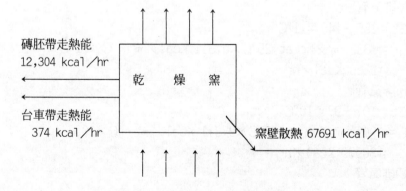

能量輸入：

來自隧道窯的熱風：676,908 kcal／hr

能量輸出：

磚胚帶走的熱量：

7448 kg／hr×0.236kcal／kg.℃×（32－25）℃

＝12,304 kcal／hr

台車帶走的熱量：

60 分／hr÷12.36 分／車×100 kg／車

×0.11 kcal／kg.℃×（32－25）℃

＝374 kcal／hr

排氣帶走的熱量：（請參考附件三）

排氣管①

a.乾空氣部份：

8251 kg／hr×0.24kcal／kg.℃×（48－25）℃

＝45546 kcal／hr

b.水的部份:

206 kg／hr×（Hg25℃－H_e 48℃）kcal／kg

＝206 kg／hr×（608.4－48）kcal／kg

＝115442 kcal／hr

排氣管②

a.乾空氣部份：

6647 kg／hr×0.24kcal／kg.℃×（37－25）℃

＝19143 kcal／hr

b.水的部份:

199 kg／hr×（Hg25℃－H_e 37℃）kcal／kg

＝199 kg／hr×（608.4－37）kcal／kg

＝113709 kcal／hr

排氣管③

a.乾空氣部份：

9818 kg／hr×0.24kcal／kg.℃×（32－25）℃

＝16494 kcal／hr

b.水的部份:

214 kg／hr×（608.4－30.01）kcal／kg

＝123775 kcal／hr

排氣管④

a.乾空氣部份：

10725 kg／hr×0.24kcal／kg.℃×（28－25）℃

＝7722 kcal／hr

b.水的部份:

199 kg／hr×（608.4－28.01）kcal／kg

＝115498 kcal／hr

排氣帶走熱量合計：88905 kcal／hr

磚胚水份蒸發熱（上項水帶走的熱量）468424 kcal／hr

窯壁散熱：

乾燥窯外表面積＝86×3.2＋86×1.5×2＝533m²

表面平均溫度40.5℃

爐壁散熱：

$$q=4.88\times0.93\times\left[\left(\frac{273+40.5}{100}\right)^4-\left(\frac{273+25}{100}\right)^4\right]$$

$$+\ 1.5\ \sqrt[4]{40.5-25}\,(40.5-25)$$

$$=127\ \text{kcal}/\text{m}^2\cdot\text{hr}$$

$$Q=127\ \text{kcal}/\text{m}^2\cdot\text{hr}\times533\text{m}^2=67691\ \text{kcal}/\text{hr}$$

前五項總和爲：637698 kcal／hr

其它熱損失＝676908－637698 kcal／hr＝39210 kcal／hr

能量平衡統計及示意圖隧道窯：

能量輸入

	能　　量	百　分　比
煤碳熱值	2379000 kcal／hr	100.00％

能量輸出

	能量（kcal／hr）	百　分　比
磚塊帶走熱量	103706	4.40％
台車帶走熱量	12852	0.50％
煙囪排氣熱量	587037	24.70％
排至乾燥窯熱量	676908	28.50％
窯體表面散熱	155242	6.50％
排氣管表面散熱	77347	3.20％
磚胚水份蒸發熱	623200	26.20％
其它熱損失	142708	6％
合　　計	2379000	100％

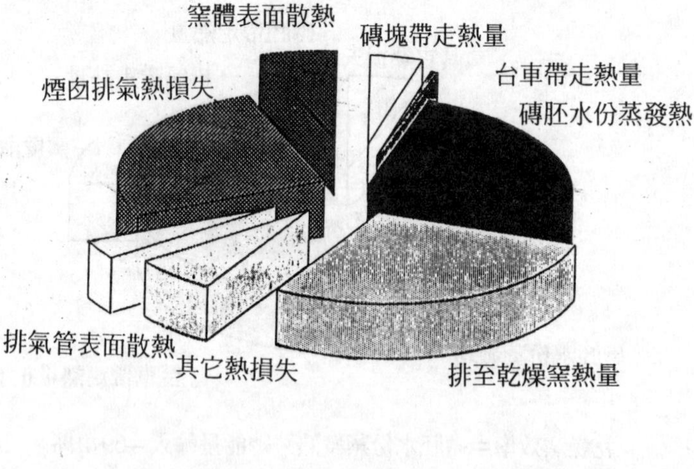

隧道窯效率＝（磚胚水份蒸發熱＋排至乾燥窯熱量）／總熱量輸入

＝54.6％

乾燥窯：

能量輸入

	能　量	百　分　比
來自隧道窯熱風	676908 kcal／hr	100.00％

能量輸出

	能量（kcal／hr）	百　分　比
磚胚帶走熱量	12304	1.80％
台車帶走熱量	374	0.10％
排氣帶走熱量	88905	13.10％
窯壁散熱	67691	10.00％
磚胚水份蒸發熱	468424	69.20％
其它熱損失	39210	5.80％
合　計	676908	100.00％

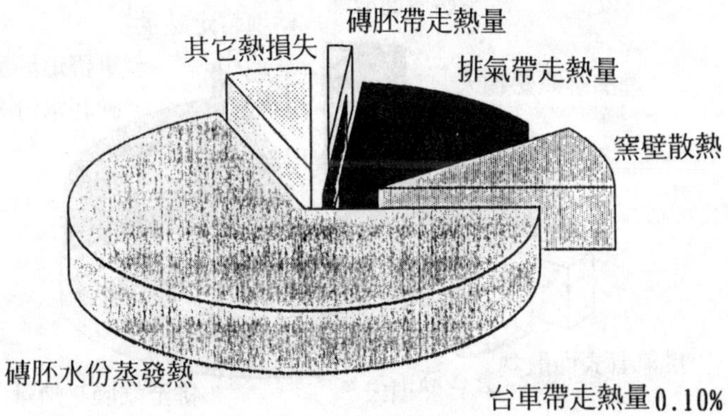

乾燥窯效率＝磚胚水份蒸發熱／總能量輸入=69.2％

最有效率的窯內燃燒應該是控制空氣比（實際參與燃燒的空氣量除以理論所需空氣量的比值）在1.4＋／-0.1之間，另外加裝鼓風機強化燒成帶的空氣對流，縮小上下溫差可提產品良率。從隧道

窯通往乾燥窯的熱風管外壁以保溫材料包覆，減少風管起點和末端的溫差，可以節約能源，減少燃料的耗用。在製造磚胚時，擠製壓力應當可以提高，雖然會多用一些電力，但可以節省燃料費用，經過電腦反覆計算，不難找出最適化的壓力。目前，所有工廠在乾燥和燒成兩個製程中，都需以機器再排列一次，原因是剛擠製出的磚胚不夠硬，不能一次就堆疊到經濟高度，必須等乾燥後具有相當硬度才能再堆放，如果能開始就將磚胚做得夠硬就可以省去再堆放的作業，也同時減少了不良率。空氣是很好的絕熱體，若是在製胚時，就均勻的混入顆粒适中的粉煤，在燒結時，磚胚中的粉煤不只產生燃燒，釋放熱量，同時粉煤燒成灰燼，磚塊重量減輕，而絕熱性反而更提高，這是在改善隧道窯之外可以改良產品的一種方式。

附件一　飽和蒸汽表（溫度基準）

溫度	飽和壓力		比容積〔m³/kg〕		焓〔kcal/kg〕			熵〔kcal/kgK〕	
〔℃〕	〔kg/cm²A〕	〔mmHg〕	v'	v"	h'	h"	r=h"-h'	s'	s"
0.01	0.00623	4.6	0.0010002	206.16	0.00	597.5	597.5	0.0000	2.1872
5	0.00889	6.5	0.0010000	147.16	5.02	599.7	594.7	0.0182	2.1560
10	0.01251	9.2	0.0010003	106.43	10.03	601.9	591.8	0.0361	2.1262
15	0.01738	12.8	0.0010008	77.98	15.03	604.1	589.0	0.0536	2.0977
20	0.02383	17.5	0.0010017	57.84	20.03	606.2	586.2	0.0708	2.0704
25	0.03228	23.7	0.0010029	43.40	25.02	608.4	583.4	0.0877	2.0443
30	0.04325	31.8	0.0010043	32.93	30.01	610.6	580.6	0.1043	2.0193
35	0.05732	42.2	0.0010060	25.24	35.00	612.7	577.7	0.1206	1.9954
40	0.07520	55.3	0.0010078	19.55	40.00	614.9	574.9	0.1366	1.9725
45	0.09771	71.9	0.0010099	15.28	44.99	617.0	572.0	0.1525	1.9504
50	0.12578	92.5	0.0010121	12.05	49.98	619.1	569.1	0.1680	1.9293
55	0.16051	118.1	0.0010145	9.579	54.97	621.2	566.3	0.1834	1.9090
60	0.20313	149.4	0.0010171	7.679	59.97	623.3	563.3	0.1985	1.8895
65	0.2550	187.6	0.0010199	6.202	64.97	625.4	560.4	0.2134	1.8707
70	0.3178	233.7	0.0010228	5.046	69.98	627.4	557.5	0.2281	1.8526
75	0.3931	289.1	0.0010259	4.134	74.98	629.5	554.5	0.2425	1.8352
80	0.4829	355.2	0.0010292	3.409	79.99	631.4	551.5	0.2568	1.8184
85	0.5894	433.6	0.0010326	2.829	85.01	633.4	548.4	0.2709	1.8022
90	0.7149	525.9	0.0010361	2.361	90.03	635.4	545.3	0.2848	1.7865
95	0.8619	634.0	0.0010399	1.982	95.06	637.3	542.2	0.2986	1.7714
100	1.0332	760.0	0.0010437	1.673	100.1	639.2	539.1	0.3121	1.7568
110	1.4609		0.0010519	1.210	110.2	642.8	532.6	0.3388	1.7290
120	2.0246		0.0010606	0.8915	120.3	646.3	526.0	0.3649	1.7028
130	2.7546		0.0010700	0.6681	130.5	649.6	519.2	0.3904	1.6781
140	3.685		0.0010801	0.5085	140.7	652.8	512.1	0.4154	1.6548
150	4.854		0.0010908	0.3924	151.0	655.7	504.7	0.4399	1.6327
160	6.303		0.0011022	0.3068	161.3	658.4	497.1	0.4640	1.6116
170	8.076		0.0011145	0.2426	171.8	660.9	489.1	0.4876	1.5914
180	10.224		0.0011275	0.1938	182.3	663.1	480.8	0.5110	1.5721
190	12.799		0.0011415	0.1563	192.9	665.0	472.1	0.5340	1.5534
200	15.855		0.0011565	0.1272	203.6	666.6	463.0	0.5567	1.5352
220	23.656		0.0011900	0.08604	225.4	668.7	443.4	0.6014	1.5004
240	34.138		0.0012291	0.05965	247.8	669.3	421.5	0.6454	1.4667
260	47.869		0.0012756	0.04213	271.1	667.9	396.8	0.6890	1.4333
280	65.468		0.0013324	0.03013	295.4	664.1	368.1	0.7329	1.3993
300	87.621		0.0014041	0.02165	321.3	657.1	335.8	0.7775	1.3634
320	115.12		0.0014995	0.01548	349.3	645.8	296.4	0.8240	1.3238
340	148.93		0.0016387	0.01078	381.1	627.2	246.2	0.8746	1.2761
360	190.43		0.0018959	0.006940	421.4	593.6	172.3	0.9365	1.2086
374.15	225.56		0.003170	0.003170	503.3	503.3	0	1.0612	1.0612

【註】v'.h'爲飽和水之値，v".h"爲飽和蒸汽之値，r爲蒸發熱

表張力（kg／cm²G）＝1.0332＋絕對壓力（kg／cm²A）

附件二

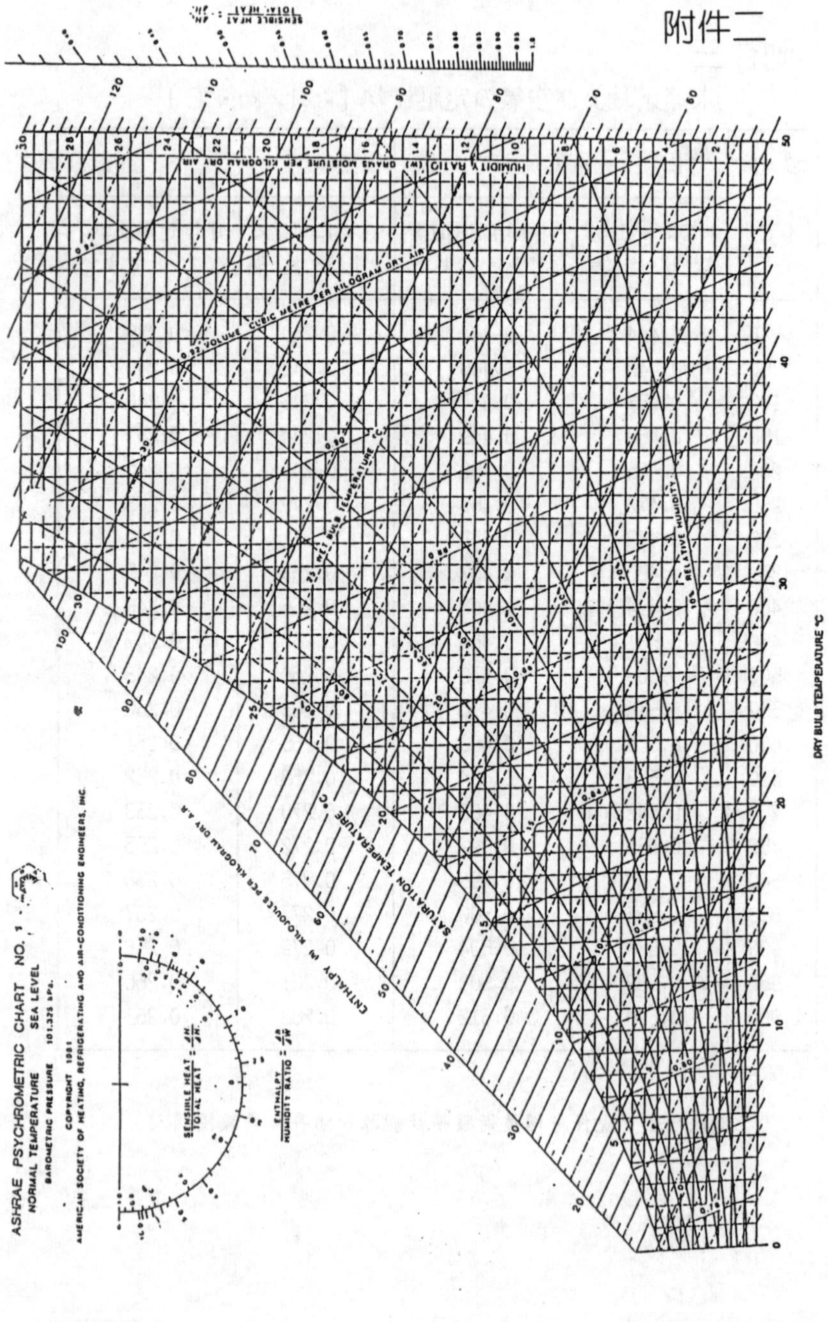
ASHRAE PSYCHROMETRIC CHART NO. 1
NORMAL TEMPERATURE
SEA LEVEL
BAROMETRIC PRESSURE 101.325 kPa
COPYRIGHT 1981
AMERICAN SOCIETY OF HEATING, REFRIGERATING AND AIR-CONDITIONING ENGINEERS, INC.
HUMIDITY RATIO (W) GRAMS MOISTURE PER KILOGRAM DRY AIR
0.92 VOLUME CUBIC METRE PER KILOGRAM DRY AIR
WET BULB TEMPERATURE °C
RELATIVE HUMIDITY
SATURATION TEMPERATURE °C
ENTHALPY (h) KILOJOULES PER KILOGRAM DRY AIR
DRY BULB TEMPERATURE °C

附件三

水蒸氣および空氣の定壓比熱〔Kcal／kg・℃〕

溫度	水蒸汽		空氣	
〔℃〕	t℃における定壓比熱	平均定壓比熱（0℃～t℃まで）	t℃における定壓比熱	平均定壓比熱（0℃～t℃まで）
0	0.444	0.444	0.240	0.239
50	0.448	0.445	0.241	0.240
100	0.453	0.447	0.242	0.240
150	0.460	0.449	0.244	0.241
200	0.466	0.452	0.246	0.242
250	0.472	0.455	0.249	0.243
300	0.479	0.458	0.251	0.244
350	0.486	0.462	0.253	0.245
400	0.494	0.465	0.256	0.246
450	0.501	0.469	0.258	0.247
500	0.509	0.472	0.260	0.248
550	0.516	0.476	0.263	0.250
600	0.525	0.480	0.265	0.251
650	0.533	0.484	0.268	0.252
700	0.542	0.488	0.270	0.253
750	0.550	0.492	0.272	0.255
800	0.558	0.496	0.275	0.256
850	0.566	0.500	0.277	0.257
900	0.574	0.504	0.279	0.258
950	0.582	0.508	0.281	0.260
1,000	0.590	0.512	0.283	0.261

（機械碩士，現任中國技術服務社能源組組長，廉教授門人）